Vom Denken des Herzens

Satz: Fotosatz Rizner, Salzburg
Printed in Germany by Friedrich Pustet, Regensburg
ISBN 3-7017-1051-1

MONIKA MERTL

Vom Denken des Herzens

ALICE und NIKOLAUS HARNONCOURT

EINE BIOGRAPHIE

Residenz Verlag

Zur Einstimmung

... daß dies alles eben darum in einer Art wahr ist, weil es in einer Art falsch ist.

Augustinus

Dieses Buch will nicht den Anschein von Objektivität erwecken. So wie Nikolaus Harnoncourt sich zur Subjektivität seines Musizierens bekennt, so bekennt sich die Autorin zur Subjektivität der Eindrücke, die sie hier gesammelt hat. Das schließt Genauigkeit und Korrektheit der Fakten selbstverständlich nicht aus. Allerdings bedeutet die Arbeit am »lebenden Objekt« permanente Verunsicherung. Jedes Recherche-Ergebnis kann in jedem Augenblick durch eine aktuelle Aussage oder Handlung relativiert werden. Dazu kommt die Eigendynamik persönlicher Erinnerungen, die sich selten zu einem harmonischen Ganzen fügen, die statt dessen neue Fragen aufwerfen und Widersprüche zutage fördern.
Die zentrale Absicht bestand darin, mittels Assoziation, Phantasie und Intuition zwei außergewöhnliche Menschen in ihrer Lebendigkeit zu porträtieren, ohne sie »festzuschreiben«. Der Leser ist eingeladen, sich sein eigenes Bild zu machen.
Die wesentliche Grundlage bilden Gespräche. Daher war es auch ein Anliegen, den »Ton« zu erhalten. Speziell jene Passagen, die Nikolaus Harnoncourt im Wortlaut zitieren, wurden nicht in Richtung geschriebene Sprache begradigt, sondern weitgehend in ihrer Eigentümlichkeit belassen. Auch das ist »Musik«, die Harnoncourt macht.
Mein Dank gilt an erster Stelle dem Ehepaar, das mir in großzügiger Weise Zugang zu seinem Privatarchiv gewährt und für meine Anliegen viel kostbare Zeit erübrigt hat. Er gilt auch allen anderen Gesprächspartnern, die zu diesem Buch beigetragen haben, allen Personen, die mir mit Informationen behilflich waren, sowie den Musikern und Veranstaltern, die meine Anwesenheit bei Proben akzeptiert haben. Danken möchte ich auch jenen Menschen aus meinem persönlichen Umfeld, die mich in den Jahren der Arbeit begleitet haben.

Wien, im März 1999

De la Fontaine und Unverzagt

Familiengeschichten haben ihren Reiz und ihre Tücken. Das Leben von Nikolaus Harnoncourt ist zweifellos auch ohne seinen familiären Hintergrund vielfältig und interessant genug. Er selbst mißt seiner Herkunft aus altösterreichischer Hocharistokratie keinerlei Bedeutung bei. Das ist nicht kokette Bescheidenheit, sondern Ausdruck fehlender Reflexion. Seine Abstammung ist für ihn eine schlichte Tatsache, kein Thema, mit dem er sich eigens auseinandersetzt.

Der Urgroßvater seiner Mutter war Erzherzog Johann, eine der faszinierendsten Figuren in der österreichischen Geschichte des 19. Jahrhunderts. Harnoncourt hat sich mit ihm kaum intensiver beschäftigt als jeder steirische Mittelschüler. Über den bis ins 13. Jahrhundert zurückreichenden Stammbaum väterlicherseits äußert er kaum mehr als die Standardformel vom luxemburgisch-lothringischen Uradel. Er ist ein Mensch, der nach vorne schaut, der wie sein Lieblingsheld Don Quijote stets fragt: Wo ist das nächste Abenteuer? Doch das in der Vergangenheit wurzelnde Wertsystem, mit dem er groß geworden ist, umschließt ihn wie eine zweite Haut.

Die spezifische Aura des Künstlers wie des Menschen Harnoncourt, die seine Unverwechselbarkeit ebenso ausmacht wie seine isolierte Position in der Musikwelt, scheint geprägt vom Grundsatz »Noblesse oblige«; einer Haltung, die nichts mit landläufigen Klischees von Lebensstil zu tun hat, sondern mit Verpflichtungen ideeller Natur, mit rigoroser Selbsterziehung und der selbstverständlichen Unterordnung persönlicher Ziele zugunsten eines größeren Ganzen.

Wenn hier einige markante Züge eines Familienporträts skizziert werden, so geschieht das nicht, um deterministische Zusammenhänge zu suggerieren oder um Klatsch zu verbreiten. Das Bild des Musikers Harnoncourt, der so viel Begeisterung und so viel Widerspruch auslöst, erscheint auf diese Weise in einem größeren Rahmen. Er eröffnet zusätzliche, gelegentlich auch amüsante Perspektiven, die ein tieferes Verständnis des »Phänomens Harnoncourt« ermöglichen sollen.

Der Brandhofer

Durch den blauen Oktoberhimmel schneidet ein Flugzeug. Außer Vogelgezwitscher ist kein Laut zu hören. Der imposante Felsstock ist schon leicht verschneit. Rot flammende Buchen. Aus dem Grün des Nadelwaldes leuchten gelb vom Frost verbrannte Lärchenspitzen. In den Wiesenboden schmiegt sich ein langgestrecktes einstöckiges Haus mit grünen Läden. Nur die Türmchen und ein Mitteltrakt mit neugotischen Fenstern geben dem schlichten Bau die besondere Note. Am Tor ein Schild: Führungen vom 1. Juni bis 1. Oktober um 15 Uhr, Gruppen nach Vereinbarung, Mittwoch und Donnerstag Ruhetag.

Im Jahr 1818 hat Erzherzog Johann ein alteingesessenes Bauerngut südlich des steirischen Wallfahrtsortes Mariazell erworben und zu einem Musterhof ausgebaut. Der Brandhof ist bis heute im Besitz seiner Nachkommen. Die Familie Meran bewirtschaftet hier, an der Ostflanke des Hochschwabs, die geschrumpften Bestände eines einstmals vierzehntausend Hektar großen Forstreviers. Die Jagdfläche beträgt immerhin noch rund sechstausend Hektar. Das Gamswild ist zahlreich. Der Schnee liegt oft bis Mai.

> Auf die Berge hatte ich meinen Sinn gewendet. Ich fand in den Bergen Kraft, Treue, Einfalt, ein noch unverdorbenes Geschlecht. Die Gewißheit ward mir klar, es habe Gott die Berge als Schutzwehr gesetzet gegen die Zeit; und so wie die Quellen in den Bergen entspringen und, so lange sie in denselben strömen, rein bleiben, erst in der Ebene sich trüben, so sei es auch mit den Menschen.

Dieses Bekenntnis Johanns zur Natur und zur ländlichen Bevölkerung ist mehr als romantische Schwärmerei. Auf dem Brandhof, der heute freilich nicht mehr einschichtig, sondern nahe der Bundesstraße liegt, fand er in der zweiten Lebenshälfte den lang vermißten Mittelpunkt seiner Existenz.

Ohne offizielle Funktion, gleichsam in eigenem Auftrag, entfaltet er von dort aus seine Aktivitäten in der Steiermark, realisiert er jene Vorstellungen, zu denen er in den unsteten, von Mißerfolgen geprägten Jahren zuvor gelangt war. Und in der hauseigenen Kapelle schließt er, der Bruder des Kaisers, in heimlich-nächtlicher Zeremonie die Ehe mit Anna

Plochl, der »gamsäugigen« Postmeisterstochter aus Aussee. Mehr als zehn Jahre hat er mit diesem Schritt gewartet, den er nicht als Mesalliance geduldet, sondern als Ausdruck gelebter Überzeugung anerkannt wissen will. Unter dem Titel »Der Brandhofer und seine Hausfrau« hat er ein autobiographisches Buch hinterlassen, das die beschwerlichen Stationen dieser ungewöhnlichen Beziehung ziemlich unverklärt schildert.
Als glühender Verfechter eines einfachen, im Einklang mit der Natur geführten Lebens wirkt Johann heute wie ein früher Grüner. Dem höfischen Prunk ebenso abgeneigt wie der städtischen Mode, propagiert er jenen schlichten »grauen Rock«, den die Steirer immer noch mit Vorliebe tragen. Und die strengen brieflichen Ermahnungen, die er seiner diesbezüglich offenbar etwas sorglosen »Hausfrau« erteilt, weisen ihn als unerbittlichen Wächter über seine Prinzipien aus.

> Nani, Nani! Ich bemerkte, daß sich manches in meinem Hauswesen änderte. Als ich den grauen Rock in der Steyermark einführte, geschah es, um ein Beyspiel der Einfachheit in Sitte zu geben. Das Beyspiel wirkte. Willst Du durch so eine törichte Sucht nachzumachen, die Schuld auf Dich laden, mein Werk zu zerstören? Willst Du dadurch gefallen oder zeigen, daß Du zur eleganten Welt gehörst oder glaubst Du, es gehöre als Beweis einer höheren Bildung, als Auszeichnung vor andere Stände? Lauter falsche Begriffe und Ansichten …

In Johanns Begriffen und Ansichten vermischen sich die wertkonservativen Grundsätze seines Standes auf fruchtbare Weise mit den revolutionären Gedanken seiner Zeit. Sensibel für die Lebensbedingungen der einfachen Menschen, versteht er sich als »Patriarch«, der über das Wohl der Bevölkerung in der von ihm auserwählten Region zu wachen hat. Die Steiermark verdankt seiner Initiative wichtige Maßnahmen im Sozial- und Bildungswesen, Reformen im Agrarbereich, in Bergbau und Verhüttung sowie etliche Institutionen, die bis heute bestehen: zum Beispiel die Bahn über den Semmering, die Wien mit Graz verbindet, das nach ihm benannte Landesmuseum »Joanneum« in Graz und die Grazer Wechselseitige Versicherung, an deren Spitze traditionell ein Nachfahre seines Hauses steht. Aufgrund eines Todesfalles in der Familie Meran ist es derzeit Franz Harnoncourt-Unverzagt, der jüngste Bruder von Nikolaus Harnoncourt.

Die Popularität des »steirischen Prinzen« besteht also unabhängig von Heimatfilm und Kitschroman. Schloß Brandhof, mittlerweile ausgebaut und denkmalgeschützt, enthält ein Museum: niedrige Decken, kleine Räume, vollgestopft mit Jagdtrophäen und Devotionalien aller Art, vom Taschenfeitel bis zur Socke, die Eheringe in der Glasvitrine nicht zu vergessen. An den Wänden Bilder von Matthäus Loder, Jakob Gauermann und Thomas Ender, die Johanns Aktivitäten als seine »Kammermaler« dokumentiert haben. Im Speisesaal prächtige bunte Glasfenster von Anton Kothgasser mit symbolischen Motiven aus der Botanik: Rose und Männertreu, eingebettet in das zähe Astwerk der Zirbe.
In einem frühen Album von Nikolaus Harnoncourt finden sich die bekannten Porträts von Erzherzog Johann in Denkerpose und Anna Plochl als Biedermeier-Schönheit, umrahmt von allerlei Strichmännchen und launigen Kommentaren anläßlich aktueller Feierlichkeiten. In seiner Familie wurde über Erzherzog Johann wenig und nicht in weihevollem Ton gesprochen.

Man hat diesen Kult eher übertrieben gefunden, da gab's viel Ironie. Rein historisch war die Figur für mich immer sehr interessant. Daß der sich in der entstehenden Industrierevolution nach Manchester aufmacht und die Situation am Ort studiert und daß er versucht, in der Bergbauregion in der Steiermark Modelle zu entwickeln, die seiner Meinung nach humaner und besser sind, ist schon sehr vorausschauend. Das hat mir eigentlich immer imponiert.
Ich finde: Auch wenn er kein Erzherzog wäre, sondern einen bürgerlichen Namen hätte, wäre er ein sehr, sehr wichtiger Faktor in der Sozialgeschichte der ersten Hälfte des achtzehnten Jahrhunderts. Weil er Mitglied des Kaiserhauses war, könnte jede Aktion den Beigeschmack haben, daß er damit keimende Unruhe kalmieren will, im Sinne der Metternichschen Ideen – aber es ist eben nicht so.

In der Zwischenkriegszeit, als man im geschrumpften Österreich das Ideal des Ständestaates propagiert und nach brauchbaren Leitbildern in der Vergangenheit sucht, ist der berühmte Vorfahre durchaus aktuell.

Im Jahr 1936, ich war in der ersten oder zweiten Klasse Volksschule, hat der Direktor mich herausgeholt: Ich sollte in der dritten Klasse eine Geschichte

über Erzherzog Johann erzählen. Gut, damals war der Ständestaat, man war ja vielleicht irgendwie auf dem Weg zur Monarchie, jedenfalls hat man damals diesen Eindruck gehabt. Vielleicht hat man gedacht, daß ich irgendwelche dynastische Sachen erzählen kann.
Ich habe keine Ahnung mehr, was ich da gesagt habe. Es wird mir sicher sehr unangenehm gewesen sein. Vielleicht habe ich deswegen dann eine Schlägerei gehabt, ich weiß es nicht mehr. Ich war ein Kind. Es hat mich nur beeindruckt, daß ich vor den Großen, vor der dritten Klasse, etwas erzählen mußte. Und es war mir sehr peinlich.

Der Brandhof, wo der Ururgroßvater ganz zwanglos gegenwärtig ist, nimmt hingegen einen festen Platz in Harnoncourts Kindheitserinnerungen ein. Sommerferien in den dreißiger Jahren. Die Großeltern Meran halten das Haus für sämtliche Mitglieder der Großfamilie offen. Penible Rangordnungen innerhalb der Kinderschar wie auch unter den verschieden gut situierten Familien. Wenn einmal pro Woche das Obstauto kommt, ist klar, wer sich Pfirsiche leisten kann und wer sich mit Äpfeln begnügt.
Präzise Beobachtung von Sitten und Gebräuchen, die von den eigenen Normen abweichen. Die Mischung aus Neid und Verachtung gegenüber jenem geschwisterlosen Vetter, dem jeder Wunsch von den Augen abgelesen wird und dessen Wutausbrüche nicht Essensentzug, sondern besondere Fürsorge zur Folge haben.
Selbsterfundene Spiele, weitab vom geheiligten Kaffeetisch der Erwachsenen. Bubenspiele, bei denen Niki, dünn, blond, heftig, immer seine eigene Mannschaft um sich schart, seine individuellen »Ordensregeln« verkündet. Aufgeschürfte Knie und das unvergeßliche Brennen von Jod. Ein Sturz von der Schaukel und der Triumph des Helden mit der Gipshand: Er war nicht bloß wehleidig gewesen, er hatte sich ernsthaft verletzt! Alle entschuldigen sich mit kleinen Geschenken. So gelangt man endlich in den Besitz des herrlichen Gummiflugzeugs, das man mit einer Schleuder dreißig Meter weit schießen kann.
Laut jüngster Hochrechnung wird die Nachkommenschaft Erzherzog Johanns, der selbst nur einen Sohn hatte, demnächst tausend Personen umfassen. In Schloß Schenna in Südtirol, wo Johann 1869 beigesetzt wurde, ist der prächtige Stammbaum aufbewahrt. Auersperg und Liech-

tenstein, Trauttmannsdorff und Schwarzenberg, Hohenlohe und Lamberg, Sayn-Wittgenstein und Goess haben sich im Lauf von nicht einmal zweihundert Jahren mit den Meranischen zu einem mächtigen Clan verzweigt, dem seit Beginn dieses Jahrhunderts auch die Harnoncourts angehören. Das blaue Blut ist dabei mit bürgerlichem kräftig durchmischt.

Kinderreiche Familien sind bis heute die Regel. Nikolaus Harnoncourt, selbst von zwei Schwestern und vier Brüdern umgeben, hat mit einer Tochter und drei Söhnen einen respektablen Beitrag zum Fortbestand der »Dynastie« geleistet. Er wird jedoch von seinen Geschwistern Lily und Franz mit jeweils sechs Kindern noch übertroffen. Dank einiger Auswanderer haben sich auch in Amerika stabile Plattformen gebildet. Eine Bastion gegen die gesellschaftlichen Auflösungstendenzen unserer Zeit. Ein anachronistisch anmutendes Stück heile Welt. Die meisten, die dieser Großfamilie angehören, verteidigen sie aus tiefster Überzeugung, rühmen die Qualitäten dieses gewachsenen Systems, speziell, was die Entwicklung der sozialen Fähigkeiten betrifft.

Nikolaus Harnoncourt hat in diesem Umfeld gelernt, wie man seine Position erobert, seine Meinung vertritt, Verbündete gewinnt, wie man sich in bekömmlichem Wechsel abgrenzt und einfügt. Seinem Wesen nach ist er ein Einzelgänger, der niemanden, auch nicht seinen nur ein Jahr jüngeren Bruder Philipp, ganz an sich heranläßt. Er scheint von Anfang an stark auf seine eigenen Ideen konzentriert. Und schon früh entwickelt er unkonventionelle Ansichten.

Die Kontakte mit dieser Großfamilie waren von meiner Seite aus sehr gering. Ich kann mich auch erinnern, daß ich ungefähr im Alter zwischen vierzehn und sechzehn sehr radikale Standpunkte eingenommen habe. Als Kinder haben wir uns oft über Adel gestritten. Ich war damals der Meinung, daß es vollkommen richtig ist, daß den jetzigen Generationen alles heimgezahlt wird, was in den letzten tausend Jahren an Gewalt geschehen ist. Früher waren die einen die Täter, jetzt sind's die anderen – zum Beispiel in Rußland, wo der Adel ja brutal ausgerottet worden ist. Es gleicht sich schließlich aus.

Ich war der Meinung, daß es den Adeligen historisch gesehen recht geschieht, wenn sie enteignet oder umgebracht werden. Ich habe mir gedacht, daß Schuld wie ein Paket von einer Generation zur andern weitergereicht wird. Eine ganz

weit gespannte historische Gerechtigkeit, die natürlich für die Betroffenen einst und jetzt eine furchtbare Ungerechtigkeit ist.
Das waren Kinderüberlegungen. Aber ganz dumm sind die auch nicht.

Die Sommeraufenthalte auf dem Brandhof fördern die Erkenntnis, daß die Merans und die Harnoncourts nicht allzuviel gemeinsam haben. Von den Grundbesitzern und Landwirten, die bevorzugt in ihren eigenen Kreisen verkehren, unterscheidet sich die materiell schlecht gestellte, bürgerlich orientierte Grazer Beamtenfamilie durch ihre prononciert intellektuelle Haltung, durch ihre Leidenschaft für künstlerische und geisteswissenschaftliche Themen, die in heftigen Streitgesprächen erörtert werden. Daß diese vertraute Art des Umgangs auf Außenstehende befremdlich wirkt, ist den Kindern rasch klar.

Wenn mein Bruder und ich zusammen irgendwohin gefahren sind, dann haben wir vorher vereinbart, auch schon mit acht, neun Jahren: Wir sind jetzt zwei Wochen bei denen, wir streiten jetzt überhaupt nicht. Die projizieren das sonst auf die Familie und sagen: Die Harnoncourts streiten. Wenn wir wirklich Meinungsverschiedenheiten haben, machen wir das im Zimmer ganz leise aus. Bei uns daheim ist praktisch bei jedem Mittagessen laut, sehr laut diskutiert worden. Das muß gedröhnt haben in diesem Zimmer, fünf bis sechs Männer, meine zwei Schwestern. Meine Mutter hat wenig diskutiert. Die hat höchstens ganz kurze, trockene Statements abgegeben und die Diskussion ad absurdum geführt.

Die schlimme Laja

Die kleine Frau wirkt sehr zerbrechlich. Geschrumpft vom Alter. Sie hält sich gerade, soweit das möglich ist, gestützt auf ihren Stock. Das Haar zeigt keinen Ansatz von Weiß. Frischer Blick hinter runden Brillen, unter zahllosen Falten ein mädchenhaftes Gesicht. Das Lächeln hat Charme.
Sie klatscht in die Hände: Schon wieder ein Tor! Gutgelaunt beugt sie sich zu ihrem jüngsten Enkelsohn hinüber, der noch nicht das rechte Verständnis hat für so ein Fußballspiel. Jetzt wird es spannend! Sie reckt den Hals, wetzt auf ihrem Sitz, umklammert die Handtasche: Tooor! Das dritte an diesem Vormittag!

Nikolaus Harnoncourt pflegt zu erzählen, seine Mutter sei eine Fußball-Fanatikerin gewesen, die auf dem Sportplatz völlig außer Rand und Band geraten konnte. Zu ihrem siebzigsten Geburtstag haben die Söhne sie zu einem Match des GAK eingeladen und das Ereignis auf Film festgehalten. Der Vater der Jubilarin war immerhin Ehrenobmann des »Grazer Athletik Klubs«, und sie hat die Burschen der Gründungsmannschaft nicht bloß persönlich gekannt, sondern auch mit ihnen gekickt.

Ladislaja Gräfin von Meran, Freiin von Brandhofen, geboren 1899 als sechstes von neun Kindern auf Schloß Stainz in der Westeiermark, gestorben 1997 in Graz.

Sie wird nach alter Tradition von Hauslehrern zur Dame von Stand erzogen, die den Papa nach Bayreuth und nach Monte Carlo begleiten darf. Nach derselben alten Tradition wird sie mit Methoden körperlicher Züchtigung zum »Gehorsam« angehalten. Wenn der Papa meint, sie allein nicht bändigen zu können, ruft er den Stallburschen zu Hilfe. Die schlimme Laja, die Bubenstreiche ausheckt und mit Begeisterung Fußball spielt. Die stolze Laja, die sich mit dem Tag ihrer Erstkommunion in ein fügsames Mädchen verwandelt. Die strenge Laja, die Verstöße gegen die Ordnung weder sich noch anderen gestattet.

Am Eisernen Tor, wo die Herrengasse auf den Joanneumring mündet, steht ein Dienstmann, breitbeinig, Hände in den Hosentaschen, Kappe aus der Stirn geschoben, neben sich das Handwägelchen. Kundschaft ist rar in Zeiten der Wirtschaftskrise. Da taucht unter den vorbeieilenden Passanten eine Frauensperson auf, ein paar schubsende, gestikulierende Kinder neben sich. Er grinst ein bißchen bei der Erinnerung, die in ihm aufsteigt. »Schlimme Laja, schlimme Laja«, brummt er der Frau hinterher, die mit erhobenem Kopf an ihm vorbeigeht, ein strenges Wort für ihre Buben auf den Lippen.

Komtesse Laja. Die begabte Sängerin, die leidenschaftliche Tänzerin, die potentielle Spielerin, die sich nach dem Tod ihres Verlobten zu einem zölibatären Leben als Krankenschwester disziplinieren will – und sich unversehens in einem Familienabenteuer wiederfindet, als ein fast vergessener Jugendfreund, nunmehr Witwer mit zwei Kleinkindern, per Brief aus Berlin um ihre Hand anhält. Man vereinbart ein Treffen auf dem Brandhof, um das Praktische zu besprechen. Drei Monate später ist Hochzeit.

Ich kenne meine Mutter am Schreibtisch sitzend, sehr viel unnahbarer als mein Vater. Sie konnte sehr streng sein, und sie konnte sehr nett sein, und sie konnte sehr sarkastisch und sehr zynisch sein und konnte jemanden mit ihrem Sarkasmus ganz schön fertigmachen. Der einzige Ort, wo ich sie vollkommen außer Rand und Band gesehen habe, war auf dem Fußballplatz.
Ich glaube, sie war als junger Mensch ganz anders. Als Kind war sie berühmt schlimm, sie hat das gern erzählt. Mein Großvater hat sie gehaut, und wenn er der Meinung war, daß er es nicht schafft, hat er einen Stallburschen geholt. Dieser Stallbursche ist dann nach dem Ersten Weltkrieg als Dienstmann in Graz auf der Straße gesessen. Wenn wir mit unserer Mutter spazieren gegangen sind, hat er zu ihr gesagt: Schlimme Laja, schlimme Laja.
Sie hat erst mit zehn oder noch später die Heilige Kommunion bekommen, und man hat uns gesagt, daß sie von dem Tag an wie ausgewechselt war, absolut brav, das netteste Kind von allen. Aber die andere Seite muß noch in ihr drinnen gewesen sein. Sie ist als junge Frau mit meinem Großvater öfter nach Monte Carlo gefahren. Er hat dort gespielt, aber ganz strikt. Sie hat uns erzählt, sie wäre sofort durchgedreht und hätte alles verspielt. – Aber wie gibt's denn das, du? – Dann hat sie so verschmitzt gelächelt, und man hat das Gefühl gehabt, da ist noch ein anderes Wesen.
An einem Tag in der Woche konnte man das ahnen. Jeden Samstag haben wir das sogenannte samstägliche Spiel gemacht. Da waren wir oft elf Personen: sieben Kinder, die Eltern und die zwei Hausmädchen. Bei diesem Spiel ist sie vollkommen durchgedreht. Sie konnte nicht verlieren, sie war außer sich. Und wir waren ganz erstaunt und überrascht, daß die Mutter jeden Samstag eine Stunde lang ein vollkommen anderes Gesicht hat.
Irgendwie ist sie mir ein Rätsel. Ich glaube, daß sie eine sehr sensuelle, sehr leidenschaftliche Frau war, die eine sehr überlegene und ruhige dargestellt hat. Im Krieg hätte sie niemals etwas vom Schwarzmarkt gekauft. Sie hat die Lebensmittelkarten eingeteilt, und wir haben genau danach gelebt, sie hat immer eine Reserve gehabt, sie hat beinhart das Regiment geführt.
Meine jüngeren Geschwister haben sie anders erlebt als ich. Ich war ja ab 1948 weg, da war mein jüngster Bruder zehn Jahre alt. Ich kann mich kaum erinnern, daß ich zu ihr gegangen wäre, um ihr etwas zu zeigen. Etwas zu besprechen, eine Meinung auszutauschen, daran war eigentlich nicht zu denken. Sie hat ihre Meinung gehabt und Ratschläge gegeben und hat erwartet, daß man sie ausführt. Mit ihr konnte man nicht diskutieren.

Schon als ganz kleines Kind war mir bewußt, daß meine Mutter wegen unserer Familie einen anderen Lebensplan aufgegeben hat. Die erste Frau meines Vaters ist gestorben, und er hat gesehen, daß er mit zwei Kindern allein nicht zurechtkommt. Meine Mutter hat er schon lang gekannt, die Familien haben sich gekannt, und er hat sie oft am Klavier begleitet, wenn sie gesungen hat. Sie war ihm also musikalisch geläufig.
Es war für sie wesentlich, daß sie die Kinder kennenlernt, bevor sie der Hochzeit zustimmt. Die Kinder sollten nicht das Gefühl haben, sie sei eine Stiefmutter. Ich glaube, daß sie sich eine Bedenkzeit erbeten hat. Sie müssen eine wunderbare Hochzeitsreise gehabt haben, nach Fuschl – davon haben sie beide geschwärmt. Meine Mutter hat von relativem Überfluß in relative Armut geheiratet. Und dann hat es natürlich sehr viel Arbeit gegeben. Wir haben den Eindruck gehabt, daß beide Eltern bis an die Grenze ihrer Kraft arbeiten.
Das war also für sie ein sehr schwerer Entschluß, den hat sie in einer wirklich großartigen Weise ihr ganzes Leben durchgestanden.

De la Fontaine und Unverzagt

Der Mann trug seinen Namen zu Recht.
Aufgewachsen an der großen Zeitenwende, muß er mit dem Schulabschluß in den Ersten Weltkrieg. Er geht zur Marine, die es vier Jahre später nicht mehr gibt. Er absolviert in Rekordzeit ein Technik-Studium, arbeitet nebenbei, denn er hat für Witwe und Kinder seines älteren Bruders zu sorgen. 1922 gründet er eine eigene Familie. Es ist keine Geldheirat. Die Ehe mit Annemarie Konradsheim bringt große Turbulenzen. Die Schwiegermutter begeht unter dem Einfluß eines Hypnotiseurs einen Perlendiebstahl, der den Boulevardblätterwald aufrauschen läßt. Die Ehefrau stirbt 1926 an Herzstillstand nach einer Operation. Er hat eine kleine Tochter, Alice, und einen kleinen Sohn, René. In Österreich ist Wirtschaftskrise. Er bekommt einen Posten als Bauingenieur in Berlin, wo er an der Errichtung des Spree-Havel-Kanals beteiligt ist. Doch die Kollegen machen krumme Nebengeschäfte, zweigen Baumaterial ab, an Bleiben ist nicht zu denken.
Inzwischen hat er eine neue Gefährtin gewonnen. Sie hat ihm in Berlin bereits zwei Söhne geboren: 1929 Nikolaus, 1931 Philipp. In Graz, wo

ihr Vater eine Wohnung anbietet, kann er eine Stelle in der Steirischen Landesregierung ergattern. Dafür ist ein Jus-Studium erforderlich, das er neben der Arbeit beim Bau der Wechsel-Bundesstraße in fünf Semestern schafft. Kaum erfreut er sich der sicheren Position in der Baurechtsabteilung, kaum sind die Jüngsten, Lily, Karl und Franz, auf der Welt, bricht neuerlich der Krieg aus. Er entgeht ihm knapp, dank seiner Kinderschar und dank eines Vorgesetzten, der seine Unentbehrlichkeit im Amt bestätigt. Sorgen und materielle Not bleiben ihm bis ins fortgeschrittene Alter nicht erspart.

Doch das war offenbar nicht das Wesentliche.

Als wäre sein klangvoller Titel zugleich sein Wahlspruch, lebt Eberhard de la Fontaine Graf d'Harnoncourt-Unverzagt, Jahrgang 1896, allen äußeren Wechselfällen zum Trotz mit schier unerschöpflicher Energie für seine geistigen Leidenschaften. Für die Musik vor allem, die aus Standesgründen ein Hobby bleiben muß, aber auch für die Literatur, für künstlerisch-handwerkliche Tätigkeit. All das hat in jeder Lebenslage seinen unverrückbaren Platz. Vom Existenzkampf völlig unangefochten, schreibt er etwa 1932 eine Violinsonate, die prompt mit einem Kompositionspreis ausgezeichnet wird.

Nikolaus Harnoncourt erzählt, sein Vater habe sich 1914 vor allem deshalb zur Marine gemeldet, weil es dort die meisten Musiker gab. Er habe sich ein zusammengestutztes Klavier aufs Torpedo-Boot schaffen lassen und als Navigationsoffizier im Mittelmeer nicht bloß die feindlichen Stellungen im Auge behalten, sondern auch Operetten komponiert. Und er sei ein geradezu genialer Pianist gewesen, der nach einem Konzert- oder Opernbesuch die Werke daheim in vollen Harmonien nach Gehör nachspielte.

Eberhard d'Harnoncourt liebt Lehár und Gershwin. Natürlich ist er auch mit der Wiener Klassik vertraut. Er sorgt dafür, daß seine Kinder frühzeitig Instrumente erlernen, komponiert Sonaten und Kammermusikstücke, die ihrem jeweiligen Können angemessen sind. Bald gibt es ein Quartett auf respektablem Niveau: der Papa am Klavier, René und Philipp auf der Geige, Niki auf dem Cello. Die Töchter sowie die beiden Jüngsten werden hingegen mit weniger Ambition betreut. Frustriert erinnert sich Franz, daß er vor allem umblättern durfte. Zum Ausgleich hat er, was wiederum die älteren Geschwister nicht taten, gern und viel ge-

sungen. Bei Steirerliedern, bei einem schönen Jodler kann er heute noch knieweich werden.
Daß der Vater nicht versucht hat, die Zwänge seines Standes zu überwinden und seine Leidenschaft zum Beruf zu machen, findet Nikolaus Harnoncourt nicht erstaunlich.

> Er war kein Rebell. Er hat sich ja sehr wohlgefühlt in seiner Familie, und er war ein sehr liebevoller und familiärer Mensch. Er hätte Rebell sein müssen gegen seine eigene Standesvorstellung. Ich habe ihn nie so gesehen.

Erst in der letzten Lebensphase stellt sich für Eberhard d'Harnoncourt die harmonische Einheit von Pflicht und Neigung her: Von 1956 bis zu seiner Pensionierung 1961 leitet er das Kulturreferat der steirischen Landesregierung. Die große Karriere seines Sohnes Nikolaus erlebt er nicht mehr. Er stirbt 1970, in bester körperlicher Verfassung, an einem Herzschlag – unterwegs zu einer Sitzung des Musikvereins für Steiermark. Auf die Frage, ob er ihn vermisse, sagt Nikolaus Harnoncourt, er beneide ihn um diesen raschen Tod. Daher könne er ihn nicht vermissen.
Das Verhältnis zwischen Vater und Sohn war bestimmt von Zuneigung und Reibung, beides in ungewöhnlich hohem Maß. Selbst nach streng autoritären Grundsätzen erzogen, zudem geprägt vom spezifischen Geist österreichischer Beamtenhierarchie, kann der Papa den notorischen Widerspruchsgeist seines Eigenwilligsten nur schwer ertragen. Bei aller Liebenswürdigkeit und Umgänglichkeit pocht er im Zweifelsfall auf seine väterliche Autorität. Und erweist sich nebstbei als nicht eben begnadeter Pädagoge.

> Wenn ich mich in einem Schulgegenstand nicht ausgekannt habe, wenn ich etwas nicht übersetzen konnte in Latein, hat er mir geholfen. Wenn ich in Mathematik etwas nicht verstanden habe, hat er's mir erklärt – und am Ende hat's immer Tränen gegeben. Das hat meine Mutter zur Verzweiflung gebracht. Er konnte nicht gut erklären, didaktisch. Es war für ihn so selbstverständlich, daß man das weiß, daß er überhaupt nicht begriffen hat, wie ich einen Gedankensprung nicht mitspringen konnte. Er hat es mir nicht so erklärt wie jemandem, der's nicht weiß, sondern wie jemandem, der's auch weiß.
> Der Papa war sehr viel lockerer als die Mama, aber er war vom Wesen her unglaublich autoritär. Ich habe ihn heiß geliebt, aber wir haben irrsinnig ge-

> stritten. Ich habe zum Beispiel ganz früh Meinungen vertreten über: was ist mein Wissen wert, was ist dein Wissen wert. Ich kann mich erinnern, daß ich ihm mit zwölf Jahren schon gesagt habe: Das kannst du nicht besser wissen als ich, auch wenn du dreißig Jahre älter bist.
> Er war in seiner Denkungsweise Mathematiker und Physiker. Deshalb habe ich meinen Standpunkt mathematisch erklärt: Das absolute – vielleicht göttliche – Wissen ist mathematisch gesehen unendlich, nicht meßbar. Mein Wissen und dein Wissen sind im Vergleich zu dieser absoluten Weisheit gleich null. So gesehen ist dein Wissen überhaupt nicht mehr wert als meins. – Warum er als Mathematiker das nicht akezptieren wollte, habe ich nicht verstanden.
> Als Kind war er in allen Schulfächern glänzend. Er hatte eine konventionelle Meinung über alles, so wie man es in der Schule lernt. Und ich habe alles angezweifelt, ich konnte nichts einfach so akzeptieren.

Dieser Wesenszug Nikolaus Harnoncourts zeigt sich offenbar von Kindheit an: Vorhandene Meinungen und Urteile muß er zuerst einmal ablehnen, um sie sich unbefangen und selbständig neu zu bilden. Rückendeckung bezieht er in dieser Hinsicht schon früh bei einem der originellsten Querköpfe unseres Jahrhunderts: Egon Friedell, dessen 1927 bis 1931 erschienene »Kulturgeschichte der Neuzeit« dem Halbwüchsigen beim Stöbern im wohlsortierten Bücherschrank in die Hände fällt. Eine echte Offenbarung, die der väterlichen Autorität viel Wind aus den Segeln nimmt. Da steht schwarz auf weiß all das, worüber er mit dem Papa ständig in Streit gerät.

> Das war noch im Krieg, ich war dreizehn, vierzehn Jahre alt, da habe ich zu meinem Vater gesagt: Schau, mir sagst du, ich habe keine Ahnung, und der Friedell schreibt ganz genau dasselbe. Sagt er: Der Friedell ist ein Journalist. Das ist kein ernstzunehmender Historiker. – Das sind aber wirklich gute Gedanken! – Das darfst du überhaupt nicht lesen, wir dürfen das gar nicht haben.

Der Vater erklärt nicht, warum die Bücher Friedells verboten sind. Der Sohn versteht es intuitiv wohl trotzdem. Der Wiener Kulturhistoriker und Feuilletonist, Kabarettist und Schauspieler, der im März 1938, wenige Tage nach dem Einmarsch der Hitler-Truppen in Österreich, durch einen Sprung aus dem Fenster Selbstmord beging, wird sein Leitstern in

den Jahren äußerer und innerer Unsicherheit. Seine Gedanken unterstützen Nikolaus' angeborene Skepsis, bestärken seine Haltung, den eigenen Überlegungen mehr zu trauen als vorgefaßten Ansichten, auch wenn es Opfer kostet. Bis heute hegt er große Wertschätzung für Friedells Person und Werk.
Trotz des heftigen Kräftemessens mit dem Vater, das ja auf der Bereitschaft basiert, einander ernst zu nehmen, empfindet Nikolaus Harnoncourt die Atmosphäre seines Elternhauses rückblickend als sehr liebevoll und harmonisch, auch was das Verhältnis zur unnahbaren, unberechenbaren Mutter betrifft.

> Ich habe mich auch bei der Mutter geborgen gefühlt. Sie war eben so eingekapselt. Vielleicht hat sie sich vor etwas geschützt.
> Es gab Momente, wo sie diese Beherrschung verloren hat, wo ich ihre Sinnlichkeit als Frau gespürt habe. Da hatte ich das Gefühl, sie zeigt etwas davon, ohne das selbst zu wissen und zu wollen, für einen Moment, um es so schnell wie möglich wieder zu verschließen, damit man davon ja nichts merkt – vor allem, daß sie selbst nicht zuviel davon merkt.
> Ich habe mich darüber gefreut, ich habe das als eine Komplettierung des Mosaiks empfunden. Und wenn sie von ihrem Schlimmsein erzählt hat – das haben sie und die Großmama gerne gemacht – oder wenn sie von ihrer Angst erzählt hat, beim Spielen die Beherrschung zu verlieren, dann hat sie immer so einen verschmitzten Ausdruck gehabt. An den erinnere ich mich gerne.

Während es in der intellektuellen Auseinandersetzung hart auf hart geht, verläuft Nikolaus Harnoncourts Entwicklung in künstlerischen Dingen ziemlich friktionsfrei. In diesem Bereich liefern Vater und Sohn einander keine Kämpfe. Es ist eher ein organisches Weiterverwandeln der Begabung von einer Generation zur nächsten. In der Musik kristallisieren sich schnell die Unterschiede von Interessen und Fähigkeiten heraus, die man aneinander beobachtet, respektiert, auch bewundert. So spielt der junge Cellist etwa schon früh die Gambensonaten von Bach, während sein Vater mit barocker Polyphonie nicht viel anfangen kann.

> Er hat immer gesagt, er verstünde überhaupt nichts von Bach, was irgendwo gestimmt hat. Er konnte sehr, sehr gut Klavier spielen, und es war ihm kein Problem, musikalische Gedanken sofort am Klavier auszudrücken. Er hat

dazu keine Noten gebraucht. Aber er konnte nicht polyphon spielen. Er hat gesagt, die Selbständigkeit von zwei oder drei Stimmen sei für ihn nicht nachvollziehbar.

Als mein Musikmachen dann professionell war, hat es mein Vater sicher auch in Relation zu seinem Musikmachen gesehen und hat es bewundert. Wobei ich immer gesagt habe: Wenn ich das könnte, was er gekonnt hat, dann wäre ich ja Komponist geworden. Ich habe ihn um sein Klavierspielen beneidet und um die Art seiner Musikalität.

Ein zweiter kreativer Bereich, für Nikolaus lange Zeit mindestens ebenso wichtig wie die Musik, ist fixer Bestandteil im Leben der Harnoncourts: die Arbeit mit Holz. Hier setzt der Vater als geborener Mathematiker und gelernter Ingenieur unüberbietbare Maßstäbe in Präzision und Liebe zum Detail. Nur in der mündlichen Überlieferung erhalten sind die fabulösen dreistöckigen Kaninchenställe – mit Treppen, damit die Kaninchen einander besuchen können. In der Verwandtschaft noch vorhanden sind seine mit Intarsien versehenen Ofenschirme. Er entwirft und fertigt sämtliche Gesellschaftsspiele für den Samstagabend, ebenso die unerläßliche Eisenbahn mit phantasievollen Varianten, etwa in Form der maßstabgetreuen Nachbildung der Grazer Straßenbahn und ihres Liniennetzes, bis hin zum Segelflugzeug.

Er hat die Holzarbeiten hauptsächlich gemacht, als ich noch klein war. Meine Erinnerung reicht da nur bis 1938. Ich war immer der Meinung, daß er alle diese Sachen viel besser macht als ich. Seine Perfektion habe ich neidisch bewundert. Ich selbst habe dann Schiffe gebaut, Modelle der österreichischen und der deutschen Flotte und ein altes Segelschiff von der Hanse.

Die Begeisterung, mit der der Papa darauf reagiert, scheint ihm übertrieben. Zwar sind die Schiffe so prächtig, daß sie bei Ausstellungen gezeigt werden. Aber Nikolaus weiß, daß er längst nicht so sorgfältig vorgegangen ist, wie er es seiner Meinung nach hätte tun müssen: Er hat die Teile nicht auf den Zehntelmillimeter genau geschliffen, sondern nur auf einen halben Millimeter.

Er fand meine Schiffe so toll und hat gesagt, das könnte er nie. Das habe ich als vollkommen unnötige Bescheidenheit empfunden, weil ich ja eher schlampig gearbeitet habe, im Gegensatz zu ihm.

Handwerkskunst ist ein Thema, bei dem Nikolaus Harnoncourt wie sonst kaum ins Schwärmen kommt. Das Werkzeug seines Vaters ist in seinen Besitz übergegangen, und er hat sich mit dem Medium Holz bis in die jüngste Zeit in vielfältiger Weise beschäftigt. Seine Kinder haben diese Tradition fortgesetzt. Speziell in seinem Sohn Eberhard hat er einen Verbündeten gefunden, der ihm aufgrund einer soliden Ausbildung als Tischler und Geigenbauer noch allerhand beibringen konnte.

So wie ich Musikinstrumente als Kunstwerke sehe, ist es für mich auch beglückend, wenn ein Handwerker seine Sache schön macht: ein Schmied, der eine gewöhnliche schwarze Stange schön schmiedet, ein Tischler, der nicht mit Glaspapier schleift, sondern den letzten Arbeitsgang mit dem Hobel macht, so daß ich die Holzstruktur sehe – das finde ich wunderbar. Solche Dinge können mich richtig begeistern.

Die Prioritäten im Elternhaus sind klar und stehen außerhalb jeder Diskussion. Die Geringschätzung materieller Bedürfnisse ist für die Kinder allerdings nicht ohne weiteres einzusehen.

Man hat bei uns das Armsein eigentlich nur an der Kleidung und am Essen erkannt. Fleisch – nur Sonntag, auch in der Zeit vor Kriegsbeginn. Schulbrot – da kann ich mich wirklich erinnern, was andere Kinder mitgehabt haben. Wurstsemmeln – das war für uns absolut unvorstellbar. Dann hat es Mitschüler gegeben, die Butterbrote hatten. Und wir haben Marmeladebrote ohne Butter gehabt. Das habe ich sehr unästhetisch gefunden, daß die Marmelade sich so in das Brot einsaugt. Und dann gab's welche, die gar kein Schulbrot hatten.

Für die Not der Familie Harnoncourt existieren verschiedene Begründungen. Nach der offiziellen Lesart hat der Großvater, Hubert d'Harnoncourt, k. k. Kämmerer und Oberleutnant der Reserve, sein gesamtes Vermögen durch Investitionen in Kriegsanleihen verloren. Sein Enkel Nikolaus ist bereit, auch eine andere Version zu offerieren, ohne sich auf eine der beiden Varianten festlegen zu wollen. Er stellt dazu die Fotografie eines korpulenten, etwas grimmig wirkenden Herrn in Malteser-Uniform auf den Tisch.

Das ist mein Großvater, der war zwei Meter groß. Er war Gutsbesitzer, der mit einem großen Gut angefangen hat und im Ruin geendet hat. Also, wie der Hans im Glück…

Vom malerischen »Rehhof« im niederösterreichischen Triestingtal über eine Villa in Baden bis zur Miete in der nicht sonderlich noblen Grazer Grabenstraße ging es bergab mit dem Großpapa, der sich vielleicht für seinen Kaiser ruinierte, vielleicht aber auch ganz einfach nicht wirtschaften konnte. Und der mit Sicherheit den politischen Umbruch nicht verkraftete, mit dem er sich im Alter abfinden mußte. Der stattliche Hubert, der 1879 den von Hans Makart prunkvoll gestalteten »Festzug der Stadt Wien« anläßlich der Silberhochzeit des Kaiserpaares auf der Ringstraße als Herold angeführt hatte – was sollte er als fast Siebzigjähriger mit den neuen Verhältnissen noch anfangen? Die Jahre bis zu seinem Tod 1924 verbrachte er mittellos und ohne Ziel.

> Nach dem Ersten Weltkrieg hat die Kammerjungfer seiner Frau ihr persönliches Geld benützt, um für ihn das »Frühstücksgolasch« im Gasthaus zu bezahlen. Er hat das, glaube ich, nie erfahren. Er hat wohl seine Verarmung nicht zur Kenntnis nehmen wollen. – Sein letztes Vergnügen war, mit der Straßenbahn in Graz herumzufahren, weil ihm Straßenbahnfahren Spaß gemacht hat.
> Die Großmama Harnoncourt habe ich noch gekannt. Sie hat Zigarren geraucht und eine ganz tiefe Stimme gehabt.

Anders als Nikolaus hat sein Großvater, vielleicht in Vorahnung des Endes seiner vertrauten Welt, sich intensiv für die Vergangenheit interessiert und die vergessene Geschichte seines Geschlechts mit wissenschaftlicher Akribie erforscht. 1894 brachte er im Selbstverlag »Gesammelte Nachrichten über die Familie der Grafen de la Fontaine-d'Harnoncourt-Unverzagt« heraus. Eine vierhundert Seiten starke Chronik, beginnend mit der ersten urkundlichen Erwähnung des Namens La Fontaine 1237. Hier ist die Herkunft der Harnoncourts aus dem Raum Lothringen/Luxemburg anhand der gesammelten Urkunden rekonstruiert.
1902 folgten in derselben Weise »Gesammelte Nachrichten über das erloschene Geschlecht der Grafen von Unverzagt«, die aus dem Raum Württemberg eingewandert waren, sich als opferbereite Kämpfer für die österreichischen Kaiser von Maximilian I. bis Rudolf II. in alle erdenklichen Schlachten warfen, aber auch einen Musiker in ihren Reihen hatten: Hanns Unverzagt, 1547 als »Leib-Trumetter der Königin« genannt.

Die Region rund um die belgische Kleinstadt Harnoncourt, aus der die Grafen im 18. Jahrhundert nach Österreich abgewandert waren, wird heute statt von Schlössern von Industriebauten dominiert. Von der Vergangenheit ist wenig mehr als ein Wappen geblieben. Dieses erweckt allerdings einen sympathischen Eindruck von Schlichtheit und Friedfertigkeit: ein goldener Schild mit zwei gekreuzten blauen Pilgerstäben und roter Muschel.

Nikolaus Harnoncourt hat die geschichtsträchtige Gegend als einziges Familienmitglied nie besucht. Immerhin steht in seinem Haus in Oberösterreich ein großes gelbes Ortsschild; ein Geschenk zum 50. Geburtstag, das er offensichtlich doch nicht in den Abstellraum verfrachten wollte, wo er seine Schallplattenpreise aufbewahrt.

Von künstlerischen Interessen seines Großvaters spricht Nikolaus Harnoncourt nicht. Es heißt, er sei ein profunder Bach-Kenner gewesen. Franz Harnoncourt zeigt hingegen Alben voll Zeichnungen, die jene Themen aufgreifen, die den glücklosen Hubert wohl am meisten beschäftigten. Minutiös ausgeführte heraldische Studien, aber auch Porträts von edlen Pferden, feurigen Zigeunermädchen sowie die eine oder andere romantische Landschaft. Eine Begabung im Bildnerischen, die bei René, seinem dritten Sohn, zur Entfaltung kam.

Der Onkel aus Amerika

An schwülen Sommertagen befreit Nikolaus Harnoncourt sich gern von den Zwängen des Dirigentenfracks und tritt in einem weiten weißen Leinenhemd mit gestickter Bordüre aufs Podium. Ein mexikanisches Bauernhemd aus der ersten Hälfte des vorigen Jahrhunderts, das er nicht bloß als besonders atmungsaktiv, sondern auch als besonders inspirierend empfindet. Inspirierend wie die Beziehung zu seinem Onkel René, der es ihm geschenkt hat. René d'Harnoncourt, der als Direktor des Museum of Modern Art in New York an den Schalthebeln der zeitgenössischen Kunstszene saß, der mit Marc Chagall und Pablo Picasso persönlich bekannt war. Der die neuesten Gershwin-Kompositionen und nach dem Krieg viele Care-Pakete in die Heimat schickte. Der bei seinen seltenen Besuchen den frischen Wind der weiten Welt in die Grazer

Wohnung brachte, die konventionellen künstlerischen Ansichten der Familie um neue Aspekte bereicherte. Zum Beispiel darum, daß Jugendstil im Gegensatz zur damals herrschenden Meinung doch etwas mehr als Kitsch sei.
Es war einmal ein junger Mann, aus der Aussichtslosigkeit des krisengeschüttelten Europas zu unbekannten Ufern aufgebrochen. Er entspricht genau der Vorstellung, die man sich von einem echten Grafen macht. Charmant und gebildet, lebenslustig und fesch, mit tadellosen Manieren und einem Anflug von Savoir-vivre. Er besitzt allerdings nur elf Dollar sowie ein reichlich nutzloses Doktorat der Chemie, als er 1924 nach Mexico City kommt. Außerdem kann er sehr gut zeichnen und kennt sich aus in künstlerischen Dingen.
Daß dieser junge Mann aus der Alten Welt den Amerikanern das kulturelle Erbe ihres Kontinents gleichsam zum Geschenk macht, indem er der Kunst der indianischen Völker den gebührenden Stellenwert verschafft, ist wahrscheinlich das Bemerkenswerteste an seiner auch sonst spektakulären Laufbahn. Schon fünf Jahre nach seiner Ankunft schickt der Emigrant aus Österreich, der sich vom Straßenmaler und Schaufensterdekorateur zum Antiquitätenhändler hochgearbeitet hat, eine wohlsortierte Ausstellung mexikanischer Volkskunst auf Tour durch achtundvierzig Bundesstaaten. 1941, da ist er bereits amerikanischer Staatsbürger, verhilft er der »Indian Art of the United States« zum Einzug ins New Yorker Museum of Modern Art. Acht Jahre darauf übernimmt er die Leitung des Museums und erweitert es zu fünffacher Größe. Die Kunstwelt Amerikas liegt ihm zu Füßen. Und er weiß seine vorzüglichen Beziehungen, allen voran die enge Freundschaft mit Nelson D. Rockefeller, im Interesse seiner vielfältigen Projekte zu pflegen.
Anfang der fünfziger Jahre bringt er eine imponierende Schau amerikanischer Moderne in die Wiener Secession. Verblüffung erzeugen nicht nur die Inhalte, sondern auch die Art der Präsentation, die bereits die heute übliche Form der »inszenierten« Ausstellung vorwegnimmt. Doch der Kontakt bleibt kühl. Mit der lokalen Mentalität, die es unmöglich macht, alle Wiener Museumschefs zum Ideenaustausch bei einem gemeinsamen Essen zu versammeln, kann und will René d'Harnoncourt sich nicht auseinandersetzen.

Nikolaus erinnert sich an den Glanz, den der elegante Onkel in seiner Kinderzeit verbreitete. Durch seinen exklusiven Freundeskreis aus Wiener Studienjahren, zu dem Oskar Kokoschka ebenso gehörte wie die kommunistischen Paradeintellektuellen Otto und Ernst Fischer. Durch seine Kenntnisse, die jeden Ausflug mit ihm zum lehrreichen Erlebnis machten, wie etwa jene Fahrt zur Kapelle von Pürgg im Ennstal, deren romanische Fresken er erläutern konnte, als habe er sie studiert.

> Es war uns vollkommen klar, daß das ein hochintelligenter, hoch künstlerischer Mensch ist. Er war in den Künstlerkreisen in Graz und Wien total integriert und hat diese Verbindungen sofort wieder aufgenommen, wenn er zu Besuch war. Und wir haben gespürt, daß er auch in Amerika sehr wichtige Kontakte und interessante Ideen hatte. Er war als Kulturminister vorgesehen, wenn Rockefeller Präsident geworden wäre. Ich hatte dann später, nach dem Krieg, sehr engen Kontakt mit ihm. Wir haben uns sehr, sehr gut verstanden.

René d'Harnoncourt, geboren 1901 in Wien, kommt 1968 bei einem Unfall ums Leben. Der nicht zu übersehende Zwei-Meter-Mann wird auf einem Gehsteig in Long Island von einem Auto überfahren. Das offizielle Amerika spricht von einem Verlust für die Nation. Zu seinem Begräbnis in New York spielt der Concentus Musicus. Der Name Harnoncourt bleibt im amerikanischen Museumswesen fest verankert. Renés Tochter Anne ist Direktorin des Philadelphia Museum of Art.

Vom Denken des Herzens

Das Herz hat seine Beweggründe,
von denen die Vernunft nichts weiß.

Blaise Pascal

Eine Eigenart prägt die Musizierweise Nikolaus Harnoncourts vor allen anderen: der fundamentale Ernst, der gerade in Werken von heiterem Zuschnitt besonders stark hervortritt. Hinter der Heiterkeit, der Komik eröffnet sich eine zusätzliche Dimension, die die Basis für das Geschehen im Vordergrund bildet.

Harnoncourts persönliche Grundfarbe ist Ernst. Unter seinem Zugriff erhält alles, was man gemeinhin als »unbeschwert« empfindet, tiefere Bedeutung. Die barocken Concerti in ihrer fröhlichen Festlichkeit, die kurzweiligen Serenaden Mozarts und erst recht die leichtsinnigen Wiener Walzer.

Er ist ein deklarierter Feind bloßer Zerstreuung. Er verabscheut die Gedankenlosigkeit, mit der unsere Gesellschaft die Musik zur Beruhigung und Berieselung mißbraucht. Er will Anregung, Aufregung, Erschütterung. Das hat ihm das Image vom »großen Unbequemen« eingetragen.

Seine Haltung wurzelt in dem Wertsystem, mit dem er groß geworden ist. Und die Zeit, in der er aufwachsen mußte, hat diesem geistigen Erbteil besonderes Gewicht verliehen. Durch die Konfrontation mit dem Terror des nationalsozialistischen Regimes haben die ideellen Verpflichtungen im Bewußtsein des Kindes an Brisanz gewonnen.

Harnoncourts künstlerisches Credo beinhaltet einen kategorischen moralischen Anspruch. Um ihn recht zu verstehen, muß man die philosophischen Überlegungen berücksichtigen, auf denen seine Arbeit basiert. Musik ist für ihn Ausdruck einer anderen, nicht rational begründeten Logik, die der französische Mathematiker und Philosoph Blaise Pascal als »raison du cœur« bezeichnet hat. Einer Erkenntnisebene jenseits der Vernunft, die mit dem Wort Intuition nur oberflächlich beschrieben ist; erst auf diesem Weg wird die Gotteserfahrung möglich.

»Aus der Denkweise des Herzens entsteht die Kunst«, hat Nikolaus Harnoncourt in einer Rede zum Abschluß des Mozart-Jahres 1991 in

Salzburg formuliert. »Das Denken des Herzens ist das Vermittlungsorgan der Religion, und die Kunst seine Sprache.« – »Ohne Religion kann es keine Kunst geben.« – »Die Kunst ist die Nabelschnur, die uns mit dem Göttlichen verbindet.«
In biographischem Zusammenhang betrachtet, vermitteln diese Aussagen die offenbar zentrale existentielle Erfahrung seiner Jugend: daß Religion und Kunst die Grundpfeiler eines menschenwürdigen Daseins bilden.

Adel verpflichtet – wozu?

Nicht weit vom Grazer Stadtpark befindet sich, selbst von einem Park umgeben, ein großzügiges Palais in Schönbrunner Gelb mit großen, dekorativen Fensterfronten. Erzherzog Johann hat es zwischen 1841 und 1843 als Stadtwohnsitz errichten lassen. Jetzt schwärmen dort Horden junger Leute ein und aus. Aus dem »Buffet Brandhof« dringt Zigarettenqualm. Seit 1963 ist das Palais Meran Sitz der Grazer Hochschule für Musik und darstellende Kunst. Schwierig, sich in diesen Räumen familiäres Leben vorzustellen.
Im Palais Meran hat Nikolaus Harnoncourt nach der 1931 erfolgten Übersiedlung aus Berlin den unbeschwerten Teil seiner Kindheit verbracht. Im Nordflügel des Erdgeschoßes hat die kontinuierlich wachsende Familie genügend Platz. Der Vater läßt ein modernes Badezimmer einbauen und richtet eine Werkstatt ein. Es gibt ein Grammophon, und es gibt auch ein Radio, eine damals noch neue Errungenschaft, die bei Nikolaus' späterer Berufsentscheidung eine wesentliche Rolle spielt.
Der Park bietet zwar nicht die große Freiheit, die man im Sommer auf dem Brandhof genießt, aber man bleibt doch von den Erwachsenen weitgehend unbehelligt.
Zu bestimmten Anlässen sind Anstandsbesuche bei den Großeltern Meran in der Beletage angesagt, zu denen Niki, ordentlich frisiert, im Samtkleid mit Spitzenkragen antritt, um auf dem Schoß der Großmama ein »moralisches« Bilderbuch anzusehen.
Niki ist ein zorniges Kind, bei dem die großmütterlichen Patentrezepte keine Wirkung zeigen. Wenn er sich mit rot angelaufenem Kopf auf dem

Boden herumwirft, hilft weder das Überschreien noch das Anschütten mit kaltem Wasser.
Niki ist ein stolzes, eigensinniges Kind. Er will nicht getröstet werden, wenn er Kummer hat oder wieder einmal mit dem Roller auf dem Kies hingefallen ist. Schon der Achtjährige trainiert in ungewöhnlicher Weise die Selbstkontrolle.

> Ich war ein sehr zorniges Kind. Mir ist gesagt worden, ich hätte so gebrüllt, nur aus Zorn, daß die das Gefühl hatten, ich sterbe. Das kennt man ja von kleinen Kindern. Am Schluß hätte ich mich dann auf den Boden geworfen... die waren ganz verzweifelt und haben nicht gewußt, was sie mit mir machen sollen.
> Ich weiß, daß ich zu Ausbrüchen angelegt bin, aber ich kann mir so etwas heute gar nicht vorstellen. Jedenfalls hat man mir gesagt, daß ich von allen Geschwistern der Zornigste war. Ich kann mich gut erinnern, daß ich ab einem sehr frühen Stadium, also vielleicht mit acht, neun Jahren, richtig Angst davor hatte, mich nicht beherrschen zu können. Wenn ich irgendwo einen Betrunkenen gesehen habe, hat mich das irrsinnig schockiert, und zwar vor allem deshalb, weil ich das Gefühl hatte, der macht Sachen, die er selbst nicht will: Er hat die Kontrolle über sich verloren.
> Wenn man mir von meinen Zornausbrüchen erzählt hat, habe ich mir gedacht: Das ist doch ein Wahnsinn, bei sehr starken Empfindungen verliere ich die Kontrolle über mich. Und ich hatte Angst vor mir selber, daß ich irgendwann einmal etwas tue, was ich nicht will. Ich habe das jedesmal als Rückschlag empfunden, wenn ich die Beherrschung verloren habe, wenn ich etwas gesagt habe, was ich eigentlich nicht wollte. So habe ich versucht, das wegzutrainieren, wohl etwas übertrieben, denn dieser berühmte Kniereflex, der funktioniert bei mir seither nicht mehr.
> Heute ist das ein bissel abgeklärt, aber ich glaube nicht, daß ich es mir verzeihen würde, wenn mich jemand so in Wut bringt, daß ich die Beherrschung verliere. Und das hat vielleicht zu tun mit meiner Anlage als zorniges Kind.

Nikolaus besucht den englischsprachigen Kindergarten, den seine Tante Renata d'Harnoncourt im Haus in der Grabenstraße eingerichtet hat. Anschließend kommt er in die Volksschule in der Elisabethstraße. Er beginnt mit dem Cellounterricht bei Hans Kortschak, einem angesehenen Grazer Musiklehrer. Gemeinsam mit Philipp versucht er sich vierhändig auf dem Klavier. Die Brüder absolvieren kleine Auftritte im Blindeninstitut. Gelegentlich dürfen sie den Papa in ein Konzert im Stefaniensaal begleiten. Sie sind Ministranten im Grazer Dom, erwerben hier elementare Kenntnisse der Kirchenmusik. Domkapellmeister Anton Lippe ist äußerst ambitioniert, führt Haydns Oratorien auf. In der Folge zieht er Nikolaus immer wieder zur Mitwirkung heran.

Doch die Familie bildet im Grunde eine Welt für sich. Man hat zu Hause alles, was man braucht. Spielkameraden, Partner zum Musizieren, Auskunftspersonen, Bücher. Was sie interessiert, lernen die Kinder aus eigenem Antrieb daheim. Die Großen müssen für die Kleinen da sein und die Kleinen für die Großen. Einübung ins Dienen und Herrschen. Man rauft sich – häufig im buchstäblichen Sinn – zusammen. Die Vorgänge jenseits des Meranschen Parks sind in diesem autarken Sozialgefüge von untergeordneter Bedeutung.

Bis Nikolaus eines Tages durch den Gartenzaun hindurch hysterische Massen beobachtet, die sich heiser brüllen wegen eines gewissen Führers, der schräg gegenüber im Hotel Birne abgestiegen ist. Er empfindet Angst und Scham angesichts dieser aufgepeitschten Horde von Menschen, die sich wie die Affen im Zoo aufführen.

Plötzlich bevölkern unheimliche Gäste in schwarzer Montur das Palais. SS-Männer beziehen im Park Stellung. Sie kommandieren die Familie herum, bewachen den Eingang und fordern vom Vater eine Legitimation, wenn er mit den Kindern von der Sonntagsmesse zurückkommt. Dieser Zusammenprall von Kindertraum und Gewalt ist der stärkste Eindruck, den Nikolaus Harnoncourt aus seiner Kindheit behalten hat.

Die Steiermark zählt zu den Regionen, in denen die Bevölkerung gezielt radikalisiert wird. Das südliche Grenzland ist ein Unruheherd. Die Industriegebiete mit ihrem großen Potential an verunsicherten Arbeitslosen werden bevorzugte Zielscheibe von Terroranschlägen, mit denen die Nazis das gespannte politische Klima aufheizen. Der »steirische Flügel« der christlich-sozialen Heimwehr-Bewegung schwenkt bereits 1930 auf großdeutschen Kurs. Wegen besonders heftiger nationalsozialistischer Ausschreitungen erhält Graz den zweifelhaften Beinamen »Stadt der Volkserhebung«.

Am Abend des 11. März 1938 ist die Familie um den Radioapparat versammelt. In einer letzten Ansprache muß der Bundeskanzler via Rundfunk eingestehen, daß die Erste Republik endgültig am Ende ist: »Gott schütze Österreich!« Mutter und Großmutter brechen in Tränen aus. Das Palais Meran wird zwangsverkauft. Kurz nachdem Nikolaus neun Jahre alt geworden ist, am 15. Dezember 1938, übersiedeln die Harnoncourts in den Nachbarbezirk, in eine Mietwohnung in der Goethestraße, ohne Garten. Eine Zäsur, die spüren läßt: das Ende der Kindheit ist nahe.

Noch bleibt eine Galgenfrist bis zum Drill beim »Deutschen Jungvolk«, zu dem alle Zehnjährigen eingezogen werden. Wer den »Dienst« versäumt, zu dem man mittwochs und sonntags in Uniform anzutreten hat, wird von einer Streife abgeholt, riskiert, daß man ihm die Haare schert und ihn in die »Pflicht-HJ« steckt, das Pendant zur Strafkompanie des Militärs. Als Grundlage der »weltanschaulichen Schulung« ist das Buch »Pimpf im Dienst« auswendig zu lernen.

Nikolaus Harnoncourt erinnert sich genau an Einzelheiten der Propaganda-Maschinerie. Die Reden von Hitler und Goebbels klingen ihm noch im Ohr.

> Es kommt bei mir immer wieder heraus. Ich rede fast zwangsläufig über die Kriegsjahre, über die Nazizeit. Wenn zum Beispiel irgendein Film im Fernsehen ist, mit Material aus der Zeit, kann ich fast nicht abdrehen. Ich weiß nicht, warum, aber ich will mir diese Sachen immer wieder einprägen, auch wenn's noch so grausam ist. Ich habe keine Begründung dafür, ich will's auch nicht begründen.
>
> Ich frage mich manchmal wirklich, was ich mitgekriegt habe, was man gewußt hat, was man nicht gewußt hat. Wenn ich höre, daß Leute heute sagen: Wir haben nichts gewußt oder: Man mußte wissen... Das hat für mich eine sehr starke Beziehung zur eigenen Biographie. Ich kann noch alle Texte von diesen Naziliedern, und ich bemerke jeden Fehler, wenn die heute in Filmen gesungen werden. Dasselbe bei den Uniformen. Auch das typische Verhalten der SA- und SS-Leute oder der höheren HJ-Führer – wie eingebrannt ist mir das.

Die Haltung der Familie Harnoncourt gegenüber dem nationalsozialistischen Regime reicht von mehr oder minder deutlicher Ablehnung bis zu offener Auflehnung. Tante Isabelle, die wegen Abhörens »feindlicher Sender« von der Geheimen Staatspolizei einvernommen wird, geht ins Konzentrationslager. Sie ist zu stolz, eine Notlüge zu gebrauchen.

Tante Isabelle war eine Wahrheitsfanatikerin. Die Hausbesorger haben sie angezeigt, weil sie englisches Radio gehört hat. Der Gestapo-Mann hat ihr nahegelegt, zu leugnen. Der wollte sie loswerden. Und sie hat gesagt: Ich denk' überhaupt nicht dran, einen anderen Sender zu hören, glaubt ihr, ich will eure Lügen hören, und so weiter – jedenfalls ist sie ins KZ gekommen, da hat sie wirklich grauenvolle Sachen erlebt. Sie ist dann eigentlich seelisch ungebrochen herausgekommen, nach dem Krieg.

Zu Hause wird über den Verlauf der Ereignisse kaum offen gesprochen. Die Kinder wissen auch so, auf welcher Seite sie zu stehen haben.

Die Eltern haben eine durchaus berechenbare Meinung zu den politischen Situationen gehabt. Was nicht in ihre Weltanschauung hineingepaßt hat, dagegen waren sie. Es gab einen Bruder meiner Mutter, der war ein Nazi. Der ist auch weggegangen aus Österreich, 1934. Das war ein sehr intelligenter Mann, mit dem ich mich eigentlich persönlich sehr gut verstanden habe. Der ist auch aus der Kirche ausgetreten.
Es war uns wohl allen bewußt, vor welchen Leuten man nicht offen reden konnte. Leute im Haus, Leute in unserer Straße, Blockwarte – die waren ja schon eine Parteiinstitution. Wir haben gewußt, wie die Eltern denken, auch wenn sie vor den Kindern kaum über Politik gesprochen haben, schon aus Angst, daß wir unbedacht etwas weitersagen.
Es war uns klar, daß der Papa in seiner Position eigentlich der Partei hätte beitreten müssen. Er hatte aber einen Chef, der Parteimitglied war und der ihn gedeckt hat. Sonst wäre es für ihn sehr schwierig gewesen. Andererseits waren wir sieben Kinder. Eine kinderreiche Familie war für die Nazis etwas zu Schützendes. Und in diesem Vakuum – nicht bei der Partei, andererseits sieben Kinder – ist unsere Familie relativ glimpflich durchgekommen.

Das Weltbild der Eltern lasse sich, meint Nikolaus Harnoncourt, kaum in unser heutiges Denken, unseren heutigen Sprachgebrauch übersetzen. Es beruht auf dem zentralen Begriff der Pflicht. Die Religion und ein tradiertes System von Werten bilden das Koordinatensystem für verantwortungsbewußtes Handeln.

Die Pflicht im Sinne des Adels: Pflicht über das hinaus, was einem als Pflicht vorgeschrieben wird. Das bedeutet, daß man selbstverständlich nicht jemandem verpflichtet ist, sondern Werten und daß darüber überhaupt keine Worte

zu verlieren sind. Was man zu tun oder nicht zu tun hatte, war klar. Da gab's nichts zu überlegen.
Das ist heute vielleicht schwer zu verstehen. Wir wurden eben mit einer althergebrachten Werteordnung aufgezogen. Dabei ist der Wert des Materiellen nicht in Erscheinung getreten.

Die Rituale des katholischen Glaubens, die das Leben der Familie bestimmen, rücken aufgrund der äußeren Situation wieder näher an ihre ursprüngliche Bedeutung. Der Besuch der Sonntagsmesse wird zur Mutfrage. Denn der »Dienst« beim »Jungvolk« ist zur selben Zeit angesetzt.

Die Sonntagsmesse war für uns selbstverständlich. Das ist ein Teil des kirchlichen Lebens. Von der Mutter her gesehen war das absolute Priorität. Und soweit die kirchlichen Behörden in Graz sich politisch geäußert haben, war das auch die Meinung der Mutter, würde ich sagen.
Wir konnten in der Regel in eine Sonntagsmesse gehen, die zu einer anderen Tageszeit war, mußten aber bei der HJ sagen: Ich war in der Messe – also, das hat großen Mut erfordert, das war geradezu heldenmütig.
Man ist nicht verdroschen worden, aber heruntergemacht. Für ein Kind ist ja Prestige eine sehr wichtige Sache. Ich kann mich an Feigheit erinnern, und ich kann mich an Mut erinnern.«

Die Rolle der Kirche während des Nationalsozialismus ist ein umstrittenes Kapitel in der österreichischen Geschichtsbewältigung. Daß die österreichische Bischofskonferenz der Bevölkerung in einem Hirtenbrief empfahl, für den Anschluß Österreichs ans Deutsche Reich zu votieren, zeugt von den bewährten Strategien der geistlichen Spitzenfunktionäre, sich mit den wechselnden Kollegen von der weltlichen Fraktion zu arrangieren.

Man war entsetzt über diese Empfehlung. Ich kann mich an keine Nazis in der Kirche erinnern. Es hat sicherlich eine Reihe von Kirchenstellen gegeben, die versucht haben zu kollaborieren. Aber mein Eindruck war, daß die Kirche geschlossen absolut dagegen war und einen fast unüberwindlichen Widerstand geleistet hat.
Die Kirche ist in der Hitlerjugend wahnsinnig angefeindet worden. In der Schule haben sie nach den Religionen gefragt, da hat's geheißen: katholisch,

evangelisch oder gottgläubig – so hat man die Ausgetretenen genannt. Wir hatten den Eindruck, die wollen mit dem Nazismus eine Art Religion gründen. Hitler hat ja immer die Vorsehung zitiert in seinen Reden.
Natürlich hat es auch unter den Kirchenfunktionären Nazis gegeben. Das haben wir aber erst später erfahren.

Rückblickend empfindet Nikolaus Harnoncourt das Klima in seiner Familie als grundsätzlich offen gegenüber allen christlichen Religionen. Er selbst ist jedenfalls zunehmend von den Ideen des Christentums jenseits der Institutionen fasziniert.

Ich war immer der Meinung, vielleicht bin ich auch noch dieser Meinung, daß man eine fehlerhafte Institution in Kauf nehmen kann, um die Inhalte, um die Substanz zu bewahren. Daß die kirchlichen Institutionen aller Religionen etwas sehr Irdisches sind, ist mir als historisch interessiertem Menschen sehr bald klar gewesen, schon als Kind.

Die Weltanschauung der Eltern steht in den familiären Diskussionen nie zur Debatte. Sie ist auch für den kritischen Nikolaus tabu. Nur ein einziges Mal geht er deutlich in Opposition. Die Differenz bricht auf am brisanten Thema »Vaterlandsverteidigung«.

So um das Kriegsende herum hat sich mir die Frage aufgedrängt, ob man als Soldat töten darf. Solche Dinge wurden in unserer Familie nicht in Frage gestellt. Aber ich war, wahrscheinlich so mit vierzehn, fünfzehn Jahren, ein radikaler Pazifist, im Gegensatz zu meinen Verwandten. Ich habe mir damals gesagt: Selbstverständlich muß man sich erschießen lassen, bevor man eine Waffe in die Hand nimmt. Und ich habe das auch religiös begründet. Ich habe damals gemeint, daß man unter Umständen jemanden tötet, der in einem Zustand des Verbrechens ist, und ihm damit sein ewiges Leben kaputt macht.
Meine damalige Einstellung war also: Vom religiösen Standpunkt aus ist es belanglos, ob man auf der Welt länger lebt oder kürzer lebt. Aber es macht einen großen Unterschied, in welchem Zustand ein Mensch bei seinem Tod ist. Daher habe ich damals jede Art von Töten abgelehnt.

In seiner Haltung bestärkt wird Nikolaus durch den Grazer Theologen Johannes Ude, bei dem er 1945 Lateinunterricht nimmt. Der betagte Wissenschaftler und Politiker, der bei der ersten Bundespräsidentenwahl der Zweiten Republik im Jahr 1951 auch für das höchste Amt im Staat kandidiert, ist Autor eines Buches mit dem Titel »Du sollst nicht töten«.

> Zu solchen Themen haben meine Eltern gesagt, es ist vollkommen unmöglich, daß man tausend Jahre lang falsche Ideale gehabt hat. Es könne nicht falsch gewesen sein, für etwas Gutes zu kämpfen, sich zu verteidigen, seine Angehörigen zu verteidigen.
> Und mich hat es irritiert, daß man etwas einfach deswegen akzeptiert, weil es tausend Jahre lang gemacht wird, und nicht neu überlegt, ob das stimmen kann. Meine Eltern waren eher der Meinung, wir haben nicht das Besteck, um über Dinge, über die viele Generationen nachgedacht haben, mit einem kleinen Gedanken hinwegzugehen. Das hat natürlich sehr viel für sich. Man muß den Wert der Gedanken, die man selbst dem Paket von Denken von vergangenen Jahrhunderten und Jahrtausenden entgegensetzt, schon sehr relativieren.
> Ich war jedenfalls damals der Meinung, daß meine persönlichen Gedanken viel wichtiger sind als Tradition und Vergangenheit.
> Heute meine ich: etwas, das historisch ist, steht für mich außer Frage. Ich beurteile das nicht. Und ich selbst habe mich so zu verhalten, wie ich es für richtig halte.
> Ich wäre absolut nicht in der Lage, das Verhalten meiner Eltern gut oder schlecht zu finden. Ich glaube nicht, daß sie mir irgendwelche Hindernisse in den Weg gelegt haben, selber so zu denken und so zu agieren und zu reagieren, wie ich es verantworten kann. Ich habe nicht das Gefühl, daß ich im selbständigen Denken gehindert worden bin durch das, was ich zu Hause bekommen habe.

Von einem, der auszog, das Fürchten zu lernen

Sommer 1937 auf dem Brandhof. Angesichts der Tatsache, daß die Selbständigkeit der Republik Österreich zusehends bedroht ist, findet es der Vater angebracht, seinen vier Ältesten in spielerischer Form patriotische Nachhilfe zu erteilen. Er bastelt rot-weiß-rote Flaggen und läßt sie damit in Habt-acht-Stellung antreten. Vor der Veranda stehen sie stramm, der

Größe nach aufgereiht. Schwester Alice, verlegen lächelnd, die Buben in ihren kurzen Hosen, mit frischem Bürstenhaarschnitt. Niki fühlt sich unbehaglich. Die Salutierhand will nicht so recht in die vorschriftsmäßige Position. Skeptisch blinzelt er in Vaters Kamera.

Das Strammstehen wird für ihn bald darauf Realität. Bei seinem Eintritt ins Deutsche Jungvolk wird er sofort zur »Führerausbildung« abkommandiert. Rückblickend findet er keinen plausiblen Grund für diese zweifelhafte »Sonderbehandlung«.

Der Zehnjährige kommt in ein Lager am Packer Stausee, an der Grenze zwischen der Steiermark und Kärnten. Nachtwache mit Stahlhelm und Gewehr. Täglich Boxen. Weil er der Kleinste ist, darf er sich seine Gegner aussuchen. Er lernt gleich in der ersten Runde, daß auch ein sympathischer Blondschopf rücksichtslos zuschlägt.

Was er nicht lernt, ist, vorschriftsmäßig »jawoll« zu schreien. Einmal muß er deshalb strafweise eine Nacht lang den Berg hinauf und hinunter rennen. Bis heute kommt ihm das verhaßte Wort höchstens als völlig unmilitärisches, österreichisch-gedehntes »Jawohl« über die Lippen.

Da er sich für höhere Aufgaben in der Hitlerjugend als untauglich erweist, wird er aus der »Elite« beizeiten wieder eliminiert und in die Reihen der gewöhnlichen Pimpfe eingegliedert. Es ergeben sich kleine Enklaven, etwa im Pimpfenorchester, wo er mit Philipp zusammen ist. Zwar sind die ideologischen Zwischentöne auch hier unüberhörbar, doch es ist immerhin ein schulungsfreier Raum. Mit Mozarts »Bastien und Bastienne« und der »Kleinen Nachtmusik« zieht man durch die Lazarette. 1942 nimmt Nikolaus am Jugendmusikwettbewerb teil, wegen seines zu geringen Alters allerdings außer Konkurrenz.

Bei der Hitlerjugend versucht er, der ideologischen Berieselung zu entkommen, indem er eine Straßentheatergruppe gründet, mit der er auf verschiedenen Plätzen in Graz musikalische Sketches aufführt. Mit von der Partie ist ein heute renommierter Regisseur, der ein wenig Geige spielt.

Es wundert mich, daß in meiner Erinnerung so viel an gewöhnlichem HJ-Dienst übrig geblieben ist. Ich sehe mich dauernd in diesen Diensträumen mit dreißig anderen, ausgesetzt der »weltanschaulichen Schulung« oder irgendwelchen brutalen Geländekämpfen in der Umgebung von Graz.

Ein anderer Lehrgang hieß »Vormilitärische Ausbildung«. Der Ausbildner war ein SS-Mann, den ich dann später als Bühnenarbeiter in der Grazer Oper wiedergesehen habe, mit Abscheu. Da wurden wir alle auf einen Wasserbehälter gestellt, der an einem Bergabhang war, und dann haben sie gefragt: Wer traut sich da nicht runterspringen? Ich wußte, daß sich in dem Lehrgang davor zwei die Arme gebrochen hatten beim Runterspringen, und ich wußte auch, daß es mehr Mut erfordert, nein zu sagen, als zu hupfen.

Ich habe also die Hand gehoben, ich glaube, als einziger, und habe dann am Abend beim Appell vortreten müssen und mich anschreien lassen müssen: Feigling.

Das sind ja nur so kleine Erlebnisse. Bei der Erinnerung an diese Zeit spielt Angst eine große Rolle: die Angst vor den Leuten mit den Parteiabzeichen, vor manchen Lehrern, die Angst, daß einem etwas herausrutscht, was man zu Hause aufgeschnappt hat... und auch schon das Bewußtsein, daß ich selbst in ganz kurzer Zeit auch in den Krieg muß. Der René mußte ja schon zum Militär.

1944 ist Graz heftigen Bombenangriffen ausgesetzt. Der Halbwüchsige wird zu gefährlichen Botendiensten herangezogen. Bei Fliegeralarm muß er mit dem Rad zum Hilmteich am nordöstlichen Stadtrand fahren, durch den Wald hinauf zur Aussichtswarte laufen, von dort aus die Treffer lokalisieren und der Feuerwehr melden. Wenn das Telefon defekt ist, was häufig vorkommt, muß er während des Bombardements zur Feuerwehrzentrale im Stadtzentrum radeln.

Die Eindrücke sind unvergeßlich: Hoch oben auf dem Turm, die Flugzeuge direkt über sich, man sieht die Bomben fallen, hört das gewaltige Rauschen und erkennt erst eine Schrecksekunde später, daß sie nicht pfeilgerade herunterkommen, sondern ein paar Kilometer weiter weg einschlagen. Die beiden alten Feuerwehrmänner, die auf der Warte Dienst tun, machen vor Angst in die Hosen.

Es ist aber bei uns auf dem Turm nie etwas passiert. Als Kind ist man nicht so ängstlich. Die Alten haben natürlich viel mehr gewußt, was geschehen kann. Ich mußte mit einem Sichtgerät feststellen, wo Rauchwolken aufsteigen, und das der Feuerwehr melden.

Einmal war ich mit dem Rad unterwegs zum Hilmteich, da sind die Bomben gleich nach dem Alarm gefallen, vielleicht hundert Meter neben mir. Der

Luftdruck war so stark, daß es mich vom Rad geschmissen hat. Wie ich das von der Hilmwarte angepeilt habe, ist der Rauch genau bei unserem Haus aufgestiegen. Da habe ich furchtbare Angst gehabt, daß alle tot sind.
Ich bin dann bei der ersten Gelegenheit hinuntergefahren und habe gesehen, daß fünf Häuser weiter das Anatomische Institut der Universität kaputt war, auch in der Goethestraße. Und im Keller von unserem Haus saßen zitternd die ganze Familie und die Hausbewohner. Der eine hat immer gesagt, wenn er ein Geräusch gehört hat: Unsere Jäger, unsere Jäger... Der hatte solche Angst vor den Bombern und hat sich selber eingeredet, daß das die eigenen Jäger sind. Die Angst dieser alten Zivilisten, das war furchtbar.
Dann mußte ich Keller von zerbombten Häusern ausgraben. Am Abend von so einem Grabungstag haben wir ein Essen bekommen, Graupengulasch oder so irgendwas und Zigaretten, zehn so jämmerliche Zigaretten. Die Hälfte davon habe ich selber geraucht, die andere Hälfte habe ich für Brot eingetauscht. Diese Grabungszeit hat ungefähr vierzehn Tage gedauert.

René ist als einziges Familienmitglied seit 1943 an der Front. Der Neunzehnjährige mußte in den Rußlandkrieg. Bei einer Granatenexplosion wird er schwer verwundet. Er trägt eine Kopfverletzung davon, verliert ein Auge, absolviert aber nach dem Krieg das ersehnte Musikstudium am Salzburger Mozarteum und schlägt eine Laufbahn als Kapellmeister, Liedbegleiter und Korrepetitor ein.
Der Vater fürchtet, daß man ihn jeden Moment zur Infanterie abkommandiert. Er reist eigens nach Berlin, um sich erneut zur Marine zu melden. Auch Nikolaus meldet sich 1944 freiwillig zur Marine, weil er Angst hat, daß er zur Waffen-SS eingezogen wird.

Es sind im letzten Jahr praktisch alle jungen Leute einfach zur Waffen-SS gekommen. Ich wollte das vermeiden und habe die Formulare für die Marine ausgefüllt. Dann kam das Kriegsende. Ich war weder Luftwaffenhelfer noch beim Volkssturm. Das ist an mir vorbeigangen. Vielleicht auch dadurch, daß wir in Grundlsee waren. Klassenkameraden von mir haben sie noch gegen die Russen geschickt.

Zu Weihnachten 1944 beschließen die Eltern die Übersiedlung nach Grundlsee. Die Mutter zieht mit den fünf verbliebenen Kindern – Alice studiert mittlerweile in Heidelberg – und einem der beiden Dienstmäd-

chen in die Fremdenpension ihrer jüngeren Schwester. Das Haus ist bis unters Dach voll mit Bombenflüchtlingen.
Die folgenden Monate bei Tante Lori auf dem Land bedeuten Entlastung. Keine Schule. Und vor allem: keine HJ.

Wir haben uns von der dortigen HJ nicht erwischen lassen. Man wurde ja übergeben, von einer Einheit zur nächsten, wenn man den Ort gewechselt hat. Und in Grundlsee war die HJ präsent. Die Führer haben uns oft getroffen und haben uns angestänkert, aber wir sind nicht hingegangen, wir haben das irgendwie vermeiden können.

Der Papa ist in der Stadt geblieben. Ab und zu schafft er es auf abenteuerliche Weise, für ein paar Tage auf Besuch zu kommen. Bei einem dieser Besuche überträgt er Nikolaus die Sorge für die Familie und gibt ihm Anweisungen für den Fall seines Todes. Die alliierten Truppen stehen vor der Tür, und es ist klar, daß nach Graz die Russen kommen. Tatsächlich rettet nur ein paradoxer Zufall das Leben von Eberhard d'Harnoncourt. Er muß zum Volkssturm, zu dem seit Oktober 1944 alle noch »verfügbaren« Männer zwischen sechzehn und sechzig eingezogen werden. Seine Einheit wird bei einem Gemetzel um Vorau völlig aufgerieben. Daß er nicht dabei ist, verdankt er einer lebensgefährlichen Ruhrinfektion, die ihn ans Bett fesselt.

Ich habe meinen Vater im Alltagsleben immer kritisiert. Aber seine Persönlichkeit und sein Verhalten waren für mich vorbildhaft. Er hätte ja bei einem seiner Besuche in Grundlsee bleiben und untertauchen können. Daß er nach Graz zurückgegangen ist, direkt bevor die Russen gekommen sind, sozusagen um sein Nest zu verteidigen, das fand ich geradezu heroisch.

Jenseits der Träume

Der Aufenthalt in Grundlsee bringt eine Reihe interessanter und wichtiger Begegnungen. Nicht nur mit dem erwähnten Johannes Ude. Unter den Prominenten, die aus den großen Städten in die abgeschiedenen Ortschaften des Salzkammerguts geflüchtet sind, ist auch Paul Grümmer. Nikolaus Harnoncourt hat den Namen noch nie gehört. Er läßt sich

sagen, daß es sich um den letzten Cellisten des legendären Busch-Quartetts handle, daß er außerdem ein hervorragender Pädagoge sei, der wichtigste seines Faches an der Wiener Musikhochschule. Irgend jemand meint: Der wär' was, der könnte dir Unterricht geben.
Beim Antrittsbesuch präsentiert sich der selbstbewußte Jungstar mit einer stummen Szene, die wohl nicht zuletzt durch ihre unfreiwillige Komik besticht. Buster Keaton und das tonlose Probespiel.

> Ich habe in dieser Zeit wegen der allgemeinen Situation überhaupt nicht mehr Cello gespielt. Dann habe ich zwei Tage geübt und bin zu ihm gegangen, zu Fuß. Von Grundlsee nach Aussee, das sind sechs Kilometer, bei Regen, mit dem Cello, das nur in einem Sack gesteckt ist.
> Ich habe keinen Regenschirm besessen. Ich war durchnäßt, als ich dort angekommen bin, mir sind von den Füßen Lacken weggeronnen.
> Das Cello war vollkommen durchnäßt, die Darmsaiten waren aufgequollen, der Bogen war klatschnaß. Es ist überhaupt kein Ton gekommen, nichts, weil das Kolophonium nicht angegriffen hat.
> Grümmer hat mir dann sein Cello gegeben, damit ich ihm vorspielen konnte. Dann hat er gesagt, er nimmt mich, allerdings unterrichtet er nur angehende Berufsmusiker. Und er verlangt nichts. Er hatte damals insgesamt fünf Schüler.

Daß Nikolaus einen künstlerischen Beruf ergreifen will, steht außer Zweifel. Aber er hat damals alles mögliche im Kopf, bloß keine Laufbahn als Musiker. Spielerisch, zugleich mit dem charakteristischen Ernst und Streben nach Höchstleistung, geht er seinen Interessen nach.
Mit dreizehn hat er im elterlichen Bücherschrank Kleists Aufsatz »Über das Marionettentheater« entdeckt. Seither hat sich seine Leidenschaft fürs Schnitzen vom Schiffsbau auf das Anfertigen von Puppen verlagert. Schon als Kind hat er die Gesichter, die ihn aus den Holzscheiten anschauten, gern mit dem Taschenfeitel herausgeschält. Jetzt tut er es mit Kunstanspruch und fühlt sich dabei in jeder Hinsicht als »Schöpfer«.

> Ich hatte überhaupt nie Marionettentheater gesehen. Ich habe meine Marionetten praktisch neu erfunden. Ich wußte nicht, wie die Gelenke sonst technisch funktionieren. Ich habe es einfach gemacht.
> Diese Idee, daß die Bewegung einer Figur durch die Schwerkraft, durch die Pendelgesetze entsteht, und die Idee, daß jede einzelne Figur durch die Art,

wie man sie baut, ihre eigenen charakteristischen Bewegungen hat – das hat mich fasziniert.
Meine damalige Doktrin hat geheißen: Jede Figur ist für eine einzige Rolle gemacht. Und wenn eine ähnliche Figur in einem anderen Stück vorkommt, muß man eine neue Puppe machen, weil die wieder ein ganz neues Bewegungssystem bekommen muß.
Die Grundidee von Kleist hat mich begeistert. Vielleicht war sie von ihm abstrakt gemeint. Ich habe sie aber in Realität umgesetzt. Und ich wollte daraus meinen Beruf machen.

Seine Phantasie entzündet sich zunächst an zwei Märchen, die er selbst dramatisiert. Die Geschichte »Von einem, der auszog, das Fürchten zu lernen« aus der Sammlung der Brüder Grimm und »Das Feuerzeug« von Hans Christian Andersen inspirieren ihn zu grotesken Figuren und Requisiten: schaurige Hunde mit riesigen Augen, ein kecker Soldat mit Säbel und Tornister und eine häßliche Hexe mit blaukarierter Schürze, ein Kegelspiel mit Knochen und Totenköpfen, holde Prinzessinnen, Verbrecher, die am Galgen baumeln. Eine Hausbewohnerin, eine geflüchtete Opernsängerin aus Litauen, klebt den kleinen Gesellen die Kostüme auf den Leib. All das entsteht Ende 1944, noch vor der Übersiedlung nach Grundlsee.
Dort kann das hölzerne Ensemble dann endlich in Aktion treten. Nikolaus schnitzt noch weitere Puppen, er klebt nun selbst die Kleider, baut die Bühne, organisiert sein Team. Er braucht viele Helfer. Er vergattert nicht nur die Geschwister, sondern alle halbwegs geeigneten Kinder in der Nachbarschaft, darunter Louise Heesters, die ältere Tochter des Operettencharmeurs, der ebenfalls nach Grundlsee geflüchtet ist. Johannes Heesters gibt Hinweise zu Regie und Sprechtechnik. Ein Freund der Familie malt die Dekoration. Die Aufführungen sind öffentlich und finden ein großes Publikum.
Der Fünfzehnjährige prüft seine Neigungen. Soll er Bühnenbildner werden? Bildhauer? Oder doch Schauspieler? Auch Hans Niederführ, der Leiter des Wiener Reinhardt-Seminars, ist damals in Aussee. Mit ihm diskutiert er über Theater, spricht ihm vor.
Andererseits geht er so oft wie möglich zu Paul Grümmer. Sein Unterricht ist interessant. Außerdem hat er ein seltsam geformtes Instrument

an der Wand hängen. Nikolaus sieht zum ersten Mal eine Gambe, ohne jedoch zu erfahren, wie sie klingt.
Im Frühjahr 1945 ist der Krieg vorbei, im Herbst fängt die Schule wieder an. Wegen der Cellostunden bleibt Nikolaus so lange wie möglich in Grundlsee, kehrt erst nach Schulbeginn und auf abenteuerlichen Wegen, teils mit dem Rad, teils per Güterzug, nach Graz zurück. Er hat mit Grümmer besprochen, daß dieser die Aufsicht über seine Ausbildung behält, und geht mit einem entsprechenden Brief zu Hans Kortschak. Der alte Lehrer, mittlerweile pensioniert, übernimmt in seiner gutmütigen Art die Funktion des Vikars. Bis 1948 dauert dieser Doppelunterricht. Paul Grümmer hat seinen Wohnsitz mittlerweile zwar in Zürich, kommt aber immer wieder nach Aussee, und Nikolaus nutzt jede Gelegenheit.
Er übt nicht viel, doch zielstrebig. Er ist Mitglied in drei Streichquartetten, befaßt sich überhaupt intensiv mit Musik. Als Beruf zieht er das noch immer nicht in Betracht. Vielleicht ist es einfach zu selbstverständlich. Musik sei ein Lebensbereich gewesen, sagt sein Bruder Philipp, eine Beschäftigung wie Lesen oder Wandern, doch nichts, was man im Hinblick auf einen Broterwerb betrieben hätte.
Das Marionettentheater läßt Nikolaus nicht los. Nach dem Erfolg in Grundlsee muß er es nochmals ernsthaft versuchen, mit größeren Puppen und mit einem Stoff von mehr Bedeutung. Auf seinen Entwurf zu einem eigenen Stück reagiert der Deutschprofessor mit Entsetzen. Der Bibliothekar der Grazer Landesbibliothek rät ihm zum Volksbuch von Doktor Faust in der Dramatisierung von Bruno Ertler. Der Papa komponiert die Bühnenmusik. Zwischen Herbst 1946 und Frühjahr 1947 entsteht eine Aufführung, von der Insider bis heute schwärmen. Bald danach kommt Ertlers Faust-Version am Grazer Landestheater heraus.

> Ich habe damals gemeint, mein Marionettentheater muß höchsten Ansprüchen genügen. Es darf nicht so ein Kinderspiel sein. Es muß so lange geprobt werden, bis es mich wirklich zufriedenstellt. Wir haben also keinen Termin für die Premiere gemacht, sondern wir haben einfach zu proben angefangen, so wie das manche Theater jetzt machen.
> Es hat dann zu meinem Glück in diesem Winter keine Kohlen gegeben, dadurch war ein paar Wochen lang keine Schule, und wir haben von früh bis abends geprobt. Wir haben die Bühne in einem Zimmer in der Goethestraße aufgebaut,

zur Verzweiflung meiner Mutter. Das Zimmer war fast zugebaut, die Bühne war ja drei, vier Meter groß, mit den Laufstegen rundherum. Wir haben von Herbst bis Mai geprobt, da dürfte ungefähr die Premiere gewesen sein.
Ich selbst war siebzehn. Ich habe Jugendverbot gemacht, bis achtzehn. Der jüngste Mitwirkende, mein Bruder Franzi, war damals zehn. Ich wollte einfach, daß das ernst genommen wird, daß es nicht so als »Kasperltheater« abgetan wird.

Bei der Produktion sind dreiundzwanzig Mitwirkende im Einsatz, darunter Federik Mirdita, der spätere Regisseur und Direktor des Salzburger Landestheaters. Sie geht im Palais Attems in Szene und bringt es auf zwanzig Aufführungen. Fotos im Erinnerungsalbum dokumentieren das Ereignis. Die Puppen mit ihren expressiven Gesichtern sind alle verloren.
Auf die Euphorie folgt die Ernüchterung. Nikolaus Harnoncourt hat hochfliegende Pläne, aber er kann auch rechnen. Er setzt sich hin und rechnet seine Chancen aus.

Ich war damals eine komische Mischung aus sehr irrational und vielleicht auch künstlerisch und sehr rational, wie wahrscheinlich auch mein Vater, das war bei ihm auch ineinander verquickt. Ich habe mir das nüchtern überlegt: Eine Aufführung im Marionettentheater können nicht mehr als fünfzig Leute sehen. Wenn die Puppen größer sind, sind sie nicht mehr so, wie ich sie mir vorstelle. Vierzig Zentimeter war für mich die Obergrenze.
Also: fünfzig Leute. Ich muß jedes Jahr ein neues Stück machen können, das erfordert soundsoviel Zeit. Jede Figur muß einen Sprecher und einen Spieler haben, also braucht man zweimal so viele Mitwirkende, wie in dem Stück Figuren vorkommen, und technisches Personal braucht man auch. Dann habe ich mir ausgerechnet, wieviel man einnehmen müßte, daß sich das trägt. Ich habe gesehen, daß das völlig unmöglich ist, und habe von einem Tag auf den andern aufgehört.

Herbst 1947, das letzte Schuljahr bricht an. Nikolaus ist krank. Er liegt daheim im Bett und hört Radio. Wilhelm Furtwängler dirigiert Beethovens siebente Sinfonie. Schlagartig wird ihm bewußt, daß er eine ganz naheliegende Möglichkeit bisher übersehen hat. Jetzt ist die Entscheidung klar: Er wird Musiker!

UNGLAUBLICHE TREUEFÄHIGKEIT

Unterwegs
Dulcinea und Sancho Pansa
Mann und Weib und Weib und Mann
Privatsache!

Unterwegs

Merke Er sich, Freund Sancho, daß dieses Abenteuer und andre ähnlicher Art Kreuzwegs-Abenteuer sind, bei denen man nichts andres gewinnt, als daß man ein Ohr weniger und einen zerschlagenen Schädel davonträgt.

Miguel de Cervantes, »Don Quijote«

So macht einer seinen Weg. Er geht einfach immer geradeaus. Als ob das so einfach wäre! Erst im Rückblick wird es klar. Einbahnen, Gegenverkehr, Sackgassen. Stimmt die Richtung überhaupt noch? Wie viele Abzweigungen, wie viele Kreuzungen – wie viele Kreuzwegs-Abenteuer? Über die Schrammen spricht man nicht.

Der Lebensweg von Nikolaus Harnoncourt erscheint im nachhinein sehr konsequent. Er hat sich zwar nicht immer auf der Hauptstraße befunden, dafür hat er Seitenstraßen zu Boulevards umgebaut, auf denen das Fortkommen auf rasche und exklusive Weise möglich war. Im übrigen hat er Umwege nach bestem Wissen vermieden, Schleichwege niemals in Betracht gezogen. Seinem Wesen und seinem Anspruch ist die Direttissima angemessen. Das läßt sich gewissermaßen schon an der Topographie seiner Wiener Unterkünfte ablesen: Sie liegen allesamt auf einer geraden Linie.

Geradlinig. Vom harmonischen Gebäudekomplex des Schottenhofs, der eines der wichtigsten Benediktinerklöster Österreichs beherbergt, über einen pompösen Gründerzeitbau in der Löwelstraße hinauf in den gutbürgerlichen achten Bezirk zu einem einstöckigen Biedermeier-Häuschen in der Josefstädter Straße, hinter dessen gelb gefärbelter Fassade sich ein idyllischer Garten verbirgt. Beim Blick zurück Richtung Innenstadt gibt die Straßenschlucht die Silhouette des Stephansdoms frei.

Die schönste Wohnung von Wien

Er gilt als Sinnbild der Unbesiegbarkeit, er symbolisiert Hoffnung, Zuneigung, Fruchtbarkeit – und Anpassungsvermögen: der Ginkgobaum. Ein rätselhaftes Gewächs, das kleine, aparte Blätter trägt und dennoch den Nadelhölzern zuzurechnen ist. Der letzte Überlebende einer ausgestorbenen Gattung, die vor hundert Millionen Jahren in Fernost gedieh.

Ein solcher Ginkgo wächst im Garten der neu gegründeten Familie. Schlank steht er inmitten des von begrünten Mauern eingefaßten Areals, in Gesellschaft von Nußbaum und Maulbeerbaum. Ein verwunschener Platz, versteckt im zweiten Hof. Vom Lärm der Straße ist hier nichts mehr zu hören.

Die zum Garten gehörige Wohnung im Hinterhaus verfügt über zwei schöne repräsentative Zimmer samt Terrasse im ersten Stock und einen unterteilbaren Raum im Erdgeschoß, wo sich der Alltag abspielt. Das Ambiente ist auch in geistiger Hinsicht attraktiv. Das Haus gehört der Familie des Biologen und Nobelpreisträgers Karl von Frisch. Johannes Brahms war hier zu Gast, der Schweizer Dichter Gottfried Keller hat bei seinen Wien-Besuchen hier logiert. Die alte »Frau Professor« kann noch davon erzählen. Sie ist eine Bekannte der Tante Lori in Grundlsee, auf deren Empfehlung das junge Paar vorgesprochen hat. Mit einem Handwägelchen, auf dem alle Habseligkeiten Platz finden, hält man Einzug im »Paradies«. Als Onkel René aus New York das Domizil besichtigt, erklärt er es zur schönsten Wohnung von Wien.

Ort der unbegrenzten Möglichkeiten. Zwischen 1953 und 1970 entfaltet sich hier ein Lebenswerk. Dann muß die Familie überraschend ausziehen, weil die junge Generation der Eigentümer auf ihr Wohnrecht pocht.

Die Erforschung von Klang und Spielweise der alten Instrumente, verknüpft mit der Jagd nach Geigen und Gamben, nach Orgeln und Cembali, nach Flöten und Zinken. Eine Sammelleidenschaft, die das Ausmaß einer Sucht erreicht – die freilich stets durch die Arbeit begründet werden kann. Sie macht das mit einer Handvoll idealistischer Kollegen begründete Miniaturorchester erst möglich.

Die Durchforstung von Musikbibliotheken in ganz Europa zwecks Auffindung verborgener Meisterwerke. Von den unzähligen Stücken, die man sich auf Mikrofilm zusenden ließ und in penibler Kleinarbeit auf Notenpapier übertrug, sind Regalwände voll handgeschriebener Partituren und Stimmen erhalten geblieben.

Der Aufbau einer eigenen Konzertreihe im Palais Schwarzenberg, die das Ensemble rasch bekannt macht. Nach vier Jahren Vorbereitung im

Gartenzimmer in der Josefstädter Straße wagt der erst in letzter Sekunde so benannte Concentus Musicus im Mai 1957 den Schritt an die Öffentlichkeit.

All das zusätzlich zu einem Leben, das auch sonst schon randvoll wäre. Vier Kinder werden geboren, alle daheim. Die junge Mutter versucht, den Haushalt so lange wie möglich allein zu schaffen – ihr Mann hat nicht gern Fremde in der Wohnung – und darf dabei als Geigerin nicht aus der Übung kommen. Schließlich ist sie die Konzertmeisterin des Concentus Musicus. In dieser Funktion muß sie auf der Barockgeige wie auf der Soprangambe souverän sein, muß die Soloparts in den Bachschen Violinkonzerten und die delikaten Spezialaufgaben in den barocken Virtuosenstücken von Biber und Vivaldi beherrschen. Nicht zu reden von den zahllosen organisatorischen Kleinigkeiten, die die Konzerttätigkeit in Schwung halten. Jede freie Minute zwischen Kinderbetreuung, Schmutzwäsche und Küchendienst ist genauestens eingeteilt.

Einziger Ruhepunkt des Tages ist die »geheiligte Viertelstunde« nach dem Mittagessen, die das Ehepaar allein bei einem schwarzen Kaffee verbringt.

Der junge Vater ist Cellist bei den Wiener Symphonikern und hat bis zu drei Dienstverpflichtungen am Tag. Er spielt sich quer durch die gesamte Orchesterliteratur vom Barock bis in die Gegenwart, erlebt und erleidet große Könner und unsägliche Stümper am Dirigentenpult, versucht, seinen Brotberuf und seine persönliche Musizierleidenschaft im Kopf zu einem erträglichen Ganzen zu verbinden und kann doch Verwirrung und Verzweiflung, Zorn und Aufbegehren oft nicht unterdrücken: über die Unsinnigkeiten des Betriebes, über die Gedankenlosigkeit im Umgang mit Kunst, über Unfähigkeit und Verantwortungslosigkeit.

Auch seine freien Minuten sind genaustens eingeteilt, ausgefüllt mit Arbeit für den Concentus Musicus. Nur an wenigen Wochenenden kann er sich dieser Aufgabe ungestört hingeben. Sonntagsspaziergänge sind generell gestrichen; die Kinder können ohnehin jederzeit in den Garten, oder sie machen Ausflüge mit den Großeltern, später mit dem Alpenverein. Manchmal bleibt er ganz allein daheim, schickt seine Frau mit dem Cellisten-Kollegen auf die Berge in der Umgebung Wiens. Wenn sie an einem Tag auf der Rax mehrere Klettersteige hinauf und hinunter gekraxelt ist, kehrt sie am Abend aufgeladen mit Energie und Optimismus zurück.

Daß die Kinder trotzdem zu ihrem Recht kommen, verbürgt nicht nur die typisch Harnoncourtsche Art des permanenten Streitgesprächs – die freilich erst ab einer gewissen Altersstufe funktioniert. Auch die Tradition des »samstäglichen Spiels« wird hochgehalten.

Tochter Elisabeth, heute selbst dreifache Mutter, erinnert sich voll Bewunderung an die Erfindungsgabe der Eltern, die regelmäßig Spielmarathons veranstalteten, mit immer neuen Denk- und Geschicklichkeitsaufgaben, dem jeweiligen Alter angepaßt. Zum Abschluß gibt es eine Vorstellung des Puppentheaters, vom Vater handgeschnitzt. Er hat auch die Küchenregale und die platzsparenden, aber komfortablen Stockbetten gezimmert, in denen sich drei Kinder übereinanderschichten lassen. Die Wand des Kinderzimmers hat der Künstler-Vater mit einem skurrilen Rasenstück bemalt: Inmitten von allerlei Getier schwirrt eine riesige Gelse, mit einem blutgefüllten Meßglas anstelle des Insektenkörpers.

Spielen. Versuch und Irrtum. Das Gegenteil unverbindlicher Spielerei, vielmehr die höchste Form produktiver Arbeit. Nichts ist endgültig. Jedes Ergebnis hängt auch vom Zufall ab.

Der Posten bei den Wiener Symphonikern ist schlecht bezahlt. Das Geld wäre auch knapp, würde man nicht ausgerechnet noch kostbare Instrumente sammeln. Anleihen bei den vermögenden Mitgliedern der Großfamilie kommen nicht in Frage. Genaueste Einteilung und rigoroser Verzicht auf alles, was nicht unbedingt nötig ist, sind selbstverständlich – für die Eltern. Für die Kinder, die vor den Schulkollegen bestehen müssen, ist das oft sehr hart. Sie müssen lernen, es zu akzeptieren.

Klatschgeschichten. Die Harnoncourts sitzen daheim unter ihren teuren Geigen auf Apfelkisten und ernähren sich von Erdäpfeln und Salat, erzählt man einander in gewissen Wiener Kreisen kopfschüttelnd, mit dem Unterton der Entrüstung. Was für ein Geiz!

In den Jahren des »Wirtschaftswunders«, als die Wohlstandsbäuche wachsen und die Menschen den persönlichen Komfort vergrößern, führt die Familie Harnoncourt eine Existenz, die man nach heutigen Begriffen mit Aussteigern und Grünen assoziiert. Der spartanische Lebensstil bedeutet für sie schon damals auch Protest gegen den Konsumwahn, der den Sinn für das Wesentliche vernebelt. – Außerdem hat der Hausarzt die beruhigende Versicherung abgegeben, daß diese Art der Ernährung nicht gesundheitsschädlich sei.

Alice und Nikolaus Harnoncourt sind noch heute stolz auf ihre gesellschaftliche Vorreiterposition. Manchmal entsteht der Eindruck, daß diese fünfziger Jahre für sie in gewisser Hinsicht nie aufgehört haben. Es ist ihre große Aufbauzeit, in der die starken Wurzeln ihres gemeinsamen Lebens liegen. Ihre Bescheidenheit im Materiellen ist ein persönliches Markenzeichen geworden, das sich am auffälligsten in der Kleidung zeigt: betont funktionell, jenseits modischer Ambitionen. Solange Kleider und Schuhe nicht kaputt sind, besteht kein Grund, sie wegzugeben.

Semmelknödel mit Sardinen

Im Herbst 1948 ist Nikolaus Harnoncourt zum Studium nach Wien übersiedelt. Er hat kaum Geld in der Tasche und noch keine Bleibe. Entfernte Bekannte geben ihm vorübergehend Quartier, mit der strengen Auflage, sich so schnell wie möglich ein Zimmer zu suchen. Ein solches findet sich glücklicherweise bald. Zwar gleicht es eher einem Verschlag, dafür ist die Lage wirklich erstklassig. Zudem konfrontiert es den frisch aus der Provinz Zugereisten gleich mit jener abgründig-wienerischen Wesensart, die am treffendsten bei Fritz von Herzmanovsky-Orlando beschrieben ist.
Im Schottenhof, direkt oberhalb der Stiftsbibliothek, haust in einer weitläufigen Wohnung ein kinderloses Ehepaar, das dem jungen Musikstudenten, dem seltsame Pepitahosen um die langen Beine schlottern, einen Raum vermietet. Es ist ein durch einen Vorhang abgetrennter Teil des Vorzimmers, eine Art Rumpelkammer mit einem Bett und einer Waschschüssel, Wasser und Klo auf dem Gang. Den löchrigen Kachelofen hat er mit Lehm notdürftig abgedichtet. Aber durchs Fenster sieht man den Turm der Schottenkirche, und das Üben ist kein Problem. Die Hausfrau, eine halbprofessionelle Bridge-Spielerin, ist viel unterwegs, der Hausherr hat seinerseits künstlerische Ambitionen.

> Das war ein wegen Dummheit pensionierter Hofrat des Außenministeriums. Das ist der einzige Fall, glaube ich, daß ein Beamter wegen Dummheit vorzeitig pensioniert worden ist. Er war immer zu Hause. Er hat den Amtstitel

Gesandter gehabt, war also in einer relativ hohen Position, aber er war unsäglich dumm.

Wenn seine Frau nicht da war, hat er sich gar nicht angezogen. Er ist den ganzen Tag im Nachthemd herumgegangen. Er hat gemalt, riesige Ölgemälde, und er hat Klavier gespielt. Diese Familie war wie aus einem Stück von Herzmanovsky. Die Frau, die jeden Abend um sieben Uhr weggegangen ist, um Bridge zu spielen, und irgendwann in der Nacht wieder gekommen ist, er, der im Nachthemd malt oder am Klavier sitzt.

Er hat nur Beethoven gespielt. Für die Mondscheinsonate hat er ungefähr vier Stunden gebraucht. Er hat die einzelnen Töne zusammengesucht – alle paar Sekunden: pimm, dann ein falscher Ton ... Uje, uje, muß schon wieder von vorn anfangen. Wenn ich ihn da zum Telefon rufen mußte, war's eine Tragödie. Wieder ganz von vorn! Stundenlang: pimm ... pemm ... Eine jämmerliche Sonate.

Nikolaus Harnoncourt hält sich anfangs viel in dieser Umgebung auf, wobei er sich nicht nur mit seinem Cello beschäftigt. Auch er malt – freilich nicht in Öl. Neben sich hat er ständig Tusche, Pinsel und Wasser, und sobald ihm die Finger weh tun, wendet er sich dem Zeichenpapier zu.

Er hält den Blick aus seinem Fenster fest, er skizziert den runden, von strubbeligem Haar umrahmten Kopf eines blonden Mädchens, das er gleich zu Semesterbeginn an der Akademie gesehen hat. Aber vor allem drängt es ihn, seine inneren Bilder loszuwerden, zu malen, was er anders nicht ausdrücken kann: die Fratzen, die abends beim Einschlafen vor ihm auftauchen, denen er mit bildhaften Darstellungen vom »neuen Menschen« zu begegnen sucht; Visionen des erlebten Schreckens und der unverzichtbaren Hoffnung.

Sein Vater ist entsetzt, als er die Zeichnungen zu sehen bekommt. Was geht in dir vor, fragt er befremdet, daß du dauernd solche Sachen malst?

Angenehme Gesichter findet der Sohn nichtssagend, und sich selbst hält er durchaus für ein zeichnerisches Talent. Bis er eines Tages Onkel René um sein professionelles Urteil bittet. Sein schlichtes »Vergiß es« nimmt er mit der Gelassenheit zur Kenntnis, mit der man eine heimliche Gewißheit akzeptiert – erleichtert.

Er hat vollkommen recht gehabt. Aber in diesem Alter glaubt man ja ... Ich erinnere mich, wie meine Söhne beleidigt waren, wenn ich ihre Sachen nicht bewundert habe. Man muß es irgendwie zurechtgerückt bekommen, sonst gerät man ja ganz außer Kontrolle. Onkel René hat mir mit meinen Zeichnungen keine Chance gegeben. Wenn ich wirklich die Begabung gehabt hätte, hätte mich das bestimmt nicht entmutigt. Andererseits war ich damals davon überzeugt, daß künstlerisches Talent etwas Grundsätzliches ist und daß es dann eher ein Zufall ist, für welche Kunst man sich entscheidet.

Beim Cello-Üben stellen sich nach einiger Zeit andauernde Schmerzen in Schultern und Handgelenken ein. Sie rühren nicht von einer schlechten Haltung her. Er denkt nicht weiter darüber nach, bis er plötzlich entsetzt bemerkt, daß seine Zähne wackeln.

Es ist festgestellt worden, daß das wegen Vitaminmangel ist und weil ich mich nicht gut ernährt habe. Damals hat es noch Lebensmittelkarten gegeben. Die wertvolleren habe ich verkauft, weil ich nicht genug Geld hatte, um mir die Saiten fürs Instrument und die Noten zu kaufen. Und es hat ein oder zwei Leute gegeben, bei denen ich regelmäßig essen konnte.

Onkel Franz d'Ansembourg und Tante Nandine, Verwandte aus dem in den Niederlanden ansässigen Zweig der Harnoncourt-Familie, sind zu jener Zeit als holländisches Botschafterpaar in Wien und laden den hungernden Neffen einmal pro Monat in ihre Residenz.

Das war wahrscheinlich mein sicherster Rückhalt. Die haben in der Richard-Strauss-Villa in der Jacquingasse gewohnt. Es war für mich ein sehr interessanter Ort, Jacquin war ja ein Freund von Mozart. Dort war ich einmal im Monat. Und Tante Nandine war so rührend. Als sie erfahren hat, daß mir wegen Skorbut-Erscheinungen die Zähne wackeln, ist plötzlich von der holländischen Botschaft ein Diener in den Schottenhof gekommen, mit einem Sack Orangen. Das habe ich eine Zeitlang wöchentlich bekommen. Ich hätte mir das bestimmt nicht gekauft.

Die schlechte Ernährung hat bleibende Folgen. Sie manifestieren sich nicht nur in ständig wiederkehrenden Gelenks- und Nervenschmerzen. Sie prägen auch Harnoncourts zwiespältige Haltung gegenüber den leiblichen Genüssen. Daß er ihnen prinzipiell distanziert bis geringschätzig gegenübersteht, hindert ihn nicht, in der Praxis ein Gourmet zu sein.
In diesen Wiener Jahren schlingt er wahllos alles in sich hinein, was er bekommen kann, in der vergeblichen Hoffnung, sich ein paar Kilo hin-

aufzufuttern. Zweifelhafte kulinarische Freuden der Nachkriegszeit: Semmelknödel mit Sardinen, die seine künftige Verlobte vom häuslichen Mittagstisch heimlich für ihn abgezweigt hat.
Die familiären Bindungen reduzieren sich in dem Tempo, in dem sich seine Wiener Kontakte etablieren. Nikolaus Harnoncourt schreibt keineswegs regelmäßig nach Hause, wie es Eltern und Geschwister von ihm erwarten. Er ist dabei, einen Bekanntenkreis aufzubauen, der seinen Ansprüchen genügt: zum Musizieren, zum Diskutieren. Obwohl seine aus dem Familienfundus zusammengestückelte Bekleidung ein wenig befremdet, kommt der große Bursch mit den ernsten Augen meist mühelos ins Gespräch. Er geht offen auf andere zu, seine freundliche, sachliche Art wirkt spontan gewinnend. Der zwei Jahre ältere Alfred Altenburger, der seine spätere Karriere als Primgeiger und Vorstand der Wiener Philharmoniker beschließt, hat plastische Erinnerungen an die ersten Begegnungen bewahrt.

> Ihm waren diese äußerlichen Dinge nicht wichtig. Er hat sich auch nicht rasiert, wenn's nicht nötig war, und trotzdem hat man immer gespürt, daß das ein besonderer Mensch ist. Bei einem andern hätte man gesagt: Schau, wie der daherkommt. Was mir so imponiert hat: daß er immer an geistigen Sachen interessiert war, ob Literatur, Architektur, Schnitzen, Zeichnen – er hat immer gute Sachen gemacht. Und das andere war ihm mehr oder weniger egal.

Besuche sind im Schottenhof zwar theoretisch nicht erwünscht, praktisch jedoch ohne weiteres möglich. So etablieren sich die sogenannten Mittwochrunden, bei denen nicht nur musiziert, sondern auch über weltanschauliche Dinge diskutiert wird und bei denen sich Nikolaus als guter Gastgeber versucht. Alfred Altenburger erinnert sich an eigenwillige Genüsse à la Harnoncourt, bei denen etwa Marillen zu einer salzigen Speise verarbeitet wurden. Er erinnert sich aber auch an Auftritte mit der Hausfrau, die immer wieder die Miete erhöhen will. Dabei ist der junge Mann mit weiblichen Verhaltensweisen konfrontiert, die ihm nicht geläufig sind.

> Sie hat sich dann beschwert und hat große Heulszenen gemacht in meinem Zimmer. Wenn sie irgendein Geldproblem mit mir gehabt hat, hat sie einfach

zu heulen angefangen. Da habe ich gesagt: Das ist ein Argument, das ich nicht akzeptieren kann, sie muß mit mir darüber diskutieren, wenn sie wieder aufgehört hat, sonst kann ich nicht mit ihr reden.
Es war für mich nicht einfach, ich hatte ja überhaupt keine Erfahrung mit solchen Leuten. Ich hab's aber, glaube ich, ganz gut gemacht. Ich habe meinen Mietzins nicht erhöhen lassen, ich habe mich gut gewehrt, habe auch meine Besuchsrechte nicht einschränken lassen. Es waren manchmal zehn, fünfzehn Leute zugleich bei mir, zugleich. Und da haben wir noch Musik gemacht. Es hat glücklicherweise niemanden gestört.

Vielleicht doch. Jedenfalls kommt es nach zwei Jahren wegen einer Lappalie zum Eklat. Als nach einer Mittwochrunde deutliche Spuren von Kompottsaft auf dem Parkettboden zurückbleiben, erhält Nikolaus die Kündigung. Zum Glück ist seine ältere Schwester Alice vor kurzem nach Wien gekommen. Sie war nach ihrem Fremdsprachenstudium in Heidelberg in den Dienst des Außenministeriums getreten und ist von ihrem Posten in der Türkei zurückberufen worden. Sie bewohnt zwei Kämmerchen in der nahen Löwelstraße und bietet ihm dort Quartier.
Mit der schönen Aussicht ist es vorbei. Die Räume liegen so tief unten im engen Hof, daß er außen an den Fenstern Spiegel montiert, um etwas mehr Licht zu bekommen. Und die Mieter in der darunterliegenden Kellerwohnung mögen es gar nicht, wenn er übt. Verständlich, denn er arbeitet systematisch an der Bewältigung konkreter technischer Aufgaben, mit endlosen Wiederholungen einzelner aus dem Zusammenhang genommener Passagen. Er will in kürzester Zeit das Maximum an Ergebnis erzielen. Er versucht, sich an vereinbarte Zeiten zu halten, trotzdem klopfen die Leute häufig mit dem Besenstiel gegen die Decke.
Aber man kann es sich in dieser Zündholzschachtel auch recht gemütlich machen. In seine Bettstatt zurückgezogen, ein verknotetes Taschentuch wie eine Schlafmütze über den Kopf gestülpt, in seinen Büchern schmökernd, posiert er für ein Foto frei nach Spitzwegs »Der arme Poet«. Immer wieder nimmt er den »Don Quijote« zur Hand, vergegenwärtigt sich seine Lieblingsabenteuer, begeistert sich an der Haltung des unerschütterlichen Idealisten, der sich nach jeder Katastrophe unbeirrbar wieder aufrappelt, voll Abenteuerlust, Neugierde und Sehnsucht. Er studiert auch die gleichnamige Tondichtung von Richard Strauss, mit

dem skurrilen Cello-Solo, das den Helden charakterisiert. Die Interpretation dieses Stückes ist eine Spezialität seines Lehrers Emanuel Brabec.
Das Zusammensein mit der Schwester bringt wieder ein bißchen familiäre Vertrautheit in sein Leben. Sie hat viel Verständnis für ihn. Da sie bereits verdient, streckt sie ihm den damals horrenden Betrag von sechstausend Schilling vor, damit er sich endlich ein gutes Cello kaufen kann. 1951 ersteht er beim Geigenbauer Kaltenbrunner im Konzerthaus ein Instrument von Johann Baptist Schweitzer aus Budapest, Jahrgang 1848. Es begleitet ihn durch seine ganze Cellistenlaufbahn und erregt wegen seines schönen Klanges immer wieder den Neid von Kollegen. Aber das Instrument allein vermag gar nichts. Das hat Harnoncourt zu dem Zeitpunkt längst gelernt. Was zählt, ist die Art, es zu spielen, seine Eigenheit zu erfassen, es zum Sprechen zu bringen.

> Ich habe bis dahin kein gutes Cello gehabt. Auch Professor Grümmer hat das bemängelt. Aber ich habe einen interessanten Ton gehabt und konnte jedes Instrument einigermaßen zum Klingen bringen. Man kann immer wieder hören, wie verschieden ein- und dasselbe Instrument klingen kann. Bei einem Musiker, der stark auf die Tonqualität fixiert ist, klingt eine schlechte Geige unter Umständen wie ein Meisterinstrument. Das war immer eine Stärke von mir. Aber ich habe natürlich nach einem tollen Instrument gestrebt.

Unter den »Eingeweihten«

Herbst 1948 in Wien. Vorbei an Brandruinen und Bombentrichtern, über Schutthaufen hinweg marschiert der hoffnungsvolle Neuankömmling Tag für Tag durch die verwüstete Innenstadt an die Akademie für Musik und darstellende Kunst. Ein Härtetest für seine aus dritter Hand erworbenen Tennisschuhe, die er statt mit Schuhbändern mit gerissenen Saiten zubindet – ein Musiker von Kopf bis Fuß.
Den Cello-Unterricht bei Paul Grümmer hat ihm im Grunde ein glücklicher Zufall beschert. Für seine weitere Ausbildung hat er eine bewußte Entscheidung getroffen. Das Studium bei Emanuel Brabec soll ihm seiner Selbsteinschätzung nach nur noch den letzten Schliff bringen.

Die beiden Solocellisten der Wiener Philharmoniker, Emanuel Brabec und Richard Krotschak, waren Cellolehrer an der Akademie. Ich habe sie beide gekannt von Solokonzerten, die ich in Graz gehört habe, und ich habe sie mir beide mit der Idee angehört: bei wem will ich lernen, wer könnte mich wirklich interessieren? Und da habe ich mich für Brabec entschieden und habe ihn nach einem Streichquartettkonzert in Graz gefragt, ob ich zu ihm kommen kann.

Er hat gemeint, er wolle erst einmal wissen, was los ist mit mir, und wollte mich in Salzburg anhören. So bin ich im Sommer '48 nach Salzburg gefahren. Mein Bruder René hat dort studiert, Kapellmeister, der hat einen Raum im alten Mozarteum besorgt und hat mich auch am Klavier begleitet. Ich habe das Lalò-Konzert gespielt.

Ich habe vorgespielt, so gut ich konnte, ich war ein bißchen nervös, aber ich war eigentlich der Meinung, daß das sehr gut war. Er hat gesagt: Naja, er würde mich nehmen, natürlich erst nach der Aufnahmsprüfung, in den ersten Jahrgang. Ich war entsetzt. Es waren insgesamt sechs Jahrgänge, und ich war der Meinung, ich käme mindestens in den vierten!

Er hat gefunden, die Haltung sei wie ein Fragezeichen, und noch tausend andere Mängel. Natürlich mindestens ein Jahr ausschließlich Arbeit an der Technik. Keine Konzerte, kein Musizieren. Praktisch in allem von vorne anfangen.

Trotz meiner Enttäuschung war mir irgendwie klar, daß jeder Lehrer so vorgeht, vielleicht vorgehen muß. Ich habe gewußt: da muß ich durch.

Emanuel Brabec, Jahrgang 1909, stammt aus einfachen Verhältnissen. Auf Anordnung seiner Eltern hatte er erst eine Schlosserlehre absolvieren müssen, ehe er sich – umso erfolgreicher – der Musik widmen konnte. Drei Jahre nach seinem Engagement bei den Wiener Philharmonikern bestellt man ihn 1940 zum Solocellisten. Er ist überdies Mitglied des renommierten Barylli-Quartetts. Neben Nikolaus Hübner, dem damaligen Solocellisten der Wiener Symphoniker, habe er als einziger einen »Ton« gehabt, sagt Harnoncourt. Seit 1947 leitet Brabec auch eine Klasse an der Wiener Akademie. Ein verhältnismäßig junger Lehrer, selbst in der Blüte seiner aktiven Laufbahn.

Der Bursche aus Graz, der da in ziemlich mitleiderregendem Zustand zum Vorspielen kommt, hinterläßt einen sonderbaren Eindruck. Offensichtlich hoch begabt, glühend vor Neugier und Tatendrang, ein unruhiger Geist, dabei erstaunlich gefestigt, mit ausgeprägten eigenen Ansichten. Endlich einer, der weiß, was er will, resümiert der sechsundachtzigjährige Professor zwei Jahre vor seinem Tod seine zentrale Erinnerung an den Studenten Harnoncourt.

> Er war ein bissel ein Springinkerl. Er war sehr interessiert an allem und hat sich allem auf einmal widmen wollen. Er war für alles Fanatiker. Schon ein bissel ein Sonderling, aber er hat immer genau gewußt, was er tut, und das habe ich respektiert. Er war ja schließlich erwachsen, und es ist doch sehr schön, wenn ein junger Mensch weiß, wo er hin will. Und wenn einer etwas aus Überzeugung macht, dann wird's auch gut. Daß er im Unterricht irgendwas abgelehnt hätte, dazu war er viel zu intelligent. Aber er hat seine eigene Meinung vertreten, und da ist es oft zu Debatten gekommen.
> Er war einer meiner interessantesten Schüler. Mit ihm hat man reden können wie mit einem Fertigen. Ich habe ihn sehr gern gehabt. Wir sind uns dann irgendwie verlorengegangen. Er ist nicht mehr zum Unterricht erschienen, ich weiß nicht, wieso. Wahrscheinlich hat er schauen müssen, daß er was verdient.
> Ich habe mir gleich gedacht, das wird ein Kapellmeister werden. Er hat das Zeug gehabt zum Cellisten, aber er hat sich dann eben auf Alte Musik kapriziert. Er hat auch das Kapellmeisterhafte damals schon gehabt, daß er Werke analysiert hat. Er wollt es immer genau wissen, wollte alles begründet haben. Er ist das, was man einen Musikanten nennt – wie Franz Schmidt gesagt hat: Musikant ist der Superlativ von Musiker.

Das Lehrer-Schüler-Verhältnis hat sich nach wenigen Monaten entspannt. Es scheint sich ein akademischer Dialog zu entwickeln, mit fast kollegialen Umgangsformen. Das taktische Auftrittsverbot ist bald aufgehoben. Harnoncourt darf spielen, wo und was er will. Brabec schätzt das und fördert es auch. Die materiellen Nöte seines Schützlings sind nicht zu übersehen. Er schickt ihn als Einspringer in die Volksoper und vermittelt ihn so rasch wie möglich zu einer Prüfung, mit der er zum »offiziellen Substituten« avanciert; erst dann wird er für seine Dienste auch bezahlt.

Unter den Studenten hat Harnoncourt anfangs am meisten Kontakt mit einem gleichaltrigen Bekannten aus der Grazer Schulzeit, der bereits seit

einem Jahr in Wien studiert. Jürg Schaeftlein bläst, wie auch seine ältere Schwester Elisabeth, hervorragend Blockflöte. Die Familie Schaeftlein hatte in Graz ein renommiertes Blockflötenquartett gebildet.
Jürg nimmt Nikolaus ein wenig unter die Fittiche. Gemeinsam besuchen sie Konzerte. An einem Abend im Mozart-Saal des Konzerthauses zeigt Jürg auf einen blonden Burschen, der Nikolaus schon in den Gängen der Akademie aufgefallen ist. In seiner Gesellschaft hat er das blonde Mädchen gesehen.
»Das ist Edi Melkus«, sagt Jürg. »Er ist der Geigenstar der Akademie. Er ist Konzertmeister im Akademieorchester, aber er spielt auch viel Kammermusik. Und der Mann neben ihm ist Professor Mertin. Er unterrichtet Aufführungspraxis für Alte Musik, und Edi ist der große Anführer in seinem Collegium Musicum.«
Alte Musik? In Nikolaus Harnoncourt weckt das zwiespältige Empfindungen. Zum einen beschäftigt ihn die Tatsache, daß die besten Streichinstrumente unserer Zeit mehrere hundert Jahre alt sind. Er ist fasziniert von der Schönheit dieser Instrumente, von ihrem Geheimnis. Die bedeutende Sammlung im Kunsthistorischen Museum war das erste, was er sich in Wiener Museen angeschaut hat. Immer wieder verbringt er dort scine freie Zeit, studiert die Geigen und Gamben, auch die Fülle der historischen Blasinstrumente mit ihren seltsamen Namen: Dulzian, Pommer, Zink. Aber es sind für ihn Kunstobjekte. Er kann keine Verbindung zu den Klängen herstellen, die er als »Alte Musik« bis jetzt kennengelernt hat.
Er erinnert sich an die Jugendmusikbewegung, die die Nationalsozialisten in seiner Schulzeit forciert haben. An die fragwürdige Blockflöten-Renaissance, die in Österreich bis heute fortwirkt. Die Schaeftleins waren die einzigen, die diesen schrecklichen Instrumenten Wohlklang entlocken konnten.

Für mich war Alte Musik als Begriff eher negativ besetzt. Wahrscheinlich durch die »Reichsmusikhochschule« oder so ähnlich in Eggenberg, wo so merkwürdig forsche Lehrer unterrichtet haben; viel Alte Musik, viel Blockflöten...
Der Bärenreiter-Verlag hat in den dreißiger Jahren angefangen, »alte« Stücke zu drucken, von Heinrich Schütz und von den Kleinmeistern zwischen Schütz

und Bach. Aber das Positive an diesen Ausgaben ist da nicht an mich herangekommen.

Über »Originalinstrumente« ist nicht gesprochen worden. Im allgemeinen ist diese Musik grundsätzlich einfach schlecht gespielt worden, steif und fad. Das war überhaupt nichts für mich als Richard-Strauss-Brahms-Beethoven-Menschen. Bei all dem Horror waren die Schaeftleins eine Erleuchtung, mit ihrem hochprofessionellen Blockflötenquartett. Einmal hat der Jürg in der Schule eine Partita von Telemann gespielt, da war er vielleicht zehn Jahre alt – ich war weg! Ein schwieriges Stück, perfekt und schön gespielt! Ich habe gedacht: toll! Da hat mir das zum ersten Mal gefallen.

Im Herbst 1948 denkt Nikolaus Harnoncourt keineswegs an Telemann. Er denkt hautpsächlich an Richard Strauss, an dessen Cello-Sonate. Sie wird sein Paradestück, mit dem er in diversen Hauskonzerten reüssiert – nachdem er unerwartet schnell die ideale Partnerin dafür gefunden hat. Die blonde Geigerin aus Melkus' Klasse spielt nämlich prima Klavier! Sie ist Wienerin und heißt wie die Schwester: Alice. Alice Hoffelner.

Er denkt allerdings auch an Bach. Viel früher, als im Studienplan vorgesehen, beschäftigt er sich mit den Cello-Suiten, arbeitet selbständig daran und präsentiert seinem Lehrer ein erstes Ergebnis.

Brabec gilt seinerseits als gefeierter Interpret von Bachs Cello-Suiten. Er spielt sie mit dem typisch romantischen Gestus seiner Generation, mit Bravour und Emotion, mit klangvoller Kantilene. Was sein Schüler hören läßt, ist ungefähr das Gegenteil. Er reduziert die dynamische Bandbreite, vermeidet Temporückungen, setzt ganz auf Schlichtheit, auf strenge Betonung des linearen Charakters.

Der Professor findet das keineswegs mutwillig »verruckt«, sondern in sich ganz überzeugend. Also läßt er ihn ruhig bei seiner Auffassung – was ihm sein Schüler bis heute hoch anrechnet.

Ich fand ihn so fair. Ich habe ihn nie Bach spielen gehört, aber er galt als großer Bach-Spieler. Ich habe ihm die leichteste von den Solosuiten vorgespielt, und er hat gesagt: Du brauchst bei mir keinen Bach zu spielen, weil das, was ich da mache, und was du machst, ist so verschieden wie Hand und Fuß. Wir klammern Bach aus. Das habe ich wirklich toll gefunden.

Mit der Streicherelite rund um Eduard Melkus, Alice Hoffelner und Alfred Altenburger, alle aus der Klasse von Ernst Moravec, ist Harnon-

court durch einen Zufall rasch in Kontakt gekommen. Er hat die kleine Gemeinschaft und ihre Aktivitäten von Anfang an beobachtet und gehofft, bald dazuzugehören. Für einen im ersten Jahrgang nicht ganz leicht, vor allem, da er anfangs nirgends auftreten durfte und sich somit nicht profilieren konnte.
Ein Freund aus Graz, der jetzt in Wien Philosophie studiert, nimmt ihn zu einer exklusiven privaten Veranstaltung mit. Er hat in seinem Umfeld Leute kennengelernt, mit denen er Nikolaus unbedingt zusammenbringen will: Musiker, Theologen; ein Mädchen ist auch dabei.

> Der Karli Wucherer und ich, wir hatten eine Art Widerstandsgruppe formiert, im letzten Kriegsjahr. Wir haben versucht, irgendwo im Wald Waffen einzugraben, ganz sinnlos, aber es ist uns toll vorgekommen. Er hat in Wien Philosophie studiert, und wir haben uns oft getroffen. Er war ein sehr interessanter, auch an Musik interessierter Gesprächspartner.
> Er hat mir gesagt, er sei jetzt in Kontakt mit einem ganz besonderen Kreis. Zu diesen Zusammenkünften in der Wohnung von Edi Melkus konnte man auch Freunde mitbringen. So bin ich also mit ihm hingegangen.

Eine Gesellschaft voller Überraschungen. Das Mädchen ist Liesl Schaeftlein, die in ihrer energischen Art den Ablauf der Treffen bestimmt. Aber viel spannender ist der Umstand, daß Lutz Matzenauer, der Cellist der Runde, nicht erscheint. Der Neue sieht sich unverhofft zum Musizieren aufgefordert. Er ist mit geziemender Zurückhaltung ohne Instrument erschienen und muß erst nach Hause rennen, um es zu holen. In Rekordzeit hetzt er von Melkus' Wohnung im zweiten Bezirk zum Schottenhof und zurück, setzt sich atemlos hin – und erntet die heimlich ersehnte Reaktion: Von nun an möge er doch jedesmal sein Cello mitbringen!

> Der Edi war sehr mißtrauisch. Die haben natürlich, wie jede Runde dieser Art, Angst gehabt, daß da einer furchtbar spielt und überhaupt nicht dazupaßt und daß man den dann nicht mehr los wird. Ich kann mich nicht erinnern, was wir damals gespielt haben, ich weiß nur, daß sie gesagt haben, ich könne immer mit dem Cello kommen. Und das war für mich – sowas! Von der Crème de la crème der Akademiestudenten gleich so aufgenommen zu werden! Von da an sind Lutz und ich mit dem Cello dagesessen, er hat das

erste Recht gehabt, und doch habe ich mir immer gedacht, vielleicht fragt mich jemand. Jeder will ja spielen, nicht nur zuhören! Zwischendurch ist wild diskutiert worden.

Der private Zirkel, in dem Harnoncourt und Melkus Ende der vierziger Jahre Bekanntschaft schließen, betreibt Musik nicht nur in praktischer Hinsicht. Abseits der regelmäßigen Zusammenkünfte, bei denen man in verschiedener Besetzung vom Nachmittag bis in die späten Abendstunden quer durch die ganze Literatur musiziert, bilden einige aus der Gruppe eine Art Geheimbund, der sich – »unter Männern«, versteht sich – mit philosophischen und religiösen Problemen beschäftigt. Die Studenten der Nachkriegszeit fühlen sich berufen oder auch verpflichtet, als Vordenker für neue geistige und weltanschauliche Perspektiven zu wirken.
Zu den Teilnehmern dieser konspirativ angehauchten Treffen zählt unter anderen der Sohn des Malers Herbert Boeckl. Außerdem Henning Bultmann, ein katholischer Theologe mit ausgeprägten revolutionären Ambitionen, der später zum orthodoxen Glauben konvertiert, und Othmar Steinbauer, ein Schüler des Komponisten Josef Matthias Hauer. Die Theorien des Zwölftöners, seine Ideen von der »Harmonie der Sphären«, spielen eine gewisse Rolle. Eduard Melkus erinnert sich:

Damals haben noch viele Leute das Gefühl gehabt, diese sehr abstrakte Richtung der Zwölftonmusik sei mit der Abstraktheit der Alten Musik identisch. Inzwischen haben wir ja alle gelernt, daß das ein Irrtum ist, nicht wahr. Man war noch so unter diesem Motto der zwanziger, dreißiger Jahre, die Musik ein bißchen neutral zu spielen, nicht so sehr gefühlsbetont.
Henning Bultmann hat die Theorie aufgestellt, daß die Musik ein Abbild der Welt sei, entsprechend der platonischen Philosophie. Man müsse eine »harmonia mundi« anstreben, aber die romantische Musik sei dazu eigentlich viel zu persönlich, viel zu dramatisch. Das wahre Abbild eines Kosmos, einer Harmonie der Welt, sei nur in der Alten Musik zu finden.

Nikolaus Harnoncourt folgt den Diskussionen der »Eingeweihten« mit höflichem Interesse. Er beschäftigt sich zwar auch mit den Physikern des siebzehnten Jahrhunderts, doch Sphärentheorien dieser Art hat er für sich bereits abgehakt. Den Zusammenhang mit der Religion kann er hier nicht herstellen.

Gar nicht unbeteiligt bleibt er indessen Eduard Melkus gegenüber. Der ein Jahr Ältere wird zu einem guten Freund.

> Ich habe mich sehr gewundert, daß ein Musikstudent wie der Edi so starke religiöse Interessen hat. Das hat mich angesprochen. Musiker reden ja über nichts anderes als über Fingersätze und über: Wie spielt der das, und wie spielt der das. Er war der einzige, der an diesen Sachen Interesse gehabt hat. Wir sind oft in die Schottenkirche gegangen, am Sonntag, und wir haben sehr viele religiöse Gespräche geführt.

Es ist die Verbindung mit Melkus und den Geschwistern Schaeftlein, die bei Harnoncourt den Eintritt in das entscheidende Stadium seiner Beschäftigung mit der Alten Musik auslöst. Im damaligen Verständnis ist das lediglich ein obskures Reservat für ein paar Spinner, umweht vom Ruch des Dilettantismus und ohne jede Relevanz für das Konzertleben.

Der vielseitige Musiker und Instrumentenbauer Arnold Dolmetsch hatte das Terrain knapp nach der Jahrhundertwende als einer der ersten betreten, in England ein Festival of Early Music etabliert und ein Standardwerk zur Aufführungspraxis publiziert. Im Deutschland der zwanziger Jahre hatte der Gambist Christian Döbereiner eine eigene Schule gebildet. Ebenfalls in der Zwischenkriegszeit hatte sich der Basler Cellist August Wenzinger den alten Instrumenten zugewandt, inspiriert vom kundigen Sammler Hans Eberhard Hoesch in Hagen, wo sich unter Beteiligung des Flötisten Gustav Scheck in den dreißiger Jahren ein Kammermusikkreis konstituierte. 1933 hatte Paul Sacher die Schola Cantorum Basiliensis begründet, wo Wenzinger zum stilbildenden Lehrer avancierte.

Von all dem weiß ein Musikstudent in Wien Ende der vierziger Jahre so gut wie nichts. Der lokale Pionier heißt Josef Mertin – und er hat nicht viel Zulauf. Allerdings zeigt er beträchtliche Ausdauer. Von 1937 bis in die neunziger Jahre propagiert er sein Fach mit wahrhaft missionarischem Eifer. Mitgetragen von der später heftig losbrechenden Originalklang-Bewegung, leitete er bis ins hohe Alter seine Seminare. Generationen von in Wien ausgebildeten Musikern haben ihre ganz individuellen Erinnerungen an seinen unkonventionellen, von furioser Spontaneität bestimmten Unterricht bewahrt.

Mertin, geboren 1904, gestorben 1998, war eine Institution. Schon 1927 gründet er ein Barockorchester, führt als gelernter Orgelbauer viele Restaurationsarbeiten durch, baut die Instrumentensammlung des Kunsthistorischen Museums mit auf, initiiert 1934 eine eigene Konzertreihe im Festsaal der Graphischen Sammlung Albertina und profiliert sich mit einer aufsehenerregenden, weil »aufführungspraktisch revidierten« Matthäus-Passion.

Das ist dem in Wien aufgewachsenen Eduard Melkus bewußt, als er 1946 – Mertin war nach dem glücklich überstandenen »Dritten Reich« eben an die Akademie zurückgekehrt – stolz ins Collegium Musicum einzieht. Er ist gerade achtzehn und gilt als großes Talent. Für ihn bringt diese Begegnung die entscheidendste Anregung seiner Studienzeit. In gewisser Weise hat er auch Mertins Erbe angetreten: mit der Leitung der Albertina-Konzerte, die noch im ausgehenden zwanzigsten Jahrhundert ihr Stammpublikum erfreuen. Melkus ist der gute Geist in Mertins Lehrveranstaltung. Er sorgt für Ordnung, wo der Professor kreatives Chaos stiftet:

> Aufführungspraxis für Alte Musik, da haben sich die meisten irgendwie durchgeschwindelt, Mertin war viel zu gutmütig. Und wenn er Aufführungen vorbereitet hat – er hat uns junge Leute immer gern zu den Albertina-Konzerten eingeladen –, war das ein ziemliches Durcheinander. Er war ein großartiger Musiker und ein unglaublicher Initiator, hatte aber ein sehr geniales, sehr freundliches Manko: Er konnte überhaupt nicht organisieren.
>
> Ich bin damals auf Liesl Schaeftlein gestoßen, sie hat Flöte studiert im Hauptfach, und sie hat mir gesagt: Nächstes Jahr kommt mein Bruder, der Jürg – der hat dann auch Oboe gespielt. Da waren wir sehr beglückt, weil man endlich ein gut funktionierendes Blockflötenpaar hatte, für die Brandenburgischen Konzerte, für »Actus tragicus«. Man hat sich damals schon gefreut, wenn einer überhaupt Blockflöte geblasen hat und nicht nur die modernen Instrumente. Und dann kam die Liesl einmal zu mir und hat gesagt: Paß auf, im Herbst kommt ein ganz begabter junger Cellist aus Graz, den müssen wir uns kapern für die Alte Musik. Das war also dann der Niki Harnoncourt. Er war ganz als romantischer Cellist ausgerichtet, hat einen sehr schönen romantischen Ton gehabt und hat gewußt, er muß hier noch viel lernen. Ich möchte bezweifeln, daß er vorher je wirklich alte Sätze gesehen hat. Ursprünglich war also

das Interesse an Alter Musik gar nicht so groß. Es war mehr die Überredungskunst der Liesl Schaeftlein, und meine, weil ich eben bei Mertin schon fix verhaftet war.

Harnoncourt, neugierig, was ihm dieses Collegium Musicum bieten könnte, ist vom Ablauf zunächst befremdet.

Es war so: Man ist hingekommen, es hätten eigentlich fünfzig Leute da sein müssen, weil es Pflicht war; es waren aber manchmal nur zwei da, manchmal waren fünf da oder zehn – mehr nie, und schließlich und endlich waren das immer dieselben.
Mertin ist dann in die Bibliothek gelaufen, hat irgendwelche Noten geholt; oder er hat etwas erzählt über Glocken und über Orgeln – das war total improvisiert, mußte es auch sein, weil er nie gewußt hat, wer kommt. Es war sehr anekdotisch. Viele Studenten waren ganz abgestoßen, die haben das Gefühl gehabt, sie können überhaupt nichts lernen, und sind dann eben nicht mehr hingegangen.
Zubin Mehta und Claudio Abbado sind auch ein paarmal gekommen, dann haben sie gesehen, das ist mehr skurril, und sind weggeblieben. Aber jetzt berufen sie sich wieder darauf. Man muß bei Mertin gewesen sein, heute, rückblickend.
Wir haben auch die Unorganisiertheit des Unterrichts sehr bedauert, haben aber doch gefunden, daß man einiges lernen kann. Daß er große Kenntnisse, Kompetenz und Erfahrungen hat. Aber ich hätte keinen Grund, ihn groß als meinen Lehrer zu bezeichnen, obwohl ich ihn sehr interessant gefunden habe, immer wieder, und ich habe ihn persönlich gern gehabt.

Das Selbststudium für das Collegium Musicum wird zum fixen Bestandteil der Musiknachmittage, die sich meist bis in die späten Abendstunden ausdehnen. Gegen Mitternacht wird es höchste Zeit für den Heimweg; Melkus' Wohnung liegt in der russischen Besatzungszone.
Gemeinsam durchforsten die Kollegen die kaum benutzten Bände der »Denkmäler der Tonkunst«, die Melkus aus der Akademiebibliothek anschleppt. Da ist herrliche Musik zu entdecken. Sie probieren aus, wie sie die ungewohnten Aufgaben bewältigen können, suchen nach neuen spieltechnischen und interpretatorischen Möglichkeiten, konfrontieren Mertin mit ihren Ergebnissen. Harnoncourt gelangt zu einer grund-

legenden Überzeugung: Die akustischen Zeugnisse dieses aufregenden, aufgeregten Barockzeitalters müssen eine mindestens ebenso heftig bewegende Wirkung ausüben wie die Dokumente der bildenden Kunst.

> Es hat mich irritiert, daß zum Beispiel die Triosonaten von Corelli, die in der Streicherausbildung relativ früh drankommen, so unsäglich langweilig waren. Da haben wir versucht, einen neuen Zugang zu finden, über den Vergleich mit der bildenden Kunst des italienischen Barock: Wenn man an die leidenschaftlichen Plastiken von Bernini denkt – die Musik derselben Zeit muß ja genauso leidenschaftlich gewesen sein!
> Es ist uns um die Spielweise gegangen, aber auch um die Klänge. Da gab es ein großes gemeinsames Interesse. So sind wir in Kirchen und Klöster gegangen und haben in den Orgelkästen immer wieder Instrumente aus dem siebzehnten und achtzehnten Jahrhundert gefunden, die noch unverändert, also nicht modernisiert waren. Wir haben dann aufgeregt festgestellt, daß die ganz anders klingen.

Es ist Pionierarbeit und der Anfang von dem, was Harnoncourt selbst als seinen »Instrumentenwahn« bezeichnet. Von seinem kärglichen Budget kauft er das eine oder andere Stück und läßt es restaurieren. Die Eltern mißbilligen das ausdrücklich. Wo er doch dringend Schuhe braucht!
Die Freunde sammeln im Musizierkreis erste, keineswegs nur erfreuliche Erfahrungen mit den Klängen, die sie den Fundstücken entlocken. Sie schärfen den Sinn für ihre spezifischen Eigenschaften, studieren Bauweise und Tongebung, lernen, Qualitätsmerkmale zu unterscheiden. Die kollektive Begeisterung beflügelt. In kurzer Zeit entwickelt sich eine kleine Gruppe von Spezialisten, die die Keimzelle späterer Aktivitäten darstellt. Neben den Geschwistern Schaeftlein ist unter anderen der Gitarrist Karl Scheit beteiligt, ebenso die Cembalistin Christa Fuhrmann, die spätere Frau des Haydn-Forschers Robbins Landon.
Auch Alice Hoffelner, die Mertins Methoden sehr reserviert gegenübersteht, kann sich in diesem Rahmen für Alte Musik begeistern und zählt zur fixen Besetzung – obwohl sie nie viel Zeit hat. Ihre Eltern sind nämlich sehr streng. Immer, wenn man gerade am intensivsten musiziert, klingelt das Telefon, und sie muß auf der Stelle nach Hause. Dann gibt es Aufregung und Tränen, und der Abend ist unterbrochen, weil Edi sie zur Stadtbahn bringen muß. Schließlich gelten die beiden als liiert.

Die Eltern Hoffelner finden es angebracht, daß ihre Tochter vor ihrem zwanzigsten Geburtstag einen Tanzkurs besucht. Das gehört damals in Wien sozusagen zur gesellschaftlichen Grundausbildung. Aber Edi hat ihn schon absolviert. Sie braucht einen Begleiter. Es liegt nahe, daß Freund Niki hier einspringt.

Irgendwann in dieser Zeit ereignet sich, was Nikolaus Harnoncourt als sein wichtigstes Erlebnis bezeichnet. Er bekommt Hoffnung, daß dieses strahlende, unkomplizierte Mädchen die Gefühle erwidern wird, die er schon im Moment der ersten flüchtigen Begegnung empfunden hat.

In der traditionsreichen Wiener Nobeltanzschule Elmayer bewegt man sich zu den Rhythmen von Walzer und Foxtrott, die der Pianist ins Klavier hämmert. Den obligaten Anstandsunterricht erteilt Herr Elmayer persönlich. Der Oberstleutnant außer Dienst nimmt sein Amt als Aufseher über die Manieren der alten Schule sehr ernst. Und er hat ein wachsames Auge.

Na, Sie wer'n die Geignerin no heiraten müssen, wenn S' dauernd mit ihr tanzen!

Genau das hat Nikolaus vor. Aber wie soll er sich Edi gegenüber verhalten? Er will den Freund nicht verlieren, er will ihn auch nicht verletzen.

Das gemeinsame Interesse an Alter Musik bleibt zunächst ein verbindendes Element. Der Kontakt reißt nicht völlig ab, obwohl sich die Wege für eine Zeitlang trennen. Melkus hat eine Freundin aus früheren Tagen wiedergetroffen, die 1952 seine Frau wird. In der Folge hält er sich viel im Ausland auf, kehrt erst 1958 nach Wien zurück. Doch Jahre später kommt es auf beruflicher Ebene zur Konfrontation.

Das Wiener Gamben-Quartett

Etwa ab Mitte 1949 konzentriert sich die Arbeit im privaten Musizierkreis auf ein konkretes Projekt mit professionellem Anspruch.

»Die Kunst der Fuge« erfreut sich in der Nachkriegszeit größter Popularität. Die 1926 von Wolfgang Graeser publizierte Neuordnung des umfangreichen Zyklus – die Stücke sind von Bach in ihrer Abfolge nicht eindeutig festgelegt und auch keinem konkreten Instrumentarium zugewiesen – löst eine Flut von Aufführungen in verschiedensten Besetzungen aus. Friedrich Wührer und Rudolf Scholz spielen ihn vierhändig auf dem Konzertflügel, Wolfgang von Karajan setzt auf eine Version für drei bis vier Orgeln. Es existieren Fassungen für Orchester ebenso wie für Streichquartett. In dieser Form schließen auch Nikolaus, Edi und Alice sowie Alfred Altenburger erste Bekanntschaft mit dem gewaltigen Werk und sind fasziniert. Eduard Melkus:

> Wir sind bei unserem Musizieren plötzlich auf »Die Kunst der Fuge« gestoßen. Es gab ziemlich viele Ausgaben davon, aber nachdem es maximal vierstimmig ist, waren wir der Meinung, daß man mit einem Quartett am weitesten kommt.
> Da kam die Idee auf, daß man ein mehr beruflich funktionierendes Ensemble bildet, und wir haben geschaut, wen wir dazuziehen. Das war dann der Fredl Altenburger. Und nachdem keiner von denen Bratsche spielen konnte, habe ich mich halt zur Bratsche gesetzt, obwohl ich jahrgangsmäßig der Älteste war, der Erfahrenste. Und dann war es endlich möglich, ein Quartett zu bilden, und wir haben, zwar unter der Leitung von Mertin, aber doch sehr selbständig, »Die Kunst der Fuge« einstudiert.
> Und nachdem der Niki eine Gambe von Mertin geliehen hatte, eigentlich den Nachbau einer Gambe, ein schweres, cellomäßiges Instrument, dachten wir, man könnte auf Gamben musizieren, die offensichtlich besser klingen als diese quietschenden Barockgeigen, die wir damals kennengelernt hatten. Manchmal quietschen sie ja noch immer, also, das ist ein bissel in dem System drin.

Spielen. Versuch und Irrtum. Von der modernen Geige über die Barockgeige zur Gambe. Ein geheimnisvolles Instrument. Die wenigen, die damals darauf musizieren, biegen es immer erst zurecht, als sei es nicht in Ordnung, so wie es ist; setzen ihm einen anderen Hals auf oder verändern seinen Korpus. Strandgut aus einer versunkenen Zeit. Keine »Vorstufe« zur Geige, sondern ein zu höchster Raffinesse entwickeltes Medium, über das sich die Klangwelt der Renaissance und des Barock in neuer Weise erschließt.
Kleiner Exkurs in Instrumentenkunde: Die Viola da gamba unterscheidet sich von der Violine durch markante Äußerlichkeiten – die »tänzerische« Form, den Kopf statt der Schnecke, die anders geformten Schallöcher, den flachen Boden – sowie durch die größere Anzahl von Saiten, die in

Quarten gestimmt sind. Das Griffbrett weist Bünde auf. Ihr Ton ist zarter als der der Geige und sehr obertonreich. Eine Besonderheit ist die Viola d'amore, optisch leicht erkennbar am besonders großen Wirbelkasten – wegen der mitklingenden Aliquotsaiten aus Metall, die einen ganz typischen, silbrigen Klang erzeugen.
Das Wiener Gamben-Quartett formiert sich. Die Vorbereitung nimmt fast ein Jahr in Anspruch. Das größte Problem ist es, vier zusammenpassende Instrumente aufzutreiben. Eine Spezialaufgabe für Nikolaus, bei der sein älterer Bruder René wertvolle Hilfe leistet.

> Wir sind erst nach und nach übergegangen auf Gamben. Wir haben herumprobiert, waren eben noch nicht zufrieden. Der letzte, der umgestiegen ist, war der Fredl.
> Der Mertin hat eine Baßgambe gehabt, die hat er mir geborgt. Da habe ich dann aus der Schnecke einen Kopf geschnitzt, der mich später bei einer Klavierprüfung gerettet hat. Diese Gambe hatte Cellomensur und keine Bünde. Ich habe mir Bünde draufgemacht. Es war so ein Übergangsinstrument, mit einem Klang zwischen Cello und Gambe. Eigentlich ein schöner Ton. Die ersten echten Gambenklänge habe ich später in den Museen gehört.
> Ein Instrument hatten wir von einer Dame, der Tochter des Afrikaforschers Hermann von Wissmann, die ein Gut im Ennstal hatte; dort waren auch überall Antilopengeweihe und Elefantenfüße. Sie war eine professionelle Geigerin, die bei Bram Eldering gelernt hatte, dem Lehrer des Adolf Busch. Sie war Konzertmeisterin in verschiedenen Orchestern und muß sehr gut gewesen sein.
> Mein Bruder René war damals im Ennstal Leiter der Musikschule, durch ihn haben wir erfahren, daß diese Frau ein ganz komisches Instrument hat, eine Diskantgambe. Sie hat uns dieses Instrument geborgt, für ein Jahr, damit wir »Die Kunst der Fuge« darauf spielen konnten. Das Instrument hat uns unheimlich gut gefallen.

Die phantastische Leihgabe manifestiert sich fast zwei Jahrzehnte lang als Wunschbild im Harnoncourtschen Unbewußten, ehe es Ende der sechziger Jahre möglich wird, sie zu erwerben. Der Pardessus de viole von Ludovicus Guersan, Paris, 1755, ist eines der Prachtstücke ihrer Sammlung.
Für die Mittelstimmen des Wiener Gamben-Quartetts finden sich mit Hilfe von Professor Mertin zwei adaptierbare Violen: Melkus spielt auf

einer großen, prächtigen Viola d'amore, bei der die Resonanzsaiten entfernt wurden, Alice auf einer kleineren, zur Bratsche umgebauten fünfsaitigen Viola d'amore, für die Nikolaus einen Kopf mit einem komischen Gesicht und abstehenden Ohren schnitzt.
Die ungebräuchlichen Instrumente erweisen sich als ungleich geeigneter, das zum Ausdruck zu bringen, was Bachs Notentext nach Ansicht der Studenten meint. Ihr Klang ermöglicht die klare Abgrenzung der einzelnen Stimmen, die in der Streichquartett-Besetzung immer bis zur Unkenntlichkeit verschmelzen. Sie verleiten nicht zu dynamischen Überspitzungen, die angestrebte Balance zwischen »Objektivität und subjektiv liebevollem Nachfühlen der Linien«, wie es auf dem Programmblatt heißt, ist leichter zu wahren.
Im Frühling des Bach-Jahres 1950 ist das Projekt »Die Kunst der Fuge« startbereit – Ergebnis intensiver gemeinsamer Arbeit der Freunde Nikolaus und Edi. Sie haben Graesers beliebte Neuordnung verworfen und für die spezifische Besetzung mit Gamben nach bestem Wissen und Gewissen eine Fassung hergestellt, die sich an der Originalausgabe orientiert. Alles ist minutiös durchdacht, nichts dem Zufall überlassen; auch nicht das elegante Konzertkleid für die Dame des Ensembles, das nach Exklusivdesign by Nikolaus aus einem alten Vorhang entsteht.
Der Einführungstext auf dem Programmzettel begründet die Entscheidungen, die der Aufführung zugrunde liegen, mit Sachkenntnis und Selbstbewußtsein. Er ist ein erstes Beispiel für jene besondere Begabung von Nikolaus Harnoncourt, die einen Teil seines Durchsetzungsvermögens ausmacht: die Fähigkeit und die Lust, seine künstlerische Arbeit mit präziser Argumentation zu untermauern. Es gibt wahrscheinlich wenige Vollblutmusiker, die mit solcher Intensität auch auf die Sprache fixiert sind, und es ist gewiß kein Zufall, daß gerade er die Ideen von der »Musik als Klangrede« entwickelt hat. Für Harnoncourt ist jede Form der Kunst, auch die Architektur und die Malerei, beredt – sofern sie etwas zu sagen hat.

> Ich glaube, daß die Musik für mich immer eine Sprache war. Aber ich bin auch sehr nahe daran zu glauben, daß die anderen Künste Sprachen sind. Architektur vielleicht noch mehr als Malerei, weil ich bei einer Fassade einen Zeitablauf erkenne. Da gibt es durch die Unterteilungen einen Rhythmus.

Das Sprachliche in der Musik war mir ganz früh bewußt, vielleicht schon mit fünfzehn, als ich zum ersten Mal gelesen habe, wie wichtig die Rhetorik für Beethoven war.

Am 15. März 1950 arrangiert Freund Altenburger eine Generalprobe in seiner Geburtsstadt Stockerau, nördlich von Wien. Sie findet im kleinen Kreis geladener Gäste statt, im kunstsinnigen Haus der Industriellengattin Elise Vogel, der Großmutter des Komponisten und Studienkollegen Ernst Vogel. Der erste offizielle Auftritt erfolgt zwei Tage später in Wien anläßlich des Bach-Festes zum zweihundertsten Todestag des Thomaskantors. Josef Mertin präsentiert seine Studenten im Rahmen der Albertina-Konzerte.

Der »etwas greinende Ton der Violen« bereitet dem Kritiker des *Kurier* zwar leises Unbehagen, doch bescheinigt er den jungen Musikern, sie hätten »die schwierige Aufgabe überraschend gut gelöst«; er ist »überzeugt, daß diese Instrumentation des Werkes dessen Gehalt am deutlichsten ausdrückt« – was der Rezensent der *Presse* wiederum in Zweifel zieht: »Ob dieser unendliche Kontrapunkt seine überdimensionale Architektonik nicht besser auf Tasteninstrumenten erkennen läßt, bleibe dahingestellt.« Dennoch: »ein anregender Beitrag zur feierlichen Begehung des Bach-Jahres«. Und immerhin geben sowohl die katholische Wochenschrift *Die Furche* als auch die *Salzburger Nachrichten* der Gamben-Version wegen ihrer großen Homogenität entschieden den Vorzug vor einer neuen Orchesterfassung, die Hermann Scherchen beim Wiener Bach-Fest erstmals aufführt.

Zu Ostern 1950 reist das Ensemble nach Graz, wird von den Eltern Harnoncourt in der Goethestraße aufgenommen, genießt eine Ferienwoche mit viel Musik. Nikolaus knüpft Kontakte zu einem Instrumentensammler, die sich Jahre später als buchstäblich unbezahlbar erweisen. Der Papa unterhält zu vorgerückter Stunde alle mit seinem Klavierspiel und selbstverfaßten Schlagern. Zu einem Hausmusikabend lädt man auch einen gefürchteten Grazer Kritiker ein, der Bratsche spielt, und amüsiert sich königlich, als er beim extra flott angelegten Schlußsatz eines Mozart-Quintetts »hinausfliegt«.

Die Konzerte am 1. und 4. April im »Heimatsaal« auf dem Grazer Schloßberg sind dank der intensiven Unterstützung der Familie – der Papa hat

sich persönlich um die Organisation gekümmert, beide Termine sind ausverkauft – ein voller Erfolg. »Jede Note ist hier von Bedeutung«, resümiert das lokale Abendblatt »die geradezu weihevolle Aufführung, die zum schicksalhaften Erlebnis wurde«. Durch die wohlwollenden Berichte, die das technische Niveau der Ausführenden ebenso hervorheben wie den »Idealismus einer neuen Jugend«, zieht sich allerdings ein Vorwurf: »Ermüdend« sei es gewesen, diese zwanzig Stücke anzuhören, heißt es in der *Neuen Zeit:* »Die zaghafte Tongebung« habe »den Nachteil einer gewissen Eintönigkeit« mit sich gebracht.
Latente Euphorie bei den Mitwirkenden. Die ungewöhnliche Formation könnte Zukunft haben. Man könnte sich als Quartett der anderen Art profilieren. Man könnte im Sommer bei Tante Lori in Grundlsee eine weitere Arbeitsphase abhalten, um das Repertoire zu erweitern.
Nach Ostern kehrt wieder der Alltag ein. Auch die Tanzstunden werden fortgesetzt. Alice und Nikolaus machen viel Musik zu zweit. Vielleicht sollten sie ein Duo gründen? Dann müßte sich die ehrgeizige junge Geigerin allerdings ganz auf das Klavierspielen konzentrieren, was sie in all den Studienjahren nur zum Vergnügen, aber nicht systematisch betrieben hat. Außerdem hat sie für den Herbst ein Stipendium nach Paris bekommen, um sich ein Jahr lang bei Jacques Thibaud und Jean Fournier auf der Violine zu perfektionieren.
Anfang August 1950 gibt es zwei weitere Termine für das Wiener Gamben-Quartett. Melkus hat ein Engagement als Konzertmeister im Salzburger Nobelkurort Badgastein und sorgt dafür, daß »Die Kunst der Fuge« auch in diesem Umfeld ein Forum erhält. Das zahlreich erschienene Publikum ist ganz auf leichte Muse eingestellt und bröckelt rapide ab, als sich herausstellt, daß es sich nicht um ein Wiener Schrammel-Quartett handelt.
Das letzte Konzert findet über Vermittlung des Mozarteum-Direktors während der Salzburger Festspiele im Rittersaal der Residenz statt.
Für die künstlerische Entwicklung aller Beteiligten ist die Auseinandersetzung mit Bachs kontrapunktischem Schlüsselwerk ein fundamentales Erlebnis – obwohl Alice und Nikolaus Harnoncourt diese Streicherfassung heute für eine gewagte Sache halten. Für sie steht es außer Zweifel, daß »Die Kunst der Fuge« für ein Tasteninstrument konzipiert ist.

Ein junger Musiker, der sich mit Aufführungen auf dem Cembalo bereits beachtliches Renommee erworben hat, ist im Herbst neu an die Akademie gekommen und erregt sich denn auch heftig über das Wiener Gamben-Quartett. Es ist der holländische Cembalist Gustav Leonhardt, der sich 1950/51 in Wien perfektioniert, ehe er 1952 eine eigene Cembaloklasse übernimmt.

Was als fachliche Kontroverse beginnt, verwandelt sich in eine intensive Freundschaft, die von bedeutenden künstlerischen Ergebnissen begleitet wird. Ihr imposantes Dokument ist die erste Gesamtaufnahme des Bachschen Kantatenwerks: 199 Kantaten haben die beiden Musiker mit ihren Ensembles, dem Concentus Musicus Wien und dem Leonhardt-Consort, zwischen 1971 und 1990 eingespielt. Eine Pionierleistung – und ein beachtlicher Zeitraum, an dem sich die rasante Entwicklung der interpretatorischen Standards anschaulich nachvollziehen läßt.

Leonhardt, ein Jahr älter als Harnoncourt, hat bei Eduard Müller an der Scola Cantorum Basiliensis studiert, bringt frischen Wind und ironisch-kritische Untertöne in Mertins Collegium Musicum, bringt auch seine künftige Frau Marie mit, eine Geigerin, Schülerin von Max Rostal. Auch ein schwedischer Geiger stößt dazu, Lars Frydén, der ebenfalls in Basel studiert hat.

Alfred Altenburger bereitet sich auf seine Diplomprüfung vor und beginnt eine Laufbahn als Solist, die ihn bald darauf als Konzertmeister nach Heidelberg führt.

Alice reist nach Paris, um ihr Stipendium anzutreten. Die Eltern Hoffelner hoffen, daß die Tochter den »armen Grafen« dort wieder vergißt. Schließlich soll sie eine »gute Partie« machen.

Die Eltern Harnoncourt sind erleichtert, daß sich das Gamben-Quartett auf diese Art von selbst erledigt. Es war ein schöner Erfolg, die Großfamilie war stolz auf Niki. Aber er muß sich auf jeden Fall um eine sichere Existenzgrundlage kümmern!

Alice schreibt aus Paris, daß sie Wieniawsky und Ysaye, Tschaikowsky und Sibelius studiert und daß sie fast jeden Abend ins Theater geht – natürlich allein. Nikolaus berichtet ihr von herrlichen Barocktrios, die er gemeinsam mit Leonhardt und Frydén entdeckt, von seinen neuen Erfahrungen mit der Alten Musik. Die Studenten haben Zugang zur Instrumentensammlung des Kunsthistorischen Museums, dürfen auf den

kostbaren Exponaten musizieren, erobern weitere Bereiche bislang unbekannter Literatur.
Der »Richard-Strauss-Brahms-Beethoven-Mensch« hat sich gründlich gewandelt. Er steht ganz im Bann der Alten Musik. Er braucht möglichst schnell eine Stelle in einem Orchester. Er braucht eine feste Basis, um freie Hand zu haben für das, was ihn fasziniert.

Karajans Entscheidung

In der Saison 1949/50 absolviert der Cellist Harnoncourt seinen ersten öffentlichen Auftritt von Bedeutung. Emanuel Brabec schickt ihn erstmals als seinen Substituten ins Staatsopernorchester. In einer »Salome«-Aufführung unter der Leitung von Karl Böhm soll er den Lehrer würdig vertreten. Für das Orchester nicht eben ein leichtes Stück, speziell in der winzigen Besetzung, in der es ausgeführt werden muß; da die Oper ausgebombt ist, finden die Vorstellungen im wesentlich kleineren Theater an der Wien statt.
Ein Kopfsprung in die Praxis.

> Brabec hat ja gewußt, daß Böhm fremde Gesichter im Orchester nicht leiden konnte. Also hat er ihn auf mich vorbereitet, hat ihm gesagt, ich sei sein bester Schüler und kenne das Werk in- und auswendig. Zu mir hat er gesagt: Gehst halt eine Stunde vorher hin und schaust es dir an.
> Ich hatte es öfter gehört, in Graz, so mit sechzehn, siebzehn Jahren, Ljuba Welitsch hat die Salome gesungen. Aber ich habe mich natürlich nicht für die Cellostimme interessiert. Ich habe gehört, daß das schwer ist für das Orchester, mehr nicht.
> Ich war ein recht guter Vom-Blatt-Spieler, habe also keine besondere Angst gehabt. Eine Stunde vorher bin ich im Stimmzimmer gesessen und habe gesehen, daß ich das nicht einmal in einem ganzen Tag lernen könnte. Ich habe angefangen, mir Fingersätze zurechtzulegen, bin aber nicht einmal über die ersten Zeilen gekommen. Nach einer halben Stunde ist einer von den älteren Cellisten gekommen, Herr Mayr, und hat gesagt: Kinderl, was machen S' denn da, das hat doch überhaupt keinen Sinn, das hört man doch alles nicht. Hat ein paar Seiten weiter geblättert und hat gesagt: Da ist eine leere C-Saite,

da brauchen Sie überhaupt nichts üben, aber die muß sauber eingestimmt sein, da schaut das ganze Orchester auf Sie. Über alles andere kann man al fresco drübernudeln.

Das war eine sehr wichtige Hilfe, das hätte ich total verhaut, diese leere C-Saite. Ich weiß nicht, wie die ganze Sache vorbeigegangen ist, es war ein Alptraum. Aber man hat mich nachher wieder geholt, und der Böhm hat mich nicht speziell bös angeschaut. Es scheint irgendwie gut gegangen zu sein.

Zur selben Zeit unternimmt Nikolaus Harnoncourt zahlreiche Ausflüge in fremde Gefilde. Er tingelt. Über Vermittlung von Edi Melkus verdingt er sich einen Sommer lang im Kurorchester Badgastein, was als optimale Vorbereitung für eine Philharmoniker-Karriere gilt. Man spielt Tanzmusik und Operetten in den abenteuerlichsten Bearbeitungen nach dem Motto: Ohren anlegen und durch!

Er heuert in einem der bekannten »Salonorchester« an, die den typischen Sound der fünfziger Jahre produzieren: mit den neuen Rhythmen von Boogie Woogie und Rock 'n' Roll, mit Schlagern, die die Sehnsucht nach exotischer Ferne beschwören.

Und er sammelt erste Erfahrungen im Plattenstudio. Das Zeitalter der Tonkonserven bricht an. Die elektronischen Massenmedien expandieren. Ein positiver Nebeneffekt der Besatzungszeit: Die amerikanischen Plattenkonzerne nutzen die Gelegenheit, in der »Musikstadt Wien« zu produzieren, was das Zeug hält. Das wirkt sich entspannend auf Harnoncourts ökonomische Lage aus. Und er registriert mit Staunen, wieviel Sorgfalt und Geld die Unterhaltungsbranche in ihre Produktionen investiert, im Gegensatz zum Klassikbereich.

Carl Loubé, der in Wirklichkeit Holoubek geheißen hat, und Horst Winter haben solche Bands gehabt, keine wirklichen Big Bands, eben Salonorchester. Es war zwar nur eine kleine Streichergruppe, aber mit vier Saxophonen, ein paar Posaunen und Trompeten doch ein relativ großes Orchester. Wir haben mit einer Sängerin verschiedene Schlager aufgenommen, noch auf Wachsplatten. Da hatten wir als Ergebnis einer dreistündigen Sitzung nur drei Minuten Musik! Das wäre heute nicht mehr denkbar, das hat mir auch Quincy Jones bestätigt – auf diese Art würde jede amerikanische Band pleite gehen, weniger als zwölf Minuten Resultat pro Sitzung wäre nicht möglich.

Ich habe mich über diese pedantisch genauen Aufnahmen gewundert, weil ich ja auch miterlebt habe, wie schnell und schlampig man klassische Schallplatten aufgenommen hat, mit tausend Fehlern. Es waren damals viele amerikanische Firmen in Wien, die wie wild produziert haben. Damals habe ich meine erste Aufnahme der Brandenburgischen Konzerte gemacht, die hat Mertin dirigiert. Die war für Supraphon.

Diese Brandenburgischen Konzerte aus dem Jahr 1950 sind Harnoncourts erste Platte überhaupt. Sie fehlt als einziges Tondokument in seiner sonst lückenlosen Sammlung eigener Aufnahmen. Dafür ist davon ein anderes Andenken erhalten geblieben.

Das Aufnahmehonorar ist mehr als anständig. Er kann sich nicht nur die dringend benötigten Kleider anschaffen. Er gönnt sich auch einen persönlichen Luxus: die Robot, eine motorbetriebene Kamera, mit der man vier Aufnahmen pro Sekunde machen kann. Sie tut auch heute, im Zeitalter der Pocket-Instant-Kameras, noch gute Dienste.

Das Studium ist für Harnoncourt – abgesehen von den Stunden bei Brabec – von untergeordneter Bedeutung. Noch entschiedener als in seiner Schulzeit besteht er darauf, sich nur mit dem zu beschäftigen, was ihm wesentlich erscheint. Die meisten Nebenfächer sind reiner Zeitverlust. Wozu muß er Klavier spielen können? Das kann Alice ausgezeichnet, das genügt für die Familie.

Trotzdem muß er eine Klavierprüfung ablegen. Erhobenen Hauptes tritt er an – zum Entsetzen seines Lehrers, der Verständnis für eine »plötzliche Erkrankung« gehabt hätte – und besteht. Freilich nur, weil er auf einen toleranten Prüfer trifft, der auf den eigenwilligen Studenten eingeht und sich mit ihm über seine in der ganzen Akademie bekannte Kunstfertigkeit im Schnitzen unterhält.

In den letzten beiden Studienjahren ist er immer mehr davon in Anspruch genommen, Geld zu verdienen und dabei Erfahrungen für den gewählten Beruf als Orchestermusiker zu sammeln.

Mit dem »Wiener Opernstudio« geht es per Bus durch die zerbombten deutschen Städte auf Tournee nach Holland. Dirigent ist der Ungar Hans Gabor, die Orchestermitglieder sind fast durchwegs Studenten. Jürg Schaeftlein ist mit von der Partie, ebenso später prominente Sänger wie Waldemar Kmentt und Walter Berry. Aus dem »Wiener Opernstudio«

entsteht übrigens bald darauf die Wiener Kammeroper, die heute ihren festen Platz in der Wiener Musikszene hat.

> Ich habe mir vom Erlös dieser Reise ein Paar Schuhe gekauft. Die habe ich gehabt, bis sie zerfallen sind. Das war eine erhebliche Sache für mich. Auch, daß man gut gegessen hat. Man hat doch soviel Diäten bekommen, daß man ordentlich essen konnte. Wir waren zum Teil auch privat untergebracht.
> Die Manager waren immer ein bissel halbseiden, da hat man nie gewußt, ob einer mit dem Geld durchgeht. Manche sind später bekannte Kulturgauner gewesen.

Weitere Konzertreisen im Europa der Nachkriegszeit unternimmt Harnoncourt mit dem Wiener Kammerorchester unter Franz Litschauer. Dessen Frau, die Cellistin Frieda Krause, ist ebenfalls eine Schülerin von Paul Grümmer und als Gambistin auch im Collegium Musicum von Josef Mertin aktiv. Von ihr erhält Nikolaus Harnoncourt während seiner Studienzeit die erste und einzige Lektion auf der Gambe.
Franz Litschauer hat von 1938 bis 1941 das Frauen-Symphonie-Orchester geleitet. Nach dem Krieg übernimmt er viele Musikerinnen in das arg dezimierte Kammerorchester der Wiener Konzerthausgesellschaft, das er mit einer Handvoll begabter Studenten zu einem funktionstüchtigen Ensemble ergänzt; die Konzertmeisterin ist Edith Steinbauer.
Mit diesem Kammerorchester macht Harnoncourt zwei ausgedehnte Reisen durch Spanien, Frankreich, Italien und Holland. Die Programme enthalten Anspruchsvolles, wie Strawinskys »Apollon Musagète« und Bartóks »Divertimento«. Für eine dieser Reisen wird Alfred Brendel als Solist verpflichtet; er studiert zu dieser Zeit bei Bruno Seidlhofer an der Wiener Musikakademie.
Brendel musiziert Bachs d-moll-Konzert mit professioneller Souveränität auf einem ramponierten Klavier, führt mit dem Dirigenten erbitterte Auseinandersetzungen in Interpretationsfragen und erweist sich insgesamt als überaus gebildeter, weltläufiger Mensch. Er dichtet und komponiert, er ist aber auch der Connaisseur in Sachen Trinkkultur, der den »Logroño diamante« für standesgemäß befindet.
Harnoncourt hat den zwei Jahre jüngeren Kollegen in liebevollen Karikaturen porträtiert. Auch ein winziges Schwarzweißfoto dokumentiert diese frühe Freundschaft, die bis heute nicht in eine künstlerische Part-

nerschaft übergeführt wurde: zwei baumlange, klapperdürre Gestalten auf einem windigen Spaziergang in einem südlichen Winter, der eine mit tief in die Stirn gezogener Baskenmütze und flatternden Hosen, der andere in modischen Knickerbockers, die charakteristische Brille auf der Nase. Harnoncourt erinnert sich:

> Wir waren praktisch jeden Tag zusammen. Ich weiß noch von einem Krach mit dem Litschauer, der ihm gesagt hat, wie er etwas spielen soll, und Brendel hat gesagt: Nein, wie ein Orkan muß das gespielt werden.
> Diese Reisen waren auch touristisch interessant. Wir haben alles angeschaut, fotografiert, sind überall hingegangen. Heute bin ich auf Tourneen touristisch absolut abgeschaltet. Aber damals war man nicht so verantwortlich. Ich war der dritte oder vierte Cellist in dem Orchester, wir haben am Abend das Konzert gespielt und sonst nichts. Dafür sind wir dann achtundvierzig Stunden ununterbrochen im Bus gefahren.

Auch Alfred Altenburger ist auf diesen Tourneen dabei. Er zählt sie zu seinen schönsten Jugenderlebnissen und weiß von intensiven weltanschaulichen Diskussionen mit Nikolaus ebenso zu berichten wie von dummen Streichen. In Barcelona sprechen die beiden Freunde einen Polizisten an und rezitieren Schillers Ballade »Die Glocke«.

> Wir hatten sehr viel Spaß miteinander; wir haben meistens das Zimmer geteilt. Da war sehr viel Hetz, aber auch sehr viel ernste Gespräche, vor allem über Religion. Er hat schon damals wahnsinnig viel gewußt. Mit ihm in eine Kirche zu gehen war für mich immer lehrreich, obwohl wir altersmäßig ungefähr gleich sind. Er hat sich schon sehr für Architektur interessiert, und er hat einen unglaublich scharfen Blick gehabt. Er hat einfach mehr gesehen als wir anderen.

Auf der ersten Tournee mit dem Kammerorchester fährt auch Alice Hoffelner mit. Die zweite unternimmt Nikolaus hauptsächlich, um sie in Paris zu besuchen.

Er möchte ihr klarmachen, wie ernst es ihm ist. Er hat ihr ein selbst angefertigtes Geschenk mitgebracht: das erste jener bezaubernden, ganz persönlichen Alben, die das Ehepaar dann jahrzehntelang als eine Art Tagebuch führt. In Zeichnungen und lakonischen Texten, mit Fotos und Zeitungsausschnitten sind Momente des gemeinsamen Lebens festgehal-

ten, Gedanken und Gefühle skizziert, familiäre und berufliche Vorkommnisse zu einem Kaleidoskop des Alltags zusammengefügt, in dem vieles bewahrt ist, was sonst im turbulenten Lauf der Ereignisse längst vergessen wäre. Eine kostbare Sammlung von Erinnerungen, speziell, was die inzwischen erwachsenen Kinder betrifft; von unschätzbarem Wert im Fall des Sohnes Eberhard, der auf tragische Weise ums Leben gekommen ist.
Im Sommer 1951 schnitzt Nikolaus auf dem Brandhof das Verlobungsgeschenk: ein Kruzifix aus bernsteinfarbenem, steinhartem Birnenholz. Im darauffolgenden Studienjahr beginnt die fieberhafte Suche nach einer Anstellung.
Die österreichischen Orchester befinden sich nach dem Krieg in der Krise. Zwar träumt man vom kulturellen Wiederaufbau, doch an allen Ecken und Enden fehlen die Mittel. Seriöse, gesicherte Stellen sind rar, der Wettbewerb ist gnadenlos und folgt nicht immer durchschaubaren Gesetzmäßigkeiten.
Beim Symphonieorchester der Stadt Innsbruck hat die zukünftige Frau Harnoncourt ein Engagement als Konzertmeisterin in Aussicht, und die Position des Solocellisten ist ebenfalls vakant. Doch während Nikolaus im Sommer 1952 den Probemonat absolviert, entscheidet man plötzlich, daß doch lieber ein »routinierter« Musiker aufgenommen werden soll.
Daraufhin tritt er unter rund vierzig Kandidaten zum Probespiel für die Wiener Symphoniker an, wo zwei Positionen am letzten Cellopult nachbesetzt werden. Diese sind allerdings nach den inoffiziellen Spielregeln praktisch schon vergeben: an einen Schüler des Solocellisten Hübner, der ständig im Orchester mitspielt und nur pro forma am Probespiel teilnimmt, und an einen zweiten, der bereits zu den fixen Ersatzleuten gehört.
Doch der Chef heißt Herbert von Karajan, und er trifft seine eigene Entscheidung. Er engagiert Nikolaus Harnoncourt und Hermann Höbarth; dieser wird bald darauf zum wichtigen Mitstreiter im Concentus Musicus. Die glücklosen Kandidaten – einer davon aus Harnoncourts engstem Freundeskreis – müssen nun mangels anderer Möglichkeiten Europa verlassen und leben jahrelang in Übersee.

Bei diesem Probespiel war Karajan beinhart. Man hat noch versucht, mein gutes Abschneiden auf das bessere Cello zu schieben, aber es hat nichts ge-

holfen. Er hat mich sofort engagiert und Höbarth für die nächste Stelle in einem Jahr.
Ich wollte die Stelle unbedingt haben und habe bei dieser Konkurrenz Beruf und Freundschaft bewußt getrennt.

Die Anekdote berichtet, daß der Nachwuchsmusiker, der seine blonde Verlobte als Pianistin mitbrachte, den Maestro schon durch sein Auftreten für sich eingenommen habe. Weil die vorhandene Sitzgelegenheit in der Höhe nicht entspricht, steht Harnoncourt wieder auf und holt sich seine Aktentasche als Polster – was Karajan ein anerkennendes Brummen entlockt haben soll.

Er hat gemurmelt: Wie sich der schon hinsetzt, seh ich, daß ich ihn engagier … Die Sicherheit, mit der ich mich am Podium benommen habe, hat ihm irgendwie imponiert. Er hat mich natürlich sehr eingehend getestet, mit Laut- und Leise- und Dieselbe-Stelle-noch-einmal-Spielen. Er hat mich fast den ganzen ersten Satz des Dvořák-Konzerts spielen lassen. Das ist wirklich sehr viel für ein Probespiel.

So wird Nikolaus Harnoncourt im Herbst 1952 elfter Cellist der Wiener Symphoniker. Am 27. Juni 1953 findet in Graz eine große Hochzeit statt. Im Mai hatte nach mehr als dreizehn Jahren die Lebensmittelzuteilung über Marken aufgehört.

Dulcinea und Sancho Pansa

Ein Weib, das Nacht und Tod nicht scheut,
ist würdig, und wird eingeweiht.

Emanuel Schikaneder, »Die Zauberflöte«

Schlußapplaus für den Concentus Musicus Wien. Nach der letzten Verbeugung hebt die Geigerin neben dem Konzertmeister ihre schwere Schultertasche vom Boden auf und tritt, Instrument und Bogen in der linken Hand, zum Dirigentenpult. Sie klappt die liegengebliebene Partitur zu, nimmt sie an sich und geht Richtung Künstlerzimmer ab.

In dieser kleinen Episode ist vieles ausgedrückt. Anspruch und Zurückhaltung, das Selbstbewußte und das Selbstlose, das Alice Harnoncourt in sich vereint.

Sie bleibt stets im Hintergrund und hat doch eine einflußreiche Position. Seit mehr als fünfundvierzig Jahren ist sie ihrem Mann Partnerin auf allen Ebenen. Neben ihren Funktionen in der Familie ist sie die schier unerschöpfliche Kraft hinter sämtlichen künstlerischen Aktivitäten und die einzige Instanz, deren Meinung für ihn unverzichtbar ist.

Es erweist sich als schwierig, sie als Einzelperson auszumachen und zu beschreiben. Auch bei physischer Abwesenheit eines Partners hat man es stets mit dem Ehepaar zu tun. In dieser komplexen privaten und beruflichen Verbindung, die sehr früh geschlossen wurde, ist aus zwei Individuen ein neues Ganzes entstanden.

So ist der Versuch, Alice Harnoncourt zu charakterisieren, zugleich der Ansatz zur Charakteristik einer außergewöhnlichen Beziehung, die auf den ersten Blick einem sehr konservativen Rollenverhalten entspricht, bei näherer Betrachtung jedoch immer mehr Rätsel aufgibt.

Sämtliche Fäden seiner Karriere laufen in ihren Händen zusammen, die künstlerischen wie die organisatorischen. Frau Harnoncourt ist das flexible Medium der Vermittlung zwischen der lästigen Außenwelt und der sakrosankten Innenwelt. Wer mit ihm zu tun hat, hat automatisch zuerst mit ihr zu tun. Das fängt schon damit an, daß er prinzipiell kein Telefon anrührt.

Wie eine osmotische Wand schirmt sie ihn ab, sortiert aus, was sie bis zu ihm durchdringen läßt und was sie von ihm fernhält. So schafft sie ihm den unbelasteten kreativen Raum, den er zur Arbeit braucht. Sie hat alle Termine, Daten, Verpflichtungen im Kopf, auf daß er den seinen frei habe für die »wichtigen Dinge« – und im launigen privaten Gespräch renommiert er gelegentlich damit, daß er nicht einmal seine Bankkonten kenne.

Eine Fülle von Macht, die sie nie ausspielt. Im persönlichen Umgang ist sie unkompliziert, lebhaft, mädchenhaft charmant, von anteilnehmender Freundlichkeit, Wünschen prinzipiell zugänglich.

Bei näherem Kontakt lernt man, ihr Taktgefühl zu schätzen, ihre Intuition im Umgang mit schwierigen Menschen und Situationen, ihre Kompromißfähigkeit. In der Zusammenarbeit ist sie konstruktiv und absolut zuverlässig.

Sie fällt nie auf. Auch bei offiziellen Anlässen bleibt sie oft genug hinter ihrem Mann, statt sich neben ihn zu stellen. Als habe sie es nicht nötig, eine Rolle zu spielen. Sie hat Hunderte Interviews ermöglicht, aber kaum jemals eines gegeben, und als sie es für dieses Buch tun soll, reagiert sie eher abwehrend: Aber ich bin doch nicht wichtig, sagt sie, und aus ihrem Mund klingt das nicht kokett.

Die Mami kommt sicher einmal direkt in den Himmel, hat Franzi, der Jüngste, einst in kindlicher Schwärmerei zu Protokoll gegeben. Die Verehrung, die ihre Kinder ihr entgegenbringen, beruht auf der Erfahrung, daß sie die eigene Person, die eigenen Wünsche und Bedürfnisse völlig zurücknehmen kann, um dem gerecht zu werden, was der Vater wünscht, braucht, fordert.

Zweifellos ist Alice Harnoncourt, geborene Hoffelner, ein starker Mensch, körperlich und seelisch. Daß sie ihrem Mann die Erfüllung seiner künstlerischen Ambitionen und seines Wunsches nach einer großen Familie ermöglicht hat, stellt eine enorme Lebensleistung dar. Sie wirkt dabei selten gehetzt oder überfordert, sondern scheint vielmehr ganz im Gleichgewicht: Dulcinea und Sancho Pansa in Personalunion – je nach Situation und Erfordernis.

Ihrer Bescheidenheit fehlt der Beigeschmack der Selbstverleugnung. Den Zielen, die ihr Mann für das gemeinsame Leben gesteckt hat, hat sie sich nicht untergeordnet, sondern angeschlossen. Sie hat seine Entscheidun-

gen zu den ihren gemacht und hat ihnen bestimmt oft zusätzliche Dimensionen gegeben.
Im übrigen hat Nikolaus Harnoncourt im sensibelsten Bereich ihrer individuellen Existenz keineswegs egozentrisch, sondern zum gemeinsamen Besten entschieden. Denn im Zentrum des beiderseitigen Interesses stand und steht noch immer die Geigerin, die Musikerin Alice H.
Diese Geigerin aus Wien, geboren 1930, kann man auf über hundert Plattenaufnahmen kennenlernen. In ihrer bis 1981 ausgeübten Funktion als Konzertmeisterin des Concentus Musicus war sie vielfach solistisch im Einsatz. An ihrem Spiel fallen die Beweglichkeit und die Luftigkeit auf. Es haftet ihm nichts Muskuläres an, es ist unprätentiös und ohne Anstrengung, getragen von einer Art unbeschwertem Ernst. Ein schlanker, schwebender, biegsamer Ton, schlackenlos, dabei voll und weich, auch in den höchsten Höhen süß und frei von Schärfe.
Sie weiß ihre Technik und ihre Musikalität wirkungsvoll einzusetzen. Jede Note ist beredt. Jede Phrase ist bis in die feinsten Nuancen ausgeleuchtet, mit musikantischer Lust am Komplizierten, an kniffligen Rhythmen, aberwitzigen Verzierungen, fetzigen Läufen, mit schier endlosem Strich. Aber sie trumpft nicht auf. Sie ist einfach in ihrem Element.

Behütet

Kaum hat die sechsjährige Lizzi Hoffelner begonnen, sich mit den weißen und schwarzen Tasten des Klaviers vertraut zu machen, verkündet sie daheim: »Ich werd' Pianistin!«
Die Mutter ist entzückt, hat sie doch für sich selbst immer eine künstlerische Laufbahn erträumt. Als Tochter aus bürgerlichem Milieu ist sie in der Reformschule von Eugenie Schwarzwald schöngeistig erzogen worden. Auch sie spielt Klavier, und sie hat leidenschaftliche literarische Ambitionen.
Der Vater, Sohn einer aus dem böhmischen Grenzgebiet nach Wien eingewanderten Arbeiterfamilie, ist bitterarm aufgewachsen und hat unter der fehlenden Entfaltungsmöglichkeit seiner geistigen Interessen sehr gelitten. Die Tochter soll es besser haben. Außerdem wird sie ja ohnehin heiraten.

Sie lernt eifrig und ohne Mühe, spielt bereits im Volksschulalter in einem Konzert Schubert-Impromptus. Sie ist selbstbewußt und anspruchsvoll. Schlechten Unterricht findet sie unter ihrer Würde, da verläßt sie empört die Klavierstunde.

Kurz nach ihrem neunten Geburtstag hört sie in einem Sonntagnachmittagskonzert das Tschaikowsky-Violinkonzert mit dem Solisten Walter Barylli. Sie will auf der Stelle Geige lernen. Bis Weihnachten muß sie sich gedulden. Dann findet sie unter dem Christbaum, ganz weit hinten versteckt, das ersehnte Instrument. Eine Geigerin, die im selben Haus wohnt, vermittelt ihr die elementaren Kenntnisse, später bekommt sie Einzelunterricht an einer privaten Musikschule.

Sie macht rasch Fortschritte, so daß man auf sie aufmerksam wird. Die Zwölfjährige kommt in die »Rundfunkspielschar«, ein Kinder- und Jugendorchester, das eine Alternative zu den obligatorischen Jugendaktivitäten der Nationalsozialisten bietet. Als eine der Jüngsten in der Streichergruppe sammelt sie erste Erfahrungen im Ensemblespiel. Unvergeßlich bleibt ihr eine Aufführung von Schuberts »Unvollendeter« im Wiener Rathaus, wo sie zweite Geige spielt.

Sie unternimmt erste Ausflüge in die Kammermusik. Der gleichaltrige Pianist Friedrich Gulda, der damals bereits Aufsehen erregt, und sein Vater, ein Hobby-Cellist, machen Hausmusik und suchen einen Partner für die Aufführung von Klaviertrios. Guldas Schwester Hedi besucht die nächsthöhere Klasse derselben Frauenoberschule und empfiehlt die kleine Hoffelner.

Mit dreizehn ist sie der Meinung, sie müsse ihre Ausbildung an der Wiener Musikakademie fortsetzen. Ihre Lehrerin schickt sie zum Vorspielen – Gottfried Feist verordnet ihr ein einjähriges Training bei seiner Assistentin, der späteren Frau des Virtuosen Tibor Varga, und nimmt sie danach in seine Klasse auf.

Musik und Schule nehmen ihre Aufmerksamkeit restlos in Anspruch. Was rundherum vorgeht, dringt nur peripher in ihr Bewußtsein. Die Zeitereignisse, die auch die Existenz der Familie Hoffelner tüchtig durcheinanderbringen, haben bei ihr kaum bleibende Eindrücke hinterlassen. Vage Erinnerungen an eine Evakuierung mit einem Kindertransport nach Laa an der Thaya im Weinviertel, ehe im Herbst 1944 die schweren Bombardements auf Wien beginnen.

Kurz vor dem Einmarsch der Roten Armee in Österreich im Frühjahr 1945 holt die Mutter sie zu sich nach Attnang-Puchheim, wo der Vater als Soldat stationiert ist. Die kleine oberösterreichische Stadt ist schweren Luftangriffen ausgesetzt. Dieses Erlebnis hat sich als einziger nachhaltiger Kriegseindruck in ihrem Gedächtnis eingegraben. Trotzdem: Viel wichtiger ist, daß die Geigenlehrerin, bei der sie in Gmunden Privatstunden hat, ihr endlich erlaubt, das Konzert von Max Bruch zu spielen.
1945 wird ein kleiner Bruder geboren, Günther. Die gerade Fünfzehnjährige übersiedelt in die Stadt Salzburg, richtet sich mit einer Cellisten-Freundin in einer Dachkammer ein und stürzt sich mit all ihrer Energie in die Ausbildung am Mozarteum, das wie alle österreichischen Hochschulen nach der kriegsbedingten Unterbrechung im Oktober wieder den Betrieb aufnimmt.
Die Musik packt sie so sehr, daß sie in der siebenten Klasse das Gymnasium verläßt, um sich nur noch dieser Leidenschaft zu widmen. Erst auf massiven Druck ihres Vaters macht sie als Externistin die Matura nach.
In Salzburg lernt sie einen jungen Dirigenten namens René Harnoncourt kennen. Nikolaus' älterer Bruder studiert am Mozarteum und begleitet sie bei ihrem ersten großen Solo-Auftritt mit dem »Adelaide-Konzert«, das damals Mozart zugeschrieben wurde.
1948 kann die Familie Hoffelner wieder in ihre Wiener Wohnung am Margaretengürtel einziehen. Alice, an Unabhängigkeit gewöhnt, kehrt in die elterliche Obhut zurück. Sie setzt ihr Studium an der Musikakademie bei Ernst Moravec fort. Eine brillante Studentin. Zielstrebig hat sie alle Nebenfächer bereits in Salzburg absolviert, sie kann sich ganz auf ihre künstlerische Ausbildung konzentrieren. Im Rahmen eines Studienaustauschs, bei dem sie in Oxford ihr Englisch verbessert, nimmt sie in London Privatstunden bei Tibor Varga. Nach ihrer Rückkehr wünscht sie, von niemandem mehr Lizzi genannt zu werden.
Sie hat einen interessanten Freundeskreis: der Musiker und Dichter Gerhard Rühm, später Mitglied der Wiener Gruppe, gehört dazu, ebenso der Komponist Ernst Vogel, der ein Motorrad besitzt, auf dem er sie manchmal nach Hause bringt.
Alice erinnert sich an ihre Zeit als umschwärmter Teenager. Sie sei sehr unkompliziert gewesen, überhaupt nicht raffiniert, sondern ganz naiv

und sehr direkt. Die Eltern wachen mit drakonischer Strenge über ihren »guten Ruf«. Gemäß den damaligen Moralvorstellungen muß ein hübsches Mädchen nachhaltig eingeschüchtert und kräftig unter Druck gesetzt werden, damit es nicht auf die schiefe Bahn gerät.
Sie hört immer wieder dieselben Drohungen, ohne ihren Sinn zu begreifen. Sie fühlt sich unverstanden und gegängelt, ständig gibt es Krach. Sie versucht, vernünftig zu reagieren und sich vor Augen zu halten, daß man ihr Bestes wolle. Auf diesem Weg arrangiert sie sich mit vielem, wogegen sie sich spontan auflehnen möchte – solange man sie in ihrer musikalischen Welt nicht stört. Daß sie allerdings von den Kammermusik-Treffen immer viel zu früh weggeholt wird, findet sie wirklich gräßlich – wie auch die Art, in der ihr Vater manchmal mit ihren Bekannten umspringt, wenn sie nur ganz harmlos Noten vorbeibringen wollen.
Leopold Hoffelner ist ein schwieriger Mensch. Daß ihm die ersehnte Ausbildung vorenthalten wurde, daß er sich seine Lateinkenntnisse unter der Laterne im nächtlichen Stadtpark aneignen mußte, hat ihn früh verbittert. Er ist ein glühender Verehrer von Goethe und hütet selbstverfaßte Romane in der Schublade. Er fühlt sich als Intellektueller, unternimmt zahlreiche Versuche, sich eine angemessene berufliche Position zu erobern, ruhelos und ganz ohne Sicherheitsnetz.
Von seiner Frau erfordert das ein Höchstmaß an Flexibilität und Einfühlungsvermögen. Als entschlossene Kameradin unterstützt sie alle seine Unternehmungen. Mit wechselnden Arbeiten trägt sie zum Familieneinkommen bei. Nach dem Krieg gibt sie Englisch-Stunden. Das Sommerhäuschen in Dorfgastein, das »Sonnherzl«, macht sie zu einer beliebten Jausenstation. Sie hat eine ausgeprägte Fähigkeit, auf andere Menschen einzugehen. Auch ihr Kopf ist voll von Plänen und Initiativen. Sie leidet darunter, mit den eigenen Begabungen und Interessen auf der Strecke geblieben zu sein. Im fortgeschrittenen Alter kommt eine schwere seelische Erkrankung zum Ausbruch.
Beide Eltern seien nie ganz auf dem Boden der Wirklichkeit zu Hause gewesen, meint Alice. Doch die Mutter bringt es fertig, alle Belastungen von der Tochter fernzuhalten. Sie wächst bescheiden, aber nicht im Gefühl von Armut auf. Sie hat auch keine besonderen Ansprüche außer ihren musikalischen Neigungen. Und die Finanzierung ihrer Ausbildung steht offenbar nie zur Diskussion.

Unglaubliche Treuefähigkeit

Schon zwischen den Kriegen versucht Leopold Hoffelner, mit einer Mischung aus Literatur und Lebenshilfe in der Zeitungsbranche Fuß zu fassen. Zusammen mit seiner Frau gibt er die Zeitschrift »Wir Frauen« heraus, der keine große Zukunft beschieden ist. Doch 1948 gelingt ihm der Durchbruch: Unter dem Pseudonym Willy Bernert veröffentlicht er ein Buch mit dem Titel »Ehe und Handschrift«.

Leopold Hoffelner alias Willy Bernert ist ein bis in die siebziger Jahre aktiver angesehener Graphologe. Er ist nicht nur als Personalberater sehr gefragt, sondern etabliert vor allem ein renommiertes Institut zur Eheanbahnung: Aufgrund des Schriftbildes stellt er fest, ob Menschen zusammenpassen.

Seine »Diagnosen« sind von verblüffender Treffsicherheit. Das Institut Bernert unterhält in seinen besten Zeiten bis zu zehn Filialen in ganz Österreich. Bei Fünfuhrtee und Cocktailparty, Jour fixe und Sprachenzirkel, Hausmusikabend und Rätselfahrt kommen die Klienten einander zwanglos näher, der Heiratsmarkt kommt in Schwung, und Leopold Hoffelner hat sich zu guter Letzt doch noch eine maßgeschneiderte Existenzgrundlage geschaffen.

Bezüglich der Beurteilung von Handschriften habe sie von ihrem Vater eine Menge gelernt, sagt Alice, die den Erfolg des Ehe-Instituts nur noch aus der distanzierten Position ihres eigenen Berufs- und Familienlebens registriert hat. Die Interpretation von Oberlängen und Unterlängen, Schleifen und Schnörkeln ist hingegen eine heimliche Leidenschaft geblieben, der sie sich mit Hilfe reichlich angehäufter Fachliteratur »in der Pension« ausgiebig zu widmen hofft. Und auch ihr kritischer Mann hält große Stücke auf dieses Metier – obwohl es seinerzeit in böser Absicht gegen ihn angewendet wurde.

Durch seinen Beruf hat Vater Hoffelner beste Beziehungen in der sogenannten guten Gesellschaft. Ein wohlsituierter Hotelier reiferen Semesters wäre ein passender Schwiegersohn. Die Tochter ist sprachbegabt und kontaktfreudig. Mit der Musik kann das schließlich nicht ewig weitergehen. »Aus dir wird eh nix«, sagt er ihr bei jeder Gelegenheit.

Der zaundürre Graf könne keinesfalls der Richtige sein. Abgesehen davon, daß er materiell nicht das Geringste zu bieten habe, sei er nicht

einmal ein Jahr älter als sie. Mit einem so ungefestigten Menschen dürfe sie sich nicht einlassen.
Heimlich analysiert er eine Schriftprobe – wobei er vermutlich nicht weiß, daß Nikolaus an der Gestaltung seiner Handschrift ganz gezielt gearbeitet hat, um sich auch in dieser Hinsicht ein adäquates Profil zu geben. Auch wenn die Eigenheiten noch nicht so ausgeprägt waren wie heute – die Eintragungen auf den abgebildeten Partiturseiten geben einen Eindruck davon –, so dürften die charakteristischen Merkmale doch im wesentlichen identisch sein.
Was also sieht Willy Bernert? – Dazu einige Passagen aus seinem Buch:

> Die steile Handschrift ist vorwiegend positiv zu bewerten. Ihr Grundsinn ist »Haltung«, ihr Symbol der aufrechtstehende, vereinzelte Mensch.
> Zeugnis eines höchststehenden Geistes ist seine Klarheit sowohl wie seine Losgelöstheit vom Nebensächlichen, Verwirrenden, »Hinabziehenden«. Gleichwie der kultivierte Mensch allen Firlefanz von sich fernhält, so ist auch die Handschrift der geistigen Persönlichkeit bis zum äußersten vereinfacht. Sie nähert sich oft den Drucktypen, ohne indes »Type« zu sein.
> Die druckstarke Schrift, mit Regelmäßigkeit verbunden, weist positiv auf echte Tatkraft, Festigkeit, Beherrschung, Durchsetzungsvermögen und Disziplin, ferner auf Gefühlsstärke und Gefühlstiefe hin.
> Lebt sich des Schreibers Gestaltungsdrang vorzüglich in der Oberzone aus (sind also die Oberlängen höher als die Unterlängen), so beherrscht ihn der Zug zum Höheren. Die positive Bewertung lautet dann auf Idealismus, Gehobenheit des Geistes, geistige und sogenannte »romantische« Neigungen, Begeisterungsfähigkeit, abstrakte Denkbefähigung, Unterwerfung der Sinnlichkeit unter die Forderungen der Ethik und Ästhetik …
> Genau gesetzte Oberzeichen zeigen Ordentlichkeit, Genauigkeit, Akkuratesse, Gegenwartssinn an, vorauseilende raschen Flug der Gedanken, Vorwegnehmen von Erfolgen, Zukunftsdrang.

Über den Aspekt der Treue bei jungen Männern heißt es:

> Der 23- und selbst noch der 25jährige Mann kann unter bestimmten Gegebenheiten, die nicht bloß in der Unbeendigtheit seiner Studien, der Nochnichtaufnahme eines Berufes oder in noch nicht erreichter wirtschaftlicher Selbständigkeit, sondern auch in seiner noch nicht völlig gewährleisteten ein-

> seitigen (monogamen) Bindungsfähigkeit liegen mögen, als noch nicht reif genug für eine Ehe gelten müssen. Freilich darf diese Auffassung nicht verallgemeinert werden; ihre Gültigkeit oder Nichtzutreffendheit hängt ganz und gar von der zur Debatte stehenden Individualität, zuweilen auch von der größeren oder geringeren Innigkeit der bestehenden Liebe oder von ihrer allseitigen Fundierung in den Charakteren ab. Die Überprüfung wird sich denn auch auf diese Sachverhalte und sodann im besonderen noch auf das Vorhandensein von Ein- oder Mehrrichtigkeit sinnlicher Art – auf Treuefähigkeit schlechthin – erstrecken.

Aus dem Schriftbild ergibt sich für Vater Hoffelner nicht ein einziges Argument gegen den blaublütigen Habenichts. Doch im Interesse einer wirtschaftlich gesicherten Zukunft für seine Tochter muß er etwas unternehmen. Er konfrontiert sie mit einem falschen Gutachten. Später rechtfertigt er sich: Er habe angesichts einer so unglaublichen »Treuefähigkeit« seiner eigenen Analyse nicht getraut. Noch nie habe er bei einem so jungen Mann derart ausgeprägte Anzeichen für Beständigkeit festgestellt.

Die Gesichter der Wirklichkeit

Alice kann sich beim besten Willen nicht erinnern, wann und wodurch Nikolaus ihr zum ersten Mal aufgefallen ist. Er war plötzlich da – und bald nicht mehr wegzudenken.

In ihrem Bekanntenkreis ist er die weitaus interessanteste Erscheinung. Das gemeinsame Musizieren erreicht rasch eine besondere Intensität. Er warnt sie: »Privat« sei er ganz anders.

Sie entdeckt den Menschen hinter der gewinnenden Fassade. Seinen Ernst, seine Verachtung für Optimisten, die er für Idioten hält, seinen Widerspruchsgeist. Aber hinter seiner Streitlust steht ein großes Harmoniebedürfnis, stehen Aufrichtigkeit und Arglosigkeit. Mit doppelten Botschaften, wie sie ihr von zu Hause vertraut sind, kann er nicht umgehen.

Neu ist für sie auch der starke Bezug zur Religion, den er hat. Sie ist beeindruckt von seinen fundierten Prinzipien, von seinem Idealismus. Adel, sagt er, sei eine Frage der persönlichen Intelligenz, nicht der Geburt. Er spricht von Erzherzog Johann und Anna Plochl, von Don Quijote

und Dulcinea. Er macht Scherze von Nikolaus und Krampus und zeichnet Karikaturen, die sie als beschwingtes Pärchen zeigen: zwei Strichmännchen, Hand in Hand.
Als sie im Sommer 1950 ihr Stipendium in Paris antritt, empfindet sie sich als verlobt.
Ihre einzige Bekanntschaft in Paris ist eine zweite Stipendiatin aus Österreich, die im selben Hotel wohnt. Gemeinsam kochen sie täglich Nudeln.
Als Nikolaus im Winter zu Besuch kommt, ist er entsetzt, wie dick sie geworden ist.
Alice will gut Französisch lernen. Deshalb geht sie jeden Abend ins Theater und ist davon begeistert. Das Pariser Konzertleben dagegen findet sie in wienerischem Chauvinismus völlig uninteressant.
Die langen Tage füllt sie mit Betriebsamkeit. Die Zeit zwischen Unterricht und Üben verbringt sie in den Bibliotheken, wo sie Abschriften französischer Musik des sechzehnten und siebzehnten Jahrhunderts anfertigt. Außerdem besucht sie einen Kurs für Moulagetechnik, und sie lernt, Puppenkostüme aus Seidenpapier zu schneidern. Sie merkt, daß ihr diese Art manueller Betätigung überhaupt nicht entspricht. Aber vielleicht liegt die Zukunft doch in den Marionetten?
Sie fährt nach Wien zurück und macht an der Musikakademie ihr Geigendiplom – als Externistin. Professor Moravec hat es nicht gern, wenn seine Studenten ihre Fühler anderweitig ausstrecken.
Im Sommer 1951 wird in Dorfgastein offiziell Verlobung gefeiert. Im Herbst nimmt das künftige Paar den Existenzkampf auf. Als Nikolaus 1952 endlich den Posten bei den Wiener Symphonikern ergattert, muß nur noch eine Wohnung gefunden werden. Alice hat mittlerweile wieder an der Akademie inskribiert, diesmal in der Klasse von Gustav Leonhardt.
Anfang 1953 unternimmt sie mit dem Wiener Kammerorchester unter Heinrich Hollreiser eine aufregende Tournee durch Nordafrika.
Dann setzt die diplomierte Geigerin ihren ganzen Ehrgeiz darein, eine gute Hausfrau zu werden. Unter der Aufsicht ihrer künftigen Schwiegereltern bereitet sie sich in einer Grazer Haushaltungsschule auf ihre neuen Pflichten vor. Sie lernt Kochen und Nähen. Sie fertigt die gesamte Bettwäsche für ihre Aussteuer an. Lange, gerade Nähte sind das einzige, was gelingt. Für solche Arbeiten habe sie nicht die geringste Geduld, sagt sie.
Sie wird gastfreundlich in der Goethestraße aufgenommen. Es fällt ihr

nicht schwer, sich zu integrieren. Rasch und unauffällig eignet sie sich an, was sich im Haus de la Fontaine und d'Harnoncourt-Unverzagt gehört. Sie wird in der Großfamilie herumgereicht und begutachtet, geht mit Meranischen Onkeln auf die Pirsch. Falls es immer noch Vorbehalte gegen sie gibt, läßt man sie nichts davon merken. Man akzeptiert diese Verbindung nunmehr als Fait accompli.

Ein völlig neues Leben. Sie denkt überhaupt nicht mehr an die Geige. Der Mädchentraum von der Musik wird abgelöst vom Traum vom häuslichen Glück.

Der Hochzeitstermin auf dem Standesamt ist eine Formalität, die man in Alltagskleidung erledigt. Ein Kandidat im karierten Flanellhemd ist dem Beamten noch nicht untergekommen. Das wirkliche Ereignis ist die kirchliche Feier im Grazer Dom. Das weiße Taftkleid der Braut, ergänzt durch Blütenkranz und langen Schleier, hat Nikolaus entworfen.

Darauf folgt die Einübung in die persönliche Bedürfnislosigkeit. Weihnachten ohne Geschenke. Die Garderobe besteht jahrelang aus einem Rock und drei Pullovern. Der Schwiegervater ist empört, daß sein Sohn kaputte Musikinstrumente kauft, statt einen bequemen Sessel für seine schwangere Frau anzuschaffen.

Im Mai 1954 kommt in der Josefstädter Straße Tochter Elisabeth zur Welt, im September 1955 Sohn Philipp. Im Sommer darauf bricht das Ehepaar allein zu einer längeren Bergtour auf. Es sei ihr nicht leicht gefallen, die Kinder zu verlassen, erzählt Alice Jahrzehnte später. Sie habe die Erholung dann aber sehr zu schätzen gewußt.

In dieser Partnerschaft wird der Nachwuchs von Anfang an bewußt nicht in den Mittelpunkt gestellt. Das Familienleben wird von einer übergeordneten Aufgabe bestimmt: von der gemeinsamen Arbeit der Eltern. Nikolaus hat dazu seine Theorien parat: Das Wichtigste ist das Ehepaar, denn Kinder kommen und gehen wieder. Die Eltern sollen sie nicht zu sehr an sich binden und sich auch nicht zu sehr an ihnen orientieren, sondern für sich ein starkes Zentrum bilden. Die Existenz des Paares benötigt eine geistige Grundlage, ein gemeinsames Ziel, das wichtiger ist als die individuellen Bedürfnisse.

Auf all das ist Alice überhaupt nicht vorbereitet. Sie geht in ihrer Rolle als junge Ehefrau völlig auf. Sie genießt es, ihre Zeit an ihren Mann zu verschwenden, ganz für ihn da zu sein.

Nikolaus ist damit nicht einverstanden. Er hat schließlich eine Musikerin geheiratet, die er bewundert. Noch heute merkt er gelegentlich an, daß sie die Begabtere von beiden sei, daß sie Musik lesen könne wie andere Menschen Bücher und daß sie, im Gegensatz zu ihm, ein absolutes Gehör habe. Er fordert und fördert sie als die Partnerin, die er in ihr sehen will. Es kann passieren, daß er sie dabei auch überfordert. »Wenn ich dich hart kritisiere«, sagt er, »kann ich die anderen auch hart kritisieren.« Kollegen aus der Anfangszeit des Concentus Musicus erinnern sich an so manche Probe, die mit Tränenausbrüchen endete.

Sieben Wochen nach der Entbindung von ihrem dritten Kind, zusätzlich geschwächt durch eine schwere Entzündung, die aus Rücksicht auf den Säugling nicht mit Antibiotika behandelt wird, ist Alice Harnoncourt bei der Eröffnung der Konzertreihe des Concentus Musicus im Palais Schwarzenberg im Einsatz: als Konzertmeisterin in zwei verschiedenen, sehr umfangreichen Programmen, auf der Gambe und auf der Geige.

Die Concentus-Männer nehmen derlei zum Anlaß, ihren Frauen die eiserne Disziplin bei jeder Gelegenheit als Vorbild hinzustellen, was begreifliche Antipathien auslöst. Bei diesen Frauen ist Alice eine Zeitlang ziemlich unbeliebt. Aber sie hat kein grüblerisches Naturell. Sie ist ein aktiver Mensch, der rasch, spontan, intuitiv handelt. Sie orientiert sich an dem, was sie für richtig hält – und das deckt sich in der Regel mit dem, was ihr Mann für richtig, wichtig, vorrangig hält.

Sie behauptet sich. Mit ihrem technischen Rüstzeug, ihrer Begabung und ihrer künstlerischen Intuition ist sie das Medium für die Ideen ihres Mannes, für seine musikalischen Botschaften. Sie wird zur Integrationsfigur im Concentus. Die Kollegen respektieren sie nicht nur wegen ihrer Leistungen, sondern verehren sie geradezu für ihre Fähigkeit, auch in heiklen Situationen die Solidarität zu wahren. Sie genießt diesen Status. Bis in die siebziger Jahre bleibt sie – sehr gern – die einzige Frau im Ensemble.

Es ist wiederum Nikolaus, der hier Veränderung anstrebt. Er befürchtet künstlerische Erstarrung und holt selbstbewußte junge Geigerinnen ins Orchester. Der in die Jahre gekommene Herrenbund reagiert darauf anfangs mit demonstrativer Mißbilligung.

Alice Harnoncourt hat auch außerhalb des Concentus Musicus jede Gelegenheit wahrgenommen, in von ihrem Mann geleiteten Aufführun-

gen mitzuwirken. Im Zürcher Opernorchester hat sie ihren angestammten Platz als zweite Geigerin und registriert von dort aus jeden kleinsten Fehler.
Im Concertgebouw Orkest ist sie früher fallweise an hinteren Pulten eingesprungen, um den Musikern einen freien Abend zu ermöglichen. Sie ist ja ohnehin immer anwesend, bei jeder Probe, bei jeder Aufnahmesitzung. Wenn sie nicht musiziert, richtet sie meist Noten ein. Immer noch fertigt sie das meiste Stimmenmaterial selbst an. Trotzdem entgeht ihr beim Zuhören nichts.
Sie hat andererseits klug zurückgesteckt, hat die Konzertmeister-Position im Concentus beizeiten dem jungen Erich Höbarth überlassen. Es ist auch eine Erleichterung, nicht mehr so viel üben zu müssen. Aber wenn sie die Geige längere Zeit nicht in die Hand nimmt, etwa während der Arbeitsphasen mit dem Chamber Orchestra of Europe, bei dem sie nicht mitspielt, dann ist sie unglücklich. Was ihr mit Sicherheit niemand anmerkt – schon gar nicht ihr Mann.
Die Geige ist ihr Lebenselixier. Und ihre persönliche Bilanz als Künstlerin ist in Ordnung.

Ich habe dreißig Jahre solistisch gespielt. Ich habe als Geigerin unglaublich viel verwirklichen können. Eine große Karriere hätte ich sowieso nicht gemacht, da bin ich nicht extravertiert genug.
Ich war eher ehrgeizig. Ich wollte ein bissel rausschnuppern aus der Wiener Akademie, nicht nur hier ausgebildet sein. Das Interessante ist ja, sich von jedem Lehrer das zu nehmen, was einem adäquat ist. Aber Musik habe ich bei keinem meiner Lehrer gelernt, nirgends. Der normale Unterricht ist total konventionell, so an der Musik vorbei. Man hat eigentlich nur Technik gelernt, oder die jeweilige Auffassung in der sogenannten Tradition. Bei unseren Kammermusikrunden in der Studentenzeit habe ich angefangen, Musik zu entdecken. Richtig Musikmachen, Musizieren, was das bedeutet, habe ich erst durch meinen Mann erfahren. Und da habe ich mir wirklich oft gedacht: Wieso ist mir das nicht selbst eingefallen?
Es hat mir Spaß gemacht, etwas zu lernen. Aber ich habe sehr schnell vergessen, zum Unterschied von meinem Mann. Ich ärgere mich da manchmal. Aber ich muß die Sachen nicht wissen, ich kann ja ihn fragen. Außerdem ist mir völlig klar, daß ich weniger weiß. Ich bin bei anderen Dingen ehrgeizig.

Es stimmt nicht, was er sagt, daß ich begabter bin als er – aber er glaubt es. Und ein absolutes Gehör ist ja keine besondere Begabung, sondern nur eine spezielle Art von Gedächtnis.
Die Büroarbeit ist nicht allzu umfangreich, Gott sei Dank. So viele verschiedene Projekte haben wir ja nicht. Wir sind in der wirklich glücklichen Lage, daß wir nur das machen, was wir wollen. Es gibt nichts, was wir machen müssen. Mein Mann war immer angestellt – das war primär auf meine Bitte – und bekommt jetzt auch seine Pension. Das ist ein Riesenvorteil.
Aber es stimmt: Ich sitze wirklich viele, viele Stunden am Schreibtisch, und man sieht nachher überhaupt nichts davon. Das mache ich nur als Preis dafür, daß ich spielen kann. Es hat sich ergeben, weil irgend jemand diese Arbeit machen mußte. Ich würde meinen Mann nicht im Stich lassen, und wenn wir irgendeinen Sekretär hätten, das wäre uns beiden nur lästig. Aber als Managerin fühle ich mich überhaupt nicht, das befriedigt mich eigentlich nicht. Es war überhaupt nicht mein Wunsch, sondern einfach eine Notwendigkeit.

Mann und Weib und Weib und Mann

Auf der Anrichte im Eßzimmer ihres Hauses fällt ein großes Schwarzweißfoto auf, das Nikolaus und Alice Harnoncourt in zünftigen Kniebundhosen, Hüte auf dem Kopf, vor felsiger Dolomitenkulisse zeigt. Erinnerung an eine abenteuerliche, von Steinschlag begleitete Klettertour, die acht Kilo Körpergewicht gekostet hat.

> Jeden Sommer waren wir mindestens zwei Wochen Bergsteigen. Wir haben entweder große Gletschertouren gemacht, wo wir gar nicht hinuntergegangen sind, oder wir sind von einer Hütte zur anderen und haben von dort aus Gipfel bestiegen und Touren gemacht. Wir waren auch Klettern, bis zum dritten Grad. Aber wir sind immer ohne Führer gegangen.

Der Aufenthalt in den Bergen, der intensive Kontakt mit der Natur ist dem Ehepaar ein Bedürfnis. Im Lauf der Zeit hat man die Gebirgslandschaften Österreichs systematisch erwandert. Befragt nach einer zentralen Erinnerung, nennen die Harnoncourt-Kinder nicht das gemeinsame Musizieren, sondern das Bergsteigen. Auch wenn es nicht immer ihrem Wunsch entsprach, früh aufzustehen und in kratzenden Hosen bei stechender Sonne übers Geröll zu stolpern, den lästigen Rucksack umgeschnallt, während Schulkameraden faul am Wasser liegen oder sich beim Tennis amüsieren konnten – es war unvergleichlich.

Jahr um Jahr hat man ein Stück der Alpen erobert, ausgehend von den vertrauten Regionen am Hochschwab, im Salzkammergut und im Gasteinertal; im »Sonnherzl« der Großeltern Hoffelner in Dorfgastein kann die Familie sommers und winters unbeschwerte Ferientage genießen.

Zu Fuß gehen, statt mit raschen Verkehrsmitteln an südliche Strände zu entfliehen. In der unmittelbaren Umgebung Sammlung finden, statt sich mit Eindrücken fremder Länder abzulenken. Viel Zeit haben und sie bewußt miteinander verbringen. Abstand vom Alltag gewinnen, indem man sich auf das Wesentliche beschränkt. Überflüssigen Zivilisationskram abschütteln. Keine Getränke mitschleppen. Wer wandert, muß auch wissen, wo die Quellen sind.

»Ich muß im Bereich der Alpen leben«, sagt Harnoncourt.

Am letzten Pult

Was ein Orchestermusiker zu tun hat – sie nennen es »Dienst« –, steht nach geistig-musikalischer Bedeutung und auch der Befriedigung nach, die der einzelne empfängt, außer allem Verhältnis zu der Utopie, der ein jeder einmal nachhing; die Routineaufführung, die Abgedroschenheit oder geringe Qualität der meisten Einzelleistungen, die im Tutti verschwinden, schließlich auch die oft bloß fiktive Überlegenheit des Dirigenten zeitigen Überdruß.

Theodor W. Adorno,
»Einleitung in die Musiksoziologie«

Direkt von der Hochzeitsreise, die vom Meranischen Stammschloß in Schenna über den Gardasee nach Venedig führt, begibt sich das junge Paar nach Bregenz. Nikolaus muß zum »Dienst«. Die Bregenzer Festspiele mit ihren Operettenaufführungen auf der Seebühne sind für die Wiener Symphoniker das, was die Salzburger Festspiele für die Wiener Philharmoniker sind. Im Juli 1953 steht »Boccaccio« von Franz von Suppé auf dem Programm. Der junge Cellist am letzten Pult hofft bei jeder Vorstellung auf Pannen, die seine Langeweile mindern könnten; daß die Raketen beim Schlußfeuerwerk nicht richtig zünden oder daß der Dirigent ein Opfer der Gelsen wird. Allerdings ist der Dienst nicht schwer. In der reichlich bemessenen Freizeit kann man nach dem verregneten Italienaufenthalt endlich den Sommer genießen, gemeinsam mit den Kollegen und ihren Familien ausgedehnte Radtouren und Bergwanderungen unternehmen.

Bei der Rückkehr nach Wien – das Ehepaar richtet sich fürs erste in der »Zündholzschachtel« in der Löwelstraße ein – wird das Leben härter. Ein Mitglied der Wiener Symphoniker ohne Soloverpflichtung hat Anfang der fünfziger Jahre rund vierzig Dienste pro Monat zu leisten. In der Praxis bedeutet das bis zu neun Stunden Arbeit pro Tag mit einem freien Tag pro Woche. So hat es der Sozialwissenschaftler und Oboist

Ernst Kobau, selbst Symphoniker-Mitglied, für eine 1991 veröffentlichte Studie recherchiert.

Ein Anfänger erhält 1953 monatlich 1775 Schilling, was dem Grundgehalt von Gemeindebediensteten entspricht. Sonderleistungen werden nur unzureichend abgegolten. Zudem ist die Auszahlung der Gagen aufgrund der labilen finanziellen Lage immer wieder gefährdet. Die Veranstalter, selbst verschuldet, drücken nach allen Regeln der Kunst die Honorare, schüren den Wettbewerb mit billigen Tournee-Ensembles aus Deutschland. Der damalige Generalsekretär der Gesellschaft der Musikfreunde, Rudolf Gamsjäger, spekuliert gar auf die Auflösung des Orchesters.

Subventionen seitens der Gemeinde Wien tröpfeln spärlich. Sechzig Prozent der Ausgaben sind aus Einnahmen zu decken, daher absolvieren die Symphoniker rund siebenhundert Dienste pro Saison. – Zum Vergleich: Ende der neunziger Jahre sind es etwa vierhundert, inklusive der Verpflichtungen bei den Bregenzer Festspielen. – Sie bestreiten nicht nur den Löwenanteil der Veranstaltungen im Konzerthaus und im Musikverein, sondern auch ein stattliches Pensum für die beiden Rundfunk-Stationen der Nachkriegszeit, die RAVAG (Radio Verkehrs AG) und die Sendergruppe Rot-Weiß-Rot. Dazu kommen zahlreiche Wohltätigkeitskonzerte.

Die Situation ist Nikolaus Harnoncourt noch lebhaft im Gedächtnis:

> Ich habe in den ersten Monaten bis zu sechsundfünfzig Dienste gespielt. Es war wirklich eine sehr krisenhafte Zeit. Die Cellogruppe war relativ jung, und jahrelang ist keiner in Pension gegangen. Der elfte und der zwölfte Cellist waren die ersten, die wegmußten. Es ist uns ständig vorgehalten worden, daß auf acht Celli reduziert wird. Ich muß sagen, ich habe immer Angst gehabt.

Wie groß die Arbeitsbelastung war, illustriert eine Episode, an die er selbst sich nicht erinnert. Ernst Kobau fand sie in den Sitzungsprotokollen der Wiener Symphoniker. Demnach wurde »der Cellist Harnoncourt« im Oktober 1955 der Direktion vom Betriebsrat »mit eingebundenen Fingern vorgeführt«, »zum Beweis dessen, wie sehr er im Dienst beansprucht bzw. ausgenützt würde«. Die Reaktion ist kühl: Das komme daher, »daß er fortwährend Kammermusikaufführungen bei Philips zu absolvieren hätte«.

In künstlerischer Hinsicht stehen die Wiener Symphoniker in einem geradezu traumatischen Konkurrenzverhältnis zu den Wiener Philharmonikern, das anläßlich ihrer Gründung im Jahr 1900 bewußt etabliert wurde. Die ursprüngliche Rollenverteilung sah vor, daß sie als führendes Konzertorchester der Stadt das sinfonische Gegenstück zu den bereits seit 1842 existierenden Wiener Philharmonikern – dem Wiener Opernorchester – bilden sollten. In der Realität konnten die bestens eingeführten philharmonischen Konzerte ihren exklusiven Ruf dank besserer finanzieller Voraussetzungen mit attraktiveren Dirigenten und Solisten pflegen. Damit war ein Niveau vorgegeben, das die vielbeschäftigten, wirtschaftlich wesentlich schlechter gestellten Symphoniker nur in Einzelfällen erreichen konnten. Von ihren Fähigkeiten her ein »erstes« Orchester, mußten sie sich damit abfinden, aufgrund äußerer Zwänge die »ewigen Zweiten« zu sein.

»Die Symphoniker waren für den musikalischen ›Alltag‹ zuständig, dem die Philharmoniker dann die Glanzlichter aufsetzten«, resümiert Ernst Kobau. Immerhin haben die Symphoniker in ihrer Anfangszeit mit Uraufführungen von Bruckners »Neunter« und Mahlers »Sechster« – unter der Leitung des Komponisten – Furore gemacht, und in den zwanziger Jahren haben Wilhelm Furtwängler und Bruno Walter, Hans Knappertsbusch und Clemens Krauss ihr Profil geprägt.

In den fünfziger Jahren ist Herbert von Karajan die zentrale Persönlichkeit. Er ist Mitte vierzig und befindet sich auf dem Weg in seinen ganz persönlichen Olymp. In der Warteschleife, ehe er 1955 die Chef-Position bei den Berliner Philharmonikern und 1957 sein Amt als künstlerischer Leiter der Wiener Staatsoper antritt, fungiert er als »erster ständiger Dirigent« der Wiener Symphoniker. Er sorgt für einen deutlichen Qualitätssprung – und reizt die Rivalität mit den Philharmonikern bis zum äußersten aus. Schließlich war er beim Elite-Orchester seinem Konkurrenten Furtwängler unterlegen und mußte sich mit einer Gegenaktivität behaupten, was ihm nach Meinung des Kritikers Karl Löbl glänzend gelang.

> Er wollte mit Wiens zweitem Hausorchester den Philharmonikern Konkurrenz machen. Dank seiner eisernen Energie, seinem Fleiß und unermüdlichen Einsatz, vor allem aufgrund seiner einzigartigen Begabung als Orchestererzieher

> ist ihm das auch gelungen. Auslandsreisen bestätigten es: die Wiener Symphoniker waren von den Philharmonikern im Klang kaum mehr zu unterscheiden. Allerdings nur dann, wenn Karajan selbst dirigierte. Der Grund: Die Spitzenqualität der Symphoniker war ein Zuchtergebnis, sie war nicht organisch gewachsen.

Der künstlerische Gewinn der Karajan-Zeit bestand, wie Ernst Kobau in seiner Studie analysiert, vor allem in strukturellen Verbesserungen: straffere Probenorganisation, die mehr und effizientere Arbeit ermöglicht, verstärkter Leistungsdruck aufgrund der strengen Auslese, was automatisch höhere Disziplin erzeugt, und nicht zuletzt der gesteigerte »Marktwert« dank erfolgreicher Tourneen, die sich auch auf das Selbstwertgefühl des Orchesters positiv auswirken.
Die erste Saison des Cellisten Harnoncourt bringt ein gefeiertes Großereignis: Karajans Beethoven-Zyklus im Musikverein. Die sechs Doppelkonzerte umfassen alle Sinfonien sowie das vierte Klavierkonzert, die »Egmont«- und die »Coriolan«-Ouvertüre und eine konzertante Aufführung des »Fidelio«. In der folgenden Spielzeit leitet der Maestro im »Karajan-Zyklus« unter anderem Bruckners »Achte«, Strawinskys »Oedipus Rex«, Bachs Matthäus-Passion und eine konzertante »Carmen«.
Neben den Werken der Klassik und der Romantik spielen die Symphoniker in den fünfziger Jahren eine Fülle von Musik des zwanzigsten Jahrhunderts, vor allem in den Spezialreihen »Musica Viva« im Konzerthaus, wo etwa der Dirigent Paul Sacher Werke von Béla Bartók und Arthur Honegger vorstellt, und »Musica Nova« im Großen Sendesaal des Rundfunkgebäudes, wo 1952/53 Novitäten von Karl Amadeus Hartmann und Luigi Dallapiccola, Frank Martin und Aaron Copland, Gottfried von Einem und Hans Werner Henze erklingen. Der Rot-Weiß-Rot-Zyklus im Musikverein bringt eine Aufführung von Gershwins »Rhapsody in Blue«, und Herbert von Karajan engagiert sich in Konzerten für die RAVAG ebenfalls für die Zeitgenossen. Hier stehen unter anderen Benjamin Britten und Jean Françaix, Boris Blacher und Bohuslav Martinů auf dem Programm.
Auf der anderen Seite hat Konzerthaus-Generalsekretär Egon Seefehlner auch einen Barock-Zyklus zu bieten, in dem die Symphoniker nebst

Vivaldi und Händel Bachs Brandenburgische Konzerte und Purcells »Dido und Aeneas« musizieren.

Es ist ein breites Repertoire, mit dem sich der Cellist Harnoncourt auseinandersetzen muß. Er spielt Musik von Debussy und Ravel, Bartók und Strawinsky, Janáček und sehr viel Hindemith. Er spielt auch viel Musik von Alban Berg; das Violinkonzert und die Suite aus der Oper »Lulu«, die damals häufig auf dem Programm steht. Und er registriert mit Staunen, wie die von Ernst Märzendorfer sachkundig und penibel vorbereitete österreichische Erstaufführung der »Lulu« bei den Wiener Festwochen 1962 im Theater an der Wien auf rätselhafte Weise erst dann wirklich zündet, als Karl Böhm die Leitung übernimmt. In seinem Gedächtnis hat sich ganz Unterschiedliches eingenistet – eine Rarität wie Hauers Oper »Die schwarze Spinne« ebenso wie eine kuriose Wiedergabe von Schuberts »Alfonso und Estrella«, die bei den Musikern solche Lachstürme auslöste, daß reihenweise Disziplinarstrafen verhängt wurden.

Die Arbeit mit Karajan hinterläßt entscheidende Eindrücke. Harnoncourt kann nicht nur beobachten, wie eine blitzschnelle souveräne Reaktion des Dirigenten einen kapitalen »Schmiß« verhindert. Er hat auch die vielen Details studiert, auf denen Karajans besondere Wirkung beruht.

> Ich habe ihn unheimlich bewundert. Wir haben gleich in den ersten Jahren sehr viele Bruckner-Sinfonien mit ihm gespielt und alle Beethoven-Sinfonien. Da hat mir vieles sehr gut gefallen, vielleicht nicht alles, aber bei den Bruckner-Sinfonien habe ich grenzenlos bewundert, wie er das gemacht hat. Das war ein großes Erlebnis, weil er die Steigerungen sehr toll aufbauen konnte, dynamisch und tempomäßig.
>
> Der Beethoven-Zyklus war ein großer Eindruck, auch die Art, wie geprobt wurde. Ich erinnere mich sehr gut an den langsamen Satz aus der »Fünften«, wo er mit den Celli allein geprobt hat, ganz lang.
>
> Das Spezielle bei Karajan war das Mobilisieren von Reserven. Er hat nie gesagt, daß man mit den Kräften sparen soll, wenn zum Beispiel ein großes Crescendo war, sondern er hat verlangt, daß man alles gibt und hat es dann verstanden, durch seine Kraft und durch seine Ausstrahlung noch Reserven zu mobilisieren. Das hat natürlich eine enorme Wirkung.
>
> Ganz außer Frage war für mich die unglaubliche Probentechnik: So wenig wie möglich zu proben und so viel wie möglich an Effekt zu haben. Er hat

oft nur ganz kleine Passagen geprobt, von Stücken, die das Orchester gekannt hat, und war einfach sicher, daß im Konzert etwas dazukommt, was in den Proben noch nicht da war.

Und er hat die Leute sehr genau ausgesucht. Die Wahl der Engagements hat sich an einer ganz bestimmten Ästhetik orientiert. Das war auffallend. Er hat sich bei Engagements manchmal auch sehr geirrt, weil er die Nervosität der Musiker überhaupt nicht bedacht hat.

Ich kann mich erinnern, er war bei den Bruckner-Sinfonien immer so unzufrieden, daß die Geiger das Tremolo nicht schnell genug machen. Dann hat er einen Geiger engagiert, der ein irrsinniges Tremolo hatte, phantastisch. Der mußte nach dem Probejahr wieder ausgeschieden werden, weil er gar kein so guter Geiger war. Er hat das Tremolo nur so gut gemacht, weil er so nervös war.

Es war eigentlich viel Angst im Orchester. Das hat Karajan auch bewußt etabliert. Er hat damit gearbeitet. Er hat Leute allein spielen lassen, damit jeder andere Angst hat, weil er vielleicht der nächste ist, und die Disziplin war wieder da. Er hat viel mit Terror gearbeitet.

Aber die Konzerte mit ihm waren in dieser Zeit eindeutig die besten. Für mich als Musiker waren das ganz besondere Ereignisse.

Man hat natürlich auch im Privatkreis sehr oft über ihn gesprochen, er war ein Gesprächsthema. Er war damals relativ jung, und er war eine Faszinationsfigur für sehr viele Frauen. Für mich war er der Inbegriff des Erfolgsmenschen. Ich habe furchtbar wütende Reaktionen bekommen, weil ich damals gesagt habe: Es ist im Grunde ganz egal, was er macht, er wird immer Erfolg haben, er wird immer der erste sein, das ist sein Wesen. Und es ist nichts, was ihn zwingt, Musik zu machen, oder was mich zwingt, ihn in erster Linie als Musiker zu sehen. Aber seine Ausstrahlung ist so stark, sein Rücken hat eine derartig starke Ausstrahlung, daß er einen Saal mit dreitausend Leuten faszinieren kann. Und das ist fast rätselhaft.

Darüber hinaus hat Nikolaus Harnoncourt Gelegenheit, die unterschiedlichen Persönlichkeiten der alten Garde kennenzulernen, ihr Verhalten und ihren Zugang zur Musik zu beobachten.

Ich habe Bruno Walter noch erlebt, mit dem ich allerdings nur ein Konzert gespielt habe, oder Otto Klemperer, mit dem ich sehr viele Konzerte gespielt habe. Ich würde sagen, es war die absolut beste Dirigentenschule, die man überhaupt in dieser Zeit haben konnte.

Wilhelm Furtwängler begegnet Harnoncourt nur als graue Eminenz im Publikum. Der Karajan-Antipode betritt bei Konzerten Karajans gelegentlich mit kalkulierter Verspätung lautlos den Musikvereinssaal – worauf die Spannung des Dirigenten intuitiv in die Höhe schnellt. Doch mit dem 1954 verstorbenen Clemens Krauss hat Harnoncourt noch gearbeitet – und an seiner Probentechnik interessante Aspekte entdeckt.

> Ich kann mich erinnern, daß man gesagt hat: Clemens Krauss macht aus aller Musik ein Geschehen, und dazu erzählt er immer eine Geschichte. Das hat man ihm ein bißchen übel genommen. Man hat gesagt, er ist kein wirklicher, totaler Musiker, weil er immer irgendeine Krücke braucht, eine Geschichte, um die Musik zu erklären.
> Ich war der Meinung: Eigentlich hat er recht. Ich habe das nicht als negativ empfunden. Ich habe mir gedacht, es kann sein, daß ich das auch so sehe. Das ist mir damals schon aufgefallen. – Natürlich kann man es auch einfach so interpretieren, daß er möglichst schnell zu einem Resultat kommen wollte.

Der Cellist am letzten Pult ist Zeuge, wie jugendlicher Nachwuchs bei den Symphonikern debütiert: Christoph von Dohnányi und Lorin Maazel, Claudio Abbado und Zubin Mehta, aber auch der ältere, bereits arrivierte Wolfgang Sawallisch. Als große Gestalter empfindet Harnoncourt den alten Pierre Monteux und den jungen Ferenc Fricsay. Plastische Erinnerungen anderer Art haben sich an zwei wilde junge Männer erhalten, die mit dramatischer Geste und schneidigem Elan Furore machen: Sergiu Celibidache und Carlo Maria Giulini.
Sawallisch wird 1960 der neue Chefdirigent der Wiener Symphoniker. Ein souveräner Praktiker, gewissenhaft den Komponisten verpflichtet, ohne falsches Pathos und ohne übersteigerten Geltungsdrang – ein Kapellmeister im besten Sinn, dem Harnoncourt viel Wertschätzung entgegenbringt. Mit Sawallisch bricht das Orchester 1964 zu seiner ersten Amerika-Tournee auf, absolviert in fünf Wochen zweiunddreißig Konzerte in neunundzwanzig Städten. Großartige Erfolge, interessante Eindrücke. Trotzdem empfindet Harnoncourt das Reisen auch als verlorene Zeit, als Störung des inneren Rhythmus. Manchmal sitzt er am Flughafen, ohne zu wissen, wo er hinfliegt.

Von Hobbys und Männerwitzen

In der Zeit, die Nikolaus Harnoncourt am letzten Pult zubringt, hält Theodor W. Adorno in Frankfurt seine Vorlesungen zur »Einleitung in die Musiksoziologie«. Hier ist vieles formuliert, was den Cellisten halb bewußt, halb unbewußt beschäftigt, während er gleichsam verpuppt seine kleine Rolle erfüllt, noch ohne zu wissen, daß er einmal selbst am Pult stehen wird. Aus Adornos Theorien wird klar, wie sich einige von Harnoncourts typischen Verhaltensweisen im konventionellen Orchesterbetrieb ausnehmen; etwa die Gewohnheit, verbale Erläuterungen zu geben. Auch wenn er darauf achtet, so kurz und bildhaft wie möglich zu sein – er weiß, daß er damit zunächst spontanes Mißtrauen auslöst. Adorno nennt Gründe für diese Reaktion:

> Der redende Kapellmeister wird verdächtig als einer, der, was er meint, nicht drastisch zu konkretisieren vermag; auch als einer, der durch Geschwätz die zutiefst verhaßten Proben in die Länge zieht. Die Aversion gegen die Rede ist den Orchestermusikern vererbt vom physisch Arbeitenden. Sie argwöhnen, daß der Intellektuelle sie betrügt, der des Wortes mächtig ist, dessen sie entraten. Archaische, unbewußte Mechanismen dürften beteiligt sein. Der Hypnotiseur schweigt; allenfalls erteilt er Befehle. Er erklärt nicht; das rationale Wort bräche den Bann der Übertragung. Sobald es die Kommunikation besorgt, verwandelt es den Empfänger der Aufträge potentiell in ein selbständiges Subjekt, während die narzißtische Einsamkeit, an der so viel von seiner eigenen Autorität hängt, sich löste. Es ist, als sträube sich der Masochismus der Befehlsempfänger gegen Verhaltensweisen des Vorgesetzten, die dessen traditionelle Rolle beeinträchtigen.

In diesem Zusammenhang beleuchtet Adorno das Machtspiel, den unauflöslichen Konflikt zwischen dem Kollektiv und dem einzelnen, der es zum Erfolg führen soll – und weist darauf hin, daß der Dirigent der Musik schadet, wenn er diesen Konflikt nicht bewußt auf sich nimmt:

> Zum Dirigenten steht das Orchester ambivalent. Während es, bereit zur glanzvollen Leistung, begehrt, von ihm an die Kandare genommen zu werden, ist er zugleich verdächtig als Parasit, der nicht selbst zu geigen oder zu blasen hat und sich aufspielt auf Kosten derer, die spielen. Die Hegelsche Dialektik von

> Herr und Knecht wiederholt sich en miniature. Die Kenntnis und Überlegenheit, die den Dirigenten zur Leitung qualifiziert, entfernt ihn von der sinnlichen Unmittelbarkeit des Produktionsvorgangs (…). Die Skepsis des Orchestermusikers – »uns alten Hasen kann keiner was vormachen« –, die bei Klangkörpern von Weltruf zur maßlosen, sabotagefreudigen Arroganz sich steigert, ist ebenso berechtigt wie unberechtigt. Berechtigt gegen den Geist als Gewäsch, gegen solche ästhetische Reflexion, die nicht in die Sache sich hineinbegibt, sondern sie verschmiert. (…) Unberechtigt ist jene Haltung, weil sie die Musik auf ihre sensuelle Fassade vereidigt und diffamiert, wodurch sie überhaupt erst zur Musik wird. Denn ihre strukturellen Elemente lassen sich nicht allesamt in Einsatz- und Schlagtechnik versinnlichen, sondern bedürften der Erklärung, so wie sie in der fortgeschrittenen Praxis der Kammermusik von selbst sich versteht. (…) Dem Dirigenten könnte jene Ambivalenz zur Selbstkritik helfen. Aber aus dem latent immer drohenden Konflikt ziehen viele Dirigenten stillschweigend die Konsequenz der bedingungslosen Anpassung an den Geist des Orchesters. Anstatt zu lernen, machen sie sich beliebt; zu zahlen hat dafür die Musik.

Siebzehn Jahre im Orchester bieten ausgiebigen Anschauungsunterricht. Nikolaus Harnoncourt erlebt noch die Zeit der »großen Zuchtmeister«: Unnahbarkeit und groteske Allüren, militärische Kommandos und Taktstöcke als Dressurpeitschen. Er muß mit ansehen, wie ein Dirigent einen Bläserkollegen beharrlich terrorisiert, bis dieser in die Nervenklinik kommt.

Ein besonderes Kapitel ist die Gruppendynamik der Musiker untereinander. Da ist die interne Hierarchie, in der die Bläser auf die Streicher hinunterschauen. Innerhalb der Streicher degradiert man die Bratschisten zu Underdogs, auf deren Kosten die meisten Witze gemacht werden. Da ist das Spannungsverhältnis zwischen den Nervenbündeln und den Robusten, den Könnern und den Blendern, die in wechselnder Reaktion auf den jeweiligen Dompteur ihre Stärken und Schwächen demonstrieren.

Der in Wiener Musikerkreisen legendäre Bratschist Karl Trötzmüller, Katzenfreund und Bücherwurm, gilt als besonderes Original. Seine Spezialdisziplin ist es, Karajan auf Reisen die Zeit mit Zauberkunststücken zu vertreiben. Er hat ihn damit nicht bloß unterhalten, sondern auch geärgert, weil es dem Maestro meist nicht gelang, den Trick zu durch-

schauen. Andererseits hat Trötzmüller sich als bedingungsloser Verehrer von Paul Hindemith sehr um dessen Werk verdient gemacht.
Die skurrile private Seite jedes einzelnen ist ein Freiraum. In seinem oft exaltierten Hobby lebt der Musiker jene Individualität aus, die er in seiner untergeordneten Funktion im Orchester unterdrücken muß. Strenge Regeln sind notwendig, damit in einer Gruppe von hundert und mehr Einzelpersonen diszipliniertes Arbeiten möglich wird. Wie autoritär jedoch die Strukturen sind, zeigt sich etwa darin, daß eigentlich nur Stimmführer und Bläsersolisten legitimiert sind, das Wort an den Dirigenten zu richten, während die sogenannten Tuttisten zu schweigen haben, auch wenn ihre Einwände noch so gut begründet sind.
So verwandelt sich die anfängliche Motivation bei Orchesterneulingen rasch in handfeste Frustration. Ein enormes Aggressionspotential ist garantiert. Die Flucht ins Privatleben nimmt außergewöhnliche Formen an. Und weil die gemeinsame Gesprächsbasis schmal ist, weil man sonst höchstens über Fußball miteinander reden kann, scheint der anzügliche Witz in diesem traditionell männlich dominierten Beruf als eine Art elementares Kommunikationsmittel unentbehrlich.
Nikolaus Harnoncourt hat den Prozeß der Abstumpfung an sich selbst beobachtet.

> Ich kann verstehen, daß Musiker enttäuscht und frustriert sind, die mit großem Enthusiasmus in ein Orchester gehen, und dann fühlen sie sich mißbraucht durch die Art, wie sie eingesetzt werden. Daß dann einer sagt, mir ist schon alles wurscht, jetzt spiel ich einfach meinen Dienst, ist nachvollziehbar.
> Ich kenne die Gefühle des Orchestermusikers beim Musikmachen sehr genau. Ich weiß, was das bedeutet: die Konfrontation einer Gruppe von Leuten, die für das, was sie machen, hochkompetent sind, mit Inkompetenz. Das ist wirklich ekelhaft. Daß die Musiker diese Aversion dann beim nächsten Dirigenten automatisch wieder haben und daß nach dreißig Jahren im Orchester schon alles zugekleistert ist mit schlechten Erfahrungen, ist ein großes Problem.
> Abstumpfen ist fast unvermeidlich. Die Rettung, sofern man wirklich Musiker ist, ist die Kammermusik, und die Rettung ist das Hobby. Das spielt bei Orchestermusikern eine ganz starke Rolle. Ich weiß nicht, ob es andere Berufe mit so extremer Hobby-Auslastung gibt: Tiefseetaucher, Drachenflieger,

Pilot, Lokomotivführerschein – die hundertvierzig Leute in einem Orchester beinhalten alles an Hobbys, was denkbar ist, und wenn ich einen Gesprächspartner suche für eine besondere Art von Philosophie, die nur zehn Jahre lang an einer amerikanischen Universität gelehrt worden ist, dann finde ich einen. Es ist nahezu grotesk.
Auch die unglaublichen sozialen Querverbindungen: Mir ist kein Beruf untergekommen, wo Leute von so verschiedenem kulturellen Background ein und dieselbe Arbeit machen: daß ein Analphabet neben einem Universitätsprofessor sitzt und ein Bauer neben einem Aristokraten. Das hat es in den fünfziger Jahren ja noch gegeben. Da waren allgemein akzeptierte Gesprächsthemen bald erschöpft – außer Fußball und vielleicht noch blöde Männerwitze.

Durch seine Erfahrungen unterscheidet sich Harnoncourt erheblich von »gelernten« Dirigenten, die ihr Wissen um die Eigenheiten des Kollektivs, um gruppendynamische Abläufe und um sensible Punkte wie etwa die sakrosankten Probenzeiten nur aus der Theorie beziehen. Seine Methode beruht auf dem grundsätzlichen Respekt vor jedem einzelnen Musiker, sie beruht auf grundsätzlicher Bereitschaft zur Diskussion, und sie hat das Ziel, das Kollektiv mit fundierten Argumenten für die gemeinsame Sache zu motivieren.

Das Kollektiv ist ja sehr oft von vornherein mal ablehnend. Ein Kollektiv, das ständig von wechselnden Leuten geritten wird, die nur ihre Meinung gelten lassen – das besteht ja zum Teil aus Leuten, die privat vielleicht bedeutende Kammermusiker sind, von denen der eine oder andere selbst dirigiert. Heute verlangt ein Dirigent dieses, morgen kommt ein anderer, der sagt das Gegenteil. Im Jahr hat so ein Orchester dreißig verschiedene Dirigenten, von denen viele nicht das Niveau haben, weder menschlich noch künstlerisch, das einer solchen Konfrontation entsprechen würde.
Es ist aber für den Dirigenten seinerseits unmöglich, so zu sein, daß alle hundert Leute das akzeptieren. Im Orchester hat fast jeder seine musikalische Richtung und seinen individuellen musikalischen Geschmack. In dieser Situation harmonisch, mit einer relativ großen Zustimmung zu arbeiten ist eine ungewöhnliche Sache.

Die Arbeit mit der Angst, die im komplizierten Verhältnis zwischen dem Kollektiv und seinem »Dompteur« eine zentrale und daher stark tabui-

sierte Funktion erfüllt, versucht Harnoncourt zu vermeiden. Er würde, sagt er, lieber Disziplinlosigkeit in Kauf nehmen, als Schrecken zu verbreiten. Den Dirigentenstab lehnt er übrigens hauptsächlich deshalb ab, weil er ihm für die Verdeutlichung seiner Vorstellungen eher hinderlich als hilfreich scheint.
Zugleich konstatiert er die mögliche Gefährdung des Charakters, ein zwangsläufiges Korrumpiertwerden von der Macht, die Gefahr, den Sinn für die Realität zu verlieren.

Ich finde, daß es ein ganz gefährlicher Beruf ist. Der Dirigent ist nicht einfach Primus inter pares. Er hat ein Orchester mit hundert oder mehr Leuten vor sich, Jahr für Jahr und Tag für Tag, immerfort, die ganze Zeit. Er hat recht, immer, schließlich und endlich, er muß die letzten Entscheidungen treffen, er muß die Leute überzeugen. Es ist einer der ganz wenigen Berufe, wo man angesichts von vielen Menschen immerfort Autorität hat, ganz direkt, ohne amtliche Abläufe wie in einer großen Firma.
Ein Dirigent hat auf der anderen Seite ständig Krachs mit Veranstaltern, wo er nur zu einem Ergebnis kommt, wenn er unangenehm wird, wenn er rumbrüllt. Er wird also gezwungen, menschliche Seiten zu entwickeln, die ihm gar nicht unbedingt liegen. Ein milder Mensch, der seine Probleme normalerweise mit Gesprächen löst, muß seine Arbeitsweise ändern, wenn er Dirigent wird, weil er sonst überhaupt keine Resultate kriegt.
Wenn ich nicht darauf bestehe, eine Probe in dem Saal zu bekommen, in dem das Konzert stattfindet, dann wird der Veranstalter den Weg des geringsten Widerstandes gehen, wird dem anderen Dirigenten den Saal geben, und ich kann die Aufführung womöglich ohne Probe im Saal machen. Oder ich kriege zuwenig Proben, die Musiker wechseln, sie haben keine Disziplin, sie machen dreimal so lang Pause und so weiter…
Der Dirigent macht also nicht nur Musik und verwirklicht das, was er sich vorstellt, wie die Partitur klingen soll, sondern er entwickelt eine über das Musizieren hinausgehende Autorität. Mit außermusikalischen Mitteln, mit Mitteln der Härte, mit Mitteln des menschlichen Unangenehmseins, muß er Dinge durchsetzen, um gut Musik machen zu können. Und die Gefahr, daß das plötzlich in einem anderen Punkt auch durchschlägt, ist sehr groß. Es ist sicherlich schwer, das zu trennen. Da habe ich unmittelbar vor der Probe einen Krach mit der Direktion gehabt, und jetzt arbeite ich mit dem Orche-

ster, und es passiert irgendwas, was ich eigentlich in einer netten und angenehmen Art austragen will, und ich ertappe mich dabei, daß ich weiter unangenehm und vielleicht zynisch bin.
Es ist eine ganz große Gefahr bei diesem Beruf, daß man über den Tageskonflikten den Realitätssinn verliert und sich selbst falsch einschätzt. Und deswegen gibt es so viele, die in diesem Beruf unangenehm werden und das vielleicht gar nicht bemerken.

Ein heimliches Debüt

Der Tuttist Harnoncourt unterläßt es meist, gegen die Disziplin zu verstoßen und das Wort an den Dirigenten zu richten, obwohl er oft fundierte Argumente hätte. In den harten fünfziger Jahren, die er am letzten Pult zubringt, hält er sich bedeckt, akzeptiert die Zahnrädchen-Funktion, behält seine künstlerischen Einwände für sich. Er hat keinen Ehrgeiz aufzufallen. Er hat auch ein ausgefallenes Hobby. Er führt geradezu ein Doppelleben. Dafür verzichtet er sogar darauf, eine bessere Position zu übernehmen.
Der eigenwillige Hinterbänkler genießt weiterhin Karajans Wertschätzung. Gleich auf der ersten Tournee kommt der Orchesterdirektor ins Eisenbahncoupé, um ihm den Wunsch des Maestros zu unterbreiten: Er solle ans erste Pult wechseln. Karajans Wunsch ist üblicherweise Befehl. Eine heikle Situation. Der Karrieresprung würde weniger Dienst und besseres Einkommen bedeuten. Allerdings auch mehr Einsatz in einer Richtung, die nicht die seine ist. Da ist keine Entscheidung mehr zu treffen. Die Frage ist nur, wie man die Ablehnung adäquat formuliert. Er sei viel zu teuer, sagt er selbstbewußt und frech.
Harnoncourt fällt auf andere Weise auf. Seine Erscheinung entspricht nicht dem, was man von einem Mitglied in einem führenden Wiener Orchester erwartet. Zu jener Zeit treten Musiker zur Arbeit noch wie Beamte an: mit Anzug und Krawatte. Krawatte trägt Harnoncourt nur, wenn der oberste Hemdknopf fehlt. Außerdem ist er tagsüber grundsätzlich nie rasiert. Als der spartanische Lebensstil seiner Familie durch einen Zeitungsartikel publik wird, erhält er vom Direktorium eine Verwarnung wegen »standeswidrigen« Verhaltens. Seine Frau erzählt das noch heute mit einer Mischung aus Empörung und Belustigung.

Er produziert auch immer wieder Fehlleistungen. Gelegentlich kommt ihm ein Gamben-Fingersatz in die Quere. Sein Pultkollege hat ihn deshalb schon im Visier. Dieser Spinner nimmt seinen Dienst nicht ernst, ist ständig übermüdet und unkonzentriert, weil er nur sein privates Spezialensemble im Kopf hat. Das muß gemeldet werden.
Was zunächst Anstoß erregt, wird später zum Aushängeschild. »Ein Graf entdeckt die alte Musik«, heißt es in einer hausgemachten Imagewerbung der Wiener Symphoniker anläßlich der Amerika-Tournee 1964. Doch das heimliche Debüt des erst 1957 so benannten Concentus Musicus erfolgt bereits bei den Wiener Festwochen 1954.
Paul Hindemith, der bei den Wiener Symphonikern häufig als Dirigent in Erscheinung tritt, ist einer der Wegbereiter für die Opern von Claudio Monteverdi. Gemeinsam mit dem Regisseur Leopold Lindtberg will er »L'Orfeo« auf die Bühne des Konzerthauses bringen und übermittelt dem Generalsekretär Egon Seefehlner die Liste der benötigten Instrumente. Darauf finden sich nicht nur diverse Violen und Violinen, Cembali und Orgeln, sondern auch ein Tasteninstrument namens »Regal«, das einen eigentümlichen, schnarrenden Ton erzeugt, sowie exotisch gebogene, »Cornetti« genannte Holzblasinstrumente, die man heute als Zinken kennt. Harnoncourt:

> Ich erinnere mich nicht, wie die Sache zu mir gekommen ist, aber ich bin zu Seefehlner zitiert worden. Der zeigt mir die Liste, und ich sage: Außer den Harfen, den Tasteninstrumenten und den Zinken kann ich alles beisteuern. Der hat solche Augen gemacht! Und ich habe gesagt: Dann will ich aber auch die Spieler stellen, ich will nicht nur die Instrumente herleihen.
> Das wäre das erste Auftreten des Concentus gewesen, noch ohne den Namen. Es hat praktisch außer Alice der ganze Concentus mitgespielt – sie hat nicht mitgespielt: Unsere Tochter Elisabeth ist während der Proben geboren, kurz vor der Aufführung. Statt ihr hat Paul Angerer gespielt.
> Hindemith hat einen großen Vorkämpfer in Wien gehabt, der für ihn auf die Barrikaden gegangen ist, der ihn gekannt hat, der jeden Ton von ihm gekannt hat, der für den Schott-Verlag alle seine Werke korrigiert hat. Das war Karl Trötzmüller, Bratschist bei den Symphonikern. Als er erfahren hat, daß Hindemith den »Orfeo« machen will, hat er gemeint: Der Hindemith braucht zwei Zinken. In einem Jahr muß es möglich sein, das zu lernen. »Trötz« und

Angerer haben sich Zinken machen lassen, und dann haben sie geübt wie die Irren.

Dann haben wir in der Josefstädter Straße das ganze Instrumentarium durchprobiert. Es hat entsetzlich geklungen mit den Zinken! Aber schließlich ist es irgendwie gegangen, und man hat gedacht, wenn die das im Konzert so hinkriegen, könnte das ganz interessant sein.

Die Brüder Jellinek, die großen Harfenisten der Philharmoniker, haben Harfe gespielt. Mertin hat auch mitgespielt, Regal. Das war das Lambacher Regal, das ist wahrscheinlich das schönste Regal der Welt. Es steht jetzt im Kunsthistorischen Museum. Und er hat für diese Aufführung eine Orgel gebaut.

Dann kam die erste Probe – und es war wie ein Blitzschlag. Das war eine Musik, die ist mir unter die Haut gegangen! Es war absolut neu für mich. Nicht nur das Werk, sondern Monteverdi überhaupt – ein einmaliges Erlebnis! Die stilistischen Besonderheiten, diese charakteristischen Wendungen, das hat sich in mir eingebrannt, das kommt alles von dieser Aufführung.

Aber was war mit den Zinken? – Die durften bei Hindemith gerade ein paar Takte spielen, nach einem Jahr Üben; dann hat er gesagt: Da nehmen wir lieber Englischhorn.

Es dauert noch eine Weile, bis Nikolaus Harnoncourt sein »Urerlebnis« in selbständigen Aktivitäten umsetzen kann. Vierzehn Jahre vergehen, ehe er 1968 »L'Orfeo« als erste der drei Monteverdi-Opern mit dem Concentus Musicus für Schallplatten aufnimmt. Nach weiteren drei Jahren leitet er seine erste szenische Monteverdi-Aufführung: »Il ritorno d'Ulisse in patria« bei den Wiener Festwochen 1971. Schon 1966 hat er allerdings die erste Einspielung der »Marienvesper« gemacht; ein Werk, bei dem die schwierigen Zinken mit ihrem verführerisch weichen Klang auch eine markante Rolle spielen.

Chronik einer Instrumentensammlung

Die vorrangige Aufgabe beim Aufbau eines solchen Spezialensembles bestand in der Tat darin, die adäquaten Instrumente aufzutreiben. Ein Gebiet, auf dem sich damals kaum jemand auskennt und für das erst ansatzweise ein »Markt« existiert. Verborgene Schätze können sich so gut wie überall befinden: auf Kirchenchören und auf Dachböden, bei Instrumentenbauern und Altwarenhändlern, in privaten Haushalten und in Verlassenschaften, in Sammlungen von Museen und Klöstern. Sie ausfindig zu machen ist nicht nur eine Frage guter, fein verknüpfter Beziehungen, sondern vor allem eine des Instinkts – oder des glücklichen Zufalls. Jede Reise, jede Tournee nutzt das Ehepaar Harnoncourt für seine Beutezüge.

Geduld ist auch ein wichtiger Faktor. Manchmal dauert es Jahre, ehe man ein besonderes Stück, das man einst abgemessen und skizziert hat, triumphierend davontragen kann. Manchmal muß man schweren Herzens verzichten. Sobald die Besitzer des scheinbar wertlosen Krempels das begehrliche Leuchten in Harnoncourts Augen bemerken, wollen sie prinzipiell nicht mehr verkaufen. Oder ein hilfsbereiter Vermittler, der versprochen hat, das Geschäft zum Abschluß zu bringen, macht es hinterrücks zum eigenen Vorteil.

Die Objekte der Begierde zu erwerben erfordert außer den finanziellen Mitteln sehr viel Taktik. Das Ehepaar verfügt über eine bemerkenswerte Skala von Tricks, trennt kaltblütig Freundschaft und persönliche Interessen und schreckt auch vor Schmuggel nicht zurück. Alice erinnert sich, wie sie trotz Gipsbein mit dem Zug nach Deutschland fuhr, um eine Portativorgel abzuholen – und bei der Rückfahrt zu ihrem Schrecken auf denselben Schaffner traf.

»Für Musikinstrumente haben wir fast alles getan«, sagt Nikolaus Harnoncourt. Über seine diesbezüglichen Abenteuer hat er Ende der sechziger Jahre eine Reihe von amüsanten Aufsätzen verfaßt, die seine innige Beziehung zu jedem einzelnen Stück, seine Strategien gegenüber Mitbewerbern und den Nervenkitzel beim Erwerb hautnah vermitteln. Besonders schwierig war es zum Beispiel, hochwertige Blechblasinstrumente aufzutreiben. Er muß erleben, wie er um eine hervorragende Nürnberger Posaune aus der Mitte des 17. Jahrhunderts geprellt wird, weil er in naiver Begeisterung auf ihren hohen Wert verweist und auf die Redlichkeit seines Mittelsmannes vertraut. Dafür geht er mit besonderer List zu Werke, als in einem Wiener Auktionshaus zwei Barocktrompeten versteigert werden. Außer seiner Frau schickt er noch einen zweiten, im Kollegenkreis unbekannten Strohmann zur Auktion. Während Alice die offizielle Rolle als Preisbilderin spielt und die Konkurrenten durch ge-

heucheltes Desinteresse verunsichert, kommt der anonyme Mitbieter erfolgreich zum Zug.
Mit dem Erwerb der Instrumente ist es freilich nicht getan. Es kommt darauf an, ihre individuelle Sprache möglichst unverfälscht kennenzulernen. Auf den Spuren ihrer Klänge dringen Nikolaus und Alice Harnoncourt mit ihren Mitstreitern zu den Werken vor, die einst für diese Instrumente komponiert wurden. Die geeigneten Spieler dafür zu finden war vermutlich die schwierigste Aufgabe. Es gab in dieser Zeit noch keine Vorbilder, keine verbindlichen Klangvorstellungen. Nikolaus Harnoncourt beschreibt die ersten Erfahrungen plastisch:

> Man stelle sich vor, was etwa ein arrivierter Solo-Oboist empfindet, wenn er einer Barockoboe die ersten blökenden Töne entlockt! Das sollte ein vollwertiges Musikinstrument sein? Zuerst findet man am Instrument nichts als Mängel: es klingt häßlich, man kann nicht rein intonieren, viele Töne sind überhaupt nicht herauszubringen. (...) Wie oft haben wir es erlebt, daß ein ausgezeichneter Musiker zum ersten Mal eine Barockgeige probierte. Schon der lächerlich leichte Bogen war ein Schock, und die schlaffen Darmsaiten. Durch den viel zu großen Kraftaufwand gab es nichts als Kratzer und Geräusche. Kaum ein Anzeichen deutete darauf hin, daß man mit so einem Instrument ordentlich Musik machen könnte, und warum sollte man denn auch, wenn es so häßlich klang! So gehört für einen erstrangigen Berufsmusiker schon eine ganze Menge imaginative Vorschußbegeisterung dazu, wenn er diese Aufgabe ohne Vorbilder in Angriff nimmt. (...) Wir hatten das große Glück, wundervolle Instrumente zu finden, und das noch größere Glück, schließlich für jedes Instrument einen Musiker, der sich bis zum letzten aufopfernd damit beschäftigt, es von Grund auf neu zu erlernen.

Die persönliche Beziehung zwischen dem Instrument und seinem Spieler – auch eine Art Lebensgemeinschaft; das Verhältnis eines Paares, das miteinander im Dialog steht.

Ein wichtiger Mäzen

In dieser Philosophie trifft Harnoncourt sich mit einem der wenigen fachkundigen Sammler, der für die Revision der Aufführungspraxis in

Deutschland viel geleistet hat. Hans Eberhard Hoesch, Papierfabrikant in Hagen, ist mehr als nur ein finanzkräftiger Mäzen der aufblühenden Alte-Musik-Szene. Er ist seinerseits leidenschaftlich auf der Suche nach Klängen, hellhörig geworden durch ein zunächst befremdendes Erlebnis in seiner Jugendzeit. Der Geigenschüler bekam eine Stradivari geschenkt. Daß sie nicht den erwarteten Wohllaut verströmte, lag nicht am Spieler. Sie hatte nicht den gewohnten brillanten Ton, weil sie nicht umgebaut worden war.

So findet Hoesch durch Zufall heraus, daß alte Meisterinstrumente im nicht modernisierten Zustand erheblich anders klingen. Sein Interesse an den Zusammenhängen zwischen dem originalen Klangbild und der unter diesen Vorzeichen komponierten Musik ist geweckt. Da der Industrielle als Musiker nur dilettiert, ist es ihm ein Anliegen, die kostbaren Stücke seiner Instrumentensammlung geeigneten »Partnern« anzuvertrauen, und er unterstützt seine »Pioniere« großzügig. August Wenzinger, ursprünglich Solocellist des Städtischen Orchesters in Bremen, wird auf diese Art in seinen Aktivitäten auf der Gambe bestärkt, Mitglieder der Berliner Philharmoniker wie Gustav Scheck und Ulrich Grehling lassen sich auf ungewohnte Wege locken. Hoesch leistet sich auf seinem Grundstück in Kabel sogar einen Konzertsaal, um eine Aufführung der Matthäus-Passion nach neuesten Erkenntnissen durchzuführen. Das wird zwar vom nationalsozialistischen Regime verhindert, doch wird im »Kabeler Musikkreis« in den dreißiger und vierziger Jahren viel Alte Musik gemacht. Und als 1954 im Westdeutschen Rundfunk die »Capella Coloniensis« begründet wird, baut sie im wesentlichen auf dem von Hoesch Erreichten auf.

Als aufmerksamem Beobachter der Szene fällt ihm 1960 eine Kammermusikplatte des jungen Concentus Musicus in die Hände. Er reagiert mit einem begeisterten Brief nach Wien: »Das ist genau das, was ich mir seit fünfzig Jahren erträume.« Nikolaus Harnoncourt ist seinerseits beglückt über die Kontaktaufnahme des Spezialisten in Westfalen. Auf der schier aussichtslosen Suche nach einer Gambe aus der Werkstatt des berühmten Tiroler Instrumentenbauers Jakobus Stainer hat ihm ein Händler in Stuttgart den Namen genannt. Es folgen angeregte Begegnungen in Hoeschs gastfreiem Haus, und das rare Stück geht schließlich in Harnoncourts Besitz über – generöser Dank eines Enthusiasten für viele Stunden Musik. Im Lauf einer langjährigen freundschaftlichen Beziehung mit dem alten

Mann werden die Harnoncourts auch weiterhin in vielfacher Weise beschenkt.
Finanzielle Unterstützung seitens der Familie kann Nikolaus Harnoncourt für seinen »Instrumentenwahn« nicht erwarten. Seine Eltern haben noch eine Reihe jüngerer Kinder zu versorgen. Und die zum Teil vermögende Verwandtschaft streckt ihm für seine dubiose Leidenschaft keine Mittel vor – mit einer einzigen Ausnahme.

Wir haben unser Geld so genau eingeteilt, daß wir gewußt haben, wieviel wir pro Monat zurücklegen können. Wir haben bestimmt nur die Hälfte von unserem Einkommen im täglichen Leben verbraucht. Alles übrige haben wir für Instrumente ausgegeben.
Ich hätte mich nicht vermessen, unbedingt eine Stradivari-Geige haben zu wollen. Aber wenn wir zum Beispiel eine Orgel kaufen wollten, dann haben wir das irgendwie möglich gemacht.
Ich kann mich gut erinnern, 1953 oder 1954 haben wir von einer Orgel gehört, die's in England gibt. Ich habe mir die genau beschreiben lassen und war der Meinung, wir müßten unbedingt versuchen, sie zu bekommen. Wir haben das Gefühl gehabt, das schaffen wir, das geht.
In meiner Familie hat man kein Geld gehabt. Wir waren sieben Geschwister, und mein Vater war Beamter, der hat nicht viel verdient. Meine Mutter hat immer gesagt: Die jüngeren Geschwister wollen auch studieren. Sie hätten mich absolut nicht unterstützen können, finanziell, es war mir völlig klar, daß von den Eltern nichts kommen kann.
Aber es gibt eine sehr, sehr große Verwandtschaft, und da waren einige natürlich der Meinung, wenn jeder aus der jungen Generation seine Onkel und Tanten anpumpt … Sie hätten auch nicht eingesehen, daß sie dem, der irgendein blödes Musikinstrument haben will, eine große Summe geben und einem anderen, der vielleicht nach Griechenland fahren will und nur ein paar tausend Schilling dafür braucht, das nicht geben. Da hat eben der Gerechtigkeitssinn auch mitgespielt.
Meine Eltern haben diesen Instrumentenwahn von mir nicht sehr gern gesehen. Später haben sie's dann richtig gefunden, daß ich die Sachen trotzdem gekauft habe.
Das Pech war, daß zu derselben Zeit, als wir die Orgel in England kaufen wollten, noch ein anderes Instrument gekommen ist:

Es war im Jahr 1950, als wir mit dem Gamben-Quartett in Graz »Die Kunst der Fuge« gespielt haben. Da gab es einen pensionierten Hofrat, der war leidenschaftlicher Instrumentensammler. Wir haben ihn alle vier besucht, der hatte tolle Geigen, lauter Italiener, wirklich wunderbare Instrumente, auch ein prachtvolles Amati-Cello und ein Instrument, das er Cello genannt hat, das aber ausgesehen hat wie ein Sack. Er hat gesagt, Enrico Mainardi habe darauf gespielt und das habe ihn so begeistert. Und ich habe auch darauf gespielt, aber keinen gescheiten Ton herausgebracht. Aber ich hab's mir in meinem Notizblock aufgezeichnet, die Maße aufgeschrieben und die Form, weil es so ungewöhnlich ausgesehen hat.

Jahre später, wir waren schon verheiratet und hatten schon Kinder, fällt mir diese Zeichnung in die Hände, beim Durchblättern von alten Notizblöcken. Und ich sage zu meiner Frau: Das ist doch heller Wahnsinn, das ist eins der ältesten Instrumente, die ich je in der Hand gehabt habe. Wenn das Instrument noch dort ist, müssen wir etwas unternehmen. Wir haben sofort einen meiner Brüder in Graz angerufen, er soll sich darum kümmern. Er hat nach zwei Tagen zurücktelefoniert: Der Posthofrat ist gestorben. Seine Witwe hat alle Instrumente verkauft und hat sich dafür ein Landgut gekauft in der Oststeiermark. Nur das eine Instrument hat sie noch nicht verkauft, da ist sie in Verhandlungen mit dem Museum in Hall in Tirol, weil das Instrument zweihundert Jahre lang in Hall im Damenstift war.

So. Mein nächster Weg war zum Direktor der Symphoniker, mich vom nächsten Dienst freizumachen, und wir sind mit dem nächsten Zug nach Graz gefahren. Wir waren angemeldet, die Frau hatte das Instrument schon hergerichtet, ich hatte Saiten mit, habe es adjustiert und eineinhalb Stunden darauf gespielt. Ich habe nach fünf oder zehn Minuten gewußt, daß ich nie wieder so etwas in die Hand bekommen werde, und daß der Klang vollkommen einmalig ist, etwas, das ich in meinem Leben vorher noch nie gehört habe. Die Frau war in Tränen und hat gesagt: Ich möchte Ihnen das Instrument schenken. Darauf sagt die Tochter: Moment, Moment, Moment. Also die Tochter hat die geschäftliche Seite vertreten, die Mutter die gefühlsmäßige, und wir haben herausgekriegt, daß sie mit dem Museum über einen Betrag von dreiundzwanzigtausend Schilling im Gespräch war.

Das ging in unser Budget nicht hinein. Sie hat gesagt: Es ist an das Museum so gut wie verkauft, aber wenn Sie sich innerhalb einer Woche entscheiden, dann geb ich's Ihnen. Und Ihnen geb ich's für sechzehntausend.

Heller Wahnsinn! Also, das muß sein. Jetzt habe ich meine gesamten Verwandten, die reicheren und die ärmeren, abgeklappert. Die haben sich alle bei meinen Eltern erkundigt, ob das für meinen Werdegang nötig ist. Und meine Eltern haben eher abgewunken.

Dann gab es noch eine Tante, die sehr reich verheiratet war, in Salzburg. Ich habe ihren Mann gefragt, der hat sich auch erkundigt: Nein, kann er nicht machen. Sie hat gesagt, sie borgt es mir von ihrem Gartengeld. Sie hat wahrscheinlich von ihrem Mann Geld gekriegt, um den Garten zu betreiben. Also: Ich borg's dir von meinem Gartengeld, wenn du mir genau sagst, wie du's mir zurückzahlst. Ich habe ihr einen Plan gemacht, wie ich es innerhalb von drei Jahren zurückzahle. Und, zack, wir sind hinuntergefahren nach Graz, haben das Instrument gekauft.

Ganz kurz danach habe ich meinen ersten solistischen Schallplattenvertrag gekriegt, habe für Philips mit Frau Ahlgrimm die Gambensonaten von Bach gespielt, und wir konnten das Geld nach ein paar Monaten zurückgeben. Das waren die einzigen Schulden, die wir gemacht haben.

Der unvergleichliche Klang der Baßfidel von Stefanus de Fantis, Cremona 1558, der sich besonders schön mit Posaunen und Singstimmen mischt, ist auf vielen Aufnahmen des Concentus Musicus verewigt.

Frei für das Wesentliche

Daß Nikolaus Harnoncourt den Karrieresprung bei den Wiener Symphonikern abgelehnt hat, ist der persönlichen Entwicklung letztlich förderlich – und wirtschaftlich zu verschmerzen. Das kleine Fixum wird durch ungeliebte, aber einträgliche Konzertreisen sowie durch Plattenaufnahmen aufgebessert, so daß die Instrumentensammlung dank gleichbleibend bescheidener Lebensführung weiter wachsen kann. In der Arbeit mit dem eigenen Ensemble zeichnet sich allmählich Erfolg ab, und das höhere Dienstalter ermöglicht Freiheiten, die diese Aktivitäten begünstigen.

Ich habe mir dann selbst ausgebeten, wann ich frei sein kann, habe dafür in anderen Zeiten mehr Dienst gemacht und habe später die Erlaubnis gekriegt, daß jemand anderer für mich spielt. Es hat innerhalb des Orchesters relativ viele Kollegen gegeben, die gegen Geld mehr Dienst gemacht haben, und ich habe auch noch manchmal Substituten bezahlen können. Das heißt, es hat zuletzt Zeiten gegeben, in denen ich mich wochenlang aus dem Orchesterdienst herausgehalten habe.

Trotz der Lockerung wird die Situation unerträglich. Es ist nicht nur die kräfteraubende Routine. Harnoncourts Bereitschaft zur geistigen Unterordnung hat ihre Grenzen erreicht. Seit 1958 gibt er mit dem Concentus Musicus regelmäßig Konzerte im Palais Schwarzenberg, die ganz seiner persönlichen Auffassung folgen. Seine Erkenntnisse über Musik sind in keinem Punkt mit dem in Übereinstimmung zu bringen, was er bei den Symphonikern zu tun hat. Da muß er Aufführungen mittragen, bei denen er denkt, der Saal werde einstürzen. Traumatische Erlebnisse mit »Bach-Spezialisten« und gefeierten Mozart-Dirigenten.
1969 macht er den Schritt in die Unabhängigkeit. Er kündigt. Seine Frau möchte ihn in seiner Arbeit glücklich wissen und unterstützt seine Ziele. Sie hätte sich ohne Zögern als Putzfrau verdingt, sagt sie, wenn ihr Mann mit seinen Plänen gescheitert wäre.
Kurz darauf spitzt sich die Lage tatsächlich zu. Die Familie muß 1970 überraschend ihr atmosphärisches Quartier in der Josefstädter Straße räumen und eine neue Wohnung finden. Eine erhebliche finanzielle Belastung. Es ist zunächst nicht absehbar, ob man ohne fixes Monatsgehalt überhaupt durchkommen wird.
Durch Zufall findet sich die neue Bleibe gleich in der nächsten Gasse. Im vorletzten Stockwerk des schönen Bürgerhauses, in das die Familie nun einzieht, ist endlich genug Platz. Und vom Balkon aus schaut man direkt in den geliebten verlorenen Garten.
Das ungebundene Künstlerleben ist nur von kurzer Dauer. Auch wenn es mit dem Concentus Musicus weiterhin aufwärts geht – die Lage erscheint den Eltern von vier schulpflichtigen Kindern zu unsicher. Und Freiheit, wie Harnoncourt sie versteht, bedeutet etwas anderes: autonome Entscheidungen zu treffen, unabhängig von der Nachfrage seitens der Veranstalter und der Plattenfirmen; zu proben, so lange es nötig ist; Ergebnisse wieder zu verwerfen, wenn sie nicht erstklassig sind. Wie am Fließband Konzerte geben, Aufnahmen machen zu müssen, weil die Kasse leer ist, kann nicht das Ziel sein. Das Musikmachen soll nicht zum Brot-

erwerb werden, sondern begeisterter Dienst an der Kunst bleiben. Daher hält Nikolaus Harnoncourt erneut Ausschau nach einem Posten; nach einem, der sich mit seiner künstlerischen Tätigkeit besser vereinbaren läßt. In Salzburg bietet sich eine Chance. An der Hochschule Mozarteum unterrichtet er ab 1973 zwanzig Jahre lang, bis zu seiner Pensionierung, »Theorie und Praxis der Alten Musik«.

Landluft!

Die Stelle in Salzburg macht einen Zweitwohnsitz notwendig. Im oberösterreichischen Seengebiet, eine knappe Autostunde entfernt, entdeckt das Ehepaar einen alten Pfarrhof. Traditionsreicher Boden. Seit Generationen ist die Großfamilie in dieser Gegend ansässig, wie Straßennamen und Gedenktafeln bezeugen. Doch nicht nur für Nikolaus ist die Region mit Jugenderinnerungen verbunden, an Besuche bei Onkel Fritz und Tante Marianne in Schloß Kogl, an sommerliche Fahrten mit der kleinen Eisenbahn, die auch heute noch von der Bahnstation durch Wiesen hinunterzuckelt an den türkisblauen See. Alice hat die letzten Monate des zweiten Weltkriegs im nahen Attnang-Puchheim verbracht, wo ihr Vater als Soldat stationiert war. Das Haus, in dessen Keller sie 1944/45 die letzten schweren Luftangriffe miterlebt hat, steht noch.
Der alte Pfarrhof ist eine Okkasion. Er gilt als abbruchreif, daher ist nur der Grundstückpreis zu bezahlen. Die Harnoncourts, die nicht im entferntesten an einen Neubau denken, stecken von dem Grundstück soviel ab, wie sie sich leisten können, und gehen daran, das Gemäuer bewohnbar zu machen. Die Feuchtigkeit erscheint ihnen primär als Vorteil. Bisher hatten die Instrumente immer unter Trockenheit zu leiden. Daß das festungsartige Gebäude mit den beiden Spitzbogenfenstern und dem hölzernen Glockentürmchen unter Denkmalschutz steht, stellt sich erst nach fast einem Jahr durch Zufall heraus. Im wesentlichen stammt es aus dem 18. Jahrhundert, doch einige Teile sind viel älter, vor allem der schöne Raum mit dem Kreuzrippengewölbe, der als Lesezimmer mit behaglichem offenem Kamin eingerichtet wird.
Es war nicht geplant, ständig in diesem entlegenen Haus auf dem Land zu wohnen. Doch die »Absteige« wird bald zum Mittelpunkt der Exi-

stenz, und die Kinder registrieren erstaunt, daß sich die Eltern unversehens in Landmenschen verwandelt haben. Im »Schmutz« der Großstadt, im »Wiener Sumpf« hält man sich nur noch auf, wenn man dort zu tun hat.
Es ist ein Schritt, der die Abnabelung der Kinder beschleunigt. Mit dieser Übersiedlung sind auch die Weichen für eine expansivere künstlerische Tätigkeit des Ehepaars gestellt.

Eine harmonische Familie

Ich kann meine Eltern am besten verstehen, wenn ich in einem Konzert von ihnen sitze. Da habe ich das Gefühl, sie spielen nur für mich.

Franz Harnoncourt

Ein altes Lied im originalen vierstimmigen Satz tönt feierlich von einer jener kleinen Schallplatten mit fünfundvierzig Umdrehungen, die im Zeitalter der Compact Disc schon Museumswert besitzen. »Es ist ein Ros' entsprungen, aus einer Wurzel zart.« Dann meldet sich eine fröhlich krähende Kinderstimme: »Gesegnete Weihnachten und ein glückliches neues Jahr wünscht euch die Josefstädter Straße. Wir schenken heuer nichts, weil wir finden, das Weihnachtsfest ist schon fast erstickt vor lauter Geschenken und Geschäften. Wir wollen unseren Verwandten und Freunden, also euch, dieses Jahr ein Bildchen unserer Familie schicken.«
Ein akustisches Familienfoto vom Dezember 1967, eine Privatpressung mit von den Kindern bemalten Hüllen. Unter der Leitung des Vaters, der die Baßgambe spielt und den Gesang mit seiner tiefen Stimme grundiert, trägt jeder zum Weihnachtskonzert bei, was er eben kann. Die dreizehnjährige Elisabeth ist mit Violine und Blockflöte vertreten, der ein Jahr jüngere Philipp mit der Diskantgambe, die Mutter ist für die Tasteninstrumente zuständig. Die heimlichen Stars der Aufnahme sind der knapp zehnjährige Eberhard mit seinem Knabensopran und der sechsjährige Franzi, der als pfiffiger Erzähler fungiert.

Keine Frage, daß Musik das Familienleben beherrscht. Die gesamte Probenarbeit für den Concentus Musicus findet zu Hause statt. In der Josefstädter Straße sind die beiden schönsten Zimmer ausschließlich dafür reserviert. Musik gehört für die Kinder zum Alltag. Sie wachsen mit den zarten, obertonreichen Klängen der alten Instrumente auf, und als sie Mozarts Oboenquartett auf modernen Instrumenten hören, finden sie: das klingt scheußlich!

Sie erleben Musik als Lebensaufgabe der Eltern und respektieren das, indem sie ihre Bedürfnisse hintanstellen. Oberstes Gebot ist es, leise zu sein und auf keine Weise bei der Arbeit zu stören. Als sich Philipp bei einem Sprung vom Stockbett den Arm bricht, warten die Geschwister diszipliniert das Ende der Probe ab. Die geheiligte Probenruhe ist auch das Machtmittel, das Elisabeth in Notwehrsituationen gegen ihre Brüder zur Verfügung steht. Lautes Quietschen ist eine sichere Methode, die Buben zu stoppen.

Man setzt sich in der Familie immer wieder zum gemeinsamen Musizieren zusammen. Diese Hauskonzerte werden sorgfältig vorbereitet, sie haben äußerst ernsthaften Charakter. Man ist aufgeregt wie bei einem richtigen Auftritt. Der künstlerische Anspruch der Eltern bleibt spürbar, auch wenn er nicht ausdrücklich formuliert wird.

Dennoch ist die musikalische Ausbildung der Kinder eher dem Zufall, ihrem eigenen Antrieb und der Intensität ihres Interesses überlassen. Geige, Gambe, Cello, Flöte, Klavier, Cembalo – an Instrumenten herrscht kein Mangel. Die Vielfalt ist verlockend. Es fehlt nicht an Begabung. Kindliche Neugier und Begeisterungsfähigkeit sind groß. Die Lehrer kommen aus dem Kollegenkreis. Weder Vater noch Mutter haben eine ausgeprägte pädagogische Ader, was die elementare Ausbildung betrifft. Für beharrlich-behutsame Anleitung hätten sie neben ihrer Arbeit auch nicht genügend Zeit. Vor allem aber wollen sie die Kinder nicht in falschem Stolz dazu animieren, sich in das Abenteuer dieses Berufes zu stürzen. Streng geregelten Unterricht oder die systematische Vorbereitung auf eine professionelle Laufbahn gibt es absichtlich nicht.

Sie sollten nicht zu stark in eine bestimmte Richtung gelenkt und auf keinen Fall gedrillt werden, meint die Mutter; sie habe schließlich auch von selbst ihren Weg gefunden. Sie wundert sich darüber, daß ihre Kinder – ganz anders als sie selbst – in ihren Ambitionen so unentschieden

sind. Heute bedauert sie ein bißchen, daß sie ihre Fortschritte nicht genauer überwacht, sie nicht stärker bei der Stange gehalten hat.
Vom Vater ist bekannt, wie er über das Risiko der Musikerexistenz denkt: Man müsse auf jeden Fall zusätzlich einen sicheren Broterwerb haben.
Das leuchtet ein. Die Kinder begreifen durchaus, wie anspruchsvoll und schwierig der Beruf der Eltern ist. Sie begreifen auch bald, daß es nicht leicht sein dürfte, neben ihnen zu bestehen, sich mit einer eigenständigen Leistung auf demselben Gebiet zu profilieren. Die Eltern setzen Maßstäbe, fordern zur Selbstkritik heraus. Reicht die Begabung, um mehr zu sein als der Nachwuchs im Schatten des bekannten Namens?
Der Jüngste hat als einziger in der Kindheit kein Instrument gelernt. Ein echter Fehler der Eltern, sagt er. Seine Erinnerung an das Leben in der Josefstädter Straße sei identisch mit Musik. Doch sein Aufwachsen fällt bereits mit der internationalen Karriere der Eltern zusammen, mit der unvermeidlichen Auflösung des festen Familienverbandes – was die äußeren Strukturen betrifft.
Konzertreisen mit dem Concentus Musicus hat das Ehepaar auch mit Rücksicht auf die Kinder anfangs nur selten unternommen. In den siebziger Jahren beginnt Nikolaus Harnoncourt jedoch seine Tätigkeit in Amsterdam und Zürich. Die Eltern sind immer öfter für längere Zeit auswärts. Das bedeutet Internat für die beiden Kleinen, Selbständigkeit für die beiden Großen.
Elisabeth, die nach Abschluß der Klosterschule in Wien studieren will, und Philipp, der vor dem letzten Jahr am Theresianum steht, bleiben allein in der Wiener Wohnung. Schwierige Zeiten, in denen sich die große Schwester für alles verantwortlich fühlt, auch wenn die Mutter immer wieder kommt, um nach dem Rechten zu sehen.
Der elfjährige Franzi geht ins Internat im oberösterreichischen Stift Kremsmünster. Dort wird er aus eigenem Antrieb musikalisch aktiv. Er entdeckt die Musik als emotionales Zuhause, wohin er in schweren Stunden des Heimwehs flüchten kann. Er lernt Oboe, erweist sich als sehr begabt, wird von Vaters Kollegen Jürg Schaeftlein und David Reichenberg sorgfältig betreut. Er hätte die Chance, ein guter Musiker zu werden. Aber er hat zu diesem Zeitpunkt seine Wahl bereits getroffen. Als kleines Kind ist er bei einem Blinddarmdurchbruch mit Darmverschluß nur knapp mit dem Leben davongekommen. Damals hat er den Ent-

schluß gefaßt, Arzt zu werden, und hat das zielstrebig verwirklicht. Seine Fertigkeiten auf dem Instrument übt er als Hobby aus, und die Konzerte, die er in seinem Linzer Spital organisiert, erfreuen sich großer Beliebtheit.

Franz Harnoncourt, Chirurg, bezeichnet sich scherzhaft als das schwarze Schaf. Mit seiner geradlinigen Entwicklung und seiner bürgerlichen Existenz fällt er ein wenig aus dem Rahmen. Sein Status als Nesthäkchen habe es ihm relativ leicht gemacht, sich gegen das beeindruckende Leben der Eltern, gegen ihr mächtiges Vorbild abzugrenzen. Schmerzhafte Generationskämpfe mit dem Vater hat er nicht ausgetragen.

Die Geschwister sind – zum Teil über beträchtliche Umwege – doch in künstlerischen Berufen gelandet. Aber die Musik hat niemand direkt angesteuert.

»Wir waren auch nicht die Sorte von Musikerkindern, die durch herausragendes Talent schon früh auf sich aufmerksam machen«, sagt Elisabeth. Sie sind alle vielfältig begabt, mathematisch genauso wie sprachlich und handwerklich, sie sind vielfältig interessiert, und nach Ansicht von Nikolaus Harnoncourt ist es ohnehin ein Zufall, welche Richtung ein begabter Mensch letztlich einschlägt.

Nicht so stark vorbelastet wie die Musik, aber genauso faszinierend und mit persönlichen Eindrücken angereichert ist das Theater.

Als der Vater beginnt, Opern zu dirigieren, sind die Kinder nicht nur in den Ferien dabei. Gute Noten in der Schule sind nicht so wichtig. Vor allem die beiden Kleinen holen die Eltern so oft wie möglich zu sich. Eberhard und Franzi erleben in Zürich die Entstehung des Monteverdi-Zyklus, nehmen davon Eindrücke fürs Leben mit – und lassen sich von Regisseur und Sängern verwöhnen.

»Mein Ziel war die Bühne«, sagt Elisabeth von Magnus, der es als einziger schließlich gelungen ist, sich als praktizierende Musikerin neben den Eltern zu positionieren. Es war eine lange Suche, die ein Studium der Musikwissenschaft, eine Schauspielausbildung, Jobs als Radiomoderatorin und Regieassistentin sowie einen ersten Anlauf als Blockflötistin einschloß. Erst spät hat sie ihre charakteristische, dunkel timbrierte Mezzosopranstimme zutage gefördert und ist als Opernsängerin in jenes Element vorgedrungen, in dem sie sich glücklich fühlt. Auf den bekannten Namen hat sie inzwischen wohlweislich verzichtet. Trotzdem

kann es passieren, daß nach einem anstrengenden Auftritt jemand in ihre Garderobe kommt, nur um zu fragen, wie es ihrem Vater gehe.
Philipp hat als einziger von Anbeginn eine Künstlerexistenz ohne sichere Grundlage gewagt und sich auch sonst am stärksten abgegrenzt. Er hat sich für das Schreiben entschieden. Als Ausgleich zu dieser einsamen Tätigkeit entwirft er Lichtkonzepte für Theater- und Tanzproduktionen und führt auch Regie.
Eberhard hat sich dem Druck der Eltern gebeugt und zunächst einen Beruf erlernt. Anläßlich der Übersiedlung aufs Land wechselt er vom Theresianum ins Werkschulheim Felbertal und legt dort zugleich mit der Matura die Gesellenprüfung als Tischler ab. Die Gemeinschaft im Internat bietet ein weltanschauliches Kontrastprogramm zu dem, was er von zu Hause kennt. Er wird stark von kommunistischem Denken beeinflußt. Daß es deshalb nicht zum tiefgreifenden Konflikt kommt, liegt vielleicht am charismatischen Wesen, das dieser Sohn besitzt, an seinem konzilianten Charme, in dem er seiner Mutter ähnelt. Zudem entsteht aufgrund seiner handwerklichen Kenntnisse ein besonderer Kontakt mit dem Vater, der von ihm so manchen professionellen Trick gelernt hat. Neben vielen Möbeln zeugen auch viele gemeinsam restaurierte Musikinstrumente von dieser »Arbeitsgemeinschaft«. Eberhard hat sich auf Geigenbau spezialisiert und ist erst allmählich – unter dem Pseudonym Moritz Hoffelner – auf eine Laufbahn als Opernregisseur eingeschwenkt. Die Initialzündung dazu war »L'Orfeo« in Zürich.
Alle Kinder haben selbst Familien gegründet, die Zahl der Enkel hält derzeit bei acht.
Das zentrale Gemeinschaftserlebnis in der Familie Harnoncourt ist nicht die Musik, sondern das Streitgespräch. Diskussionen über weltanschauliche Themen sind die Alternative zu konventionellen Inhalten der Erziehung. Schulung des Geistes statt Anleitung zu gesellschaftlichem Wohlverhalten. Da beschränken sich die Eltern weitgehend darauf, den respektvollen Umgang miteinander vorzuleben. Das Wichtigste ist selbständiges, kritisches Denken.
Der familiäre Diskurs steigert sich oft zu einer Heftigkeit, die Außenstehende einen schweren Zwist vermuten läßt. Die beste Gelegenheit dafür bieten die sommerlichen Bergtouren. Der Vater kann Small Talk nicht ausstehen, in solchen Situationen am wenigsten. Während man in

bedächtigem Tempo dahinwandert, um die nächste Quelle aufzusuchen, hat man viel Zeit für philosophische, religiöse, allgemein menschliche Erörterungen. Das lenkt vom Durstgefühl nachhaltig ab.
Die Bedeutung des Willens, die Selbstbeherrschung als Teil des Menschseins, ist ein Hauptthema, verknüpft mit dem Seitenthema von der Nebensächlichkeit der materiellen Bedürfnisse, von der die Kinder immer wieder aufs neue überzeugt werden müssen. Zwar haben sich die Harnoncourts vom regen gesellschaftlichen Umgang innerhalb der Großfamilie fast völlig zurückgezogen, doch lassen sich fallweise Einblicke in den zum Teil sehr großzügigen Lebensstil der Verwandtschaft nicht vermeiden.
In diesen Unterhaltungen kann auch das scheinbar Harmlose unversehens bösen Hintersinn bekommen.
Lachen hat immer einen schmutzigen Grund, postuliert der Vater. Seine provokante These ist völlig ernst gemeint, und er argumentiert genau. Ihr lacht immer nur, wenn ein alter Mann auf der Straße hinfällt, oder wenn ein Hund vorbeikommt mit einem komischen Hut auf dem Kopf. Immer ist es etwas Negatives, ein Unfall, ein Mißverständnis, ein Mensch, der einsam ist oder krank oder eine seltsame Sprache spricht. Lautes, schallendes Lachen hat immer einen schmutzigen Grund.
Ein Lieblingsthema von Nikolaus Harnoncourt. Die Filme von Buster Keaton und Charlie Chaplin, die durch ihr Mißgeschick Anlaß zu Gelächter geben, mögen ihn in dieser Haltung bestärkt haben.
Die Harnoncourt-Kinder reagieren mit Lachen, wenn man sie darauf anspricht. Es sei doch sinnvoll, das Klischee zu überprüfen, daß ein lachender Mensch automatisch ein netter Mensch sein müsse, meint Franz. Diese Art, an vorgefaßte Meinungen heranzugehen, habe sich ihm tief eingegraben.
»Wir haben häufig darüber diskutiert, um ihn davon zu überzeugen, daß das nicht stimmt«, sagt Elisabeth. »Und wenn wir dann mit tausend Argumenten gekommen sind, hat er gesagt: ›Na schau, aber da ist doch auch etwas dabei, das skurril ist, so ein Schatten von etwas Negativem.‹ Die Grundaussage, im weitesten Sinn, fand ich immer ziemlich plausibel: daß Lachen nicht ein Ausdruck der Freude ist. Wenn man sich freut, dann lacht man nicht, sondern man lächelt.«
Den familiären Umgang hätten derlei Ansichten im übrigen keineswegs geprägt. Den Vater habe sie ohne Einschränkung als freundlichen Men-

schen erlebt. »Er liebt es, Theorien durchzudenken. Ich habe das als philosophischen Versuch, als Verbaljongliererei gesehen und überhaupt nicht als eine praktische Anleitung zum Leben.«

»Wir waren Kaspar Hausers, nicht nur in der Musik.« So hat Eberhard einst in der ORF-Fernsehserie »Mütter« das Lebensgefühl seiner Kindheit beschrieben. In seinem Elternhaus mußte prinzipiell alles neu betrachtet, neu gedacht werden.

Die Familie hat bis heute starken Zusammenhalt bewahrt, der seine Wurzeln in diesen sehr persönlichen Umgangsformen hat. Die Gesprächsbasis ist erhalten geblieben, und die Maximen der Eltern scheinen auch für die erwachsenen Kinder in vollem Umfang verbindlich.

Der Zusammenhalt drückt sich nach außen in einer Art »Familiensprache« aus: eine gewisse Sprachmelodie, ein bestimmtes Vokabular, auffallende Eigenheiten der Syntax und jene spezielle Rhetorik, bei der ein Sachverhalt nicht kurz und bündig benannt, sondern in verbalen Endlosschleifen philosophisch umkreist wird. In diesen Merkmalen zeigen die Mitglieder geradezu verblüffende Übereinstimmung.

Diese innige geistige Verbindung bildet ein fein verästeltes Netz, das in jedem Fall hält. Es bietet ein festes Bezugssystem von Werten, unverlierbare Zugehörigkeit, starken Rückhalt, Zuflucht in Krisen. Es macht es in seiner umfassenden Wirksamkeit aber auch sehr schwierig, daß jemand einen neuen, eigenständigen Lebensansatz findet.

Die unermüdliche Diskussionsbereitschaft des Vaters beruht darauf, daß sein »harmonisches Weltbild« unantastbar ist. So wie die Harmonie in der Musik für ihn nur vorübergehend verzichtbar ist, so wie sich in seinem Musikverständnis jede Dissonanz wieder auflösen muß, so geht er auch im Alltag von einem grundsätzlichen Einverständnis mit seinem Gegenüber aus, das über jeden Streit hinweg unverbrüchlich bestehen bleibt. Diese Überzeugung entspringt den Diskussionen mit seinem Vater.

> Ich könnte nicht streiten, wenn ich wüßte, daß der Streit zu einem Streit wird. Das könnte ich nicht.
>
> Streitkultur und Diskussionskultur, das war dasselbe. Es war für uns unheimlich wichtig, daß wir unsere Überlegungen aneinander schleifen. In diesem Sinn war unser Vater, wenn er auch auf die Autorität gepocht hat, genauso wie wir, er hat genauso mitgestritten. Das waren Streitigkeiten, die auf einer

großen Liebe basiert haben. Da ging es darum, was seine Gedanken wert sind und was meine Gedanken wert sind. Wenn man mit jemandem übers Kreuz ist, kann man sowas ja gar nicht ausstreiten. Das war das Reiben und das Messen und das Schleifen von Gedanken.

Aus Begegnungen mit Nikolaus Harnoncourt nimmt man diese Haltung als deutlichen Eindruck mit: Auch in Meinungsverschiedenheiten ist von ihm keine Entgleisung zu befürchten, das Klima wird nie destruktiv, ein Grundgefühl von Respekt ist immer spürbar. Das wollte er auch seinen Kindern vermitteln: daß im Gespräch am Ende eine Harmonie stehen müsse, so wie in der Musik. Aber:

Harmonie ist nur möglich, wenn vorher eine Auseinandersetzung war. Harmonie kann nur ein Resultat sein.

In musikalischer Analogie läßt sich die Familie Harnoncourt als Harmoniemodell darstellen. Der Vater erfüllt dabei die tragende Funktion der Tonika, des Grundtons, auf den sich alle anderen zu beziehen haben; er bildet Ausgangspunkt und Ziel. Die Mutter fungiert wechselweise als Dominante und Oktave, als unverzichtbare Stütze und Einklang; sie ist die Oberstimme, die Melodie. In diesem Gefüge sorgen die Kinder je nach Temperament und aktuellem Lebensabschnitt für Dissonanz oder Konsonanz, bilden die schrille Sekund, die spannungsgeladene Septime oder richten sich in unauffälligen Terzschritten ein.
In dieser Harmonie ist ein Ton abhanden gekommen, wodurch der familiäre Akkord einen unauslöschlichen Zug ins Herbe erhalten hat.
Im November 1990 ist Eberhard, jung verheiratet, das erste große Engagement als Opernregisseur in der Tasche, mit zweiunddreißig Jahren bei einem unverschuldeten Autounfall tödlich verunglückt.
Kurz zuvor hatte er für die »styriarte« auf dem Grazer Schloßberg eine Oper inszeniert, die schon lange auf dem Wunschzettel seines Vaters stand und die dieser später auch realisiert hat: »Des Teufels Lustschloß«, ein Jugendwerk von Franz Schubert. Dramaturgischer Auslöser der Handlung, durch den die Protagonisten in die Geschichte hineingeraten, ist der Achsbruch einer Kutsche, was Eberhard ins Zeitgemäße – als Autounfall – übersetzt. Ein Regieeinfall, der von der Realität in schrecklicher Weise eingeholt wird.

Er war ein glücklicher Mensch, der alle, die mit ihm in Berührung kamen, glücklich gemacht hat, läßt der Pater familias auf den Partezettel drucken.
Hier ist der Punkt erreicht, an dem alle Fragen ein Ende haben. Wo es keine Antwort gibt, gibt es auch nichts zu fragen.

Privatsache!

> Als wir angefangen haben, war das überhaupt nur ein Interesse von ein paar Leuten. Erst nach einigen Jahren sind wir dann alle gemeinsam zu der Überzeugung gekommen, wir sollten das jetzt öffentlich machen. Da entstehen Resultate, die nicht nur uns interessieren, in unserer eigenen Entwicklung als Musiker. Es waren ja auch immer befreundete Kollegen da, die zugehört haben. Die waren auch dieser Meinung.
> Ich selbst habe in dieser Zeit einmal in einem Text geschrieben, daß ich eigentlich nicht an die Öffentlichkeit dränge. Als ich das jetzt zufällig wieder gelesen habe, habe ich gedacht: Es war genau so. Wir haben nicht recht gewußt, ob wir unsere Proben irgendwann in Konzerte münden lassen sollen oder ob wir es dabei belassen sollen, diese Sache nur so für uns auszuloten und zu erforschen – und natürlich uns selber zu begeistern an dieser Musik. Dann haben wir einfach gemeinsam den Entschluß gefaßt, wir machen Konzerte. Und wir waren sehr überrascht über den riesigen Erfolg.

Absichtslos, freilich keineswegs »nebenbei«, ist ein Ensemble entstanden, das seit seinem Debüt 1957 bedeutende Kapitel der Interpretationsgeschichte revidiert hat. Spielerisch, als Liebhaberei mit höchstem professionellen Anspruch, war es im Freundeskreis entwickelt worden, gemeinsam mit fünf neugierigen Kollegen aus den Reihen der Wiener Symphoniker. Vier Jahre lang war das Projekt auf das Harnoncourtsche Wohnzimmer beschränkt geblieben. Es war ernsthaft genug, daß die Beteiligten jede freie Minute darauf verwendeten – und bestand doch ohne Kalkül, ohne die Frage: Was bringt es ein?
Das von Anbeginn charakteristische klangliche Erscheinungsbild des Ensembles hat sich in den folgenden Jahrzehnten zum akustischen Psychogramm seines Gründers entwickelt. Der Concentus Musicus ist der minutiös durchgebildete Schalltrichter, der Harnoncourts künstlerisches Credo formuliert. Die Überzeugungskraft, mit der dies geschieht, beruht darauf, daß die Mitglieder dieses Credo längst zu ihrem eigenen gemacht haben. Kein anderes Orchester weiß seinen Intentionen so virtuos bis ins kleinste Detail zu folgen. Kein anderes ist mit seinen Ideen, mit seinem Temperament so eng vertraut. Ein in sich fein abgestimmtes, sensibles

Instrument, in dem das Kräftespiel von Individualität und kollektiver Anstrengung zu außerordentlichen Ergebnissen führt.

Der Concentus Musicus ist kein »Originalklang-Ensemble« wie die zahllosen Spezialistentruppen, die heute den Klassikmarkt bevölkern. Dieser Trend hat erst in den siebziger Jahren voll eingesetzt und auf den von Harnoncourt und seinen Mitstreitern gefundenen Ergebnissen aufgebaut. Das manifestiert sich schon allein in der Terminologie: Der von Harnoncourt geprägte Begriff »Klangrede« ist zum Allgemeingut geworden.

Aus dieser Pionierstellung resultiert auch das akustische Ergebnis. Die neue Brillanz, mit der Barockes heute vermehrt wieder abgespult wird, sucht man bei Harnoncourts Ensemble vergeblich – genauso wie jene ehrfürchtige Getragenheit, mit der manche Interpreten, ganz der wissenschaftlichen Korrektheit verpflichtet, die Alte Musik nicht eben neu aussehen lassen.

Im Concentus herrscht ein unverwechselbar wienerischer Ton. Wiener Geiger haben das Klangbild geformt. Sie wissen Bescheid, wenn »Schmalz« und »Schmäh« verlangt sind. Dirigent und Orchester verständigen sich in ihrer gemeinsamen musikalischen Muttersprache. Und die unverfälschten Elemente des sogenannten Wiener Bläserstils haben sich im Lauf der Zeit auf das schönste mit der spieltechnischen Rückeroberung der alten Flöten und Oboen, der ventillosen Hörner, Trompeten und Posaunen verbunden.

Dazu kommt die Philosophie, das geistige Fundament. Das gezielte Aufspüren der Beunruhigungspunkte, des Rauhen, Unregelmäßigen, Irritierenden, bestimmt die von Harnoncourts persönlichem Furor geleitete Suche nach einer essentiellen, existentiellen Aussage. Das rhetorische Prinzip, das sein Denken bestimmt, die Abfolge von These und Antithese, sein Bedürfnis nach Diskussion, nach konstruktivem Streit wird hier zum akustischen Ereignis. Und die bevorzugte Aufstellung bei Sinfonien, wenn erste und zweite Geigen einander gegenüber sitzen und die tiefen Streicher und die Holzbläser gleichsam in die Mitte nehmen, wirkt wie die Verkörperung seiner Gedanken über den »musikalischen Dialog«.

Ein Markenzeichen des Concentus ist die große Direktheit seines Musizierens, dem persönliches, individuelles Erleben zugrunde liegt. Schauspieler lassen Bühnenfiguren lebendig werden, indem sie die entsprechenden Anteile ihrer eigenen Gefühls- und Gedankenwelt mobilisieren. Harnoncourt, der Theatermensch, schafft bei seinen Musikern während der Proben durch plastische verbale Bilder und skurrile Vergleiche einen intuitiven Zugang, der die unmittelbare Umsetzung seiner Ideen zur Folge hat.

Von Anfang an war es ihm wichtig, die Wiener Klassik nicht aus den Augen zu verlieren. Obwohl das Hauptgewicht für Jahrzehnte auf Alter Musik lag, tauchten auch in der Frühzeit schon Werke von Haydn und Mozart auf. Und was die Instrumente betrifft, so hat er sich und seinen Kollegen immer wieder in Erinnerung gerufen, daß es sich hierbei um Werkzeug handelt, das den kreativen Prozeß des Musikmachens zwar wesentlich beeinflußt, den Interpreten aber nicht aus der Pflicht entläßt, als Künstler Farbe zu bekennen, leidenschaftlich und subjektiv Stellung zu beziehen.

In vielen schriftlichen Äußerungen, die sein musikalisches Tun mit auffallender Intensität und Frequenz lange Zeit begleitet haben, betont Harnoncourt unermüdlich, daß es ihm nicht um die Rekonstruktion eines »authentischen« Klangbildes gehe. »Das einzig Authentische im Concentus Musicus ist das Erleben«, sagt er. Allerdings ging es ihm sehr wohl um äußerst genaue, wissenschaftlich abgesicherte und »saubere« Lösungen, um absolute Professionalität im musikalischen Handwerk.

Purismus und Kompromißlosigkeit kann man ihm in der Aufbauphase nicht absprechen. Sie waren zur sorgfältigen Erarbeitung der fremden Materie zweifellos notwendig – und haben ihm dauerhaft den Ruf eingetragen, ein Sektierer, ein knochentrockener Dogmatiker zu sein. Die stilistische Souveränität, die musikantische Verve seines Ensembles, die man heute kennt und bewundert, mußten sich im Lauf der Zeit erst herausbilden. Die »spieltechnische Chronologie« hat dafür einmalige Voraussetzungen geschaffen. Nachdem man mit höchster Sorgfalt das musikalische Alphabet des Mittelalters, der Renaissance und des Barock erlernt hatte, mußte man bei Mozart und Haydn zwangsläufig zu anderen Ergebnissen gelangen als jene Orchester, die hauptsächlich Werke des neunzehnten Jahrhunderts spielen. Durch das Prinzip, sich dem Fernziel Mozart von der historisch »richtigen« Seite zu nähern, wurden neue Dimensionen erschlossen. Trotzdem läßt sich anhand älterer Aufnahmen erkennen, daß der Interpret Nikolaus Harnoncourt schon immer jener Romantiker gewesen ist, als der er sich zuletzt – scheinbar überraschend – entpuppt hat. Freilich erscheint dieser Charakterzug in seinen jüngeren Jahren durch größtmögliche Zurückhaltung und betontes Understatement gebremst.

Zurück zum Instrumentarium. Darmsaiten und Barockbogen waren für die Streicher in den ersten Jahrzehnten selbstverständlich. Eine gemischte Besaitung oder die Mischung von alten und modernen Instrumenten, wie sie anderswo praktiziert wurden, war und ist streng verpönt. Seit sich der Schwerpunkt des Repertoires in den neunziger Jahren zu Mozart und Haydn verlagert hat, verwenden die Concentus-Geiger allerdings, so es sich nicht um ein ganz spezielles Barockprogramm handelt, meist den zu Mozarts Zeit erfundenen Tourte-Bogen. Dadurch ist der Streicherapparat optisch von einem modernen Ensemble oft kaum mehr zu unterscheiden – zumal die Haltung von Instrument und Bogen, die bei manchen Gruppen auffallend »historisch« aussieht, im Concentus nie orthodox geregelt war. Im spieltechnischen Streit mit den sogenannten Nordgruppen aus England, Holland und Belgien, die die Geige vielfach nicht unters Kinn klemmen, sondern sie frei an der Schulter anlegen, vertritt Harnoncourt allerdings strikt die »alpine« Position, die sich an den Erkenntnissen von Johann Jacob Prinner orientiert. Dieser kritisiert 1677 in einem richtungweisenden, »Musicalischer Schlissl« betitelten Traktat ausdrücklich jene Virtuosen, die »die Violin nur auf die Brust gesezet, vermeinendt es seye schen und zierlich«.

Die »alpine« Haltung bildet die Grundvoraussetzung für die individuelle, feinst ausgefeilte Bogentechnik, auf die Harnoncourt höchste Aufmerksamkeit verwendet. Sie erzeugt den typischen »Swing«: rasch durchziehen und wegfedern, statt den Ton durchzuhalten, wie es das gedruckte Notenbild suggeriert. Der breite Bach-Strich alten Stils wird ersetzt durch kleinteilige Artikulation, in der jede Phrase mit eigenem Ausdruck erfüllt sein muß. Der gehäufte Einsatz von Springbogen läßt den Klang pulsieren und macht ihn durchhörbar. Der weitgehende Verzicht auf Vibrato setzt makellose Intonation voraus. Daß konventionelle Dirigenten ihre Wünsche auf den Proben in dem Halbsatz »nicht wie bei Harnoncourt« zusammenfassen, bringt indirekt zum Ausdruck, daß alle diese Details mittlerweile zum interpretatorischen Standard gehören.

Und noch eine Besonderheit prägt das Klangbild des Concentus. Nur die wenigsten werden es bewußt hören, doch ist es ein Mosaikstein, der den Gesamteindruck wesentlich bestimmt: die Stimmtonhöhe.
Für moderne Sinfonieorchester liegt der Normalstimmton a1 bei einer Schwingung von 440 Hertz; bei manchen noch etwas höher, weil man den Klang dann als besonders »brillant« empfindet. »Period Instruments« werden allgemein auf eine Schwingung von 415 Hertz, also genau einen Halbton tiefer, gestimmt. Das ist aus rein praktischen Gründen eine anerkannte, weit verbreitete Lösung, weil die Instrumente so für alle Stilepochen einsetzbar und auch mit den Tasteninstrumenten kompatibel sind.
Im Concentus Musicus variiert die Stimmtonhöhe nach Stilepoche und regionaler Zugehörigkeit. Man orientiert sich dabei an Experimenten mit originalen Blasinstrumenten, aber auch an den Möglichkeiten der menschlichen Stimme, die etwa bei extremen Mozart-Partien nicht an ihre Grenzen geführt werden soll, als handle es sich um Beethovens »Neunte«.
Für Mozart und Haydn hat man daher 430 Hertz gewählt, während 440 Hertz für das italienische Frühbarock, für Monteverdi und Gabrieli benutzt werden.
Für die deutsche Barockmusik, vor allem für Bach und Händel, gilt die Stimmtonhöhe von 421 Hertz. Diesen Wert haben die beiden zentralen historischen Blasinstrumente vorgegeben, die auf dieser Frequenz am reinsten spielbar sind: die Grenser-Flöte und die Paulhahn-Oboe, beide in der ersten Hälfte des achtzehnten Jahrhunderts gebaut und durch Verkettung glücklicher Zufälle in Harnoncourtschen Besitz gelangt.
Selbstverständlich verfügt man auch über eigene Orgeln und Cembali in den verschiedenen Stimmungen. So hat die alte Tonartencharakteristik auf allen Ebenen neue Aussagekraft erhalten.
Individualismus und Subjektivität sind die Vorzeichen, unter denen der Concentus Musicus antritt. Er ist daher auch in organisatorischer Hinsicht eine unkonventionelle Truppe. Sie wird zusammengehalten vom gemeinsamen Wollen der Beteiligten – ohne Verträge, ohne Statuten, ohne Gesellschaftsform. Ein unorthodoxer Haufen von erstklassigen Instrumentalisten, der sich auf Zuruf konstituiert und auf einem Niveau funktioniert, das man auch bei Spitzenorchestern so nicht findet.

Selbst der beste Musiker kann hier nicht ohne Vorbereitung durch ein erfahrenes Mitglied »einsteigen«. Er würde auf der ersten Probe angesichts der zahllosen, aus dem Notentext nicht ersichtlichen Feinheiten verzweifeln, von denen Harnoncourt ganz selbstverständlich ausgeht. Die beschriebene Strichweise der Geiger ist ein markantes Beispiel dafür. Der in Jahrzehnten gewachsene Stil resultiert aus einer Fülle von Details, die als bekannt vorausgesetzt werden. Die geeichten Concentus-Spieler beherrschen all das im Schlaf, was Neulingen schlaflose Nächte bereitet. Die strenge gemeinsame Musizierkonvention garantiert einen Standard, bei dem die wahren musikalischen Abenteuer erst beginnen.
Das Erfolgsrezept des Concentus lautet: personelle Kontinuität. Dank der integrativen Fähigkeiten von Nikolaus und Alice Harnoncourt wurden gefährliche Umbruchsituationen gut umschifft, Wachstumsperioden erfolgreich bewältigt. Im Zeichen einer verbindlichen künstlerischen Überzeugung blieb die Einheit gewahrt, obwohl die unerläßliche Verjüngung der Besetzung konsequent – nicht ohne Schmerzenslaute der »Veteranen« – vollzogen wurde.
Insgesamt präsentiert sich das umsichtig klein gehaltene Ensemble heute überaus jugendlich – und sehr weiblich. Der »harte Kern« hat sich seit den sechziger Jahren stark verändert. Unerwartete Todesfälle haben Lücken gerissen. Zentrale Persönlichkeiten wie der Cellist Hermann Höbarth und der Oboist Jürg Schaeftlein waren in ihrer Eigenart unersetzlich. Manche Kollegen sind in den Ruhestand getreten, sehr junge Spitzenkräfte sind nachgerückt. Doch der Pioniergeist von einst ist noch lebendig.
Der Verzicht auf äußere Strukturen wird durch eine straffe innere Hierarchie, durch starke persönliche Bindungen ermöglicht. Einige wenige Spieler gehören der ideellen Gemeinschaft als sogenannte Mitglieder an. Sie sind die Sachwalter der Musizierkonvention, sorgen für die nötige Einschulung des Nachwuchses und erledigen ehrenamtlich den unvermeidlichen Rest an Verwaltung. Von ihnen werden besonderes Engagement und besondere Loyalität erwartet, dafür sind sie auch an Entscheidungen beteiligt. Der Kreis wird erweitert um jene, die regelmäßig mitwirken, und um Gäste – meist Bläser –, die man für Spezialaufgaben einlädt. Neuzugänge erfolgen nur auf Empfehlung – oft ohne Probespiel; Nikolaus Harnoncourt ist kein Freund zeitraubender Formalitäten. Da

er ohnehin genau hört, was jeder einzelne spielt, scheint ihm das offizielle Ritual überflüssig.
Die Spieltradition des Concentus wird also gewissermaßen vererbt – zuweilen im buchstäblichen Sinn. Einige Musiker sind mittlerweile in der zweiten Generation vertreten. Konzertmeister Erich Höbarth etwa ist mit dem typischen Klang groß geworden, ebenso Solocellist Herwig Tachezi, dessen Vater seit Anfang der sechziger Jahre als Cembalist und Organist des Ensembles amtiert.
Harnoncourt, der Psychologe wider Willen, hat seine Mitstreiter genau ausgewählt – auch nach menschlichen Gesichtspunkten. So konnte sich eine in vielen Belastungsproben zusammengeschweißte Gemeinschaft bilden. Sie verfügt über jene Fähigkeit, die jede gute Partnerschaft auszeichnet: Krisen nicht nur zu überstehen, sondern in tieferer Verbundenheit daraus hervorzugehen.
Die unvermeidlichen Kehrseiten des Erfolges haben die Existenz des Concentus Musicus nie ernsthaft gefährdet. Stolz berichtet das Ehepaar Harnoncourt, es sei in all der Zeit nur zweimal wirklich zum Streit im Ensemble gekommen. Trotzdem gab und gibt es im Innenverhältnis immer Anlaß für große und kleine Konflikte, mußten unpopuläre Entscheidungen durchgezogen, belastende Situationen ausgestanden werden. Der affektgeladene Bodensatz, auf dem die vorprogrammierten Widerstände des Kollektivs gegen den Dirigenten gedeihen, ist natürlich auch in diesem Fall virulent. Und daß Harnoncourt aus der Gruppe herausgetreten ist, daß er eigene Wege als Dirigent beschritten hat, macht diese Emotionen vielleicht besonders leicht entflammbar.
Die aufreibende Pionierzeit, in der alle Beteiligten jahrelang aufs äußerste gefordert waren, die unbezahlte, weitgehend auch unbedankte Knochenarbeit, der praktisch das gesamte Privatleben geopfert werden mußte, der Streß auf Reisen, die Öffnung des Ensembles für neue Mitglieder, die nicht aus dem gemeinsamen Stall der Symphoniker kamen – all das hat bei den altgedienten Mitgliedern Frustrationen und Ressentiments erzeugt, die durch Eifersucht auf anderweitige Erfolge des Dirigenten dauerhaft genährt werden. Die betont reservierte Art, die Harnoncourt an den Tag legen kann, war dem entspannten Umgang mit Problemen zudem nicht unbedingt förderlich.
Die Verfolgung hoher künstlerischer Ziele ist naturgemäß mit Unerbitt-

lichkeit verquickt. Die eigene Höchstspannung macht ungeduldig. Rücksichtslosigkeit gegen sich selbst zieht Rücksichtslosigkeit gegen andere nach sich – vor allem, wenn es deklariertermaßen um die »gute Sache« geht, um den Dienst am Komponisten. Und wenn es sich um das eigene Orchester handelt, dessen Möglichkeiten man so genau kennt, mit dem man selbst untrennbar verbunden ist, potenziert sich die Unbedingtheit der Forderungen. Es ist eine Wiederholung der klassischen Familiensituation, in der den nächsten Angehörigen bedenkenlos am meisten zugemutet wird.

Für Alice Harnoncourt war es eine menschliche Leistung besonderen Grades, ihrer doppelten Funktion als Prinzipalin des Ensembles und als Partnerin ihres Mannes gerecht zu werden; ihm genügend Verständnis entgegenzubringen, dabei aber die Solidarität mit den Kollegen zu wahren.

Die Kollegen haben sie für diese Haltung geliebt und verehrt. Ihr konnten sie stellvertretend mit Konzilianz begegnen, für sie konnten sie ihre Reserven an gutem Willen mobilisieren. Sie war – wie in vielen außermusikalischen Interaktionen auch – die vermittelnde Kraft, das Medium, über das der Dialog aufrechterhalten werden konnte, wenn sich die Fronten verhärtet hatten. Sie war die eigentliche, von beiden »Parteien« respektierte Autorität, und vielleicht ist manch außergewöhnliches Ergebnis allein deshalb zustande gekommen, weil die Mannschaft ihr zuliebe noch einen letzten Versuch mit dem unmöglichen Stück, mit der widerspenstigen Passage unternommen hat.

Wie sehr diese Musikergemeinschaft aufeinander eingeschworen, wie perfekt sie aufeinander eingestellt, eingehört, eingespielt ist, beweist ein aus heutiger Sicht verblüffender Umstand. Noch in den achtziger Jahren, als er längst ein international arrivierter Dirigent war, hat Nikolaus Harnoncourt den Concentus Musicus vom Cello aus geleitet. Oft hat er bei prominenten Aufführungen – etwa bei Händels »Belshazzar« im Februar 1976 im Wiener Musikverein – die gesamte Vorbereitungsarbeit geleistet, um in der Konzertsituation diskret im Orchester zu verschwinden. Während Chorleiter Eric Ericson die offizielle Position am Pult übernahm, befehligte er die Musiker mit Augenblitzen, Kopfnicken und rhythmischem Atmen.

Daß er den Platz im Ensemble beibehielt, geschah zum Teil auf Wunsch

der Kollegen. Cembalist Herbert Tachezi legte Wert auf seine Partnerschaft beim Continuo, auf seinen ganz speziellen, »sprechenden« Baß, der ein besonderes Qualitätsmerkmal war. Andererseits ergaben sich daraus etliche Probleme. Neben den anderen Aufgaben blieb nie genügend Zeit zum Üben. Die Zweigleisigkeit mag aufreibend und unbefriedigend gewesen sein. Für seine dirigentische Tätigkeit ist es ein unbestreitbares Plus, daß er den praktischen Umgang mit der Materie so lange aufrechterhalten konnte; die »sinnliche Unmittelbarkeit des Produktionsvorgangs«, wie Adorno es nennt, ist ihm vertraut geblieben.
Das entscheidende Argument, warum Harnoncourt sein Instrument 1987 endgültig an den Nagel gehängt hat, war freilich die Probenökonomie. Zehn bis fünfzehn Proben für eine einzige Bach-Kantate waren angesichts der wachsenden Zahl der Projekte untragbar. Die Arbeit ging wesentlich schneller voran, wenn er das Geschehen von vorne in die Hand nahm. In der Gesamtaufnahme der Bach-Kantaten hat er allerdings die Rezitative bis zuletzt selbst gespielt.
Nikolaus Harnoncourt erzählt, er habe ursprünglich auch andere Orchester vom Instrument aus leiten wollen. So sei diese Lösung auch für den Monteverdi-Zyklus am Opernhaus Zürich vereinbart gewesen. Doch schon auf der ersten Probe habe sich gezeigt, daß die dortigen Musiker seinem Stirnrunzeln und Ohrenwackeln nicht das Geringste entnehmen konnten.
Es scheint, als sei ihm ab einem gewissen Zeitpunkt nichts anderes übrig geblieben, als Dirigent zu werden. Seine fehlende Ausbildung hat immer wieder Anlaß zu Kritik geboten. Aber: »Der Dirigentenberuf hat alle anderen Probleme als technische«, sagt Christoph von Dohnányi – und der Rang prominenter Autodidakten von Arturo Toscanini bis Karl Böhm bestätigt am besten, daß die Schlagtechnik für die Ergebnisse eine völlig untergeordnete Rolle spielt.
»Kritiker sehen mich nur von hinten«, hat Harnoncourt in einem Interview angemerkt. In der Tat muß man ihn von vorne beobachtet haben. Die wesentlichen Informationen erhalten die Musiker aus seiner Mimik, aus dem charakteristischen Augenrollen, aus seiner Fähigkeit, höchste Konzentration auszustrahlen und jedem einzelnen Mitwirkenden unbedingtes Vertrauen zu vermitteln. Und das wahre Geheimnis seiner Arbeit liegt in der Einstudierung.

Diese erfolgt so gründlich und wohlüberlegt, daß selbst die Hundertschaft eines großen Sinfonieorchesters im Ernstfall allein zurechtkommt. Als er auf einer Tournee mit den Wiener Symphonikern wegen plötzlichen hohen Fiebers nicht auftreten konnte, bestand er darauf, daß das Konzert trotzdem stattfinde. Es war der Nachweis für die grundsätzliche Entbehrlichkeit eines Dirigenten – und ein rauschender Erfolg, der den Abwesenden mit einschloß.

Nikolaus Harnoncourt schätzt mündige Partner. Das »Stammkapital« des Concentus sind selbstbewußte und selbstkritische, künstlerisch wie wirtschaftlich unabhängige Musiker, flexibel und der Routine abgeneigt. So gibt es etwa bei den Geigern keine fixen Positionen. Außer dem Konzertmeister und seiner Stellvertreterin Alice Harnoncourt sitzt jeder auch mal am letzten Pult, die ersten Violinen tauschen immer wieder Platz mit den zweiten. Das vertreibt die Langeweile, verhindert bequeme Reaktionen aus vertrauter akustischer Perspektive, erzeugt Spontaneität.

Im Zuge des Generationswechsels haben sich hochqualifizierte Frauen in die tragende Schicht integriert: die Oboistin Marie Wolf, die Geigerinnen Andrea Bischof und Anita Mitterer; letztere ist als eine der wenigen aus Harnoncourts aufführungspraktischem Seminar am Mozarteum ins Ensemble gekommen. Sie sind mittlerweile selbst als Lehrer aktiv, geben ihre Kenntnisse im Unterricht weiter und ziehen ihre besten Schüler heran, wenn eine größere Besetzung gebraucht wird. Viele Musiker haben eine »Lehrzeit« im Concentus verbracht, ehe sie andere Wege gingen; so die Dirigenten Thomas Hengelbrock und Martin Sieghart, der Cellist Christophe Coin sowie einige Bläser und Streicher, die jetzt in englischen Ensembles tätig sind, wie die Geigerinnen Ingrid Seifert, nunmehr Primaria des Ensembles London Baroque, und Elizabeth Wilcock, die erste Frau von John Eliot Gardiner.

Die international erfolgreichste Kammermusik-Formation, die aus dem Ensemble hervorgegangen ist, firmiert als Quatuor Mosaïques. In seiner behutsamen, unaufgeregten Entwicklung scheint es der alten Concentus-Philosophie verpflichtet. Seine Interpretationen auf alten Instrumenten machen regelmäßig Furore. Mit sicherem Urteil, mit künstlerischer und persönlicher Souveränität haben Harnoncourts Erben im Geiste den bewährten Ideen eine Zukunft gegeben.

Ein wesentliches Charakteristikum des Concentus Musicus ist nicht zuletzt die Autonomie, die Harnoncourt für sich und seine Truppe beansprucht. Und die beginnt beim Widerstand gegen jegliche Vereinnahmung. So verwahrt er sich mit ungewohnt kräftiger Ausdrucksweise dagegen, anläßlich von Auslandsreisen als »Botschafter Österreichs« apostrophiert zu werden.

> Wir sind ja keine Lipizzaner! Die österreichischen Kulturbehörden haben, als wir sie gebraucht hätten, nichts zu unserem Werdegang beigetragen außer schäbigen »Briefmarkensubventionen«, wie sie jede Musikkapelle bekommt. Jetzt sollen sie sich nicht mit uns brüsten!

Konsequenterweise lehnt das Ensemble die Möglichkeit ab, sich von Sponsoren unterstützen zu lassen, und bezieht auch seit langem keine Subventionen mehr. Es ist nach bald einem halben Jahrhundert nahezu ungebrochenen Erfolges im Prinzip geblieben, was es am Anfang war: Privatsache. Der persönliche Luxus derer, die mitmachen wollen, weil sie sich für diese Art des Musizierens begeistern, weil sie darin eine künstlerische Überlebensmöglichkeit abseits des »Betriebes« sehen.
Der Concentus kommt die Veranstalter teuer, weil er die realen Kosten in Rechnung stellt. Den Mitwirkenden bringt das wenig ein. Im Jahr 1996 beträgt die Gage für ein Konzert im Musikverein siebentausend Schilling netto – Entgelt für sechs Proben und eine Aufführung, das im übrigen für alle Spieler gleich ist. Die – gestaffelten – Einnahmen aus Plattenproduktionen bieten zwar einen ansprechenden Zusatzverdienst, doch auch heute kann nur existieren, wer anderswo ein fixes Einkommen hat.

Gewaltig viele Noten

Im Februar 1957 bittet das Ehepaar Harnoncourt zu einem Hauskonzert in die Josefstädter Straße. Im kleinen Kreis geladener Gäste, die sich den exotischen Klängen englischer Violenmusik aus dem 16. Jahrhundert aussetzen, sind die Musikwissenschaftler Robbins und Christa Landon sowie Vertreter der Familie Schwarzenberg, Besitzer eines spektakulären Barock-Palais am Rand der Wiener Innenstadt, welches nach Beseitigung der Kriegsschäden im Mai 1957 in alter Pracht wieder eröffnet wird.

Die kunstsinnigen Schwarzenbergs wünschen sich dafür einen passenden musikalischen Rahmen. Dieser Festakt ist der erste offizielle Auftritt des Spezialistentrüppchens, das für diesen Anlaß österreichische Barockmusik von Georg Muffat auswählt – und das sich nun endlich auch einen Namen geben muß. Jungregisseur Federik Mirdita, einfallsreicher Babysitter bei Harnoncourts, verpaßt den musizierenden Freunden in letzter Minute das stilvolle Etikett: »Concentus Musicus Wien«. Das verweist einerseits auf das Repertoire, das man zu erforschen begonnen hat – viele barocke Werkkompendien sind unter dem Sammelbegriff Concentus musicus zusammengefaßt –, andererseits bezeichnet es ganz umfassend das, was man praktizieren möchte: den harmonischen Zusammenklang.

Das Palais Schwarzenberg wird in den folgenden Jahren zu einem der interessantesten Schauplätze in der Musikstadt Wien. Von 1958 an veranstaltet der Concentus hier in Eigenregie seine in jeder Hinsicht exklusiven Konzerte; stundenlange, akribisch entworfene Entdeckungsreisen in unbekannte Klangwelten. Rasch bildet sich eine Schar begeisterter Anhänger, zu der auch viele Kritiker zählen.

Rund dreihundert Plätze stehen zur Verfügung. Sie sind meist im Nu ausverkauft, denn die Auftritte sind nicht häufig: höchstens vier Doppelkonzerte pro Saison, bei denen jedes Mal ein neues, umfangreiches Programm vorgestellt wird. Mehr ist aus arbeitstechnischen – und aus finanziellen – Gründen nicht möglich. Das Ensemble muß sich neben der aufwendigen Einstudierung auch um alle organisatorischen Belange kümmern – von der Anmietung der Sessel und des nötigen Personals über die Plakatierung bis zum Versand der Einladungen und der Überwachung der altmodischen, teuren Luftheizung, die sich so schwer in einer für die Instrumente wie für die Menschen gleichermaßen bekömmlichen Weise dosieren läßt; lediglich der Kartenverkauf erfolgt über die Konzerthauskassa. Und es muß alle anfallenden Kosten selbst tragen. Da man die Eintrittspreise moderat halten will, kann von Gewinn keine Rede sein; im Gegenteil, oft müssen die Musiker – zum Glück haben sie ihren Brotberuf bei den Wiener Symphonikern – aus der eigenen Tasche etwas dazulegen.

Es gibt zwei Schauplätze mit unterschiedlicher Akustik. Der eher hallige Kuppelsaal eignet sich für Werke der Barockzeit, im intimen, reich mit

Gemälden ausgestatteten Marmorsaal kommt die frühere Musik besonders gut zur Wirkung. Zum Auftakt der offiziellen Konzerttätigkeit hat Nikolaus Harnoncourt daher zwei verschiedene Programme ausgetüftelt.

An zwei aufeinanderfolgenden Sonntagen, am 16. und 23. Februar 1958, nachmittags um vier, erfolgt der Schritt in die Öffentlichkeit. Ein von Alice Harnoncourt angeführtes siebenköpfiges Streicherensemble formiert sich einmal zum Gambenchor, dann wieder zur solistisch besetzten Streichergruppe, die um eine Traversflöte und – für Vivaldis »Stabat mater« – um eine Altstimme ergänzt wird.

Kulturelle Neugier, Musikhunger der Nachkriegszeit oder gelungene Publicity?

Die Nachfrage ist geradezu überwältigend. Dabei ist Vivaldi die einzige Attraktion. Alle anderen Komponisten waren damals vermutlich nicht einmal dem Namen nach bekannt. Doch das Publikum drängt so heftig zu Josquin des Prés und Heinrich Isaac, zu Giovanni Gabrieli, William Brade und Orlando Gibbons, zu Johann Heinrich Schmelzer und Henry Purcell, daß beide Konzerte wegen des großen Interesses wiederholt und sogar zusätzliche Stehplätze improvisiert werden müssen. Mehr als zwölfhundert Menschen erleben dieses Debüt.

Die sieben bis zehn Musiker umfassende Besetzung bleibt für die erste Phase konstant. Harnoncourts Cellistenkollegen Hermann Höbarth und Ernst Knava zählen zu den Mitwirkenden der ersten Stunde, ebenso der Bratschist Kurt Theiner, durch seine Heirat mit Harnoncourts Schwester Lily dem Unternehmen auch verwandtschaftlich verbunden und bis in die achtziger Jahre als penibler Organisator, Kassier und Fotograf des Ensembles aktiv, der Kontrabassist Eduard Hruza, der Bratschist Josef de Sordi sowie – als vorläufig einziger Bläser – der Flötist Leopold Stastny. Peter Stummer am Cembalo wird noch im selben Jahr von Peter Ronnefeld abgelöst – ein hochbegabter, phantasievoller Mitstreiter, auch beim listigen Ersteigern von Musikinstrumenten; nach kurzer Zeit beschreitet er allerdings eigene künstlerische Wege als Komponist und Dirigent.

Stastny spielt ab 1959 jenes Instrument von A. Grenser aus Dresden, das sich im Besitz Friedrichs des Großen befunden haben soll. Eine österreichische Offiziersfamilie hatte das kostbare Stück, in seine Bestandteile zerlegt, bei der Dachbodenräumung in einem von Spinnweben verkleb-

ten Kästchen gefunden. Es ist nur einem Zufall zu verdanken, daß das scheinbar nutzlose Ding nicht zusammen mit Mist verbrannt wurde.
Alice Harnoncourt hat erst im Dezember 1957 ihr drittes Kind, Eberhard, zur Welt gebracht, dem im Oktober 1961 noch Franzi, das Nesthäkchen, folgt. Für sie ist das enorme Pensum nur zu bewältigen, weil sie ihren Mann letztlich doch von der Notwendigkeit einer halbtägigen Hilfe im Haushalt überzeugen konnte. In der Josefstädter Straße wirkt nun im Hintergrund »die Frau Jacqueline«. Sie betreut die Kleinen, wenn die Mutter ungestört sein muß, und sorgt dafür, daß zur Essenszeit etwas auf dem Tisch steht.
Auf den überaus ermutigenden Start folgen vier hochproduktive Jahre künstlerischer Entwicklung, frei von Termindruck und den Zwängen des Betriebes. Der Concentus bereitet mit aller nötigen Sorgfalt ein Programm vor, und erst, wenn es aufführungsreif ist, wird der Zeitpunkt des Konzerts vereinbart, der Saal reserviert und die Organisationsmaschinerie angeworfen.
Ensemble und Instrumentenbestand werden Hand in Hand erweitert, angepaßt an die jeweiligen Anforderungen der Werke, die man sich vorgenommen hat. Es werden Bläser gebraucht. Symphoniker-Kollege Hans Pöttler läßt sich überreden, sein Glück mit der Nürnberger Tenorposaune von Friedrich Ehe aus der Zeit um 1700 zu versuchen. Ein solches Experiment stellt ein beträchtliches Berufsrisiko dar, da die alten Instrumente einen ganz anderen Ansatz erfordern.
Der Grazer Jugendfreund Jürg Schaeftlein, der in Tokyo am Aufbau des NHK-Orchesters mitgewirkt hat, kommt nach Wien zurück und wird sofort für den Concentus vereinnahmt. Auch er will sich nicht seinen Ansatz ruinieren, will keinesfalls Oboe, sondern nur Blockflöte spielen. Doch Nikolaus hat bei einem Sammler zwei Leipziger Oboen aus der Bach-Zeit entdeckt – die Brandenburgischen Konzerte sind das nächste große Projekt!
Eine dieser beiden Oboen, gebaut von Paul Paulhahn etwa 1720, gibt nicht nur die Stimmtonhöhe von 421 Hertz für die deutsche Barockmusik vor. Sie wird auch zum Modell für zahlreiche nachgebaute Instrumente, die heute allerorten im Einsatz sind. Jürg Schaeftlein bleibt bis zu seinem Tod 1986 Harnoncourts kongenialer Mitstreiter – und nebstbei auch der umsichtige Geschäftsführer des Concentus. Gemeinsam lüftet

man das Geheimnis um die mysteriöse »Oboe da caccia«, die sich als »Sonderanfertigung« einer Oboe in F mit einem metallenen Schallbecher entpuppt, und schlägt auch sonst so manche aufführungspraktische Schlacht.
Schaeftlein, begabt mit einem einzigartigen Sinn für Klangqualität, widerlegt das hartnäckige Vorurteil von der Unzulänglichkeit der originalen Holzblasinstrumente und wird zum stilbildenden Oboisten für die ganze folgende Generation, die mit den spezifischen Anforderungen der Alten Musik souverän umzugehen weiß. Seine Schüler haben seine Erkenntnisse zum internationalen Standard erhoben. David Reichenberg war bis zu seinem Tod Schaeftleins Nachfolger im Concentus Musicus, Paul Hailperin konzentrierte sich nach seiner aktiven Zeit auf den Instrumentenbau.

Zuerst habe ich mich nur für Streichinstrumente interessiert, weil ich keine Chance gesehen habe, die Gruppe in Richtung Blasinstrumente zu erweitern. Ich habe keine geeigneten Musiker gesehen.
Nach den ersten Jahren nur mit Streichern kam der Punkt, wo wir gesagt haben: Jetzt müssen Bläser her, und das war ziemlich schwierig. Da haben wir vieles gekauft, was sich dann als nicht brauchbar herausgestellt hat. Aber auch ganz, ganz wichtige Dinge. Zum Beispiel diese Leipziger Oboe von Paulhahn, ziemlich genau aus der Bach-Zeit, die fast nicht gespielt war. Die wurde zu einem Schlüsselinstrument des Concentus. Jürg Schaeftlein hat sie vom Anfang bis zu seinem Tod gespielt. Und jetzt spielen ganz, ganz viele Oboisten auf Kopien von diesem Instrument. Jürg hat bewiesen, wie gut die Originale sind und daß sie nur richtig gespielt werden müssen.
Jürg Schaeftlein ist in seiner Generation *der* große Wiener Oboist gewesen, und wir haben natürlich sofort wieder Kontakt aufgenommen, als er aus Japan zurückgekommen ist. Er hat gesagt: Ich komm gern zu euch, aber bitte nicht Oboe, nur Blockflöte, ich will mir nicht meinen Ansatz ruinieren.
Aber dann hat ihn doch interessiert, wie diese alten Oboen sind, und er ist mit mir nach Nürnberg gefahren und hat sich dieses Instrument angeschaut. Dann hat er gesagt, er könnte sich's schon vorstellen.
Von da an habe ich ihn immer herausgefordert, von einer Sache zur nächsten. Ich habe immer etwas höhere Anforderungen gestellt als das, was er sich zugetraut hat. Er hat mir auch später einmal gesagt, daß das für ihn ganz

wichtig war: daß die Aufgaben, die er gekriegt hat, immer über den Möglichkeiten waren, die er im Augenblick gesehen hat. Dadurch ist er relativ schnell auf ein sehr, sehr hohes Niveau gekommen.
Obwohl er ein absolutes Gehör hatte, hat er beispielsweise am Vormittag mit dem Concentus auf der Barockoboe gespielt und abends Konzert mit den Symphonikern auf der modernen Oboe, also in zwei verschiedenen Stimmungen. Zuerst hat er gesagt: Ich kann unmöglich Oboe d'amore spielen oder Oboe da caccia, da komme ich beim Transponieren mit dem Gehör in Schwierigkeiten. Bald darauf hat er alle schweren Soli mit Oboe d'amore und Oboe da caccia gespielt. Das war also überwindbar.

In wenigen Jahren erobert sich der Concentus Musicus ein breites Repertoire, weitab vom gängigen Konzertschema. Vom Mittelalter bis zum Ende des achtzehnten Jahrhunderts reicht die »Concentus-Periode«, die mit dem ersten Doppelkonzert bereits abgesteckt wurde.
Der Aufbau erfolgt nicht streng chronologisch. So beschäftigt man sich zum Beispiel schon 1959 mit Haydn – es ist das Jahr seines hundertfünfzigsten Todestages. Mit einer Auswahl seiner Divertimenti für Baryton, die auch für die Platte eingespielt werden, unternimmt man die in der Öffentlichkeit lebhaft akklamierte Wiederbelebung eines Kuriosums. Das Baryton ist ein besonderes Exemplar aus der Gambenfamilie, das zusätzlich zu den zu streichenden Saiten über eine Reihe von Resonanzsaiten verfügt, die mit dem Daumen gezupft werden. Bei einer Aufführung spielt Nikolaus Harnoncourt auf dem Unikat aus der Sammlung der Gesellschaft der Musikfreunde, das aus dem Besitz von Haydn stammt. Für die Aufnahme im folgenden Jahr wird dieses Instrument nachgebaut – wofür die Stadt Wien eigens eine Subvention in der damals beträchtlichen Höhe von sechstausend Schilling gewährt.
Innerhalb der einzelnen Epochen erforscht man das unbekannte Terrain jedoch sehr systematisch. Die großen Namen – Bach, Händel, Telemann, Monteverdi, Vivaldi – sind in dieser ersten Phase nur sporadisch, mit ausgewählten Werken vertreten. Gewiß auch aus besetzungstechnischen Gründen. Doch entsteht rückblickend zugleich der Eindruck, als habe man sich an die »Titanen« mit größtem Bedacht herangepirscht, die Anreise gleichsam zu Fuß bewältigt, um den Boden, auf dem sie gewachsen sind, vorher ganz genau kennenzulernen.

Höchste Konzentration gilt dem Mittelalter und der kunstvollen Polyphonie der Niederländer: Das Glogauer Liederbuch von 1480, Musik am Hof Maximilians und am Papsthof in Avignon stehen hier im Zentrum. Ein weiterer wichtiger Schwerpunkt liegt bei der englischen Violenmusik, speziell bei Henry Purcell und seinen Gamben-Phantasien von 1680; diese sind in der ersten Aufnahme der Schallplattengeschichte heute noch zu bewundern, als rares Tondokument für den luziden, latent sinnlichen Stil des frühen Concentus.
Außerdem beschäftigt man sich mit den französischen Meistern des achtzehnten Jahrhunderts, mit Marais, Couperin, Rameau, und legt einen ersten starken Akzent auf die noch völlig unbekannten Schätze des österreichischen Barock, auf Muffat, Schmelzer, Fux und Heinrich Ignaz Franz Biber. Bibers pralle akustische Genrebilder von der »Pauernkirchfahrt« und der »Battalia« versetzen Publikum wie Kritik in Entzücken und sind dem Fernsehen sogar einen lustigen kleinen Kostümfilm wert.
Die fremden Klangwelten schlagen die Concentus-Mannschaft in ihren Bann: fern von Dreiklang und Dominantseptakkord, von ausgetretenen Dur-Moll-Pfaden, fern von starren Taktsystemen und gewohnten Tempi. Es ist, als würde man zeitgenössische Musik spielen. In der Tat sind die heute etablierten Fronten zwischen »Alter« und »Neuer« Musik damals noch nicht ausgebildet, die hohe Spezialisierung in zwei gegenläufige Richtungen ist noch nicht erfolgt. In den fünfziger Jahren erleben kreative Musiker beide Bereiche als pure »Avantgarde«, beide sind verlokkende Alternativen zum »klassischen« Konzertbetrieb. Mit Staunen konstatiert man die inneren Zusammenhänge zwischen Guillaume de Machault und Igor Strawinsky. Es bilden sich Ensembles »für Alte und Neue Musik«. Junge Komponisten, die mit der Herausgabe alter Meister ihren Lebensunterhalt besorgen, setzen sich auch praktisch mit der exotischen Materie auseinander. So unterhält etwa Friedrich Cerha in den fünfziger Jahren gemeinsam mit seiner Frau, ihrerseits eine Meisterschülerin von Gustav Leonhardt, die »Capella Frescobaldiana«, die er als Geiger anführt.
Im Concentus wird darüber diskutiert, ob man nicht die Hälfte der Arbeit Kompositionen der Gegenwart widmen sollte. Dieser Plan, für den sich vor allem Kurt Theiner stark macht, wird jedoch nicht verwirklicht. Die

Harnoncourtsche Sorgfalt erlaubt keine Ausdehnung auf ein zusätzliches, letztlich doch ganz spezifisches Segment.
Im Gespräch erinnert sich das Ehepaar an die Mühen der Ebene.

N: Die ganz frühe Musik allein ist ja schon eine riesige Faszination gewesen, das war ja fast, wie wenn man moderne Musik spielen würde. Eine zentrale Arbeit war die Musik am Papsthof in Avignon. Da haben wir geeichte Strawinsky-Spezialisten mitspielen lassen, die sind rausgeflogen wie nix, die konnten das gar nicht spielen, diese Musik ohne Taktstriche, mit diesen komplizierten Rhythmen und Harmonien. Tolle Musik!
A: Wir haben unendlich viele Noten geschrieben, weil das alles nicht gedruckt war. Wir haben riesige Sammlungen abgeschrieben, um dann zwei Stücke oder ein Stück daraus zu spielen. Das war eine irre Arbeit.
N: Ich glaube, ich kann sagen, ich habe jede freie Minute gearbeitet. Ich bin nach Hause gekommen, vom Dienst bei den Symphonikern, und habe mich sofort zum Vergrößerungsapparat gesetzt; den habe ich als Mikrofilm-Lesegerät benutzt, habe das auf eine weiße Platte projiziert und davon abgeschrieben. Wir hatten sehr viel Material auf Mikrofilm.
Wir haben ein Gesamtopus von einem Komponisten abgeschrieben, in Partitur, dann daraus die Stimmen hergestellt, und dann haben wir das Ganze durchgespielt und dabei ein, zwei Stücke ausgewählt. Manchmal war auch überhaupt nichts dabei, was uns interessiert hat. Das heißt, wir haben die Partitur und die Stimmen geschrieben, nur um es einmal durchzuspielen und festzustellen, daß wir nichts aus diesem Opus spielen wollen.
A: Das kann man sich heute nicht vorstellen!
N: Das kann man sich nicht vorstellen. Tausende Seiten von Noten. Aber es gibt keine Möglichkeit, die Qualität eines Musikstückes zu erkennen, außer es zu spielen. Man kann das durch das Lesen von Partituren nicht feststellen. Es kann ein Stück ganz primitiv ausschauen, und dann ist es von genialer Einfachheit, oder es kann ein Stück toll kompliziert durchgearbeitet ausschauen, und dann ist es geschwätzig.
Wir haben auch intensiv diskutiert, in der arbeitenden Gruppe, was wir aufführen. Ich habe nicht einfach gesagt, wir spielen das und das.
Ich war eher geneigt, ein Stück, das uns auf Anhieb keinen besonderen Eindruck gemacht hat, einfach deshalb gut zu finden, weil ich an den Komponisten geglaubt habe, biographisch. Ich war der Meinung, daß wir das Stück

eben noch nicht begreifen, daß wir noch nicht den Schlüssel dazu haben. Die Kollegen waren sehr viel apodiktischer. Wenn denen beim ersten Durchspielen etwas nicht gefallen hat, war es ganz schwer, das dann durchzusetzen.
M: Da hat sich die Streitkultur dann fortgesetzt! Da haben Sie Ihre Strategien gut anwenden können!
N: Ja, richtig, es hat sich die Streitkultur fortgesetzt, und: Es hat sich auch die Einstellung verändert, ab wann man etwas versteht, wieviel Zeit notwendig ist. Manche haben gesagt: Ich weiß, das ist nicht gut, ich kann das beurteilen, oder: Ich weiß, das ist gut. Und ich hab immer gesagt: Sagt's doch nicht: Ich weiß... Lassen wir das doch jetzt erst mal wirken.
Ich habe sie manchmal überreden können, und es war keiner zu stolz, um dann seine Meinung zu ändern. Daß zum Erkennen der Qualität oft ein langer Prozeß notwendig ist, das war mir immer sehr bewußt.

Vieles, was heute im Druck vorliegt, beruht auf dieser Arbeit. Gemeinsam mit Wiener Verlagshäusern wurden Ausgaben hergestellt, die Vergessenes wieder allgemein zugänglich machten.
In den sechziger Jahren setzt die Reisetätigkeit ein. Es sind vorerst nur kurze Abstecher, höchstens einmal pro Jahr. Die Kinder sind noch klein. Das erste Konzert im Ausland erfolgt im Jänner 1960 in Rom, und bald stellt man sich auch in Holland und Belgien vor, wo die Alte-Musik-Szene rund um den Studienfreund Gustav Leonhardt, rund um Frans Brüggen und Wieland Kuijken auf andere Weise zu blühen begonnen hat.

Ein Ensemble zum Anfassen

Die Beziehungen zur Öffentlichkeit gestalten sich in der Startphase sehr eng und persönlich. Noch ist der Begriff Public Relations nicht in Gebrauch. Doch Nikolaus Harnoncourts Talent auf diesem Sektor steht außer Zweifel. Der Concentus Musicus ist ein Ensemble zum Anfassen. Das Publikum kann in den Konzertpausen im Palais Schwarzenberg mit den Musikern plaudern und wird auf den Programmzetteln gebeten, sein Interesse an weiteren Veranstaltungen telefonisch in der Josefstädter Straße bekanntzugeben.

Die Harnoncourts führen ein offenes Haus. Einmal pro Jahr laden sie Journalisten zur Pressekonferenz in ihre Wohnung. Bei dieser Gelegenheit werden nicht nur Fakten präsentiert, etwa eine Bilanz im Hinblick auf das hundertste Konzert, das im Jänner 1966 im Rahmen der ersten Amerika-Tournee zu verzeichnen ist; der Blick in die Werkstatt schafft auch persönliche Bindungen.

Im übrigen vermitteln die zahlreichen Artikel rund um das erste Doppelkonzert einen starken Eindruck davon, wie sehr sich die Begeisterung des Ensembles auf das Auditorium übertragen hat, wie souverän und suggestiv dieses Debüt ausgefallen ist. Einziger Kritikpunkt: die Überlänge des Programms.

Den Berichten ist anzumerken, daß die Verfasser sich auf Neuland bewegen. Die heute gängige Alte-Musik-Terminologie ist kaum jemandem geläufig. Nach damaligen Begriffen beginnt die musikalische Zeitrechnung mit der Wiener Klassik. Daher kann offenbar alles, was vorher entstanden ist, rechtens »Vorklassik« heißen – ein irreführender Sammelbegriff, der immer wieder verwendet wird. Und weil es der Termindruck im journalistischen Alltag oft nicht erlaubt, sich Hintergrundwissen anzueignen und den eigenen Erkenntnisprozeß in den Text einfließen zu lassen, bedient man sich gerne des Einführungstextes, um daraus in der Rezension – nicht immer kenntlich – zu zitieren.

Auf diesem Weg ergibt sich ein interessanter Effekt. Da Nikolaus Harnoncourt die Beiträge für die Programmhefte viele Jahre lang selbst verfaßt, da sie gut geschrieben sind, klar und überzeugend argumentieren, spiegelt das Presseecho anfänglich in hohem Grad seine Intentionen.

Die Kritiker der Concentus-Anfänge sparen nicht mit Ermunterung, sachdienlichen Hinweisen und guten Wünschen, die in der spontanen Forderung nach Förderung der »jungen strebsamen Künstler« gipfeln. Man spricht die Hoffnung aus, daß Wien sich nun als weiteres Zentrum der Pflege Alter Musik etablieren werde, vergleichbar dem »vom Bach-Fieber geschüttelten« München, wo Karl Richter Anfang der fünfziger Jahre seinen Siegeszug gestartet hatte, den Aktivitäten von Karl Münchinger in Stuttgart oder der italienischen Barock-Offensive der »Virtuosi di Roma« unter Renato Fasano und der »Musici di Roma« mit dem Konzertmeister Felix Ayo.

Mißverständnisse nehmen ihren Lauf. Nikolaus Harnoncourt selbst ist sich der stabilisierenden Funktion geistiger Traditionen durchaus bewußt und hat sein eigenes Interesse an der frühen Musik in einer Zeit der allgemeinen Ungewißheit auch in dieser Weise begründet. Gemäß seiner Auffassung von der Aufgabe der Kunst, die für ihn Störung des Gewohnten, geistige Anregung durch Irritation sein muß, hätte er sich freilich schon damals dagegen verwahrt, mit seiner Arbeit zur kollektiven Beruhigung und Selbstbestätigung beizutragen. Doch in diesem Sinn faßt man sie damals offenbar auf.
Der schwärmerische Grundton der Berichte bezieht sich generell auf die »Poesie des ›Es war einmal...‹«. Erleichtert findet man »Halt am Unverrückbaren«. Man ist dankbar für eine »retrospektive Tendenz. Sie spendet nicht nur Freude, sie weist uns auch die Quellen und zwingt zur Selbstbesinnung.«
Die fast einhellig begeisterte Resonanz während der ersten Jahre hängt vermutlich damit zusammen, daß elementare Bedürfnisse der Menschen angesprochen werden. Die Erschütterungen des Krieges sind noch nicht restlos verdrängt. Im Kampf um eine ungewisse Zukunft ist man dankbar für »gesicherte Werte«. Gern läßt man sich »an die Quellen« der abendländischen Tradition entführen, hält Rückschau, schöpft Sicherheit aus Klängen, die man als »entrückt« empfindet, aus verinnerlichten, kontemplativen Kompositionen, die von einer versunkenen »heilen Welt« zu künden scheinen. Hier findet man die in der Nachkriegsrealität entbehrte Bestätigung dafür, daß »das Schöne« auch nach dem großen politischen und wirtschaftlichen Zusammenbruch noch seinen unverrückbaren Platz im Leben hat, daß nicht alles zerstört und sinnlos ist, sondern daß es etwas gibt, worauf man sich besinnen und worauf man aufbauen kann.
Mag sein, daß dieses Mißverständnis den Erfolg des Concentus eine Zeitlang begünstigt hat, vor allem, solange man sich auf die Terra incognita von Mittelalter, Renaissance und Frühbarock konzentrierte.
Sobald die bekannten Werke von Bach und Händel im Repertoire erscheinen, setzt vermehrte Kritik an den akustischen Ergebnissen ein, die nicht mit den Erwartungen übereinstimmen.

Auf Expansionskurs

Im Februar 1962 debütiert der Concentus Musicus im Konzerthaus. Im Zyklus »Vorklassische Musik« musiziert man Werke von Heinrich Isaac, John Dowland, Heinrich Schütz und Giovanni Gabrieli. Der damalige Generalsekretär Peter Weiser hat erkannt, daß die Zeichen der Zeit auf »Originalklang« stehen und trägt dieser Tatsache Rechnung – nicht ohne eine vorsichtige Einschränkung, mit der er die zu erwartenden Einwände vorwegnimmt: »Bis jetzt hat der Concentus fast ausschließlich in alten Palais musiziert, für deren Akustik die alten Instrumente gebaut, die alten Werke komponiert worden sind. Das Konzert, das dieses Ensemble im Mozart-Saal geben wird, ist zweifellos ein Wagnis und vielleicht ein neuer Beginn. Ein Wagnis, weil es sich in diesem Konzert erweisen wird, ob es Brücken gibt zwischen den Stilgefühlen von Epochen, die Jahrhunderte auseinanderliegen, und vielleicht ein neuer Beginn, weil dieses Wagnis, sollte es glücken, uns in der kommenden Saison neue Wege gehen lassen wird.«

Der silbrige Klang von Barockgeigen, transferiert ins kühle Ambiente eines Jugendstil-Saales – das erscheint tatsächlich kühn. Die Kritiker schießen sich sofort auf diesen Punkt ein. Daß der Mozart-Saal der falsche Raum für diese Art von Musik sei und daß der Concentus Musicus mit diesem akustischen Rahmen verwerfliche Kompromisse schließe, bleibt über Jahre hinweg ein stehender Vorwurf. Er verliert sich erst, als das Ensemble sich Ende der siebziger Jahre im weitaus größeren, akustisch allerdings »wärmeren« Goldenen Saal des Musikvereins etabliert und das Repertoire Richtung Mozart und Haydn ausweitet – als es gelingt, der Spezialistenschublade ein wenig zu entkommen.

Für den ersten Auftritt im Konzerthaus hat Nikolaus Harnoncourt einen in Wien noch völlig unbekannten Solisten eingeladen, der mit seiner ungewöhnlichen Sangeskunst für Aufsehen sorgt: den »Ahnvater« aller Countertenöre in unserem Jahrhundert, Alfred Deller. Gemeinsam mit dem Leonhardt-Consort hat man schon 1954 in der Franziskanerkirche frühe Musik aus England für Platten aufgenommen. Im Sommer 1960 hat Deller mit dem Concentus sein Österreich-Debüt im Grazer Barockschloß Eggenberg gegeben. Es ist der Beginn eines intensiven künstlerischen Austauschs, dem das Ensemble viel von seiner Bekanntheit in

England verdankt. Deller veranstaltet rund um sein Landgut in Kent alljährlich das »International Festival of Stour Music«, wo man ab 1966 wiederholt zu Gast ist und wichtige Projekte realisiert: etwa Händels »Messias« in Originalbesetzung sowie bedeutende Purcell-Aufführungen.

In Wien steht die Saison 1962/63 ganz im Zeichen der Brandenburgischen Konzerte. Ein gewaltiges Projekt, das in zwei Etappen erarbeitet und im Herbst und im Frühjahr im Konzerthaus-Zyklus »Meisterensembles« präsentiert wird. Personell und spieltechnisch markiert es einen großen Entwicklungssprung. Die Konzerte Nummer eins und zwei erfordern Barockoboen, Naturhörner und Trompete. Die Geiger Walter Pfeiffer und Peter Schoberwalter kommen ins Ensemble, die Zahl der Concentus-Mitglieder wird von sechs auf zwölf erhöht. Es ist die erste Aufführung auf Basis eines gründlich revidierten Notentextes, in Originalbesetzung auf alten Instrumenten. Man musiziert im Stehen, in solistischer Besetzung.

Wenn man bedenkt, daß Musikfreunde diese Stücke damals mit sattem Streicherklang, brillantem Blech und virtuosem Cembalo-Rauschen im Ohr hatten, kann man noch heute die geradezu verstörende Wirkung dieser radikal entschlackten Interpretation ermessen.

In der öffentlichen Meinung setzt eine deutliche Polarisierung ein. Anders als die italienische Presse, die *»il complesso inghlese«* für diesen mutigen Neubeginn anläßlich einer Tournee mit Lob überschüttet, spaltet sich die Zunft der Wiener Kritiker in Skeptiker und unbedingte Anhänger.

Die Skeptiker geben bis auf weiteres den Ton an. Sie bemängeln die Mißachtung »zeitgemäßer Hörgewohnheiten«, die fehlende Brillanz des Gesamtklanges und die »Unzulänglichkeit« der alten (Blech)-Blasinstrumente; auch der »kurze Geigenstrich« wird negativ verbucht. Und mancher spricht dem eben noch als große Hoffnung gehandelten Ensemble die Weiterentwicklung ab, möchte es auf seinen Platz verweisen: »Bei einer im Konzertsaal sehr selten und selbst im Seminar oder Collegium musicum nicht häufig zu hörenden Musik stört der anämische Klang der alten Instrumente weit weniger als in Bachs Brandenburgischen Konzerten«, heißt es in der Tageszeitung *Neues Österreich*. »So wird dieser interessante und durchaus dankenswerte Versuch wohl kaum zu einer Ände-

rung der heutigen, übrigens von keinem Geringeren als dem großen Bach-Kenner Albert Schweitzer gebilligten Aufführungspraxis führen.«
Auch die *Volksstimme*, bei der der Komponist Marcel Rubin als Kritiker fungiert, wertet die Aufführung als ein »Experiment, gewiß nicht ohne Reiz. Doch glaube ich nicht, daß es sich durchsetzen wird.« Und die katholische Wochenzeitung *Die Furche* resümiert bündig: »Musik ist zweifellos kein Museumsstück, ihr Klangbild sollte nicht mit unzulänglichen Mitteln realisiert werden.«
Vorbehalte dieser Art kehren in den folgenden Jahren periodisch wieder. Während man mit Musik des Elisabethanischen Zeitalters und des österreichischen Barock sogar im »falschen« Saal Begeisterung erntet, gehen Bachs Orchestersuiten gerade nur als Pflichtübung durch. 1964 wird Marcel Rubin energisch: »Ob dieses Spiel historisch ist, sei dahingestellt. Gewiß ist, daß es heute langweilig wirkt. Uns interessiert nicht Bachs Perücke, sondern sein Kopf und sein Herz. Der lebendige, nicht der historische Bach sei das Ziel der Interpreten. Ich habe den Eindruck, daß das vortreffliche Ensemble ›Concentus Musicus‹ bei allem achtungsgebietenden Bemühen, bei aller Sauberkeit seines Spiels, nicht auf dem Wege zu diesem Ziel ist.«
Kein Wunder, daß Konzerthauschef Peter Weiser ein »sicheres Zugpferd« einspannt, als er dem Concentus Musicus in der Saison 1966/67 einen ganzen Bach-Zyklus anvertraut: Isolde Ahlgrimm ist der Star des sechsteiligen Programms. Österreichs führende Cembalistin hatte den Cellisten Nikolaus Harnoncourt noch während dessen Studienzeit als Kammermusikpartner für sich entdeckt und immer wieder für attraktive Aufgaben herangezogen; etwa für eine Aufführung der Bach-Sonaten mit dem Geiger Rudolf Baumgartner sowie für ihre 1955 entstandene Aufnahme von Bachs Gambensonaten – eine der frühesten Harnoncourt-Platten.
Seit damals bestand ein Kontakt, der sich in der gelegentlichen Mitwirkung des Ehepaars Harnoncourt im »Amati-Orchester« fortsetzte, mit dem unter anderem Bachs Cembalokonzerte eingespielt wurden. Ahlgrimms Ehemann, der Industrielle Erich Fiala, hatte dieses Ensemble auf der Basis seiner eigenen Sammlung alter Instrumente begründet und war – in Fachkreisen nicht unumstritten – Veranstalter einer Konzertserie »Für Kenner und Liebhaber«, die in erster Linie als Forum für Isolde Ahlgrimm und ihre Projekte diente.

Das eigentliche Ereignis im ersten Bach-Zyklus des Concentus Musicus, in dem die Brandenburgischen Konzerte und die Orchestersuiten erneut zur Diskussion gestellt werden, sind freilich die Violinkonzerte. Einer der seltenen Fälle, wo Alice Harnoncourt aus ihrer Rolle als Ensemblemitglied klar heraustritt und sich als Solistin von Format erweist – fünfzehn Jahre, nachdem sie ihre Jungmädchenträume ad acta gelegt hat. Daß ihre Interpretation mit jener »prominenter« Konkurrenten nicht nur Schritt halten kann, sondern so manche bloß virtuose Leistung dadurch in den Schatten stellt, daß sie ganz aus dem Geist barocken Konzertierens entspringt, belegt das zur selben Zeit entstandene Tondokument, das bis heute im Handel ist.
Was Aufnahmen betrifft, entwickelt der Concentus ab Mitte der sechziger Jahre ungeheure Produktivität – und verschafft sich auf diesem Weg Breitenwirkung und Popularität auch im Ausland. Pro Jahr kommen bis zu dreizehn Platten auf den Markt, zwischen 1954 und 1979 sind es mehr als hundertsechzig. Sie werden regelmäßig mit Preisen bedacht, weil sie hinsichtlich ihrer Klangkultur und ihres spieltechnischen Niveaus internationale Maßstäbe setzen.
Die Firma Telefunken hat sich entschlossen, in das neu entstehende Marktsegment »Alte Musik« zu investieren und nimmt das Wiener Ensemble und dessen Leiter ab 1971 exklusiv unter Vertrag. Damals beginnt man gemeinsam mit Gustav Leonhardt das historische Mammutprojekt: die erste vollständige Aufnahme der Bach-Kantaten, die 1990 abgeschlossen wird.
Bereits 1965 hat man die Johannes-Passion eingespielt, der Evangelist ist der hochmusikalische Tenor Kurt Equiluz, der in den folgenden Jahrzehnten in den meisten Passionsaufführungen mitwirkt. 1966 entsteht Monteverdis »Marienvesper«, die in Amerika zur »Schallplatte des Jahres« 1967 gekürt wird. 1968 folgen Monteverdis »Orfeo« und Bachs h-moll-Messe, 1970 die Matthäus-Passion, 1971 Monteverdis »Ulisse«, 1973 »L'incoronazione di Poppea«. Im selben Jahr erscheinen auch Bachs Weihnachtsoratorium und – Mozarts Hornkonzerte!
Man produziert nicht im Studio, sondern in originalen Räumen: im Palais Schwarzenberg, im Palais Rasumofsky, in dessen Salon Beethovens berühmte Streichquartette zum ersten Mal erklungen sind, im Palais Schönburg und im Casino Zögernitz, einem verwunschenen Tanzsaal aus dem

neunzehnten Jahrhundert, der dank seiner Akustik bis heute zu den bevorzugten Aufnahmeorten zählt.
Die unter idealen Bedingungen und mit höchster Präzision produzierten Platten geben dem Ensemble die Möglichkeit strenger Selbstkontrolle. Sie bieten allerdings auch Publikum und Kritikern einen Vergleich: Rasch wird der Concentus bei seinen Konzerten an den eigenen Aufnahmen gemessen. Daß die Musik im Mozart-Saal nicht zur gleichen atmosphärischen Wirkung gelangt, daß die Live-Darbietung in ihrem Standard naturgemäß Schwankungen unterworfen ist, bleibt ein Wermutstropfen.
»Es ist jedoch von Vorteil, im Rahmen eines Bach-Zyklus breitere Publikumsschichten mit dem Anliegen des Ensembles in lebendigen Darbietungen zu konfrontieren«, ergreift ein Kritiker nach dem ersten Abend für Harnoncourt Partei. Ein anderer dagegen erteilt die strikte Order: »Zurück in das Palais!«
Doch die Auftritte im angestammten kleinen Kreis müssen schon aus Gründen der Zeitökonomie reduziert werden, obwohl sie unter veränderten Rahmenbedingungen auch noch in den siebziger Jahren stattfinden. In der zweiten Hälfte der sechziger Jahre wird das Konzerthaus zum Schauplatz der nächsten großen Entwicklungsphase.
Auf den ersten Bach-Zyklus folgt 1967/68 ein zweiter, für den fünf völlig neue, umfangreiche Programme erarbeitet werden. Sie umfassen sämtliche Cembalokonzerte (mit Herbert Tachezi, Johann Sonnleitner und Isolde Ahlgrimm) sowie die Bauernkantate und die Kaffeekantate. Alice Harnoncourt erhält wiederum viele solistische Aufgaben, unter anderem mit dem Tripelkonzert und dem Konzert für Violine und Oboe. In der folgenden Saison beginnt die Auseinandersetzung mit Händel: fünf Abende mit Concerti grossi, Orgelkonzerten und der Wassermusik-Suite.
Von der Saison 1969/70 an wird der Zyklus »Alte Musik« auf sieben Abende ausgeweitet, die der Concentus Musicus nicht mehr im Alleingang bestreiten kann. Die auswärtigen Verpflichtungen nehmen überhand. Man teilt sich die Termine unter anderem mit Isolde Ahlgrimm und mit dem Lautenisten Julian Bream, aber auch das Wiener Ensemble Musica Antiqua zieht in diesem Rahmen ins Konzerthaus ein.
Für das Wiener Publikum baut Harnoncourt das Repertoire in konzentrierter Weise aus. Er setzt starke regionale Akzente, präsentiert unter dem Stichwort »Europäisches Barock« eine Auswahl von Werken aus

Deutschland, Italien, Frankreich und England, in säuberlicher Abgrenzung, um die Eigenart des jeweiligen Idioms zu unterstreichen. Im Dezember 1969 gibt der holländische Flötist Frans Brüggen bei einem Telemann-Abend sein Wien-Debüt. Im Februar 1970 sorgt die Stimmvirtuosin Cathy Berberian als »Maske in Rot« mit einem Monteverdi-Programm für Aufsehen.

Mitte der sechziger Jahre entwickelt sich eine rege Reisetätigkeit nach Deutschland, Schweden und in die Niederlande. Speziell dort, wo eigene Aktivitäten für eine revidierte Aufführungspraxis bestehen, ist der Concentus Musicus aufgrund seiner Schallplatten eine Attraktion, die man nun auch live kennenlernen will. Die Präsenz in den diversen Hochburgen der Musikwissenschaft und der erblühenden »Originalklang-Bewegung« ist Pflicht. Nikolaus Harnoncourt beginnt, seine Erkenntnisse in Kursen weiterzugeben, und er hat seine Position bei Kongressen, Symposien und Podiumsdiskussionen zu vertreten: an der Musikakademie Basel, wo die renommierte »Schola Cantorum Basiliensis« den Ton angibt, und im Germanischen Nationalmuseum Nürnberg, das eine Sammlung historischer Instrumente besitzt, bei den Kasseler Musiktagen und beim Heinrich-Schütz-Fest, im Verein der Künstler und Kunstfreunde in Wiesbaden und nicht zuletzt auf einschlägig belastetem Terrain in Bielefeld, Gütersloh und Münster, auf Schloß Rheda und dem Erbdrostenhof, wo sich »der Graf« aus Österreich erfolgreich gegen die weitaus bekannteren Vorreiter August Wenzinger und Gustav Scheck behauptet. – Die deutsche Presse pflegt Harnoncourts adelige Herkunft in jener Zeit respektvoll hervorzuheben.

Bereits 1961 hat sich Harnoncourt gemeinsam mit Gustav Leonhardt und Frans Brüggen bei der Barockwoche Haarlem vorgestellt, 1964 wurde er erstmals als Dozent nach Holland eingeladen. 1965 gastiert der Concentus Musicus beim Holland-Festival, mit dem Chor der Bachvereinigung Groningen führt man Bachs »Magnificat« auf, und bei einem solistischen Auftritt mit Sigiswald Kuijken und seinem Alarius-Ensemble verblüfft Alice Harnoncourt das fachmännische Auditorium mit ihrer »völlig anderen« Geigentechnik.

Das Ensemble gelangt sogar zu Leinwandberühmtheit: in Jean-Marie Straubs »Chronik der Anna Magdalena Bach«, einem Kultstreifen des Neuen Deutschen Films aus dem Jahr 1967. Gustav Leonhardt verkör-

pert hier den Thomaskantor, Nikolaus Harnoncourt den Fürsten Leopold von Anhalt-Köthen, und die Wiener Musiker sind als »authentisches Barockorchester« bei der Arbeit verewigt.
In Stockholm eröffnen sich interessante Perspektiven. Zum Monteverdi-Jahr 1967 – man feiert den dreihundertsten Geburtstag des Komponisten – erarbeitet Harnoncourt für das schwedische Radio zum ersten Mal »Il ritorno d'Ulisse in patria«. Anhand der in Wien aufbewahrten Handschrift, die das Werk lediglich in den äußeren Konturen von Singstimmen und Baßlinie sowie in einigen Zwischenspielen überliefert, hat er eine komplette Partitur erstellt. Die schwedische Presse wertet diese Fassung als Sensation, die frühere Bearbeitungen als stilistisch weit verfehlt und völlig uninteressant erscheinen lasse. Die konzertante Aufführung, an der unter anderen Werner Krenn und Rotraud Hansmann mitwirken, ist ein triumphaler Erfolg. Bei diesem Anlaß wird auch die Zusammenarbeit mit Eric Ericson und seinem Stockholmer Kammerchor initiiert, die mit Händels Oratorium »Jephtha« und Rameaus Oper »Castor et Pollux« ihre Fortsetzung findet.
Auch deutsche Rundfunkanstalten interessieren sich für die Arbeit von Nikolaus Harnoncourt. Zwar unterhält der Kölner Rundfunk mit der Capella Coloniensis ein eigenes, gut dotiertes Spezialensemble für Alte Musik, doch weiter nördlich öffnen sich neue Horizonte. Der Chef von Radio Bremen, Wolfgang Buchner, ist von der Eigenart des Concentus fasziniert. Anfang 1969 kommt es zur ersten Zusammenarbeit, und die alte Hansemetropole wird zu einem wichtigen Schauplatz: Hier erfolgt im November 1969 die erste Aufführung von Bachs Weihnachtsoratorium (gemeinsam mit dem Knabenchor der Kirche »Unser lieben Frauen«), hier erfolgt die Auseinandersetzung mit den »Sacrae Symphoniae« von Heinrich Schütz (mit dem Tölzer Knabenchor), und ein Händel-Schwerpunkt mit Aufführungen des »Messias« sowie der »Wassermusik« steht im Zentrum seitenlanger Presseberichte und öffentlicher Diskussionen.
Noch vor der ersten Deutschlandreise im Jahr 1968, Anfang 1966, ist der Concentus Musicus übrigens erstmals nach Amerika aufgebrochen, hat 1968 und 1971 zwei weitere umfangreiche USA-Tourneen absolviert und solcherart seinen internationalen Ruf gefestigt.
In Österreich hat sich mittlerweile mit den Konzerten auf Schloß Ambras

bei Innsbruck eine neue Plattform für Alte Musik gebildet, wo sich Harnoncourt mit seiner Truppe im Juli 1971 erstmals vorstellt.
Im Sommer des folgenden Jahres reist man zu den Schwetzinger Festspielen und zu den Juni-Festwochen in Zürich. Vor allem aber ergibt sich im Rahmen eines Symposions für amerikanische Chordirigenten die Möglichkeit, in Venedig die akustischen Geheimnisse des Doms von San Marco zu erforschen. In einem Konzert mit Werken von Heinrich Isaac, Jacobus Gallus und Giovanni Gabrieli wird die »venezianische Mehrchörigkeit« in die Praxis umgesetzt.
In Deutschland war im Sommer 1970 eine wichtige Bastion zu stürmen. Karl Richter hatte selbst die Initiative ergriffen und die Konkurrenz zu seinem Münchner Bachfest eingeladen. Das zwiespältige Echo war vorprogrammiert. Die Richter-Gemeinde im Herkules-Saal reagierte auf die betont unkulinarische, von der Kritik als »beinahe doktrinär« empfundene Darbietung mit klarem Buh.
Dennoch: Nikolaus Harnoncourt hat Richters jahrzehntelange Vorrangstellung als Bach-Interpret ins Wanken gebracht. In Wien, wo er im Musikverein alljährlich die einschlägigen Oster- und Weihnachtskonzerte sowie regelmäßige Festwochenauftritte bestreitet, muß Richter herbe Kritik einstecken. Die Presse ruft – man glaubt es kaum – eindringlich nach dem Propheten aus dem eigenen Land. Ein Kommentar im *Kurier* bringt es im Dezember 1972 auf den Punkt: »Richter hat zehn Jahre lang das Wiener Bach-Monopol besessen. Er hat uns die Tradition des 19. Jahrhunderts wiedergebracht. Er spielt Bachs Noten im Geiste Mendelssohns mit dem Material des 20. Jahrhunderts. Wir haben ihm – trotz allem – viel zu danken. Doch nun öffne man Harnoncourt die Türen zum Musikverein!«
Der Einzug in den Musikverein erfolgt tatsächlich bereits im Oktober 1973. Der Concentus Musicus gibt mit Henry Purcells »The Fairy Queen« sein Debüt im berühmten Goldenen Saal – wobei Chorleiter Eric Ericson am Pult steht. Dieses Konzert bleibt allerdings ein isoliertes Ereignis. Bis sich Generalsekretär Albert Moser entschließt, dem im Ausland gefeierten Ensemble ab der Saison 1978/79 einen eigenen Zyklus einzuräumen, mit dem es sich auf dem Wiener Boden endgültig etablieren kann, findet lediglich ein einziger weiterer Auftritt statt; jener mit Händels »Belshazzar« 1976. Und bis Nikolaus Harnoncourt im Musikverein eine

Bach-Passion aufführt, muß noch viel Wasser die Donau hinunterfließen. Am 1. April 1984 – nach Karl Richters Tod sind anstandshalber drei Jahre verstrichen – ist es soweit: Dem ersten Live-Auftritt des Concentus Musicus mit der Johannes-Passion in Österreich steht nichts mehr im Weg.
Nur wenige Tage später dirigiert Nikolaus Harnoncourt dasselbe Werk gleich nochmals, in Amsterdam, diesmal mit dem Concertgebouw Orkest, mit dem er bereits reiche dirigentische Erfahrungen gesammelt hat. Seit 1975 erarbeitet er in Holland regelmäßig die traditionellen Passions-Aufführungen. Mit der Matthäus-Passion haben die Holländer unter Harnoncourt 1983 auch im Konzerthaus gastiert.
Der Concentus allerdings hatte schon zehn Jahre früher zu einem neuerlichen akustischen Profilwandel angesetzt: »Ein neues Mozart-Bild« konstatierte der Kritiker Gerhard Brunner im Dezember 1973 anläßlich eines Konzerthaus-Abends mit Mozarts Hornkonzert in Es-Dur. Und bewies damit wahrlich Weitblick.

Eine Torte für die Kollegen

Das Wachstum des Ensembles in dieser zweiten Entwicklungsphase erfolgt nach strenger Kalkulation und sorgfältiger Planung, nicht nur, was die künstlerischen Überlegungen angeht. Die Erfahrungen im Familienverband und das Leben im Orchester haben Nikolaus Harnoncourt gelehrt, worauf es bei guten Teams ankommt. Concentus-Kandidaten müssen sich nicht nur klanglich, sondern auch charakterlich gut ins Ganze fügen. Die Homogenität der Gruppe ist ebenso wichtig wie die Fähigkeiten, die jeder einbringt. Besonderen Wert legt man in der Aufbauzeit auf exklusive Mitwirkung. Die Unverwechselbarkeit des akustischen Erscheinungsbildes muß sich festigen – und die Konkurrenz soll nicht von der Pionierarbeit des Concentus profitieren. Was die Spielregeln innerhalb der Gruppe betrifft, versucht man am Beginn die Basisdemokratie.

N: Wir sind von Musikern anderer Gruppen oft nach unseren Statuten gefragt worden. Die haben gesagt: Wie macht ihr das, daß bei euch keine Wechsel sind? Wir streiten uns immer schon ganz schnell. Und wir haben gesagt: Wir haben überhaupt keine Statuten. Wir haben alles mündlich vereinbart. Also zuerst: Wer bei uns mitmacht, darf nirgendwo anders spielen, auf alten Instrumenten. Eine Zeitlang haben wir das sehr genau genommen. Ich selbst war allerdings in diesem Punkt weniger radikal als die Kollegen.

Wir hatten ja das Gefühl, schon seit 1953 zu existieren – obwohl wir erst 1957 aufgetreten sind. Wir wollten unsere Identität deutlich machen, und nicht mit den Kenntnissen, die unsere Leute bei uns erarbeiten, andere Ensembles überhaupt erst konzertfähig machen.

A: Ein einziges Statut hatten wir: Wenn einer zu spät kommt, dann muß er als Buße für alle Anwesenden etwas zum Essen mitbringen.

N: Wir sind sehr pünktlich, und wir wollen, daß in der Zeit, die zur Verfügung ist, gearbeitet wird. Bei allen diesen freien Gruppen ist die Unpünktlichkeit eine Katastrophe. Wenn einer spät kommt, dann müssen die andern warten. Es belastet den einen ganz schön, wenn er für fünfzehn Leute eine Torte kaufen muß, und die andern haben wenigstens Spaß dran.

A: Es war ja total auf persönlichen Beziehungen aufgebaut. Ganz am Anfang haben wir sogar gemeinsam Bergtouren gemacht. Und es war eine Tradition, daß wir nach jedem Konzert immer noch zu uns nach Hause gegangen sind, alle, mit den Frauen, und gemeinsam irgendwas gegessen haben. Immer. Das war uns sehr wichtig.

N: Am Anfang war's überhaupt nicht so, daß ich der Leiter war. Das hat sich erst später herauskristallisiert. Zuerst habe ich vorgeschlagen, daß jedes Konzert ein anderer von uns leitet.

A: Es ist ja auch der Wissensstand verschieden.

N: Und dann hat sich herausgestellt, daß die andern nicht bereit waren, die Vorarbeit zu machen. Das heißt, wenn ich mit einem Konzept gekommen bin, habe ich aufgrund der Vorbereitungsarbeit auch die Begründung zu diesem Konzept gehabt.

Es liegt wahrscheinlich in der Natur der Sache, daß man künstlerische Verantwortung nicht aufteilen kann. Die Gleichberechtigung war aber so stark verankert, auch noch bei acht oder zehn Leuten, daß irgendwelche eigenmächtigen Entscheidungen von mir unter Umständen als problematisch angesehen worden sind.

Einmal im Jahr haben wir uns zusammengesetzt und Probleme besprochen. Da hat jeder eine Liste gehabt, vor allem ich. Und mein Hauptproblem war immer, Kollegen zu überreden, Aufgaben zu übernehmen und uns zu entlasten.

M: Und das Ganze hat nie eine Gesellschaftsform bekommen?

N: Nie. Wir haben einfach besprochen, ob einer Mitglied sein soll. Wer nicht Mitglied ist, darf nicht mitbestimmen.

A: Die Mitglieder mußten auch mitbezahlen. Da wurde jedem ein bißchen was von seiner Gage abgezogen, das ist zurückbehalten worden für die nötigsten Ausgaben. Das hätten wir beide allein nicht finanzieren können.

M: Und wie sind die Einnahmen aufgeteilt worden? Ist da nach Abzug der Kosten überhaupt noch etwas übriggeblieben?

A: Ich glaube, wir haben damals kaum etwas ausbezahlt, für die Konzerte im Palais Schwarzenberg.

N: Aber bei Plattenaufnahmen haben wir natürlich verdient. Da war ein gewisser Prozentsatz für eine gemeinsame Kasse bestimmt, aus der wir dann Reisen zu wichtigen Bibliotheken und den Ankauf von Instrumenten finanziert haben. Ursprünglich haben wir vereinbart, daß wir die Honorare gleichmäßig verteilen. Dann gab es eine Zeit mit unterschiedlichen Honoraren. Streitigkeiten gab es darüber nie. Bei Konzerten ist es jetzt wieder so, daß alle gleich viel bekommen. Und für die Aufnahmen haben wir einen Schlüssel festgelegt. Die Aufteilung ist ein echtes Problem. Das finde ich beim Chamber Orchestra of Europe ganz toll. Die bekommen auch alle das gleiche, auch der Konzertmeister, alle! Und das hört man!

M: Die Zahl der Concentus-Mitglieder ist also nicht identisch mit der wechselnden Zahl der mitspielenden Musiker, die bei Bedarf noch um Gäste – insbesondere Blechbläser – erweitert wird?

A: Die Zahl der Mitglieder war maximal zwölf, derzeit sind es elf. Aber es hat keine große Bedeutung. Eine ideelle vielleicht.

N: Wir haben vor allem in der Anfangszeit erwartet, daß die ihre Privatprobleme ein bißchen mehr unterordnen und daß sie unter Umständen ein lukratives Angebot ausschlagen, um dort mitzutun, wo sie Mitglied sind. Daß man ihnen nicht ausdrücklich verbieten muß, irgend etwas anderes zu machen. Wir haben nie Verträge gemacht mit den Musikern.

A: Wir haben damit nie Probleme gehabt.

N: Ich bin wirklich der Meinung, so wie die Engländer, daß ein Staat fast immer zu viele Gesetze hat. Je weniger Gesetze man hat, umso leichter kommt man hin.

Wir haben gesagt: So wenig Statuten wie möglich, so wenig Verwaltung wie möglich. Das ergibt letzten Endes dann immer nur Kontrollen – stimmt das mit den Statuten überein? – und Sanktionen – was tut man, wenn einer die Statuten nicht erfüllt? – Das ist nicht gut.

Der Anspruch auf Exklusivität hat sich in den letzten zehn Jahren gelokkert. Zum einen ist das akustische Profil des Concentus Musicus inzwischen klar genug, zum anderen kamen immer mehr begabte Freiberufler ins Ensemble.

N: Ab einer gewissen Zeit haben wir gesagt, wir schätzen es durchaus, wenn einer woanders mitspielt, weil die dann wirklich fit und gut in Form bleiben.
A: Am Anfang waren ja die meisten bei den Symphonikern, die hatten einen Hauptberuf. Aber bei den Freiberuflern … wir sind ja keine Arbeitgeber. Wenn einer gut auf der Barockgeige ist, kann man nicht Exklusivität verlangen. Das ist heute sinnlos.

Dank der finanziellen Unabhängigkeit der Musiker ist man in der Aufbauphase weder auf den kommerziellen Erfolg noch auf die wechselhafte Gunst von Kulturpolitikern und Sponsoren angewiesen. Weder staatliche noch private Kunstförderung sind nach Harnoncourtschem Geschmack. Er hat auch hier seine Erfahrungen gesammelt. Lange Zeit erhält der Concentus Musicus eine kleine Dauersubvention des Bundesministeriums für Unterricht und Kunst. Doch dafür sind aufwendige Formalitäten zu erfüllen. In Relation zu den zeitraubenden Abrechnungen scheinen Beträge zwischen dreiundzwanzigtausend und fünfzigtausend Schilling entbehrlich. Daher schreibt Harnoncourt Ende der achtziger Jahre einen Brief: Die Dauersubvention sei sinnlos, der Concentus verzichte also darauf; ob man statt dessen gelegentlich einzelne Projekte unterstützen wolle? Als Antwort kommt ein Formular – eine bürokratische Reaktion, für die sich der Minister später entschuldigt.

N: Wir haben irgendwann angesucht um eine Subvention und haben einen gleich hohen Betrag von der Gemeinde und vom Bund gekriegt. Es war lächerlich. Jede Feuerwehrmusik von einem Dorf hat mehr gekriegt. Die haben sich auch ein bißchen geniert dort, wenn man mit ihnen geredet hat. Wir haben soviel Zeit aufgewendet, um diese Subvention zu bekommen, weil wir

Nikolaus mit der Großmama Meran,
ein »moralisches« Bilderbuch betrachtend

Nikolaus (ganz links) mit Eltern und allen Geschwistern. Brandhof, etwa 1941

Das Wiener Gamben-Quartett, Salzburg, August 1950: Alfred Altenburger, Alice Hoffelner, Nikolaus Harnoncourt, Eduard Melkus (von links)

Nikolaus und Alice auf Tournee mit dem Wiener Kammerorchester, Lourdes, 1950/51

Die Verlobten mit dem Vater auf dem Stubnerkogel bei Badgastein

Hochzeit in Graz, Juni 1953

Auf Hochzeitsreise in Meran

Beim Camping an der Adria

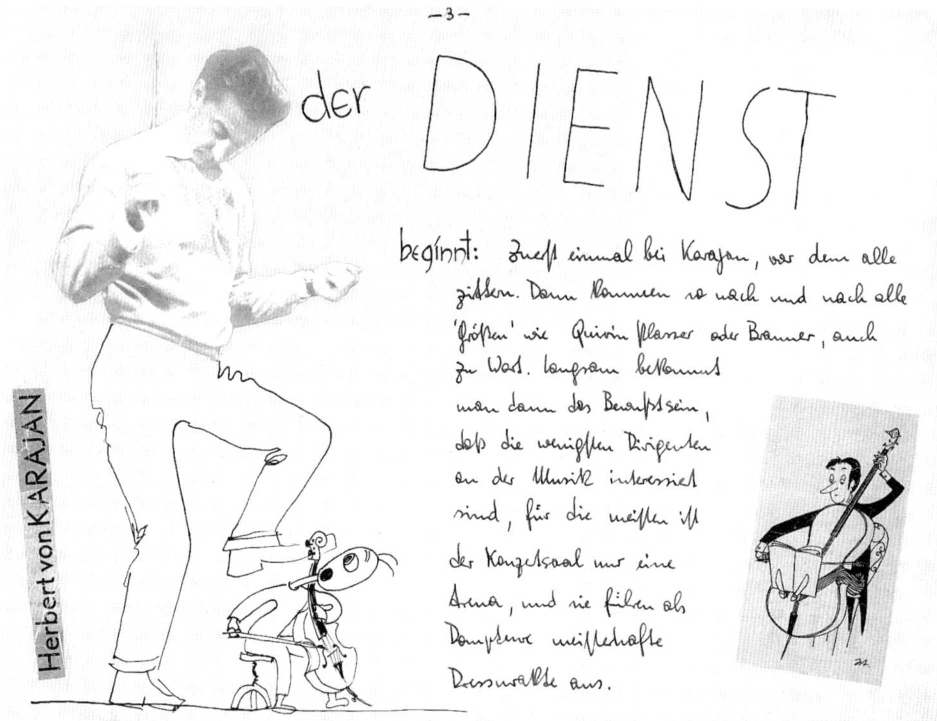

Harnoncourt wird elfter Cellist der Wiener Symphoniker. Albumblatt mit Selbstkarikatur, 1952

Eltern und Kinder: Philipp, Eberhard, Franzi, Elisabeth, etwa 1965

Der Concentus Musicus – mit Gamben – im Palais Schwarzenberg, 1958

Harnoncourt bei einer Probe in der Josefstädter Straße. Jürg Schaeftlein (links) und Otto Fleischmann (rechts) experimentieren mit der »Tartölte« (Drachenschalmei) aus dem 16. Jahrhundert

Harnoncourt und Jürg Schaeftlein beim Instrumentenhändler

Ruhe vor dem Konzert

Auf der ersten Amerika-Tournee mit dem Concentus Musicus, 1966

In den Dolomiten

Mit den Kindern auf dem Säuleck bei Mallnitz, 1967

Das Ehepaar mit Jean-Pierre Ponnelle (vorne) auf der Probe

Monteverdi-Gastspiel an der Hamburgischen Staatsoper, Jänner 1978.
Harnoncourt mit Claus Helmut Drese, Christoph von Dohnányi, Jean-Pierre Ponnelle, Pet Halmen (von links)

Mit Aufnahmeleiter Helmut Mühle (rechts) bei der Aufnahme von Bach-Kantaten

In Stockholm, 1972, bei der Aufführung von Rameaus »Castor et Pollux«

Im Künstlerzimmer mit den Brüdern René (links) und Franz, 1996

Nach einem Konzert in Graz mit der Mutter und den Brüdern Philipp, Franz, Karl (von links)

Beethoven: »Die Geschöpfe des Prometheus«

.ber rasch erfrischt seine Sinne Entzücken
ber den gut gelungenen Plan.
nd jubelnde Freude umfängt mit seinem Blick seine Kinder
iebend ruft sie der Vater, und sie
enden sich zu ihm - doch ohne Empfindung.
on Menschenliebe erfüllt, spricht er zu ihnen,
ebietet ihnen, sich ihm zu nah'n -
och ohne Verstehen, ohne Gefühl
rehen sie sich um und beschau'n einen Baum.
Ihr seid mein Werk, gehört mir an,
nd dankbar müsst ihr begegnen dem Vater!"
als könnte er Antwort in ihnen erwecken
üsst sie Prometheus und liebkoset sie.
.ber Vernunft haben sie nicht
nd nicht Empfindung des Gefühls.
leichgültig stehn sie und stumm,
:hütteln nur dumpf den Kopf -
tasten immer hin und her --
hin und her.

Aus der Dirigierpartitur von Nikolaus Harnoncourt

Probe mit dem Concentus Musicus im Wiener Musikverein, März 1993; rechts vorne Konzertmeister Erich Höbarth

Probe mit dem Concentus Musicus

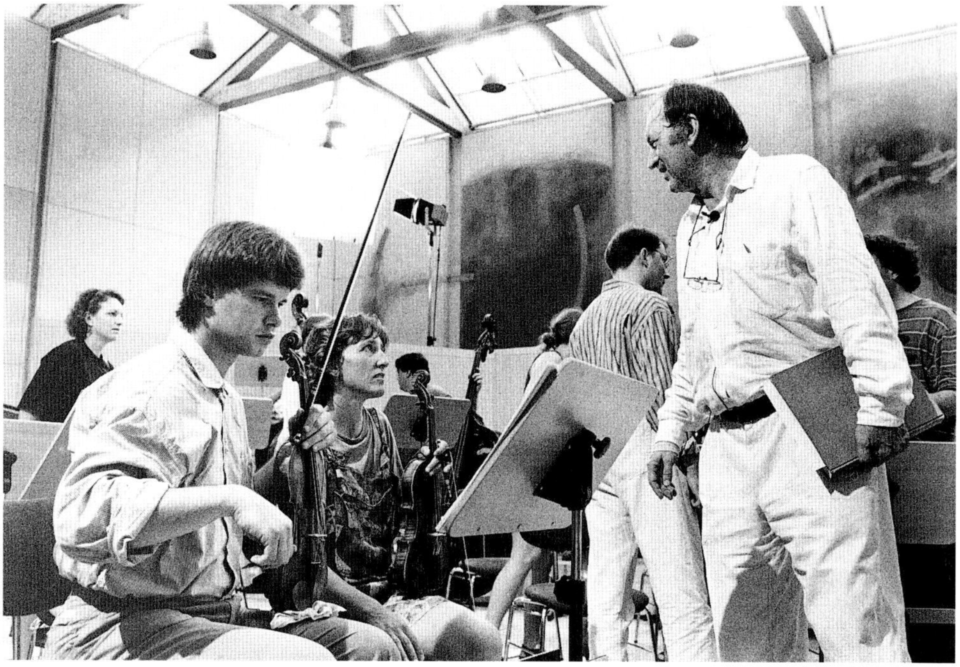

Probe mit dem Chamber Orchestra of Europe, Salzburg, 1995; links vorne Konzertmeister Lukas Hagen

Mit Jürgen Flimm (rechts) auf der Probe zu Schuberts »Alfonso und Estrella«, Theater an der Wien, Mai 1997

Probe im Wiener Musikverein

In Salzburg, Anfang 1991

Salzburg, 1995

geglaubt haben, daß dadurch irgendwelche Projekte oder Ankäufe ermöglicht werden können. Es hat aber im Grunde gar nichts ermöglicht. Jeder vom Ensemble war bereit, von seinen Einkünften soviel herzugeben, daß da sofort mehr herausgekommen ist.

Es gab damals ja auch schon Sponsoren. Aber wenn wir gesagt hätten, wir können nicht spielen, wenn wir nicht genügend Sponsorgelder haben, dann hätte es den Concentus überhaupt nicht gegeben. Wir haben umgekehrt gedacht. Nämlich: Wir verlangen, was es kostet. Daß die Kosten für Reise, Hotel und Manager gedeckt sind und daß jeder noch ein erträgliches Honorar bekommt. Wenn wir mit zwölf Leuten auf Tournee gefahren sind, haben wir dadurch mehr gekostet als ein subventioniertes Symphonieorchester.

A: Das war immer unser Problem. Die Leute denken: Die müssen irre Honorare haben. Aber die Veranstalter zahlen keine so großen Gagen. Damit nach Abzug der Kosten noch etwas übrigblieb, mußten bei einer Konzertreise eben sehr viele Konzerte sein.

N: Wir sind eigentlich bis heute dabei geblieben. Und es zeigt sich, daß es immer geht. Die Kulturbürokraten in Österreich sind natürlich begeistert, daß wir das allein schaffen.

Vor allem die USA-Reisen des Concentus belegen, was die Umsetzung dieses Grundsatzes in die Praxis bedeutet. Um die Kosten einzuspielen – Flüge sind in den sechziger und siebziger Jahren noch sehr teuer –, sind wahre Parforcetouren nötig. Bis zu dreiunddreißig Konzerten innerhalb von sechs Wochen mutet man sich zu. Dabei reist man oft kreuz und quer durch den ganzen Kontinent.

Die Strapazen belasten das Ehepaar Harnoncourt freilich nicht halb soviel wie die Risken, die man mit den kostbaren Instrumenten eingeht. Unbedachterweise will man bei der ersten Amerika-Tournee Anfang 1966 ausgerechnet einige der wertvollsten Stücke präsentieren.

N: Wir haben damals die ältesten und kostbarsten Instrumente mitgenommen. Wir sind in New York aus dem Flugzeug gestiegen und hatten statt der Orgel einen Haufen verbogene Pfeifen.

A: Wir waren ja verrückt. Ich erinnere mich noch jetzt, wir sind in New York angekommen, und ich schau beim Fenster hinaus und seh, wie die das Gepäck hinausschmeißen. Da haben wir alles gewußt.

N: Vor dem ersten Konzert haben wir einen Tischler gefunden, der für die Orgel eine neue Kiste gebaut hat, und wir haben das Instrument irgendwie so hingekriegt, daß es wieder spielbar war.
Dann ist es derart trocken geworden, daß die Kästen geschrumpft sind. Um Zentimeter, so daß die Instrumente nicht mehr hineingegangen sind.
A: Es war im Winter, wir wußten vorher nicht, wie trocken es da ist.
N: Ich habe eine Gambe von 1530 und die Baßfidel von de Fantis mitgehabt. Ich mußte die Kästen mit dem Messer aufschneiden und Holzkeile dazwischenklemmen, um den Raum zu vergrößern.
Und dann der Stimmstock. Der steht quer im Instrument, der schrumpft nicht, aber das Instrument schrumpft durch die Trockenheit. Jetzt hat der Stimmstock bei der Decke schon eine Beule gemacht. Ich hatte Angst, das Instrument wird kaputt.
Aus einem Kleiderhaken im Hotel habe ich mir ein Stimmstockeisen gemacht, eine Eisenfeile hatte ich mit, und habe eine halbe Nacht da dran gefeilt. Habe den Stimmstock herausgeholt und fast einen Zentimeter kürzer gemacht und habe ihn neu hineingestellt. Das ist eine Arbeit, die sonst nur Geigenbauer machen.
Dann haben wir Schwämme in die Geigenkästen gelegt, wegen der Feuchtigkeit, Handtücher naß gemacht …
A: Badewannen angefüllt!
N: … und haben geschworen: Nie wieder im Winter nach Amerika, und nie wieder mit so kostbaren Instrumenten.
A: Wir waren im Norden, wo es minus 30 Grad hatte, und sind manchmal auch mit dem Auto gefahren, und dann sind wir wieder nach Texas, wo es ganz heiß war. Verrückt!
Waren wir nicht in Arizona bei dieser ersten Reise?
Da gab es einen Streit. Nämlich darüber, was wir am freien Tag machen. Wir wollten unbedingt etwas zusammen unternehmen, aber es war sehr schwer, die Meinungen auf einen Nenner zu bringen. Wir haben uns jedenfalls geeinigt und sind mit so einem großen Station Wagon zum Grand Canyon gefahren und in die Indianer-Reservate.
Wir haben sonst sehr wenig Reisen gemacht wegen der Kinder.

Zum Zeitpunkt der geschilderten Amerika-Abenteuer ist Elisabeth, die Älteste, zwölf Jahre alt, Franzi, der Jüngste, ist vier. Frau Jacqueline ist bereit, während der Abwesenheit der Eltern bei den Kindern zu wohnen.

> A: Sie kannte die Kinder relativ gut. Naja, das war schon schlimm. Alle haben gesagt, Amerika, das muß sein, ein Ensemble muß nach Amerika fahren, wenn es die Möglichkeit hat. Es war uns doch ein bißchen mulmig zumute. Aber es ist besser, man ruft dann gar nicht an und läßt es seinen Gang gehen. Allerdings: Eine so lange Reise, das waren ja fast zwei Monate, haben wir nie wieder gemacht.

Der Concentus hat ein ehrgeiziges Repertoire im Gepäck. Man hat vier verschiedene Programme mit Musik des dreizehnten bis siebzehnten Jahrhunderts anzubieten, vom Papsthof in Avignon über die Niederländer bis Purcell und Legrenzi. Für ein Auditorium, dessen Ohren an amerikanischen Perfektionsorchestern geschult sind, wirkt die österreichische Originalklangtruppe reichlich ungewohnt.

> N: In New York haben wir in einem Kammermusik-Zyklus gespielt. Wir kommen hinein, mit diesen mittelalterlichen Instrumenten, das werde ich nie vergessen. Die Leute haben gedacht, dieses Ensemble kommt aus Wien, die spielen sicher das Beethoven-Septett und das Schubert-Oktett. Dann setzen wir uns hin, stimmen unsere exotischen Instrumente, da sind schon Leute aufgestanden und hinausgangen. Bis zur Pause sind, glaube ich, zwei Drittel der Leute weggegangen. Dann war eine ganz kleine Gruppe noch da, und die waren wirklich begeistert. Die haben noch nie Musik aus dieser Zeit gehört. In dieser Zeit war Amerika noch nicht entdeckt. Wahnsinn, totaler Wahnsinn!

Mariedi Anders läßt sich nicht beirren. Die kalifornische Konzertmanagerin mit altösterreichischen Wurzeln, die bei einem ihrer Fischzüge durch Europa auf den Concentus gestoßen ist, hält an ihrer Entdeckung fest. Sie glaubt daran, daß das amerikanische Publikum sich an diesen wundervoll bizarren Instrumenten und Klängen zuletzt genauso begeistern werde wie sie selbst. Insgesamt stellt sie vier solcher monströser Reisen zusammen. Doch Nikolaus Harnoncourt, mit seinen neuen Verpflichtungen als Dirigent zunehmend ausgelastet, will die Anstrengungen des extremen Orts- und Zeitwechsels vermeiden. Nach der Rückkehr laboriere er wochenlang am Jetlag, sagt er; er verliere seinen inneren Rhythmus, sei nicht arbeitsfähig. Im Oktober 1974 absolviert der Concentus Musicus die vorläufig letzte USA-Tournee.

Es hat sicher mit mangelnder Präsenz zu tun, daß eine nachhaltige Wirkung in Übersee bislang ausgeblieben ist. Daß Alte Musik jedoch grundsätzlich ein Programm für Minderheiten ist, zeigt sich dort viel deutlicher als in Europa, wo der starke Trend der letzten Jahrzehnte, vielleicht aufgrund eines neu erwachenden Strebens nach »kosmischer Harmonie«, noch zuzunehmen scheint. Wohl eilt dem Concentus dank seiner Platten der Ruf voraus, das weltbeste Ensemble seiner Art zu sein, quasi das Chicago Symphony Orchestra der Barockmusik. Man trifft in Amerika und Kanada in der Regel auf ein begeisterungsfähiges Publikum, das Presseecho ist zumeist wohlwollend bis enthusiastisch. Man konzertiert im New Yorker Lincoln Center, in der Boston Symphony Hall, im Kennedy Center in Washington. Doch die Mehrzahl der Auftritte erfolgt – auch wegen der anderen Strukturen des kulturellen Lebens – an Universitäten und Colleges; man gibt gleichsam praktischen Anschauungsunterricht auf höchstem Niveau, wobei die Nachwuchsmusiker fallweise zusätzlich mit Vorträgen und Lecture-Demonstrations betreut werden. Die Reaktionen sind überwältigend. Der Stellenwert als künstlerisches Ereignis an sich ist damit in der öffentlichen Meinung jedoch nicht nachdrücklich dokumentiert.

Daß die ungewohnten Darbietungen Alter Musik vor dem anders gearteten kulturellen Hintergrund der Neuen Welt eher als Kuriosität aufgenommen werden und jedenfalls nicht mit Mozart-Programmen konkurrieren können, erweist sich neuerlich anläßlich einer 1975 unternommenen Reise durch Australien und Neuseeland sowie beim ersten, bislang einzigen Japan-Besuch Ende 1980. Vielleicht fehlt auch nur jene konsequente Erziehung zum »anderen« Hören, der das Wiener Publikum in den sechziger Jahren im Mozart-Saal so gnadenlos unterzogen wurde?

Der Erfolg sieht anders aus, wenn man statt mit Fux und Biber mit Beethoven reist. Ende 1996 nimmt Nikolaus Harnoncourt nach langem wieder den Weg nach New York auf sich: Ein kompletter Sinfonien-Zyklus in der Carnegie Hall ist eine unwiderstehliche Herausforderung. Es ist sein spätes Debüt in diesem Saal – und es ist ein Triumph, bei dem ihn die reservierten New Yorker mit Standing Ovations feiern.

Der Triumph kommt dem *Dirigenten* zu – und dem Chamber Orchestra of Europe, das ihn auf diesem Abenteuer begleitet. Manch altgedienter Kollege vom Concentus Musicus quittiert das mit leiser Bitterkeit: Was für tolle Angebote hat man wegen seiner Abneigung gegen Langstreckenflüge nicht ausschlagen müssen. Jetzt räumt er ab, mit dem anderen Orchester! Das ist der Lohn für jahrzehntelange Treue und selbstlosen Einsatz bei den Strapazen des Aufbaus!

Erziehungsarbeit

In den sechziger Jahren entwickelt sich in Wien eine bunte Szene für Alte Musik. Auch andere »Spezialisten« erobern ihren Platz im Konzertleben: etwa René Clemencic, der schon seit 1958 ein einschlägiges Ensemble leitet, Bernhard Klebel, der sich mit einer eigenen Gruppe davon abspaltet, oder die Truppe Les Menestrels.

Die Konkurrenz ist hautnah. Der Kreis ist klein, man hat gemeinsam studiert, weiß um die Stärken und Schwächen jedes einzelnen, belauert mit kritischem Sachverstand die jeweiligen Aktivitäten. Jeder hat am anderen etwas auszusetzen, man hat Spaß daran, sich gegenseitig zu provozieren, kurz: Man ist einander in intensiver kollegialer Animosität verbunden. Concentus-Geiger Walter Pfeiffer erinnert sich, wie er mit »flatternden Hosen« auf dem Podium stand, als er gemeinsam mit Alice Harnoncourt Bachs Doppelkonzert spielte; in der ersten Reihe saß Eduard Melkus und verfolgte mit Stielaugen jeden seiner Griffe.

Melkus ist 1958 aus der Schweiz zurückgekehrt, um eine Professur an der Wiener Musikakademie anzunehmen. Er setzt sich für den Ankauf von Erich Fialas Instrumentensammlung ein, als dieser sie im Zuge seiner Scheidung von Isolde Ahlgrimm auflösen will. Es gelingt, sie in ihrer Geschlossenheit zu erhalten, und sie bildet die Basis für die Capella Academica, mit der Melkus ab 1966 Konzerte gibt.

Nun bricht zwischen den einstigen Freunden Nikolaus und Edi ein Konflikt aus, der die damalige Situation der Aufführungspraxis symptomatisch beleuchtet. Noch ist das Terrain nicht gesichert, noch sind die Begriffe nicht wirklich geklärt, die alten Instrumente in ihrer Eigenart nicht selbstverständlich – weder für das Publikum noch für die Musiker

selbst. Die Anekdote berichtet, Nathan Milstein habe sich verwundert gezeigt, als ihn das Konzerthaus einlud, die Bach-Partiten auf der Barockgeige zu spielen. Seine Stradivari stamme ziemlich genau aus der Entstehungszeit dieser Werke – was man sonst noch von ihm wolle?
Hier muß gründliche Erziehungsarbeit geleistet, hier muß absolute Klarheit geschaffen werden, meint Nikolaus Harnoncourt. Viele Geiger spielen schließlich auf einem mehr oder weniger »alten« Instrument – doch was macht den »originalen« Zustand aus? Es zählt nicht nur das Ergebnis, sondern auch die Art, wie es zustande kommt. Gerade weil man der »Originalklang-Bewegung« in der ersten Hälfte des Jahrhunderts Dilettantismus vorgeworfen hat, ist jetzt besondere Akribie angezeigt.
Konkret geht es um die Darmsaiten, die in den dreißiger Jahren von den Stahlsaiten abgelöst worden waren. Diese Neuerung brachte viele Vorteile, nicht nur die größere Lautstärke betreffend. Es ist vom Standpunkt des Praktikers nicht ohne weiteres einzusehen, warum man jetzt wieder auf Darmsaiten musizieren soll, die so oft reißen, die sich in der feuchtwarmen Luft des vollen Saales blitzschnell verstimmen und obendrein so leicht die charakteristischen Quietscher produzieren. Eduard Melkus schafft hier stillschweigend Abhilfe.

> Ich habe die Capella gegründet, weil mir das Musizieren mit den alten Instrumenten zu stereotyp geworden war, aufgrund dessen, was ich von den andern gehört habe, da kann ich auch den Niki nicht ausnehmen. Das hatte sich zu einer sehr perfekten Einheitsinterpretation entwickelt. Da wollte ich doch zeigen, daß man auch anders auf den alten Instrumenten musizieren kann, daß man mehr Temperament, mehr Intensität hineinbringen kann. Dazu kommt eine andere Erfahrung, die ich inzwischen gehabt habe.
> Die Darmsaiten sind ja jeden zweiten, dritten Tag gerissen, und da war ich einmal in einer Notsituation, knapp vor dem Konzert. Ich hatte keine mehr in Reserve, bin zum einzigen Geschäft, das überhaupt noch offen war, aber der hatte auch keine.
> Was machen wir jetzt? Ich habe gesagt: Eine Stahlsaite ziehe ich nicht auf. Sagt er: Ich habe etwas wunderbares Neues, das ist eine aluminiumumsponnene Saite.
> Die war natürlich viel zuverlässiger als die Darmsaite. Da habe ich mir gedacht, speziell für hochvirtuose Literatur in der obersten Lage ist das besser.

> Der Klang ist nicht gleich, aber sehr ähnlich. Ich habe festgestellt: Keiner hat den Unterschied gehört.
> Und diese Erfahrung habe ich auch meinen jüngeren Kollegen mitgeteilt: Herrschaften, wer Schwierigkeiten mit der Darmsaite hat, kann ruhig eine aluminiumumsponnene verwenden.

Nikolaus Harnoncourt berichtet den Sachverhalt anders:

> Wir haben damals großen Wert darauf gelegt, daß alles wirklich korrekt ist, im historischen Sinn. Und dann ist uns zu Ohren gekommen, daß die Gruppe von Edi Melkus sagt, sie spielen auf Originalinstrumenten und verwenden Stahlsaiten, Stahl-E-Saiten; weil die E-Saite am schwersten zu spielen ist, die quietscht am leichtesten. Von Aluminium habe ich nichts gehört.
> Wir haben damals auch keine aluminiumumsponnene D-Saite verwendet. Das ist eine sehr dicke Darmsaite, da kann es passieren, daß kein Ton kommt, daß es nur rauscht, weil man sie gar nicht richtig in Schwingung bringt. Damit sie leichter anspricht, umspinnt man sie dünn mit Aluminium. Das verändert den Ton sehr stark, aber diese aluminiumumsponnenen D-Saiten verwenden heute fast alle.
> Und es war eine Wut bei uns im Ensemble! Daß die sagen, sie spielen auf Originalinstrumenten, ohne das anzugeben!

Harnoncourt meint, diesen Tatbestand im Interesse seiner Kollegen, im Interesse der gemeinsamen Pionierarbeit aufdecken zu müssen. Er geht damit an die Öffentlichkeit. In einem Brief informiert er die Kulturredaktionen, spricht von »Konkurrenzverfälschung«, die die Capella Academica betreibe.
Melkus, der seinerseits Klanganalysen über die Unterschiede zwischen Barockgeige und moderner Geige angestellt hat, tritt in einem Vortrag den Beweis an, daß die Besaitung eine untergeordnete Rolle spiele, weil die akustischen Ergebnisse »mit freiem Ohr« nicht zu unterscheiden seien. Den klanglichen Unterschied zwischen Stahlsaiten und Darmsaiten kann auch der Fachmann nur im unmittelbaren Nebeneinander feststellen.
Journalisten, mit beiden Parteien persönlich bekannt, begeben sich zwischen die Fronten des fundamentalistischen Spektakels, aus dem Nikolaus Harnoncourt den Spitznamen »Darmsaitenritter« davonträgt. Er erinnert sich:

Wir haben das an die Zeitungen geschrieben. Das ist sicher die größte Schande unserer Tätigkeit. Ich sehe das heute als die einzige große Entgleisung. Aber ich weiß nicht, ob ich dazu nicht den Auftrag vom Ensemble hatte. Ja, wir waren diametral anderer Meinung. Wir haben uns in dieser Beziehung bekämpft.

Was ist es denn, das die Instrumente historisch macht, abgesehen von der Spielweise? Die haben wir sowieso am höchsten eingeschätzt. Ich war immer der Meinung, die Spielweise ist wichtiger als das Instrument. Aber wenn schon die Instrumente betrachtet werden, was ist es?

Das entscheidende Problem sind die Darmsaiten. Der Obertonreichtum, der diese gewisse Schärfe bedingt, muß erstens von uns bewältigt und zweitens vom Publikum akzeptiert werden, durch Gewöhnung. Wir waren der Meinung, wir erziehen das Publikum zu einem Klang. Wir mußten das ja, das war für uns lebensnotwendig: Wir mußten die Hörer soweit bringen, daß sie das schön finden.

Das ganze Ensemble war empört. Da arbeiten wir seit Jahren, um den Streicherklang akzeptabel zu machen, und die andern überspringen diese Probleme ganz einfach.

Ich habe den Druck der Saiten gemessen. Eine Darm-E-Saite kommt auf 2,70 Kilo, eine Stahl-E-Saite auf neun bis zehn Kilo. Das ist ein dreifacher Druck an dieser Außenseite des Steges. Bei den anderen Saiten, zum Beispiel bei der G-Saite, ergibt die alte und die moderne zwischen 3,5 und 4 Kilo, da ist praktisch kein Unterschied. Aber bei einer Barockgeige muß ein dünner Baßbalken sein, es muß ein dünner Stimmstock sein, das bedingt das Gleichgewicht der Geige, und dann entsteht der charakteristische obertonreiche Klang.

Wir haben ganz genau sondiert, was die wirklichen Spielprobleme sind. Die kann man durch ganz genaues, gerades Streichen und durch verschiedene technische Hilfsmittel, zum Beispiel durch die Wahl des Kolophoniums, sehr minimieren.

Aber man muß sich auch klar sein: Der Quietscher kommt aus einem Oberton, der sich durch eine ganz kleine Drehung des Bogens selbst verstärkt. Wenn ich einen obertonreichen Klang haben will, dann muß ich diese Gefahr in Kauf nehmen. Und von der Schönheit des obertonreichen Klanges bin ich überzeugt, von der war unser Ensemble in der Pionierzeit sehr, sehr überzeugt.

Unser Eindruck war: In dem Moment, wo wir Musik spielen, die irgendwie vertraut ist, Bach oder Haydn, hört man Abweichungen vom gewohnten

Klang besonders deutlich. Da ist uns auch schon sehr früh gesagt worden, daß die Instrumente scharf klingen, daß sie rauh klingen. Es waren immer viele Musiker, viele Kollegen in den Konzerten, mit denen haben wir die Sachen diskutiert. Wir hatten jede Menge professionelle Rückmeldungen. Und dadurch, daß wir sehr früh Schallplatten gemacht haben, hatten wir eine ganz scharfe Kontrolle.

Nach diesem Eklat brodelt es in der Szene weiter. Auch andere Ensembles führen öffentlich Krieg. Die Presse spricht von »Selbstzerfleischung« der Gruppen, die sich gegenseitig das Terrain streitig machen. Niemand kann Solidarität erwarten, der exklusive Concentus schon gar nicht.

Für 1971/72 plant Nikolaus Harnoncourt im Rahmen der Konzerthaus-Aktivitäten einen vierteiligen Bach-Zyklus, gleichsam als Krönung der bisherigen Arbeit. Daher soll dieses Projekt auch in einem Raum stattfinden, der den Sälen der Bach-Zeit möglichst genau entspricht. Idealer Schauplatz wäre das Obere Belvedere. Dort hat sich freilich René Clemencic das Hausrecht gesichert – und der zuständige Museumsdirektor verteidigt dessen Anspruch auf exklusive Nutzung.

Pause. Rien ne va plus. Der Concentus Musicus hat in dieser Saison in Wien kein Konzert. Erst im Jänner 1973 gibt es eine Rückkehr in den Mozart-Saal. Eine Reihe von Kritikern plädiert dafür, Harnoncourt und seiner Truppe endlich den gebührenden Stellenwert im Wiener Musikleben einzuräumen. Zur Unterstützung des Ensembles wird im Herbst 1973 sogar ein »Verein der Freunde alter Musik« gegründet. Doch bis Ende der siebziger Jahre bleibt es bei ein bis zwei Abenden pro Saison im Konzerthaus – wobei man 1978 für Händels »Jephtha« erstmals in den großen Saal übersiedelt – und beim »einsamen« Debüt im Musikverein.

Nikolaus und Alice Harnoncourt können sich an diese Unterbrechung nicht erinnern. Das verwundert kaum, denn ihr Leben war zu dieser Zeit vielleicht mehr in Bewegung als je zuvor, die Intensität der Arbeit vermutlich höher als in manchen anderen Jahren: große Projekte im französischen Repertoire, wie Rameaus Opern »Hippolyte et Aricie« und »Castor et Pollux«, im Herbst 1971 die dritte USA-Tournee mit fünf Programmen und dreiunddreißig Konzerten innerhalb von sechs Wochen, ein dreiteiliger Bach-Zyklus in Linz, wichtige Auftritte in Stock-

holm und Bremen, die bereits skizzierten Aktivitäten des Sommers 1972, im folgenden Herbst die erste große, von der Plattenfirma diktierte Deutschland-Tournee; zusätzlich rund zwanzig Platten, darunter die Einspielung von fünf Volumes der Bach-Kantaten.
Vor allem aber waren zu diesem Zeitpunkt für Nikolaus Harnoncourt die künstlerischen Weichen bereits neu gestellt. Im Mai 1971 realisiert er seine im Ausland gefeierte Neufassung von Monteverdis »Ulisse« im Rahmen der Wiener Festwochen, erstmals in szenischer Form. Für die Aufführung im historischen Theater an der Wien hat er eine maßgeschneiderte Fassung hergestellt. Sein Partner am Regiepult ist Federik Mirdita, der die Handlung strafft und mit ironischer Distanz unterfüttert. Die dreißig Musiker des Concentus sind kostümiert in die Szene integriert, Harnoncourt leitet das Geschehen von der Viola aus.
Das Publikum ist begeistert wie auch aus Deutschland angereiste Journalisten. Man apostrophiert Harnoncourt gar als »künstlerisches Gewissen der leichtlebigen Stadt Wien«.
Die lokale Presse weiß den interpretationsgeschichtlichen Rang dieser Produktion nur teilweise zu würdigen. Der intellektuelle Witz von Mirditas Inszenierung, dem Zeitgeschmack ein wenig voraus, stößt auf Widerstand. Und geeichte Opernkritiker verbeißen sich nach Wiener Sitte in den Umstand, daß keine prominenten Sänger aufgeboten wurden. Zweifellos haben sie Herbert von Karajans mit großen Stimmen besetzte, in opulentem philharmonischem Sound realisierte »Krönung der Poppea« im Ohr, die zwischen 1963 und 1970 an der Staatsoper auf dem Spielplan stand. Die akustische Differenz zu diesem leisen, ungleich spröderen Klangereignis ist nicht leicht zu überbrücken. Angesichts der Spieldauer von mehr als drei Stunden konstatiert man »gepflegte Langeweile« und bringt im künstlerischen Überangebot des Festivals offensichtlich nicht die Unvoreingenommenheit auf, sich auf dieses bizarre »Werk aus der Urzeit« einzulassen. Die Musik sei »in ihrer starren Schönheit, in ihrer abweisenden Härte, im monumentalen Gehaben dem Ohr des zwanzigsten Jahrhunderts so weit entrückt, daß es erst einer meditativen Einstimmung bedarf, um ihre umständliche Schönheit gebührend empfinden zu können«. Fazit: »Ulisse wird wohl bald wieder reisen. In die Archive.«
Der klassische Fall eines journalistischen Fehlurteils.

Grenzgänge

Der Concentus Musicus hat sich seither immer wieder als Opernorchester bewährt. Indem Nikolaus Harnoncourt seine frühe Theaterleidenschaft in adäquate professionelle Bahnen lenkt, ergeben sich auch für sein Ensemble maßgeschneiderte Aufgaben. Schon 1973 ist in Holland Monteverdis »Orfeo« an der Reihe; mit »Poppea« erfolgt zwanzig Jahre später das glanzvolle Debüt bei den Salzburger Festspielen. Bei den Wiener Festwochen präsentiert man in der Folge nicht nur Händels »Giulio Cesare« (1985), sondern auch Joseph Haydns Orpheus-Vertonung »L'anima del filosofo« (1995) – eine leidenschaftliche Ehrenrettung für den vergessenen Musikdramatiker Haydn. Und mit diesem 1791 datierten Werk, das nur an der Oberfläche barocke Faktur aufweist, ist die magische Grenze zum neunzehnten Jahrhundert fast erreicht.

Seit den achtziger Jahren hat sich der Arbeitsschwerpunkt der Spezialistentruppe merklich verlagert. Ein Abend im Zeichen der venezianischen Mehrchörigkeit wird Mitte der neunziger Jahre schon als kleine Sensation empfunden – vor allem von den Spielern selbst. Auch die Erfahrenen müssen sich den besonderen Anforderungen neu stellen, die diese hochkomplizierten Klanggebilde aus der Zeit um 1615 so faszinierend machen.

Der Concentus Musicus verfügt im Grunde über kein »Repertoire«. In diesem Sinn kann man nur das umfangreiche Kompendium seiner Aufnahmen heranziehen. Mit jedem Konzert jedoch soll Neuland betreten werden. Selbst vermeintliche »Standardwerke« wie die Bach-Passionen oder Händels »Messias« erscheinen in so großen zeitlichen Abständen auf dem Programm, daß die Wiederaufführung immer eine Weiterentwicklung bedeutet. Statt mit einer kleinen Kollektion von Erfolgsstücken rund um die Welt unterwegs zu sein, konzentriert man sich wie in Pionierzeiten auf penible Entdeckungsreisen durch die Partituren. Man arbeitet dabei hauptsächlich in Wien und seit 1985 jeden Frühsommer in Harnoncourts Heimatstadt Graz, beim Festival »styriarte«. Tourneen sind eine Seltenheit geblieben, weil nach wie vor alle Musiker anderswo fixe Verpflichtungen haben.

Auf diese Weise ist in bald fünfzig Jahren keine Routine aufgekommen. Und trotz der scheinbaren Beschränkung, die sich aus dem Instrumentarium ergibt, eröffnen sich immer wieder neue Perspektiven.

Die »Concentus-Periode« endet dort, wo das spezifische Ausdrucksspektrum dieses Ensembles nicht mehr zwingend mit Aussage und Klangcharakter der Stücke korrespondiert; wo das besondere Artikulationsvermögen und die Transparenz der Streicher sowie die Tonartencharakteristik der Bläser für das künstlerische Ergebnis nicht mehr relevant sind, weil die Musik unter anderen spieltechnischen Vorzeichen komponiert wurde und daher andere Kriterien im Vordergrund stehen. Um 1800 setzt eine Entwicklung ein, bei der die Streichinstrumente im Hinblick auf größere Lautstärke umgebaut und mit anders konstruierten Bogen versehen werden und bei der vor allem die Blasinstrumente technische Veränderungen erfahren, die sie in allen Tonarten gleichmäßig einsetzbar machen; Beispiel für ein perfektes chromatisches Instrument ist die um 1850 erfundene Böhm-Flöte.

Man hat begonnen, die Grenzen der »Concentus-Periode« sorgfältig auszuloten. Die eingehende Beschäftigung mit Haydn, dem Mittelsmann zwischen Barock und Klassik, erfolgt in konzentrierter Form ab der zweiten Hälfte der achtziger Jahre, als Harnoncourt sich in seiner Arbeit mit »modernen« Orchestern mit Haydns spätem sinfonischem Schaffen auseinandersetzt. Bei den Sinfonien der frühen und mittleren Periode führt die stilistische Kompetenz der Concentus-Musiker im Verein mit ihrem »österreichischen Idiom« zu überraschenden, mitreißenden Resultaten. Die Annäherung von der historisch »richtigen« Seite läßt keinen Zweifel mehr aufkommen, daß Haydn der heimliche Revolutionär seiner Epoche war. Die als langweilig verschrienen, in konventionellen Konzerten gern als »Einspielstücke« mißbrauchten Werke entwickeln Geist und sprühenden Witz.

Mit besonderem Engagement haben sich Harnoncourt und seine Musiker Haydns geistlichen Kompositionen gewidmet. Der kühne, sehr persönliche Ausdruck, der sich hinter der Formelhaftigkeit der lateinischen Texte verbirgt, ist anhand einer Serie eindrucksvoller Aufnahmen zu überprüfen.

Die erste Interpretation der »Schöpfung« im Juni 1996 ist ein langfristig angesteuertes Ziel, das Ergebnis ein »stiller« Triumph, wie es in der Rezension der *Salzburger Nachrichten* heißt: »In Harnoncourts ›Schöpfung‹ ist jede musikalische Wendung wörtlich genommen. Noch einmal erscheinen alle Kraft und aller Ausdrucksreichtum des barocken Orato-

riums zusammengefaßt und mit den Mitteln einer neuen Zeit zu einem stillen Bekenntnis gefügt. (...) Harnoncourt hat im Lauf der Zeit ein feines Sensorium für die Sinnlichkeit der Musik des späten Haydn entwickelt. Hier tritt nun die genaue Kenntnis der barocken Rhetorik hinzu und läßt die Übel der romantisierenden Tradition gar nicht aufkommen. Haydns Oratorien-Musik wird zum Bindeglied zwischen dem Alten und dem Kommenden: nicht mehr Händel, noch nicht Schubert. Und Harnoncourt erkennt wie schon bei Haydns Messen: die radikale Ökonomie der Mittel, das Aus-der-Seele-Reden. Das ist kein Geschenk der Intuition, sondern harte Arbeit.
Man kann nicht genug schwärmen von der Transparenz des Klangs, von der ›Keuschheit‹ des Streicherklangs, der bis in die Randregionen der Stille geführt wird, von der Feinheit der Pauke, der Wärme der Holzbläser und von alten Trompeten, die schon nahe am Piano ihre charakteristische Pracht zu entfalten beginnen.«
Die kontinuierliche Beschäftigung mit Mozart setzt zunächst nicht beim Frühwerk an. Initialzündung ist die – bislang einzige – Aufführung des Requiems im November 1981. Die Konzertvereinigung Wiener Staatsopernchor hat sich für ihr traditionelles Allerheiligenkonzert die Kooperation mit dem Concentus gewünscht. Eine Herausforderung. Denn Nikolaus Harnoncourt ist sehr im Zweifel, ob der Einsatz der alten Instrumente bei diesem späten Stück noch sinnvoll sei.
Die praktische Begegnung erweist sich als dermaßen »elektrisierend«, daß die Skepsis fieberhafter Neugier weicht. Der nächste Schritt gilt 1984 der c-moll-Messe. Daraus entwickelt sich, anfangs ungeplant, ein wahres Mammutprojekt, bei dem im Lauf von fünfzehn Jahren das gesamte, in vielen Dimensionen unbekannte Sakralwerk Mozarts aufgeführt und aufgenommen wird. Daß sich der Arnold Schoenberg Chor, mit dem eine vorzüglich eingespielte Partnerschaft besteht, ab 1986 an dem umfangreichen, weit verzweigten Unternehmen beteiligt, erweist sich als große Bereicherung.
Was die Vokalensembles betrifft, ist es nicht immer leicht, Mitstreiter zu finden, die im stilistischen Verständnis und im akustischen Profil mit dem harmonieren, was der Concentus im Instrumentalbereich vorgibt. Nikolaus Harnoncourt hat in den sechziger und siebziger Jahren mit Chören aus ganz Europa gearbeitet: mit dem Deller Consort und dem

King's College Choir, mit der Capella antiqua, München, mit dem Nederlandse Kamerkoor und dem Stockholmer Kammerchor. Er hat dabei viele Erfahrungen gesammelt und immer wieder ausgezeichnete Ergebnisse erzielt. Doch produktive Kontinuität stellt sich erst ein, als anläßlich einer Aufführung von Händels »Jephtha« im Musikverein 1978 der Arnold Schoenberg Chor auf den Plan tritt: professionell, jung, bildungs- und begeisterungsfähig und überdies der spezifischen Wiener Tradition verpflichtet. Erwin Ortner, ehemals Wiener Sängerknabe, ausgebildet bei Hans Swarowsky und Hans Gillesberger, hat ihn 1972 mit Studenten und Absolventen der Wiener Musikhochschule gegründet und binnen kurzem ein in allen Epochen kompetentes Ensemble geformt. Sein rascher Vorstoß an die internationale Spitze ist sicher auch dem Umstand zu verdanken, daß sich mit Harnoncourt ein fixes Arbeitsverhältnis etabliert hat, das mittlerweile über Projekte mit dem Concentus Musicus weit hinausgeht.
Ortner selbst hat sich im Dialog mit Harnoncourt zu dessen »Meisterschüler« entwickelt. Die Maximen von der »Klangrede« in den Werken des siebzehnten und achtzehnten Jahrhunderts sind ihm längst zu eigenen Überzeugungen geworden, die er als Dirigent – nicht nur von Chorkonzerten – auf seine persönliche Weise umsetzt. Und in seinem zweiten Beruf – Erwin Ortner amtiert seit 1996 als Rektor der Musikhochschule/ Musikuniversität Wien – kann er auch dazu beitragen, daß diese Erkenntnisse bei den heranwachsenden Musikergenerationen entsprechend verankert werden.

> Für mich ist Harnoncourt ein Lehrer. Ich dirigiere ja selbst auch ähnliche Literatur. Er war für mich eine der prägenden Persönlichkeiten, das hat mir zusätzlich zu meinem Studium sehr viel gebracht.
> Bei unserer ersten Zusammenarbeit haben wir versucht, alles umzusetzen, was er sagt, und er hat bemerkt, daß er mit dem Chor spielen kann wie auf einem vokalen Klavier. Daran hat er offensichtlich Gefallen gefunden.
> Das Stück kann noch so gut präpariert sein, der Dirigent muß damit umgehen. Warum gibt man als Chorleiter den Chor überhaupt her? Wenn der Dirigent, der das Ensemble übernimmt, etwas einzubringen hat. Harnoncourt stellt sich nicht nur am Abend vorne hin, sondern erfüllt auch eine Funktion der künstlerischen Erziehung, der Prägung. Eine pädagogische Aufgabe, die andere Dirigenten weniger oder gar nicht oder in falscher Weise erfüllen.

Dazu gehört der ganzheitliche, philosophisch fundierte Zugang. Wo kommt diese Musik her, was hat das Stück damals und dort gemeint? Aber: Wir können das nicht rekonstruieren, wir sehen es anders, ob wir wollen oder nicht, und das ist auch der Grund,warum man immer wieder neu herangeht. Deswegen hat es auch Sinn, immer wieder die Passionen zu machen. Da kann ich nicht sagen, das kenne ich schon, das ist abgehakt.
Künstlerisch besonders wichtig waren die Begegnungen bei Monteverdi und bei Biber. Das war sensationell! Da fehlt soviel in der Notation, man sitzt mit offenem Mund da, wenn er mit seinem Wissen und mit seinen Instrumenten kommt. Er kann einem einfach die Augen und Ohren öffnen.
Für seine Instrumentalisten verwendet er ein paar Notenschriftkürzel, damit markiert er härtere und weichere Akzente, kurze und breite Noten. Mit diesen paar Zeichen richtet er auch die Chorpartitur oder den Klavierauszug ein, den ich ihm schicke. Ganz wichtig ist die Frage der Artikulation bei den Koloraturen. Weil die Sechzehntel im Druck so undifferenziert nebeneinander stehen, muß man wissen, was gebunden ist, was getrennt ist. Das muß er eintragen. Nur: »Die Schöpfung« habe ich zum Beispiel für ihn vorbereitet, ohne daß er sie vorher eingerichtet hatte, und das hat gepaßt.
Da merkt man schon eine gewisse Schule. Man weiß, wie er's gern hätte, und selbst möchte man's auch so. Das hat sich durch die Jahre entwickelt, daß er meine Erfahrung ungeheuer respektiert. Er hat mir immer das Gefühl echter Wertschätzung meiner Arbeit gegeben. Das bedeutet auch ein hohes Maß an künstlerischer Akzeptanz. Man setzt sich zusammen, man kennt seine eigenen Grenzen. Es ist manchmal fast übertrieben, daß er mich manche Dinge dann noch fragt.
Und er ist treu. Wir machen ein bis zwei Platten pro Jahr, ein bis zwei Projekte in seinem Zyklus im Musikverein. Er hat die Möglichkeit, dem Veranstalter das Ensemble vorzuschlagen. Das ist ein riesiger Kostenfaktor, das ist oft eine ziemliche Herausforderung für den Veranstalter. Das setzt er aber durch. Durch die Projekte mit Harnoncourt konnten wir eine sehr ausgewogene Planung erreichen und die Sicherheit, daß es mit dem Chor weitergeht. Das ist einfach eine ungewöhnliche Treue. Daß jemand nicht nur spekuliert und schnell einkauft, wenn wir oben sind. Und das schätze ich auch enorm.

Gerade im Bereich der Sakralmusik gelingen Harnoncourt dank seiner Antennen für die latente Dramatik eines Stückes regelrechte Neudeutungen. Seinem Bruder Philipp, der sich als Theologe auf Liturgiewissenschaft spezialisiert hat, verdankt er viele Informationen über den Aussagegehalt der kanonisierten Texte. Die Gefühlsvaleurs, die er aufgrund dieses Wissens in Floskeln wie »Kyrie eleison« oder »Dona nobis pacem« aufspürt, erzeugen eine Lebendigkeit der Empfindung, die den Hörer ganz direkt anspricht. Verzweiflung und Erleichterung, Forderung und Dank, Wut und Trauer statt frommer Sprüche – auf diesem Weg vermittelt sich die spirituelle Kraft der großen Meßkompositionen jenseits konfessioneller Gebundenheit. Ein packendes »inneres Drama«, weitab von vordergründiger Opernhaftigkeit, die man gerade Mozart manchmal vorwirft.

Freilich bietet Mozart für den Theatermenschen Harnoncourt und seine hochspezialisierte Truppe ein weites Betätigungsfeld. Zwischen 1985 und 1991 stehen die Jugendopern »Mitridate, Rè di Ponto«, »Lucio Silla« und »La finta giardiniera« in konzertanten Aufführungen auf dem Programm, mit Solisten wie Edita Gruberová, Cecilia Bartoli, Peter Schreier, Thomas Moser und Uwe Heilmann; 1995 folgt »Il Rè pastore«. Bereits 1986 wurde »Der Schauspieldirektor« aufgenommen; hier kann man den Dirigenten auch als Komiker erleben – bei einem vokalen Kurzauftritt als zweifelhafter »Buff-o«.

In den Konzertprogrammen der neunziger Jahre liegt ein starker Akzent auf vokalen Raritäten von Mozart und Haydn: Mit Arien, Kantaten und Soloszenen verwandelt Harnoncourt das Podium immer wieder in eine imaginäre Bühne, auf der sich die unterhaltsamsten und rührendsten Miniaturdramen abspielen. Daß das Publikum an diesen Abenden besonders begeistert mitgeht, ist nicht nur ein Beweis für die Kraft der Phantasie. Harnoncourts Mozart-Interpretation, die der Concentus Musicus so genau und so pointiert umsetzt wie kein anderes Orchester, ist in Österreich bis heute höchst umstritten. Wie groß die Schar derer ist, die diesen speziellen Ton seit dem Abschied des Dirigenten von der Wiener Staatsoper im Jahr 1991 vermissen, zeigt der Umstand, daß der Abonnementzyklus im Musikverein aufgrund der großen Nachfrage verdoppelt werden mußte.

Die »geheimen Programme« in der sogenannten absoluten Musik sind ein Thema, dem sich Harnoncourt in jüngster Zeit im Zusammenhang mit Werken der Romantik mit Leidenschaft widmet. Diese Einsichten erwachsen aus dem jahrzehntelang geschulten Sensorium für die verborgenen Aussagen in der Musik Haydns und Mozarts. Mozarts ausladende Serenaden, die in konventionellen Interpretationen meist einförmig, wenn nicht gar einschläfernd wirken, entpuppen sich als akustische Entdekkungsfahrten voll subtiler Überraschungen. »Von der Wirklichkeit der Klangrede« berichtet der Kritiker der *Salzburger Nachrichten*, als der Concentus Musicus 1998 mit der »Posthorn-Serenade« bei der Salzburger Mozartwoche debütiert, und begeistert sich nicht nur an der »ernsten und zugleich höchst geistreichen Festlichkeit«, die Harnoncourt in den Eröffnungs- und Schlußsätzen entfaltet: »Aber was entdeckte er im Concertante-Satz und im Rondeau: eine Liebesgeschichte aus galanter Zeit, in der Flöte und Oboe einander umwerben und umturteln, in der sie heiter-glücklich Händchen halten und sich auf das Wohlwollen der Fagotte dort in der Ecke verlassen können. Im nächsten Satz gehen sie zum Tanz, gut gelaunt, ausgelassen und zeigen sich, knicksend, neckisch, ihre Zuneigung. Eine kleine Opernszene, in den Hauptrollen die Klänge: Der Phantasie blühten die schönsten Bilder.«

Mozarts bekannten Sinfonien nähert sich Harnoncourt mit dem Concentus Musicus mit größter Zurückhaltung. Die erste Aufführung der Jupiter-Sinfonie erfolgte 1995. Ein aufregendes Erlebnis – nicht zuletzt für die Musiker selbst, die vor allem vom Reichtum der großen Fuge im Finale fasziniert waren.

1997 hat der Concentus übrigens zum ersten Mal die magische stilistische Grenze überschritten: Die denkwürdige Aufführung von Schuberts visionärem »Lazarus«-Fragment in der Pfarrkirche Stainz hat die Ahnung geweckt, daß auch in der Musik des neunzehnten Jahrhunderts noch so manches Abenteuer wartet.

An der Scala debütiert man nicht!

»Nikolaus Harnoncourt, Meister am Violoncello, will nicht Dirigent werden«, heißt es 1969 im Untertitel zu einem Porträt in einer deutschen Zeitung. »Dirigent ist ein Antiberuf«, konstatiert Harnoncourt da kurz und bündig. Er bevorzuge die künstlerischen Ergebnisse, die in der Gruppe erarbeitet seien, auch wenn das mehr Probenzeit in Anspruch nehme. Und noch im November 1971 beantwortet er die Journalistenfrage nach Dirigierambitionen mit einem klaren Nein.

Ein Jahr später steht er zum ersten Mal am Pult, im Graben eines Opernhauses, vor sich ein an Verdi und Puccini geschultes Orchester von südlichem Temperament, das angesichts der Aufgabe, ein Werk des Frühbarock zu buchstabieren, vermutlich nicht von vornherein enthusiastisch reagiert.

Auf die Wiener Festwochenproduktion von »Il ritorno d'Ulisse in patria« 1971 war noch im selben Jahr eine Platteneinspielung mit dem Concentus Musicus gefolgt, und bei Harnoncourt langte ein Brief der Mailänder Scala ein: Der Maestro sei eingeladen, im Dezember 1972 eine Neuproduktion des »Ulisse« zu dirigieren.

> Die haben mich gefragt, das an der Piccola Scala zu machen, und haben den Regisseur Giulio Chazalettes vorgeschlagen und den Bühnenbildner Ulisse Santicchi. Und ich habe ein sehr gutes Cast zusammengestellt, und sie haben auch sehr gute Vorschläge gemacht, das war klug und sauber geplant.

Die Scala steht unter der Leitung von Paolo Grassi und Massimo Bogianckino am Beginn einer Phase der Neuorientierung. Musikdirektor Claudio Abbado konfrontiert das Publikum mit einem Spielplan voll von Novitäten. Nicht nur auf dem Gebiet der Moderne, wo er mit Schönberg und Debussy, mit Pierre Boulez' »Le marteau sans maître« und Paul Dessaus Brecht-Oper »Die Verurteilung des Lukullus« sowie mit Uraufführungen zeitgenössischer italienischer Opern auftrumpft. Er möchte auch auf neue, sinnvolle Weise zurück zu den Wurzeln. Monteverdi ist unter Insidern längst ein Thema. Italienische Komponisten, allen voran Francesco Malipiero, der zwischen 1926 und 1942 eine sechzehnbändige Gesamtausgabe besorgte, haben sich seit langem für seine Werke engagiert. »Il combattimento di Tancredi e Clorinda« steht in einer Fassung von Luciano Berio auf dem Programm der Scala. Schon in den sechziger Jahren stellte Luigi Dallapiccola hier seine Version des »Ulisse« vor; er hatte allerdings die Hälfte der Nebenfiguren sowie sämtliche frivolen und parodistischen Elemente eliminiert.

Harnoncourt nimmt auf die konkrete Mailänder Situation Bedacht. Er paßt die Größe der Besetzung an die akustischen Bedingungen des sechshundert Plätze umfassenden Saales an und kürzt – andere Länder, andere Sitten – das Stück auf zweieinhalb Stunden Spieldauer. Er verzichtet auf den philosophischen Prolog und beginnt gleich mit dem effektvollen Lamento der Penelope.

Die argentinische Sopranistin Norma Lerer, Harnoncourts Penelope der ersten Stunde, ist auch hier mit dabei, ebenso Margaret Baker Genovesi als Melanto. Für das Continuo holt man den Wiener Cembalisten Johann Sonnleitner und den Baseler Lautenisten Eugen Dombois. Die übrigen Mitwirkenden, Sänger wie Instrumentalisten, sind Italiener. Die Titelrolle verkörpert der sardische Bariton Angelo Romero.

> Wir haben fünf oder sechs Wochen geprobt, mit dem normalen Opernorchester. Ich habe die Instrumentation auch dafür eingerichtet. Außer dem Lautenisten und dem Cembalisten waren alle italienische Musiker. Die Harfenistin, die das Continuo gespielt hat, war wunderbar. Ich habe dann noch einiges geändert, wegen des Klanges und der Situation. Die Arbeit hat allen großen Spaß gemacht.
>
> Ich erinnere mich: Der ganz hohe Tenor, der den Anfinomo singen sollte, ist krank geworden. Am nächsten Tag hatten sie schon fünf hohe Tenöre da. Das war das komischste und dramatischste Vorsingen, das ich erlebt habe. Der Regisseur hat mir ständig was ins Ohr geflüstert, der war immer unzufrieden mit dem Aussehen, und ich habe Angst gehabt, daß ich einen krieg, der das nicht singen kann. Und jeder von denen ist entweder vorher oder nachher auf die Knie gefallen und hat eine riesige Rede gehalten, ganz pathetisch, daß er zu Hause fünf Kinder hat und wie wichtig das für seine Karriere ist.

Die Wahl fällt auf einen, der keine Noten lesen kann, dafür den schönen altösterreichischen Namen Trotta trägt.

> Das war ein süditalienischer Bauernknabe, der beim letzten Wettbewerb den ersten Preis gemacht hat. Irgendein Dorforganist hat ihm eine Arie von Rossini

beigebracht, die hat er so toll gesungen, daß er den ersten Preis gekriegt hat. Aber er kannte keine Noten und war völlig unausgebildet. Der für ihn zuständig war, hat gesagt, er wird von seiner Rolle jeden Tag zwei Seiten mehr können, und nach zehn, vierzehn Tagen wird er sie ganz können. Der hat das nur so eingetrichtert bekommen. Aber er war der einzige, der sich nie geirrt hat, in keiner Vorstellung.

In dieser Situation ist Harnoncourt auch erstmals mit den Alltagsproblemen eines Opernkapellmeisters konfrontiert – und muß sich behaupten.

Ich habe einmal einen großen Krach gemacht. Bei der dritten Orchesterprobe habe ich den dritten verschiedenen Solocellisten dort sitzen gehabt. Dann hat mir der Orchesterwart gesagt, ich muß mit Pulten schmeißen, dann klappt das. Ich habe auch Krachs zwischen dem Orchesterwart und dem Direktor erlebt. Da habe ich gesehen: Die brüllen sich an, und am Schluß gehen sie zusammen auf einen Wein. Und nach meinem großen Krach, wo sie Angst gekriegt haben, weil sie das von mir nicht erwartet haben, habe ich immer nur denselben Cellisten gesehen.

Premiere ist am 28. Dezember 1972 – es ist auch der fünfzehnte Geburtstag des Sohnes Eberhard. In den Weihnachtsferien sind die Kinder nach Mailand gekommen und haben nicht nur künstlerische Eindrücke mitgenommen. Die Parolen, mit denen die Italiener gegen den Vietnamkrieg auf die Straße gehen, gehen ihnen lange nicht aus dem Kopf: »Ho-Ho-Ho Tschi Minh!« – »Buon natale con le bombe!«
Harnoncourt erinnert sich auch noch an anderes.

Wir haben Neujahr gefeiert mit diesen sardischen Sängern aus dem Ensemble. Und meine Mutter ist auch zur Premiere gekommen. Sie hat schon nicht mehr sehr gut gehört, aber es hat sie, glaube ich, sehr beeindruckt. Man hat das kaum gemerkt bei ihr. Ihre Emotionen über solche Sachen waren sehr gut kaschiert.

Die italienische Kritik setzt sich mit dem eigenwilligen Unternehmen des »liebenswürdigen Spezialisten« aus Wien in langen Abhandlungen auseinander und reagiert mit respektvoller Zustimmung. Bloß in dem Blatt, das sich »Die Zukunft« nennt, zieht man nicht nur Monteverdis Autorschaft, sondern auch Harnoncourts philologische Seriosität in Zweifel:

»Einem *revisore*, der es wagt, als instrumentales Intermezzo eine ganze Toccata von Frescobaldi einzufügen, kann man grundsätzlich jede Manipulation zutrauen«, ereifert sich der Rezensent im *Avvenire*.
Die Vorwürfe, die er darüber hinaus erhebt, erscheinen aus heutiger Sicht eher als Indizien für die Qualität dieser Aufführung – und für Harnoncourts typische Handschrift: die scharf gezeichneten musikalischen Effekte, die Kreation eines ganz spezifischen »Sounds« im Orchester, bei dem bestimmte Continuo-Instrumente den einzelnen Personen leitmotivisch zugeordnet sind, und die Betonung des leidenschaftlich »Opernhaften« in den Gesangspartien.
»*Successo caloroso*« – herzliche Zustimmung seitens des Publikums. Die Scala will an die vorgesehene Vorstellungsserie noch eine weitere anhängen. Harnoncourt, der Mitte Jänner in Stockholm einen Kurs zu leiten hat, steht nicht mehr zur Verfügung und schlägt seinen jungen Assistenten, einen ausgebildeten Dirigenten, als Ersatzmann vor. Große Entrüstung: An der Scala debütiert man nicht!

Erste Lockerung

Unversehens ist der eigenwillige Cellist und überzeugte Ensemblemusiker mit dem Ruf des Sektierers und Alte-Musik-Spezialisten in die scheinbar ferne Welt der großen Oper hineingeraten. Genau genommen eine logische Entwicklung für jemanden, der einen so ausgeprägten Sinn fürs Theatralische besitzt, daß ihn aus jedem Musikstück sofort eine »Geschichte« anspringt. Es ist wie mit den Holzscheiten in seiner Kindheit, in denen die Rübezahlgesichter auch schon vorhanden waren und nur mit dem Schnitzmesser herausmodelliert werden mußten.
Es war wohl nur eine Frage der Zeit, bis die klingenden Dramen, die er mit seinen Musikern zu entfachen pflegte, ihre szenische Form an etablierten Opernhäusern fanden. Und es war eine Frage des Glücks, daß er auf jenen kongenialen Regiepartner traf, mit dem er seine dramatischen Sensorien in der Praxis entwickeln konnte.
Danach war es nur mehr eine Frage der Zeit, bis der »Richard-Strauss-Brahms-Beethoven-Mensch« Harnoncourt gleichsam mit neuen Ohren und mit verändertem Urteilsvermögen sich wieder dem Repertoire des

neunzehnten Jahrhunderts zuwandte, das ihm aus der Perspektive seiner gesammelten Erfahrungen nun sehr viel mehr zu erzählen hatte.
War der Mailänder »Ulisse« der Wendepunkt? Nach rund zwanzig Jahren äußerster Konzentration auf die Alte Musik, die zunächst nur mit Hilfe alter Instrumente adäquat vermittelbar schien, hat Harnoncourt seine Vorstellungen erstmals unabhängig vom Instrumentarium verwirklicht.
Der nächste Schritt in diese Richtung ist die Aufführung der Matthäus-Passion mit dem Residentie-Orkest Den Haag im April 1973 in Scheveningen. Es überrascht, daß Harnoncourt die ersten Live-Aufführungen der großen Passionen nicht mit dem Concentus Musicus bestreitet, mit dem er sie bereits auf Platten aufgenommen hat, sondern mit modernen Ensembles. Im April 1975 dirigiert er seine erste Johannes-Passion mit dem Concertgebouw Orkest Amsterdam.
Das ist nur scheinbar eine Inkonsequenz. Denn Nikolaus Harnoncourt ist der Meinung, daß bedeutende Werke nicht zur »Spezialistenliteratur« verkommen dürfen. Sie müssen als geistiges Allgemeingut im Repertoire der großen Orchester erhalten bleiben. Er ist mit der Materie inzwischen so vertraut, daß er seiner Sache sicher sein kann. Wohl lassen sich Transparenz und Balance mit alten Instrumenten wesentlich leichter herstellen. Doch es ist möglich, die aufführungspraktischen Erkenntnisse auf ein konventionelles Orchester zu übertragen und in stark verringerter Besetzung ganz anders zu musizieren als bisher.
Bei der Matthäus-Passion im Kursaal von Scheveningen kommt die dialogische Anlage des Werks dank des reduzierten Aufgebots in der räumlichen Aufstellung klar zum Ausdruck. Zweimal zweiundzwanzig Chorsänger, je einundzwanzig Spieler pro Instrumentalgruppe – vier erste und vier zweite Geigen, zwei Bratschen, zwei Celli, zwei Bässe, dazu die entsprechend kleine Holzbläsertruppe, für das Continuo je eine kleine Orgel statt Cembalo. Das Gambensolo spielt Sigiswald Kuijken. Die Doppelchörigkeit wird auch bei den Solisten durchgehalten, wo man den Sopranstimmen von Helen Donath und Sona Ghazarian die Altisten Paul Esswood und James Bowman gegenüberstellt. Rede und Gegenrede gelangen zu dramatischer Wirkung, die klangliche Transparenz bleibt gewahrt.
Heute sind solcherart strukturierte Aufführungen auf modernen Instru-

menten fast schon selbstverständlich. Anfang der siebziger Jahre war es ein Experiment – das sich gegen starke Konkurrenz erfolgreich behaupten konnte. Zu Ostern 1973 steht die Matthäus-Passion in der herkömmlichen Weise auch in Amsterdam – mit dem Concertgebouw Orkest unter Ferdinand Leitner – und in Rotterdam – unter Erich Leinsdorf – auf dem Programm. Aufschlußreiches Detail am Rande: Leitner ist zwanzig Minuten früher fertig als Leinsdorf, Harnoncourts Aufführung ist um weitere zwanzig Minuten kürzer.
Eine vergleichende Kritik fällt durchaus zugunsten von Harnoncourts »ehrlicher, schmuckloser« Interpretation aus, obwohl sie in Relation zu Leitners ästhetischer, auf Schönheit zielender Auffassung offenbar als ein wenig respektlos empfunden wird. Aber: »Warum soll man eigentlich nicht mit der zweifellos aus Pietät geborenen Stiltradition brechen?«
Harnoncourt selbst hat es von Anfang an gesagt: Nicht der vielzitierte »Originalklang« ist ihm wichtig, sondern die möglichst plastische Formulierung der Aussage, die ein Werk seiner Meinung nach besitzt. Die erste Matthäus-Passion mit dem Concentus Musicus gab es übrigens erst 1985 im Grazer Dom.

Intermezzo: Lehren und lernen

Zwischen dem Blitzstart in der Opernwelt und dem Debüt des Dirigenten Harnoncourt im Konzertsaal eröffnet sich ein weiteres Arbeitsgebiet, das sich als inspirierendes Bindeglied zwischen Theorie und Praxis bewährt: die neue Stelle in Salzburg.
An der Hochschule Mozarteum ist zwar keine Professur vakant, doch Rektor Paul von Schilhawsky findet die Erkenntnisse des umstrittenen »Darmsaitenritters« interessant genug, um ab dem Sommersemester 1973 zunächst einen außerordentlichen Lehrstuhl für ihn einzurichten. Zwar setzt zur selben Zeit auch der Rektor der Wiener Musikhochschule Informationen über eine Berufung Harnoncourts in Umlauf, er hat allerdings niemals mit ihm verhandelt. Zwei Mitglieder des Professorenkollegiums hatten sich in einer geheimen Sitzung dagegen ausgesprochen: Man könne doch die Jugend nicht jemandem anvertrauen, der prinzipiell alles in Frage stellt!

Auch in Salzburg sind nicht alle amtierenden Professoren begeistert. Doch Schilhawsky steht mit Nachdruck zu seinem Kandidaten und sorgt für optimale Arbeitsvoraussetzungen – vor allem für eine wohlsortierte Handbibliothek und für das von Harnoncourt gewünschte Cembalo. Als Assistent fungiert der Cembalist Johann Sonnleitner, später gemeinsam mit dem Pianisten Anthony Spiri.

Zwanzig Jahre lang unterrichtet Nikolaus Harnoncourt jeden Montag und Dienstag »Theorie und Praxis der Alten Musik« – wobei er Wert darauf legt, daß die »Alte Musik« Werke bis 1900 einschließt. Als theoretische Ergänzung hält er einige Zeit eine Vorlesung über »Historische Instrumentenkunde« am Institut für Musikwissenschaft der Universität Salzburg. Nach seiner Pensionierung im Sommer 1993 wird der maßgeschneiderte Lehrstuhl »eingespart«.

Sein Unterricht ist unkonventionell wie seine äußere Erscheinung, die an einer staatlichen Hochschule in den frühen siebziger Jahren so wenig der Norm entspricht wie seinerzeit bei den Wiener Symphonikern. Das große Grazer Kaufhaus, in das sein jüngster Bruder eingeheiratet hat, versorgt Harnoncourt im Dutzend mit jenen karierten Flanellhemden und bequemen Cordhosen, die inzwischen auch eine Art Markenzeichen geworden sind.

Seine Methode wendet sich an mündige Studenten, die wissen, was sie dazulernen wollen. Sie bestimmen den Unterricht, indem sie bekanntgeben, welche Werke sie besonders interessieren. Die Assistenten sammeln die Wünsche und zimmern daraus ein Programm mit wechselnden Schwerpunkten. Der Professor bereitet sich darauf jeweils mit größter Sorgfalt vor. Er möchte schließlich auch den eigenen Horizont erweitern.

Die unterschiedlichsten Themen kommen zur Sprache. Nicht nur Spezialfragen wie der geheime Bauplan von Bachs Matthäus-Passion oder die Rolle der Instrumente in den Opern von Claudio Monteverdi, die regionalen Unterschiede der Barockmusik oder die Tempobezeichnungen bei Mozart. Er gibt auch Lebenshilfe für angehende Profis: Wie bewege ich mich auf dem Podium? Wie gehe ich mit meiner Nervosität um?

Der Zulauf ist enorm. Wenn es sein Terminkalender erlaubt, dehnt Harnoncourt das Seminar manchmal noch auf den Mittwoch aus. Vom Vormittag bis zum Abend steht er ohne Pause zur Verfügung. Zuweilen

drängeln sich bis zu hundert Leute im Saal. Zu einer Handvoll aktiver Hörer gesellen sich oft große Gruppen von Gasthörern. Ausländische Ensembles reisen eigens an, Professoren anderer Klassen wollen sich über den Querdenker informieren. So mancher Kiebitz nutzt die Gelegenheit, den Alte-Musik-Guru live zu erleben, so mancher Kollege nimmt den Konkurrenten in Augenschein.
Harnoncourts Lehrveranstaltung ist unterhaltsam. Mit Hilfe der Unterrichtstätigkeit vertieft er nicht nur sein Fachwissen. Er trainiert zudem ganz en passant seine Anlagen als Entertainer. Auch wenn er Witze macht, ist er ein Profi, serviert staubtrockene Pointen mit todernstem Gesicht. Diese – meist gut verborgenen – Qualitäten nutzt er in jüngster Zeit fallweise bei »Gesprächskonzerten« – und ist damit doppelt erfolgreich, weil man ihn gemeinhin für humorlos hält.

Ich wollte eigentlich, daß das Fach einfach »Aufführungspraxis« heißt. »Alte Musik« mußte auf jeden Fall bis 1900 gelten. Das Repertoire hat sich dann aber bei Schubert ziemlich ausgedünnt.
Es gab pro Tag vier bis acht aktive Teilnehmer und viele nicht aktive Teilnehmer. Manchmal sind ganze Kammerorchester gekommen, aus Heidelberg oder aus Ungarn, oder eine Gruppe aus München. Und es waren nicht nur Studenten da, sondern oft auch Professoren aus anderen Klassen.
Da gab es zum Beispiel ein dreitägiges Seminar über das Rezitativ in der Oper, da kam praktisch die ganze Opernschule mit den Gesangslehrern. Die meisten waren am zweiten Tag wieder weg und haben ihren Studenten verboten, weiter teilzunehmen.
Die Vorbereitung hat mir Spaß gemacht. Ich wollte wirklich informiert sein und habe auf diese Art selbst sehr viel gelernt.

Die Sängerinnen Barbara Bonney und Gabriele Sima sind hier ebenso durch Harnoncourts Schule gegangen wie der Oboist David Reichenberg und die Geigerin Anita Mitterer, die dann im Concentus Musicus spielen. Ein unüblicher Weg, denn der Bedarf an Vollprofis ist dort eigentlich immer gedeckt, so daß keine Notwendigkeit besteht, Studenten heranzuziehen.
Eine Flötistin, die Harnoncourts Seminar viele Jahre besucht hat, erinnert sich an seinen Unterricht: Langweilig sei er nie gewesen, sondern immer witzig, pointiert, sehr kritisch, auch bissig – und höchst intensiv.

Er sei für alles offen gewesen, was sich kompetent angehört habe. Wem es an Selbstwertgefühl mangelte, der hatte bei ihm keinen guten Stand. Wer hingegen von sachlichen Zweifeln und Fragen geplagt war, erhielt nachdrückliche Unterstützung.
Die Essenz dessen, was er seinen Studenten vermittelt hat, ist in jenen beiden Büchern niedergelegt, die mittlerweile zu Klassikern geworden sind: »Musik als Klangrede« und »Der musikalische Dialog«.
Es ist eine Pointe von tieferer Bedeutung, daß Nikolaus Harnoncourt durch seinen »Brotberuf« erneut in das Kraftfeld Karajans gerückt ist. Die Presse, die ihn gern als »Karajan der Alten Musik« tituliert, bohrt routinemäßig immer wieder nach, ob er in Salzburg nicht reizvolle Aufgaben für sich sehe. Er hat zwar wiederholt kritisch zu den Festspielen Stellung genommen, doch selbst die Initiative zu ergreifen ist nicht sein Stil: »Soll ich vielleicht wie ein Maulwurf unterm Festspielhaus herumkriechen?« fragt er grantig zurück. »Ich hab eh genug zu tun.«

Sinnlichkeit und Präzision

Ende 1973 wartet das nächste Opernprojekt – in Holland. Monteverdis »Orfeo« mit dem Concentus Musicus hat am 30. Dezember im Circustheater in Scheveningen Premiere. Es ist der Auftakt zu »Monteverdi-Wochen« der Niederländischen Oper, bei denen Harnoncourt und Gustav Leonhardt mit ihren Ensembles den aktuellen Standard in Sachen Aufführungspraxis des Frühbarock demonstrieren. Ein dichtes Programm, zu dem Harnoncourt auch die »Marienvesper« beiträgt; Leonhardt zeichnet für eine Produktion der »Poppea« und einen szenischen Madrigalabend verantwortlich. Siebzehn ausverkaufte Vorstellungen – der Beweis für die gelungene Aufbauarbeit der letzten Jahre. Einhelliges Lob in der Presse. Die Zeit scheint endgültig reif für *»il divino Claudio«*.
Dieser Überzeugung ist auch ein Premierengast aus Deutschland: Claus Helmut Drese, Generalintendant in Köln und designierter Opernchef in Zürich. Ein Zyklus der drei Monteverdi-Opern steht ganz oben auf seiner Wunschliste. Den Regisseur dafür hat er längst – jetzt hat er endlich auch den Dirigenten. In heller Aufregung ruft er Harnoncourt am nächsten Morgen im Hotel an: »Sie müssen das bei mir in Zürich machen,

gemeinsam mit Ponnelle!« – »Moment, den kenn ich doch überhaupt nicht! Vielleicht versteh ich mich mit dem gar nicht!« – »Mach ich, mach ich, wir kommen schon zusammen!«

Diese Begegnung mit Ponnelle ist für mich eine Großtat des Intendanten. Ich habe das immer als eine große intendantische Leistung empfunden, daß Drese uns zusammengebracht hat. Denn dafür ist ein Intendant da. Etwas zu bewirken, die richtigen Leute zusammenzubringen.

Daß Harnoncourt zu diesem Zeitpunkt auf Ponnelle trifft, kann man ohne Übertreibung als schicksalhaft bezeichnen. Es ist der vierte Regisseur in seiner Laufbahn als Operndirigent, nach dem Jugendfreund »Riko« Mirdita, nach Giulio Chazalettes in Mailand und nach Filippo Sanjust, der den »Orfeo« in Amsterdam inszeniert und ausgestattet hat. Bei Sanjust, dem hochgebildeten Ästheten, hat Harnoncourt bereits einen Eindruck von jener mediterranen, dem Sinnlichen aufgeschlossenen Mentalität gewonnen, die sich auf die künftige Arbeit so befreiend auswirkt.

Sanjust war ein sehr kultivierter Mann mit einem ganz großen Wissen, sehr musikalisch, sehr interessiert. Er hat auf viele musikalische Dinge so genau reagiert wie später kaum ein anderer. Aber diese Orfeo-Produktion ist irgendwie nicht aufgegangen, das war zu statisch. Für mich ist Sanjust mehr Maler, ein sehr guter Maler. Ich habe ihn als Partner sehr, sehr gern gehabt. Er war ein Musikhörer, wie man ihn sich wünscht, einer, der alles versteht, alles hört, und ein phantastischer Gesprächspartner, auch ein phantastischer Essenspartner, wie dann Ponnelle.

Jean-Pierre Ponnelle, Jahrgang 1932, avanciert in den sechziger Jahren in Deutschland vom Bühnenbildner zum Regisseur, ist dank seiner profunden musikalischen Kenntnisse bald rastlos in der internationalen Opernszene unterwegs. Mit Karajan verbindet ihn ein Verhältnis höchster Wertschätzung; ab 1968 wirkt er stilbildend bei den Salzburger Festspielen. Ein Workaholic, der bis zu neun Inszenierungen pro Jahr herausbringt, was ihm oft den Vorwurf einträgt, bloß Remakes früherer Arbeiten abzuliefern – und was nur mit Hilfe eines qualifizierten, gut organisierten Mitarbeiterstabs möglich ist. Er läßt seine Assistenten in seinem Haus in Burgund für sich werken und hält sie auch aus räumlicher Distanz auf Trab.

Jean-Pierre Ponnelle, ein erklärter Agnostiker, ein Don Juan. Ein Mann der Extreme, der Eklats und abgebrochene Proben nicht scheute, der seine brodelnde Phantasie mit Alkohol und Nikotin zu regulieren pflegte. Ein exzessives Leben, das mit sechsundfünfzig ein frühes Ende fand.

Ein gegensätzliches Paar? Die Punkte geistiger Übereinstimmung mit Harnoncourt überwiegen die äußerlichen Antagonismen bei weitem.

In erster Linie war es wohl das unbedingte Streben nach Professionalität, das Bedürfnis, in der Arbeit alles zu geben, in der Besessenheit von Kunst. In einem der vielen Gespräche, die Imre Fabian zu einem Buch zusammengestellt hat, sagt Ponnelle: »Ist das Arbeit? Oder die Sucht, sich eine Traumwelt zu schaffen? Ich glaube an die Realität von Kunst. Extrem formuliert: Ein paar Takte von Mozart sind mir genauso wichtig wie das Leben, das Schicksal von Menschen. Ich bin fünfzig geworden und habe mir geschworen, nie ein Stück zu inszenieren, das ich nicht wichtig finde.«

Auch der persönliche Hintergrund des gebürtigen Parisers, der seine Jugend in Baden-Baden verbrachte, weil sein Vater dort am Aufbau des Südwestfunks beteiligt war, schafft persönliche Affinität. Er kommt aus einem großbürgerlichen, künstlerisch ambitionierten, katholisch geprägten Elternhaus. Richard Strauss, Pablo Casals und Alfred Cortot zählten zum Freundeskreis der burgundischen Weinbauernfamilie. Ponnelle ist musikalisch sehr gebildet. Einer seiner Lehrer war der Grazer Dirigent Hans Rosbaud, der nach dem Krieg ebenfalls beim Südwestfunk tätig war und dem Studenten Ponnelle als Gegenleistung für Französischlektionen Musikunterricht erteilte.

Ponnelle ist vom Primat der Musik in der Oper überzeugt und hält die Kenntnis des Autographs für unverzichtbar. Er ist ein Verfechter klassischer Bildung, in seinem Kulturverständnis traditionsbewußt und traditionsverbunden, dabei ein Feind der als »Tradition« getarnten Bequemlichkeit. Er ist ein Unbequemer, kritisch-rebellisch gegen alles Hergebrachte wie gegen alles Modische, will nichts unbesehen akzeptieren. Auf manchen Fotos meint man sogar gewisse Ähnlichkeiten in der Physiognomie der beiden zu erkennen – vor allem, was die trotzig vorgeschobene Unterlippe betrifft. Kinder der Zwischenkriegszeit, auf der Suche nach sinnstiftenden Werten der Vergangenheit.

Ponnelle, der sich selbst als »Regisseur deutscher Schule« bezeichnet hat, verkörpert die Synthese von romanischem Naturell und »deutscher Gründlichkeit«. Seine Spiellust gründet auf scharfer Analyse. Das Zusammentreffen mit diesem Theatervollblut, mit seinem barocken Wesen und seiner südlichen Phantasie, verhilft Harnoncourts dramatischem Temperament zum Durchbruch. Im kreativen Austausch mit Ponnelle, in der Auseinandersetzung mit seiner Theatererfahrung und seiner Lebensklugheit, mit seinem künstlerischen Wissen und seiner Menschenkenntnis gehen Harnoncourts musikalische Einsichten in Monteverdis Welttheater in ganzem Umfang auf. Die Erkenntnisse aus dem Studium von Partitur und Sekundärliteratur verschränken sich mit konkreten musikalisch-szenischen Aktionen zu einem Spiel, das keine vorgefaßte Interpretation anbietet, sondern mit den Reizen des Möglichen operiert – nach der Devise: So könnte es sein.

Sinnlichkeit und Präzision werden zu bestimmenden Faktoren dieser Partnerschaft. »Ein Dirigent, der kein guter Dramaturg ist, ist kein guter Dirigent. Und ein Regisseur, der kein guter Musiker ist, kann kein guter Regisseur sein«, hat Ponnelle postuliert. »Es muß zum gegenseitigen Vertrauen zwischen den beiden kommen. Je bedeutender ein Dirigent ist, umso mehr ist er an der Szene interessiert.«

Ein Quantensprung in der Monteverdi-Interpretation ist die Folge dieser kreativen Symbiose. Klang und Geste greifen so ineinander, daß sie gemeinsam ein Maximum an plastischem Ausdruck erreichen, gemeinsam bis in die tiefsten Schichten des Werkes vordringen. »Die Arbeit mit ihm ist mir eine Notwendigkeit geworden«, sagt Ponnelle 1985 in einem Interview. »Dabei hatte ich große Vorbehalte, bevor ich ihn kannte. Manches schien mir auf Platten ein bißchen akademisch, aber jetzt ist alles voll Vitalität.«

Direktor Drese ist sich im klaren, daß der Monteverdi-Zyklus nur mit einem Spezialensemble adäquat zu realisieren ist. Er stellt fest, daß etwa zwanzig Mitglieder des Zürcher Opernorchesters bereits praktische Erfahrung mit Barockmusik haben und auch alte Instrumente besitzen. Der Bratschist Hans Schoop übernimmt die interne Verantwortung für das Projekt, sorgt dafür, daß sich die erforderliche Truppe konstituiert und für die Arbeit mit Harnoncourt entsprechend vorbereitet ist. Für Spezialaufgaben auf Zink und Dulzian, Chitarrone und Hakenharfe lädt man Externisten ein. Drese erinnert sich an den historischen Moment:

> Es war faszinierend, diese Wiedererschaffung des Barockklanges mitzuerleben. Das geschah durch das Instrumentarium, das bei Monteverdi ein eigenes Klangbild erzeugt, mit Chitarronen und Regal und so weiter. Das hatte man in den bisher bekannten Fassungen ja vermieden, das war da uminstrumentiert. Und dann das äußerst lebendige, dynamische Musizieren, der lebendige Atem, der da hineingeht, daß der Ton kommt und geht, dieses Fließen, das da in der Klangbildung entsteht. Das ist etwas ganz anderes, als wenn die Notenwerte durchgespielt werden, da hat man nicht diesen Puls auf der Eins, das ist ja das Kernproblem, auch bei Mozart. Und diese Musizierweise hat Harnoncourt dem Orchester beigebracht, und dann kam Ponnelle dazu.
>
> Ponnelle war ein Romane, ein Franzose, der fließend Italienisch konnte und diese echte romanische Diktion dafür fand, auch in der Bildwelt, auch in der Gestik.
>
> Ponnelle hatte einen gewissen Vorbehalt gegen Harnoncourts damalige Musizierweise, weil er dachte, das wird vielleicht zu deutsch gegenüber der mittelmeerischen Welt. Das hat sich im Laufe der Probenarbeit völlig verloren, dieser reformatorische Hinterklang ist total romanisiert, katholisiert worden durch die Sprachbehandlung von Ponnelle. Die Rezitative bei Monteverdi sind ja Klang gewordene Sprache. Und die Sprachbehandlung hat Harnoncourt von Ponnelle gelernt, nicht umgekehrt. Denn Harnoncourts Italienisch ist nicht genuin. Ponnelle, der das in der Muttermilch hatte, brachte dieses Elementare in die Aufführung hinein.
>
> Ponnelle hat Harnoncourt zu seiner starken intellektuellen Erfindungskraft und Interpretationslust den Körper gegeben, die Lebendigkeit des Körpers, den Dampf, den Atem.
>
> Daß Ponnelle in der Zusammenarbeit dominant war, kann man nicht sagen. Ich glaube, daß es eine echt partnerschaftliche Ergänzung war. Es war ein Geben und Nehmen, die waren aufeinander eingestellt. Die Proben waren ein Rausch. Die Sänger waren total verwandelt. Man schwebte! Das habe ich nie in meinem Leben sonst erlebt. Und das ging ja dann in Mozart hinüber.

Daß Harnoncourt und Ponnelle sich nach dem Monteverdi-Zyklus nicht weiter auf dem Terrain der Barockoper aufhalten, sondern sich dem psychologischen Kosmos der Mozart-Opern zuwenden, ist die logische

Weiterentwicklung des gemeinsam Erarbeiteten. Drese hat einen umfangreichen Mozart-Zyklus geplant, der auch eine Reihe damals unpopulärer Werke beinhaltet.
»Ich sehe eine direkte Linie der Oper von Monteverdi über Mozart zu Verdi. Da sehe ich eine direkte Verwandtschaft, gerade in der Musikdramaturgie«, hat Ponnelle geäußert. In diesem Sinne hätte sich die Zusammenarbeit mit Harnoncourt wohl auch weiter entwickelt. Als man über Mozart sprach, dachte man bereits über Schuberts Oper »Des Teufels Lustschloß« nach, auch über Johann Strauß und Offenbach. Aber für Ponnelle, den Jüngeren, blieb nicht mehr viel Zeit.
Die erste Premiere des Zürcher Monteverdi-Zyklus ist am 20. Dezember 1975. Im Orchestergraben des Opernhauses sitzt das neue Zürcher Monteverdi-Orchester, angeführt von Alice Harnoncourt. An den Chitarronen sind Paul O'Dette und Hopkinson Smith. Harnoncourt:

> Wir hatten die besten Leute, die heute Weltstars sind. Und das hat ganz toll geklappt. Heute wäre so ein Spezialensemble übrigens bei jedem Weltklasse-Orchester möglich, inklusive Wiener Philharmoniker. Und das hat nicht nur für den Monteverdi-Zyklus existiert, sondern auch »Idomeneo« ist noch auf diese Art musiziert worden. Das hat sich dann Mozart-Orchester des Opernhauses Zürich genannt.
> Die übrigen Musiker haben sich aufgeregt, weil sie gedacht haben, es entsteht innerhalb des Orchesters ein Elite-Ensemble. Zuerst haben sie geglaubt, das ist nur der Abfall, und dann waren sie eifersüchtig und haben gesagt: Wieso können wir überhaupt keinen Mozart mehr spielen? Und ich habe gesagt, ich habe nichts dagegen, wenn die Motivation voll da ist. Ich war dann sogar dafür, daß das ganze Orchester sozusagen durchwachsen ist von diesem Stilinteresse.
> Aber ausgegangen ist es von einer eigenen Gruppe. Und was ganz interessant ist und gegen jede Statistik spricht: Es war nie jemand krank. Wir hatten keine Ersatzleute, es wäre niemand ersetzbar gewesen.

Innerhalb von zwei Jahren stellt man das Triptychon auf die Beine. Auf den »Orfeo«-Triumph folgt am 8. Jänner 1977 »L'incoronazione di Poppea« mit Rachel Yakar in der Titelrolle, Eric Tappy als Nerone, Trudeliese Schmidt als Ottavia, Paul Esswood als Ottone und Matti Salminen als Seneca. Im November desselben Jahres kommt »Ulisse« heraus, mit

Werner Hollweg als Odysseus, mit dem jungen Francisco Araiza als Telemaco und mit der deutschen Altistin Ortrun Wenkel als Penelope; es ist bereits Harnoncourts fünfte Auseinandersetzung mit diesem Werk, dessen Thematik ihn vielleicht besonders anspricht.
Die Sängerbesetzung zeigt gegenüber den früheren Platteneinspielungen der Monteverdi-Opern – an denen immerhin auch Cathy Berberian und Helen Donath mitgewirkt haben – Harnoncourts erklärte Vorliebe für »konventionelle« Sänger. Bei sogenannten Spezialisten gehen schlanke Stimmführung und »Stilbewußtsein« für seine Maßstäbe allzu sehr auf Kosten des leidenschaftlich-lebendigen Ausdrucks.

> Ich habe immer größte Angst vor den Vokalspezialisten gehabt. Niemand weiß, ob die Leute früher vor dem Singen ihre Adern entleert haben oder ob nur die gesungen haben, die kein Temperament hatten. Die Stimme ist wirklich dasselbe Instrument, heute wie damals. Und wenn man sagt: Aber die Instrumente klingen so, da müssen die Stimmen angepaßt werden, dann sage ich: Es ist genau umgekehrt! Die Stimmen klingen so, daher liegen wir vielleicht mit den Instrumenten falsch!

Der Monteverdi-Zyklus, der im Juni 1979 um eine szenische Fassung des Achten Madrigalbuchs ergänzt wird und bis Februar 1980 auf dem Spielplan bleibt, sorgt nicht nur in Zürich für ein volles Haus. Er erregt europaweites Aufsehen. Das Opern-Triptychon reist nach Hamburg und Berlin, zu den Wiener Festwochen und zum Edinburgh Festival, nach Wiesbaden und München, und auch an die Mailänder Scala kehrt der heimliche Debütant von einst im Triumph zurück; nunmehr ins große Haus, und gerade rechtzeitig zum Jubiläum des zweihundertjährigen Bestehens. Insgesamt erlebt der Zyklus hundertzehn Aufführungen: dreiundachtzig am Opernhaus Zürich, siebenundzwanzig auf Gastspielen.
Selten nimmt die Öffentlichkeit unmittelbar zur Kenntnis, daß es sich bei einer künstlerischen Darbietung um ein Ereignis von historischem Stellenwert handelt. Hier ist man sich einig: Harnoncourt und Ponnelle haben Monteverdi in kongenialer Weise für das zwanzigste Jahrhundert wiedergewonnen, haben das zeitlose Spiel vom Menschen zutage gefördert, das sich hinter dem kargen Notengerüst aus fernen Tagen verbirgt. Sie haben in Monteverdi den Shakespeare des Musiktheaters entdeckt und erfahrbar gemacht: einen Meister des Realismus, dem nichts Mensch-

liches fremd scheint, der die verworfensten und die schönsten Regungen der Seele mit virtuosem Zugriff blanklegt.
Indem Dirigent und Regisseur von der ersten Stellprobe an gemeinsame Sache machen, gelingt es, den musikalischen Gestus bruchlos ins Optische zu übersetzen. Zusammen mit den Sängern und den Spielern der Continuo-Instrumente, die die Personen charakterisieren, werden Opernfiguren von suggestiver Kraft entwickelt.
»Derart aufgewühlt verläßt man selten ein Opernhaus«, schreibt die Wiener Kritikerin Andrea Seebohm und preist den »schöpferischen Balanceakt aus Werktreue und Improvisation. Jeder Ton, jede Phrase, jedes Arpeggio und jeder Posaunenstoß ist förmlich aufgeladen mit Gefühl. Nirgendwo eine unbedeutende Begleitfloskel, ein affektloser Baßgang. Der Klang der alten Instrumente reißt den Hörer förmlich mit, zieht ihn hinein ins Geschehen, zwingt ihn, Seligkeit und Verzweiflung mitzuerleben, mitzuleiden. Schöneres ist auf den internationalen Opernbühnen derzeit nicht zu sehen und zu hören.«
Nikolaus Harnoncourt resümiert seine Erinnerungen.

Drese hat das eingefädelt. Ich habe damals Kurse in Berlin gehalten, und auf dem Rückflug haben wir uns in Köln getroffen. Ponnelle war perfekt vorbereitet. Er hat meine Schallplatten von den Monteverdi-Opern gekannt, und er hat mir genau gesagt, was ihm gefällt, was nicht und warum, und hat mich so ein bißchen spitz angegriffen, wo er gemeint hat, da wäre eine Angriffsfläche. Und ich habe ihn ein bißchen ausgefragt und hatte das Gefühl, das ist genau der Typ Mensch, der mir liegt.
Er war eben nicht so sehr Franzose, sondern viel mehr italienisch orientiert, ein mediterraner Mensch, von einer mediterranen Katholizität – schwer zu erklären ... Unter katholisch versteht man ja meist etwas Dogmatisches. Für mich ist katholisch etwas Lebenszugewandtes: die Farbigkeit, das italienische Barock, das hat überhaupt nichts zu tun mit der Konfession. Ponnelle war ein Agnostiker, aber im Prinzip ein katholischer Mensch. Und diese Lebensphilosophie, diese Wesensart, eine scharfe Intelligenz und eine ganz südliche Phantasie – wir haben einige Stunden gesprochen, und ich habe gedacht: Das ist ein interessanter Partner.
Wir haben uns geeinigt, daß wir mit dem »Orfeo« anfangen und daß er zu uns kommt, um das vorzubesprechen. Da waren wir noch lang per Sie. Wir

sind das Stück Takt für Takt durchgegangen, das war dann auch später immer unsere Art. Dann haben wir vereinbart, daß ich bei der ganzen Probenperiode dabeisein werde, was ihn sehr gewundert hat, und er hat gesagt, da wäre er froh; er sei wirklich der Fachmann für Mozart, bei Monteverdi kenne er sich nicht aus.

Wir sind einen Tag nach Probenbeginn nach Zürich gefahren, und wie wir um halb elf in der Nacht in unser Appartement gekommen sind, hat man schon nach uns gefahndet: Es sei alles drunter und drüber, Drese sagt, die Arbeitsatmosphäre ist phantastisch, aber Ponnelle hat die Hälfte der Sänger abgelehnt und sich mit diesem und jenem zerkracht. Er wollte sich den ersten Akt vorspielen lassen, es war aber niemand da, der die Tempi gewußt hätte. Er war in höchster Aufregung.

Ich bin dann noch am selben Abend in die Oper gefahren und habe ihn beruhigt. Es hat sich herausgestellt, daß im Prinzip ohnehin alles in Ordnung war. Nur mit einer Sängerin war er nicht einverstanden.

Zur selben Zeit ist in Hamburg das Kostümarchiv abgebrannt, und viele Produktionen sind ausgefallen, dadurch war die Trudeliese Schmidt frei. Die kam als Ersatz in die Produktion hinein – damit hatten wir wirklich ein tolles Ensemble.

Die Proben waren einfach phantastisch. Wir waren praktisch den ganzen Tag zusammen: vormittags Probe, mittags sind wir zusammen essen gegangen und haben diskutiert, nachmittags Probe, dann hatte ich noch eine Orchesterprobe. Es ist zielstrebig auf die Premiere hin gegangen, und es war ein gegenseitiges Verstehen, wie ich es wirklich ganz selten erlebe, auch von der Mentalität her.

Das ist bei jeder Produktion in derselben Weise abgelaufen. Immer mit einem Riesenkrach am Anfang, wo das ganze Zürcher Opernhaus Kopf gestanden ist – und vielleicht auch herausgefordert worden ist, durch diese Persönlichkeit. Er war die große explosive Persönlichkeit dort. Aber es waren kreative Krachs. Ein kreativer Krach ist eine Verzweiflung über eine Unzulänglichkeit, die aber evident ist. Die gewünschte und erreichbare Qualität, die kann man erkennen, und wenn die an Spießerhaftigkeit oder Kleinbürgerlichkeit oder Sturheit oder irgendwelchen Vorschriften scheitert, an dem kann man sich entzünden. Das kann ich vollkommen nachvollziehen.

Ponnelle hat eigentlich wenig geschrien, er war kein Schreikracher. Er hat einfach dezidiert seine Ablehnung oder seine Wünsche geäußert. Das war

zum Teil so scharf formuliert, daß ein Schreikrach nicht mehr Wirkung hätte haben können. Mit dem Effekt, daß vom Direktor bis zum letzten Türsteher wirklich jeder in Hochspannung war, all die Jahre lang.
Seine unerschöpfliche Phantasie kennt man. Aber es gab dann immer wieder Momente, wo seine Phantasie etwas hervorgebracht hat, über das ich absolut verzweifelt war, was ich nicht tolerieren konnte. Jetzt habe ich vorsichtig, vorsichtig dagegegen gesteuert und habe gemerkt: In die Phantasie hineinzusteuern ist kontraproduktiv, da geht die Phantasie kaputt. Ich habe auch sehr viel gelernt, wie Phantasie funktioniert, wie Arbeitsrausch funktioniert. Und ich habe entweder dann, wenn die Sänger schon weg waren, allein mit ihm darüber gesprochen, und habe gesehen, das geht noch immer nicht, das flammt noch. Oder ich bin am nächsten Tag in der Früh in sein Hotel gegangen, weil ich gewußt habe, er steht sehr früh auf und arbeitet schon an seinen nächsten Produktionen, und habe vor der Probe mit ihm über meine Bedenken gesprochen.
Ich muß sagen, in der ganzen Arbeit, auch später bei Mozart, gab es nicht einen einzigen Einwand meinerseits, dem er nicht Rechnung getragen hat. Er hat jeden Wunsch von mir erfüllt. Das zeigt, wie sicher er sich war. Er hatte nicht das Gefühl, daß er sich mir dadurch in die Hand gibt. Er war einfach sicher. Und er hat auch gelegentlich musikalische Wünsche gehabt, und ich habe die sehr gründlich erwogen. Ich habe mich verpflichtet gefühlt, auf seine Bedenken ernsthaft einzugehen – das hat auf Gegenseitigkeit beruht.

Die für heutige Begriffe sehr opulente Optik des Monteverdi-Zyklus, der dank der späteren UNITEL-Verfilmung auf Video dokumentiert ist, läßt die Produktionen auf den ersten Blick altmodischer erscheinen, als sie es von der gedanklichen Konzeption her waren. Seine Vorliebe fürs üppig Barocke, die von der detailversessenen Phantasie des Kostümbildners Pet Halmen noch gesteigert wurde, verstellt bei flüchtiger Betrachtung die Sicht auf Ponnelles präzise Menschenführung.
Dabei hatte er schon bei der ersten Besprechung angedeutet, daß er möglicherweise alle Sänger in Jeans auftreten lassen werde. Eine kühne Idee für die siebziger Jahre, und man bedauert ein wenig, daß es nicht dazu gekommen ist. Ponnelle war vielleicht noch zu sehr in der ersten Hälfte dieses Jahrhunderts verankert, und er gehörte jedenfalls nicht zu den Enfants terribles aus den Reihen der »Achtundsechziger«, wie etwa

Hans Neuenfels und Achim Freyer, die damals als Publikumsschrecks in der deutschen Theaterlandschaft groß herauskamen.

> Er hat gesagt, er möchte mich etwas warnen. Wie er das Stück im Moment sieht, spielt es nicht in einer bestimmten Zeit. Er hat mir viele Sachen aufgezeichnet und hat gesagt: Es könnte sein, daß wir das in Jeans spielen, in der normalen Kleidung des Alltags. Das war nicht das Image, das er gehabt hat. Damals war er für luxuriöse Ausstattung schon bekannt.
> Er hat es dann nicht in Jeans gemacht, aber was ich daran erkannt habe, war: Seine Personenführung war so modern, so psychologisch fein und durchgearbeitet – bis zur ersten Hauptprobe, solange die Sänger wirklich Jeans anhatten, hat mir überhaupt nichts gefehlt. Da hatte ich das Gefühl, das ist das Modernste, was es überhaupt gibt, die könnten gleich so weiterspielen.
> Durch die Kostüme hat es sich wohl entfernt, aber es ist auch allgemeingültiger geworden. Ich habe verstanden, warum er es so wollte. Aber ich habe dann auch verstanden, daß die sogenannten modernen Regisseure überhaupt nicht modern sind, daß sie einfach nur nicht so gut sind. Wenn einer so gut ist, dann ist es im Grunde egal, für welche Kleidung er sich entscheidet. An der Personenführung sieht man die Qualität des Regisseurs. Dort, wo diese Qualität verkleistert ist durch zeitgemäße oder nicht zeitgemäße Kostüme, da wird Modernität nur vorgetäuscht.
> Ponnelle war an der vordersten psychologischen Kante. Später wurde so viel Kritik an ihm geübt. Für mich ist es eine Ära. Diese Intelligenz, diese Kreativität und Phantasie, das war wirklich einmalig.

Anfang 1980 beginnt die gemeinsame Arbeit am Zürcher Mozart-Zyklus. Anders als bei Monteverdi kann Ponnelle hier bereits auf reiche Erfahrungen zurückgreifen, ja große Verdienste vorweisen. Er hat Mozart landauf, landab inszeniert, nicht zuletzt bei den Salzburger Festspielen, in San Francisco und Chicago. Vor allem aber hat er seit 1969 in Köln, während Dreses Generalintendanz, mit István Kertész einen siebenteiligen Zyklus inszeniert. Ponnelles größte Leidenschaft galt dabei den am wenigsten populären, als altmodisch oder zweitrangig mißverstandenen Werken. »La clemenza di Tito« und »Idomeneo« wurden durch seine Arbeit erstmals neu zur Diskussion gestellt.
Die bewährte Methode, das Bühnengeschehen als permanenten Dialog mit den musikalischen Texten und Subtexten zu entwickeln, bringt auch

hier faszinierende Ergebnisse. Für Ponnelle wird in Harnoncourts musikalischer Gestaltung etwas begreifbar, was ihn gerade an den erwähnten Werken immer angezogen hat: »Es bebt etwas in diesen Partituren. Mozart hat diesen Stücken den romantischen Atem des Sturm und Drang verliehen.«

Man ist sich einig, daß »Idomeneo« als die Quintessenz von Mozarts Opernschaffen am Beginn des Zürcher Zyklus stehen muß. Eben weil es sich um keine Opera seria mehr handelt, sondern den Moment markiert, »wo Mozart sich seines eigenen Genies bewußt wird«, wie Ponnelle formuliert hat. Mozarts schmerzhafte Abnabelung vom Vater, die sich im Konflikt zwischen Idomeneo und Idamante spiegelt, bildet die Grundidee aller Ponnelle-Inszenierungen dieses Stücks. In einem Gespräch zur Zürcher Inszenierung im Februar 1980 sagte er: »Nach Köln, Salzburg und Amerika hat mir die Zusammenarbeit mit Harnoncourt viel Neues gebracht. Äußerlich könnten meine Inszenierungen mehr oder weniger vergleichbar erscheinen, in Wahrheit aber hat diese Zürcher ›Idomeneo‹-Arbeit mit der früheren nichts mehr zu tun. Ich habe das Gefühl, daß ich mir einen Mozart erträume wie Harnoncourt, ohne daß ein Teil dieser Träume vielleicht jemals realisierbar sein wird.«

Großer Wermutstropfen beim Zürcher »Idomeneo«: Ponnelle sieht keine Möglichkeit, das Schlußballett in seine Inszenierung zu integrieren – obwohl er von der musikalischen Qualität der Chaconne überzeugt ist. Ein echter Konflikt, in dem die Musik gegen die Szene steht. Harnoncourt:

> Naja. Das war unsere erste Mozart-Zusammenarbeit. Ich bin ganz sicher, drei, vier Jahre später hätte Ponnelle anders darüber gedacht. Er hatte sehr viel Sinn für musikalische Form, und er hätte eingesehen, daß man nach diesem Chor, »Scenda amor, scenda imeneo«, nicht enden kann. Ich habe das Stück damals formal auch nicht genau genug durchschaut. Das ist ein Schluß, den man nicht machen kann, da entsteht eine totale Asymmetrie, und der Schluß ist auch kein Schluß. Das war ein ganz furchtbarer Fehler.

Dennoch: Die grundlegende Neuerung des Mozart-Bildes, die heute vielfach selbstverständlich scheint, hat hier ihren Anfang genommen. In Relation zur Opernpraxis der siebziger Jahre muß der Zürcher Mozart-Zyklus revolutionär gewirkt haben. Der Zugriff von Harnoncourt und Ponnelle ist auf der Höhe der Zeit. Und der mittlerweile auch schon

legendäre Brüsseler Mozart-Zyklus aus der zweiten Hälfte der achtziger Jahre hat auf diesem Ansatz aufgebaut.
Der Geheimcode, der das Verständnis für die musikalischen Tragikomödien des achtzehnten Jahrhunderts im ausgehenden zwanzigsten Jahrhundert wieder ermöglicht, ist geknackt. Man erkennt: Die im neunzehnten Jahrhundert etablierten Richtlinien bürgerlicher Moral und das Ideal vom moralisch unanfechtbaren Helden sind für die vorangehende Epoche noch nicht verbindlich. Gerade hier liegt der große Reiz für unsere gegenüber traditionellen Wertsystemen skeptische Zeit, in der auch die psychologischen Erkenntnisse vom Beginn unseres Jahrhundert ins allgemeine Bewußtsein einfließen. Speziell bei »Così fan tutte« entsteht ein ganz besonderes Ergebnis.
Dieses Stück ist mehr als das frivole Rokoko-Getändel, von dem man sich im neunzehnten Jahrhundert in sittlicher Entrüstung abgewandt hat. Was Harnoncourt und Ponnelle interessiert, sind die Abgründe hinter der absolut ernst zu nehmenden Gattungsbezeichnung »Opera buffa«: in welcher Bandbreite die simple Handlung und der witzige Text durch die Musik gedeutet werden, daß es hier gleichsam um eine szenische Versuchsanordnung für ein grausames Experiment an der geöffneten Seele geht, um Vivisektion der Gefühle; auch, daß es sich um ein »Männerstück« handelt, wie Harnoncourt sagt, da die männliche Sicht auf die Liebe und männliche Verhaltensweisen im Vordergrund stehen, dramaturgische Auslöser der Handlung sind – im Gegensatz zu »Figaro«, in dem die weibliche Perspektive dominiert.
In den letzten Jahren zeigt Ponnelle bereits deutliche Ermüdungserscheinungen. Das Mittelmaß im Alltag der Theater und Orchester, die Zwänge an institutionalisierten Bühnen, der zweifelhafte technischen Fortschritt, der alte Handwerkskunst zum Verschwinden bringt, sind ihm Anlaß zu ständiger Rebellion. Er trifft sich mit Harnoncourt in der Wertschätzung des Handwerks, in der Bedeutung, die er in der künstlerischen Arbeit der Praxis beimißt.
Klagen, die Ponnelle diesbezüglich in Gesprächen mit Journalisten äußert, kann man in ähnlichen Formulierungen auch von Harnoncourt hören: daß der Künstler im herkömmlichen Betrieb sein »Produkt« nicht in der Hand behalten kann, daß es in der Mühle des Repertoires unweigerlich verflacht und daß man dagegen im Grunde wehrlos sei. Ein Pro-

blem, das für Harnoncourt im Lauf seiner Operntätigkeit besonders in Wien virulent wird.

Zuletzt war Ponnelle etwas resigniert über den Rückgang der Qualität im Bühnenhandwerklichen. Dadurch, daß die Bühnentechnik mit Computern gearbeitet hat, ist die Kreativität in eine andere Richtung gegangen. Diese phantastischen alten Bühnenmeister konnten mit einem einzigen Seilwurf in ein paar Sekunden zwei Ecken zusammenmachen, über eine Reihe von gekreuzten Nägeln. Später waren die Bühnenarbeiter immer öfter ungelernte Kräfte, die die einzelnen Teile mit Schraubzwingen verbunden haben statt mit Schnüren. Da ist viel verlorengegangen.

Ponnelle hat eigentlich sehr barock gedacht, war inspiriert von den barocken Maschinentheatern wie in Drottningholm und ist in gewerkschaftlich organisierte Gewerbebetriebe gekommen. Die Unzulänglichkeit des Apparates in der heutigen Zeit hat dazu geführt, daß er in seinen letzten Jahren überlegt hat, ob er sich nicht überhaupt vom Theater zurückziehen soll, weil es ihn nicht mehr gefreut hat, diese Kämpfe auszufechten. Er hat immer wieder gesagt: Ich habe meine Weingüter, ich könnte ja Wein bauen, das ist auf jeden Fall etwas Kreatives und etwas Sinnvolles. Er war am Ende eigentlich sehr deprimiert.

Wir hatten schon für Hamburg »King Arthur« von Purcell geplant, das wollten wir mit Marionetten machen. Wir hatten ja schon bei den Monteverdi-Madrigalen in Zürich Marionetten dabei. Wessen Idee das war, das weiß ich nicht. Über Marionetten haben wir natürlich auch dauernd geredet. Wir haben so gemeinsam gebrütet, ich glaube nicht, daß die Ideen sich so leicht auseinanderdröseln lassen. Dieses Purcell-Projekt haben wir noch besprochen, zwei Monate vor seinem Tod. Da sind wir in München zusammengekommen und haben überlegt, wer das Textbuch schreiben soll. Wir wollten einen neuen Text dafür haben.

Verdi hätten wir übrigens auch zusammen gemacht. Wir haben schon sehr viel darüber gesprochen. Er wollte frühen Verdi machen, aber ich war damit noch nicht genug vertraut. Ich interessiere mich natürlich für alles, was nach »Aida« ist. »Aida«, »Don Carlo«, »Otello« und »Falstaff«.

Bestimmte Konstellationen sind unwiederholbar. Das war in seiner Art etwas sehr Einmaliges, und er hat es auch so empfunden.

Zum jähen Schlußpunkt der Zusammenarbeit wird der »Così fan tutte«-Film, an dem Ponnelle bis knapp vor seinem Tod im August 1988 arbei-

tet, ohne ihn ganz fertigstellen zu können. Ein Dokument, das den Status des gemeinsam geschaffenen Interpretationsstils überprüfbar macht: modellhaft in der Art, wie in rhythmisch unerhört genau gesetzten Bildern Musik und Szene ineinandergreifen, wie jede klangliche Regung eine optische Antwort erhält. Faszinierend, wie sich die Regie von der Musik zum äußersten Risiko herausfordern läßt, wie die Sänger-Darsteller die verborgensten Seelenwinkel nach außen kehren. Edita Gruberová hat für Harnoncourt und Ponnelle hier zum ersten und einzigen Mal die Fiordiligi verkörpert. Nikolaus Harnoncourt dirigierte die Wiener Philharmoniker.
Zugleich ist dieser Film ein Exempel der Künstlichkeit, die Ponnelle auf dem Theater immer so wichtig war, und wirkt im nachhinein wie ein künstlerisches Adieu, das die Komik des »Männerstücks« mit bestürzendem Zynismus und schmerzlicher Illusionslosigkeit nachzeichnet. Zum Triumph ist hier am Ende niemand berechtigt – und der ehrliche Zuschauer wird sich schwerlich moralisch erhaben fühlen können. Die aus einer Probenpanne entsprungene Aktion, daß Dorabella in der Liebesszene des zweiten Akts bei den Worten »O cambio felice!« (»O glücklicher Tausch!«) Guglielmo versehentlich den falschen Bart abnimmt, löst jene Verwirrung der Gefühle, denen die Bühnenfiguren unterworfen sind, auch im sensiblen Betrachter aus.
Das Spiel muß weitergehen. »Figaro« ist bereits fertig konzipiert und wird vom Assistenten Grischa Asagaroff im Februar 1989 zur Premiere gebracht, in Ponnelles Bühnenbild von einer früheren Inszenierung bei den Salzburger Festspielen.
Den Schritt zur zeitgenössischen Ausstattung, von dem Ponnelle bereits vor dem »Orfeo« gesprochen hat, vollzieht erst John Dew, der den Zürcher Mozart-Zyklus mit »La clemenza di Tito« im Oktober 1989 vollendet. Schnittiges italienisches Design, eine Welt der coolen Manager, in der Gefühle auf der Strecke bleiben müssen.

Frankfurter Zwischenspiel

Die Erfahrungen am Zürcher Opernhaus finden Ende der siebziger Jahre eine Ergänzung am Opernhaus Frankfurt. Es ist die erste Saison der Direktionszeit von Michael Gielen, und man bringt Harnoncourt mit

dem österreichischen Regisseur Horst Zankl zusammen. Zankl hat sich vorwiegend mit Schauspielinszenierungen von Wolfgang Bauer und Peter Handke, Arthur Schnitzler und Ödön von Horváth einen Namen gemacht und hat als Leiter des Zürcher Theaters am Neumarkt ein erfolgreiches Mitbestimmungsmodell entwickelt. Ein geeichter »Achtundsechziger«, der aus einer musikalisch aktiven Grazer Familie stammt und mit Musik praktisch umgehen kann. Sein scharfer Intellekt, der mit einer verqueren, zu schwarzem Humor und skurrilen Einfällen neigenden Phantasie einhergeht, verbindet sich mit Harnoncourts musikalischen Intentionen zur pointierten Neuinterpretation von zwei weiteren Exemplaren der heiklen Spezies Barockoper – an deren Erfolg auch der junge österreichische Bühnenbildner Erich Wonder kreativen Anteil hat.
Im April 1978 – das Zürcher Monteverdi-Triptychon war im November des Vorjahres vollendet worden – kommt in Frankfurt Händels »Giulio Cesare« auf die Bühne. Den Zeitungsberichten zufolge ist es offensichtlich auch hier gelungen, musikalische und szenische Aktion zu einer schlüssigen Einheit zu verbinden, um auf diese Weise die Zeitlosigkeit von Situationen und Gefühlen hinter den formalen Schemata zu vermitteln – und im konkreten Fall auch den anarchischen Witz und die ironische Brechung wirksam werden zu lassen, mit denen Händel die scheinbare Huldigung an den Imperator listig ins Gegenteil verkehrt hat. Ein tiefsinniger Opernspaß, der die Assoziation zu Asterix-Comics und anachronistische Querverweise nicht scheut, der mit lebenden Schlangen, einer kleinen Raubkatze und einer Schar nackter schwarzer Mädchen auch ein bißchen brave Bürger schreckt, dabei die Opernfiguren in ihren Momenten der wahren Empfindung aber ernst nimmt. Auch hier sind, wie bei den Zürcher Monteverdi-Aufführungen, die Protagonisten durch Instrumente charakterisiert, die die Sänger bei ihren Arien solistisch begleiten. Die Personen erhalten so ein plastisches emotionales Profil.
Begeisterte Resonanz. Die Kritik konstatiert einen »Glücksfall« und attestiert der Produktion erneut Modellhaftigkeit in der Wiederbelebung einer als rettungslos antiquiert verschrienen Gattung.
Nicht einhellig positiv nimmt die Presse hingegen Rameaus Tragédie lyrique »Castor et Pollux« auf, die Harnoncourt und Zankl im Oktober 1980 in Frankfurt herausbringen – obwohl sie möglicherweise den noch größeren Wurf darstellt. Die Widerstände haben zweifellos mit den

Eigenheiten der französischen Barockoper zu tun, mit ihrer artifiziellen Bindung an das strenge Versmaß des Textes, mit ihrem Mangel an Handlung und an klanglicher Opulenz. Dadurch ist sie für ungeübte Hörer schwerer zugänglich als die italienische Barockoper.

Harnoncourt geht es darum, die visionären Qualitäten von Rameaus Musik herauszustellen, seine Bedeutung als Wegbereiter für Haydn und Mozart hörbar zu machen. Er hat das Stück bereits 1972 aufgenommen, doch ergeben sich anläßlich dieser Aufführung viele neue Einsichten. Seinem Regiepartner gelingt es, das höfische Spektakel rund um Louis XV. in pralle Bühnenaktion zu übersetzen. Er inszeniert ein Spiel im Spiel, das dem strengen Duktus der Musik mit üppigen Bildern begegnet. Unterhaltungstheater und szenischer Luxus werden zum Programm erhoben, das mythologische Thema wird mit intellektuell grundierter Sinnlichkeit aufgeladen, und Erich Wonders Licht- und Maschineneffekte tun ihre verzaubernde Wirkung.

Im Orchestergraben sind in Frankfurt keine Spezialisten am Werk. Einzige Reverenz an den »Originalklang« ist die Bühnenmusik, angeführt von Alice Harnoncourt. Die besondere Leistung des Frankfurter Opernorchesters wird in den Rezensionen zu beiden Aufführungen immer wieder positiv hervorgehoben. Nikolaus Harnoncourt hat die akustischen Gegebenheiten des Zuschauerraums geprüft und instrumentale Details darauf abgestimmt. Er hat die Musiker nach bestem Können motiviert und ein Maximum an stilistischer Genauigkeit erzielt. Allerdings begeben sich unerfreuliche Dinge. Daß ein Solobläser seinen Auftritt zur Begleitung des Titelhelden versäumt, kann als »menschliches Versagen« einmal vorkommen. Als sich aber herausstellt, daß ein Cellist, der alle Proben mitgemacht hat, zum Premierentermin auf Urlaub geht, beschließt Harnoncourt, keine weiteren Projekte in Frankfurt mehr anzunehmen.

Zürich bleibt seine »Opernheimat«. Elf Premieren während der elfjährigen Direktionszeit von Claus Helmut Drese. Harnoncourt ist der stilbildende Dirigent in Sachen Mozart. Hier wird ein neues Mozart-Publikum herangebildet, mit anderen Hörerfahrungen, aus denen eine andere Erwartungshaltung resultiert.

Zürich ist keine traditionsreiche Theaterstadt wie etwa Wien. Gerade deshalb hat es eine unvoreingenommene, neugierige, obendrein zahlungskräftige Klientel, die sich für Neues motivieren läßt und – ein entschiedener Gewinn für die Atmosphäre – die italienische wie die französische Sprache beherrscht. Die Mischung aus kleinstädtischer Intimität und großstädtischem, ja kosmopolitischem Anspruch schafft ein familiäres Klima von Kennerschaft, aus dem ein geschickter Direktor künstlerisch wie wirtschaftlich Kapital schlagen kann.

Das angenehm dimensionierte Opernhaus der europaweit bewährten Marke »Helmer & Fellner«, 1890/91 mit zwölfhundert Plätzen errichtet, ist auch für die Musik des achtzehnten und frühen neunzehnten Jahrhunderts bestens geeignet. Harnoncourts tragfähige Partnerschaft mit dem Orchester, das ihn jedes Mal begeistert empfängt, hat viele spannende Produktionen ermöglicht. Bis heute betreut er in Zürich jede Saison ein bis zwei Premieren und mindestens eine Wiederaufnahme, dirigiert bis zu dreißig Abende. Zwar arbeitet er zwischen 1982 und 1995 auch an Opernbühnen in Amsterdam und in Hamburg, in Wien und in Salzburg, doch nirgendwo sind die Bedingungen so stimmig wie im Jahrhundertwendebau am Zürichsee – von der Akustik bis zum internen Klima. Ein kleines Detail sagt hier sehr viel: Das Zimmer des Abend-Dirigenten grenzt unmittelbar an das Zimmer des Direktors.

Die rechtliche Grundlage der Zürcher Oper als Aktiengesellschaft mit einem gewählten Intendanten schafft Freiraum: Solange das Budget in Ordnung ist, kann der Direktor in seinem Programm künstlerische Prioritäten setzen. Gewerkschaftliche Zwänge existieren wie überall, aber man arrangiert sich im Interesse der Sache. Über eine Verlängerung der Probenzeit um eine Viertelstunde kann man zumindest diskutieren.

Claus Helmut Drese im – vielleicht etwas verklärten – Rückblick auf seine erfolgreiche Zeit von 1975 bis 1986:

> Zürich ist einfach und vernünftig. Es gibt keine Intrigen. Natürlich haben Ferdinand Leitner und Nello Santi als die führenden Dirigenten am Haus gegen Harnoncourt gemosert, aber das tut ja nichts. Der Intendant ist die Zentrale des Betriebes, was der sagt, das geschieht. Mit dem Betriebsrat können Sie immer fertig werden. Und der Verwaltungsrat mischt sich nicht ein, solange das Budget in Ordnung ist. Die Kasse muß stimmen. Ich mache tolle Musical-Produktionen und erkämpfe mir damit den Freiraum für »Lucio Silla«.

Überstunden sind kein Problem, alle ziehen an einem Strang. Proben dürfen bis vierzehn Uhr dauern, die Zeiten sind flexibel, denn die gewerkschaftliche Regelung betrifft die Monatsarbeitszeit.
Die Tradition in Zürich existiert erst ab der Mitte des vorigen Jahrhunderts, das Opernhaus hat sich seinen künstlerischen Rang erst im Zweiten Weltkrieg erworben, als man dort Hindemith, Busoni und Schoeck spielte und 1937 die Uraufführung von Bergs »Lulu« wagte. Die Größenverhältnisse von Bühne und Zuschauerraum sind ideal. Und Zürich ist auch deshalb der ideale Opernplatz, weil man dort polyglott ist. Aufgrund der protestantischen Prägung war es auch gut für die Barockoper geeignet. Es war *die* Chance für Monteverdi. Und Harnoncourt ist dort eben nicht auf Traditionswiderstand gestoßen.
Allerdings ist das Einzugsgebiet sehr klein. Man muß viel Neues bieten, wenn man die Auslastung bei neunzig Prozent halten will. Sechstausend bis achttausend Abonnenten müssen unterhalten werden, sie sind treu und anspruchsvoll.

Anders als etwa in der Tourismusmetropole Wien, wo Inszenierungen manchmal über Jahrzehnte im Spielplan sind und im Prinzip täglich abrufbereit sein müssen, trägt man dem vergleichsweise kleine Publikumskreis in Zürich Rechnung, indem man auch Standardwerke häufig erneuert. Es gibt derzeit bis zu siebzehn Premieren pro Saison. Man spielt an zweihundertsechzig Abenden und hat rund vierzig Stücke im Repertoire; das Orchester leistet zweihundertfünfzehn Dienste pro Jahr. Aufgrund der von Drese durchgeführten Umstellung auf Semi-Stagione-Betrieb sind die Aufführungen jedoch in zeitlich eng zusammenliegenden Serien angesetzt. So bleiben Sängerbesetzung und musikalische Leitung konstant; im Orchester wird dank der »Werkbesetzung«, bei der die Musiker nicht wechseln, ein hohes Niveau gehalten, und im szenischen Bereich kann man mehr riskieren: Wenn die Teams nicht austauschbar sein müssen, weil man täglich ein anderes Stück spielt, müssen die Inszenierungen nicht auf Nummer Sicher angelegt sein.
Daß er in einem so günstigen Umfeld und mit einem Partner wie Ponnelle ins Opernmetier hineinwachsen konnte, schraubt Harnoncourts Erwartungen an kreative Arbeitsbedingungen hoch. In Zürich respektiert man nicht bloß seine Persönlichkeit und seinen Arbeitsstil; seine Interessen und sein künstlerisches Temperament sind auch Impulsgeber für den

Spielplan. Und als 1991 Alexander Pereira vom Wiener Konzerthaus in die Direktion der Zürcher Oper kommt, wird Harnoncourts integrale Position noch vertieft.
Gemeinsam mit Jürgen Flimm unternimmt er die sanfte Erneuerung von Mozarts Da-Ponte-Opern. Außerdem beginnt er seine Auseinandersetzung mit ausgewählten Werken des neunzehnten Jahrhunderts. Sie umfaßt die philologisch revidierte Neufassung von Johann Strauß' »Zigeunerbaron« ebenso wie Verdis »Aida«, beinhaltet zentrale Stücke der deutschen Romantik – »Der Freischütz« und Schuberts »Des Teufels Lustschloß« – sowie die Offenbach-Operetten »La belle Hélène« und »La Périchole«.
Die erfolgreiche Barocklinie wird weitergeführt; nicht nur mit einer traumhaft-suggestiven »Alcina« von Händel. Die ambitionierten Zürcher Musiker treten anläßlich von Koproduktionen mit den Wiener Festwochen auch in die Fußstapfen des Concentus Musicus: bei Händels »Giulio Cesare« und bei Haydns Orpheus-Oper »L'anima del filosofo«.
Für die Wiederaufnahme von »Lucio Silla« zum Andenken an Jean-Pierre Ponnelle im Herbst 1998 gehen sie noch einen Schritt weiter. Nach einem halben Jahr gewissenhafter Vorbereitung debütiert hier die »Capella La Scintilla«: ein aus dem Opernorchester hervorgegangenes junges Ensemble auf alten Instrumenten, das die Funken der Initialzündung von damals in die Zukunft tragen will.

Eine Frage der Mentalität

Die intensive Tätigkeit in Zürich, die langen Aufenthalte, die sich durch die Opernproduktionen ergaben, haben das Ehepaar bewogen, sich einen zweiten Wohnsitz zu schaffen. Aus dem behelfsmäßigen Appartement der Anfangszeit ist man in ein Haus hoch über der Stadt gezogen, das dem Harnoncourtschen Hang zum Understatement voll entspricht. Ein mit unauffälligem hellem Holz verkleideter moderner Bau, dem man seine Vergangenheit als Heustadel noch ansieht, nur über einen holprigen Wiesenpfad erreichbar, mit schwer auffindbarer Eingangstür. Innen hell und luftig, mit der charakteristischen Mischung aus Arbeitsatmosphäre und dezenter Behaglichkeit, die sich nicht in marmorverkleideten Badezimmern, sondern in Büchern, Bildern, Blumen ausdrückt. In den umliegenden Wiesen streunen Katzen, weiden Schafe. Der Gast, der aus dem Fenster schaut, hat bei klarem Wetter die Wahl zwischen Seeblick und Gebirgspanorama. Ein ländliches Idyll – und doch nur zwanzig Autominuten vom Opernhaus entfernt. Daß sie fast genauso schnell auch in den Bergen sein können, schätzen Alice und Nikolaus Harnoncourt an ihrem Zürcher Heim besonders.
1984 hat das Ehepaar die »Schweizerische Niederlassung« erhalten. Seit 1995 muß diese Aufenthaltsgenehmigung nicht mehr jährlich erneuert werden und ist auch nicht mehr an den Nachweis einer Tätigkeit gebunden. Die Staatsbürgerschaft ist in dieser Situation problemlos erhältlich. Theoretisch könnten die Harnoncourts also bereits Schweizer sein. Man hat sie dazu auch ausdrücklich eingeladen, und wenn die »österreichischen Verhältnisse« in der Steuergesetzgebung oder in der Kulturpolitik allzusehr auf die Stimmung drücken, können solche Gedanken schon aufkommen – obwohl Nikolaus Harnoncourt das im Hinblick auf die historischen Zusammenhänge gleich wieder relativiert: »Es ist eigentlich egal, wenn man denkt, daß die Habsburger auch Schweizer waren.« Es gab allerdings Perioden, in denen die Verbindung mit der österreichischen Heimat hauptsächlich durch die Lehrtätigkeit in Salzburg und nicht durch die künstlerische Arbeit gegeben war.
In den siebziger Jahren, als sich in Zürich die Opernarbeit entfaltet, ist Harnoncourt in der Wiener Musikszene mit neun Konzerten nur spora-

disch zu Gast. Aufmerksamkeit erzeugen immerhin zwei große Projekte mit Eric Ericsons Stockholmer Kammerchor: Purcells »The Fairy Queen« (1973) sowie Händels »Belshazzar« (1976). Erst 1978, beginnend mit dem Monteverdi-Gastspiel bei den Wiener Festwochen, verstärkt sich seine Präsenz wieder.

Die Plattenproduktion ist in der Zwischenzeit freilich emsig weitergegangen. In den siebziger Jahren entstehen rund sechzig Aufnahmen, mit dem Schwerpunkt auf der Einspielung der Bach-Kantaten. Doch ehe der Concentus Musicus im Dezember 1978 seinen eigenen Abonnement-Zyklus im Musikverein startet, profiliert er sich hauptsächlich auf großen Tourneen auf der anderen Seite der Erdkugel. Harnoncourts Rolle im Ensemble hat sich nicht wesentlich geändert. Wenn es sich nicht um eine groß besetzte Aufführung handelt, sitzt er immer noch am Cello. Er will auch jetzt nicht Dirigent sein, sondern das tun, was der jeweiligen Situation angemessen ist, wie er in einem Interview Ende der siebziger Jahre erklärt.

> In einem Ensemble von zwölf Musikern ist es ökonomisch richtiger, am Cello zu sitzen, statt davor zu stehen. Vom Cello aus kann ich meinen Impuls unmittelbar umsetzen, etwa durch einen Blick übertragen. Ab einer gewissen Größe und wenn zum Beispiel auch ein Chor dabei ist, kann man das Können und die Möglichkeiten der einzelnen Musiker nicht mehr so genau erkennen. Da muß man während des Spielens dauernd deutlich machen, was man will. Bei der großen g-moll-Sinfonie von Mozart kann ich mir keine Interpretation vorstellen, die aus dem Kollektiv kommt. Aus dem Kollektiv kommen Ideen, aber die Koordination der Ideen muß Sache einer Person sein.

Ein Querkopf als Quereinsteiger

> *Daß es vielleicht zwiespältige Beziehungen zwischen mir und den etablierten Dirigenten gegeben hat, das kann man schon sagen.*
>
> *Nikolaus Harnoncourt*

1975 beginnt Nikolaus Harnoncourt seine Zusammenarbeit mit dem Concertgebouw Orkest Amsterdam. Es ist das erste moderne Spitzen-

orchester, mit dem sich produktive Kontinuität entwickelt. In mehr als zwanzig Jahren führt der Weg von Bach über Mozart und Schubert bis zu Brahms und Johann Strauß, bis zu Bruckner, Dvořák und Alban Berg. Das meiste ist für den Dirigenten Neuland. Vieles kommt auf Anregung oder speziellen Wunsch des Orchesters zustande. Der romantische Kern von Harnoncourts Wesen findet hier zum ersten Mal eine adäquate akustische Ausdrucksmöglichkeit.
In Holland wird zu Ostern, so will es die Tradition, allerorten die Matthäus-Passion gespielt. Fast gleichzeitig mit dem Residentie-Orkest Den Haag war auch das Concertgebouw Orkest an Harnoncourt herangetreten. Marius Flothuis, bis 1974 künstlerischer Leiter des Ensembles, und sein Nachfolger Hein van Royen finden es an der Zeit, eine stilistische Trendwende einzuleiten. Die Musiker sind neugierig und entschlossen, von den Erfahrungen des Österreichers zu profitieren. Harnoncourt soll von nun an die Matthäus-Passion im Concertgebouw leiten.
Er nimmt das Angebot nur unter einer Bedingung an: Die Johannes-Passion sei absolut gleichrangig, daher müßten beide Werke alternierend aufs Programm kommen. Er beginnt mit der Johannes-Passion.
Für Harnoncourt ist es ein großes Ereignis. Es ist genau zehn Jahre her, daß er das Werk mit dem Concentus Musicus aufgenommen hat. Nun steht er in einem der berühmtesten Konzertsäle Europas, mit einem Sinfonieorchester, das sich unter Willem Mengelberg historische Verdienste in der Mahler-Interpretation erworben hat, dessen Bach-Bild ganz den Klangvorstellungen der Spätromantik verpflichtet ist. Wie weit wird er unter den gegebenen Umständen mit der Realisierung seiner Ideen kommen? Die Akustik erlaubt große Subtilität. Von den Musikern sind etliche in Verbindung mit der Alte-Musik-Szene, man kann Offenheit und Interesse erwarten. Trotzdem: Er muß sich rückversichern. Er bittet um eine Unterredung mit den Stimmführern. Er wirbt um Verständnis für seine Auffassung und die damit verbundenen Maßnahmen. Die Besetzung muß radikal verkleinert werden, es müssen wesentliche Veränderungen in punkto Spieltechnik, Artikulation und Klanggestaltung akzeptiert werden. Nach wenigen Minuten steht Konzertmeister Herman Krebbers auf: Wir haben Sie eingeladen, wir machen alles, was Sie verlangen. Keine weitere Diskussion. Ende der Sitzung.

»Die Zusammenarbeit war von Anfang an prima«, notiert die Chronik des Hauses. »Der Diamant Concertgebouw erhielt eine zusätzliche Facette. Das Orchester mag ihn, weil es spürt, daß es ihm um die Musik geht, nicht um seine persönliche Eitelkeit. Es mag ihn, weil er nicht vergessen hat, daß er selbst Orchestermusiker war, weil er deshalb eine genaue Probeneinteilung trifft und die Zeit der Musiker nicht vergeudet.«
Die Proben für die Johannes-Passion dauern eine Woche. In der Praxis ist es für beide Seiten keine einfache Aufgabe. Und in der Öffentlichkeit wird der Traditionsbruch keineswegs goutiert. Der Rundfunk sendet statt der üblichen Direktübertragung eine alte Aufnahme der Matthäus-Passion unter Eugen Jochum. Daß die Presse insgesamt dennoch wohlwollend reagiert, geht auf den flammenden Einführungsvortrag zurück, den Harnoncourt für die »Freunde des Concertgebouw« hält. Man hört zu und läßt sich von Argumenten überzeugen.
Der beste Beweis für das Vertrauensverhältis, das sich mit den Musikern des Concertgebouw binnen kurzem etabliert, sind die gemeinsamen Tourneen. Auf diesem Weg kann das Wiener Publikum im März 1983 Harnoncourt erstmals live mit der Matthäus-Passion erleben. Seine Interpretation bleibt lange Zeit umstritten. Traditionalisten empfinden sie als »teilnahmslos«, »unterkühlt«, gar »eiskalt«, als »kurzatmig« und allzu »zügig« (*Wiener Zeitung* 1983). Der *Kurier*, der Harnoncourt 1972 als lang ersehnten Neuerer auf den Schild gehoben hat, ruft jetzt wieder nach Karl Richter. Die ungewohnte Interpretation bewirkt eine Art Verfremdungseffekt. Mit dem vertrauten Klangbad bleiben auch die vertrauten Empfindungen aus, das Werk rückt gleichsam ein Stück ab. Daß diese unprätentiöse Sicht ebenfalls hohe emotionale Intensität aufweist, daß sie den Geist dieser Musik auf ihre straffe, karge Art vielleicht deutlicher vermittelt, teilt sich spontan offenbar nicht mit.
Hein van Royen und das aus dem Orchester gewählte Musikerkomitee, das über die Programmgestaltung entscheidet, planen von Anfang an eine groß angelegte Zusammenarbeit, die über die Barockmusik hinausgehen soll. Zunächst werden hier kleinere und größere Lücken geschlossen, etwa mit Rameaus »Les Indes Galantes«, mit einzelnen Werken von Johann Sebastian und Carl Philipp Emanuel Bach, mit der ersten integralen Aufführung von Händels »Wassermusik«, aber auch mit Mozarts Klavierkonzert KV 415 und seiner »Lucio Silla«-Ouvertüre.

Die jährliche Passionsmusik im Concertgebouw dirigiert er mit einer einzigen Unterbrechung übrigens fast fünfzehn Jahre lang – zum letzten Mal 1989. Der Schwerpunkt der Zusammenarbeit hat sich inzwischen längst verlagert – oder ist man erst ins eigentliche Aufgabenfeld vorgedrungen? Denn neben Bach ist es vor allem Mozart, für dessen Werke sich das Orchester von Harnoncourt neue Impulse erwartet.

Im März 1979 startet das erste gemeinsame Mozart-Abenteuer: mit der Zauberflöten-Ouvertüre, der Schauspielmusik zu »Thamos« und der Haffner-Sinfonie. Für dieses Programm, das die Musiker auch vom Blatt spielen könnten, sind sieben Proben angesetzt.

»Seine Mozart-Interpretation laborierte lange Zeit an einer etwas überbetont martialischen Art«, spöttelt die *Chronik*. »Dabei hat sicher seine Abkehr von einer verzuckerten Interpretation eine Rolle gespielt. Später wurde sein Zugriff milder.«

Mittlerweile sei ein Teil des Orchesters gar nicht mehr bereit, Mozart mit einem anderen als Harnoncourt zu musizieren, sagt der Pressesprecher des Concertgebouw. Für Bernard Haitink, Chefdirigent bis 1988, war das keine einfache Situation. Er löste sie großzügig, indem er Harnoncourt das Repertoire ab den späten Salzburger Sinfonien überließ.

Harnoncourt ist fünfzig, als er mit einem reichen Schatz von Erfahrungen dort ankommt, wo »Berufsdirigenten« meist mit der größten Selbstverständlichkeit anfangen.

In der ersten Hälfte der achtziger Jahre, als im Zürcher Opern-Zyklus der Schritt von der Jugendoper »Mitridate« zur »Entführung aus dem Serail« vollzogen wird, erobert er sich in Amsterdam Mozarts große Sinfonien. Die Erfahrungen mit den späten Orchesterwerken wirken zweifellos befruchtend auf die weitere Opernarbeit.

Es entsteht eine Reihe von Plattenaufnahmen: die Pariser, die Prager, die Linzer, die Jupiter-Sinfonie, die »große« und die »kleine« g-moll-Sinfonie, die Haffner-Sinfonie. Dazu die swingenden Klavierkonzerte mit Friedrich Gulda. Der leidenschaftliche Jazzer ist souverän genug, die Orchestertutti mitzugestalten. Er belebt auf unverwechselbare Weise das improvisatorische Element und demonstriert im Doppelkonzert mit Chick Corea die wahre Alternative zu dem, was als Mozart-Tradition hochgehalten wird.

Gemeinsam mit dem Concertgebouw Orkest stellt Harnoncourt diese

Tradition gründlich in Frage. Mit seiner aus dem dialogischen Musizieren entwickelten, die Widersprüche und Irritationspunkte aufsuchenden, auf das Herausmodellieren der kleinsten Einheiten bedachten Interpretation präsentiert er nicht den galanten Genius des Rokoko, den man zu kennen meint, sondern einen leidenschaftlichen Romantiker, der hinter den schönsten Harmonien die gefährlichsten Falltüren eingebaut hat. Dem von führenden Mozart-Dirigenten wie Karl Böhm und Josef Krips geformten »apollinischen« Ideal, das sich über klangliche Brillanz, rhythmisches Gleichmaß und sorgsam gedrechselte Oberfläche definiert, läuft das schmerzhaft zuwider. Ganz abgesehen von der Streitfrage der Tempi, die Harnoncourt aufwirft. Dabei könne jedermann ohne größere Mühe nachlesen, daß die Bezeichnung »Andante« zur Mozart-Zeit ein schnelleres Tempo gemeint habe, verteidigt er sich entnervt.

Karl Böhm nennt das, was Harnoncourt mit Mozart tut, in einem seiner letzten Interviews »mißhandeln« – vielleicht ein wenig gedankenlos, vielleicht, weil der alte Herr ein wenig in seiner Eitelkeit gekränkt ist durch das Aufsehen, das dieser rabiat gewordene Cellist allenthalben verursacht, vielleicht auch nur um einer pointierten Formulierung willen. Doch solche Etiketten haften zäh – vor allem dort, wo die Vergangenheit so übermächtig ist, daß alles Neue erst alt werden muß, damit es überhaupt als diskussionswürdig gilt.

In Holland oder in Deutschland quittiert man die ungewohnten Mozartklänge auch nicht mit einhelliger Begeisterung, aber man nimmt sie mit Neugier und sachlichem Interesse zur Kenntnis. In Österreich, wo man Harnoncourt mittlerweile zum »Barock-Guru« hochstilisiert und ihn damit ins Spezialistenwinkerl abgeschoben hat, will man davon vorderhand nichts wissen.

Gleich die erste gemeinsame Tournee mit dem Concertgebouw Orkest führt im Jänner 1980 zur Salzburger Mozartwoche. Man muß sich vergegenwärtigen, daß Harnoncourt seit geraumer Zeit in der Nähe von Salzburg lebt, daß er in Salzburg unterrichtet, daß er dort jedoch als Dirigent bis dahin nicht in Erscheinung getreten ist.

Eine österreichische Delegation war schon vorher nach Amsterdam gekommen, um sich einen Eindruck von dem zu verschaffen, was der berüchtigte Bilderstürmer diesmal wieder alles anders machen werde. »Die waren vielleicht befremdet«, amüsiert sich die Concertgebouw-

Chronik. Österreichische Konzertbesucher sind erstmals mit Harnoncourts Mozart-Bild konfrontiert.
»Enttäuschung über Nikolaus Harnoncourts Interpretationsversuche«, vermeldet der Kritiker des *Kurier*, dem vor allem auffällt, »wie sehr Harnoncourt Mozarts Musik gegen den Strich bürstet«. Eine Formulierung, die sich hartnäckig gehalten hat und die der Gescholtene mit verständnislosem Kopfschütteln quittiert. Wenn man ein Tier gegen den Strich bürste, sei das doch eine Grausamkeit; es liege ihm fern, Mozart dergleichen anzutun.
Die nächste Tabuverletzung im fernen Amsterdam ist schon fixiert: Anläßlich eines »Wiener Abends« im RAI-Gebäude beim Holland-Festival 1984 gestaltet Harnoncourt erstmals ein Programm mit Walzern von Johann Strauß Sohn. Ein Jahr später entsteht mit dem Concertgebouw Orkest die erste Johann-Strauß-CD. Die Partnerschaft mit den Holländern kommt ihm hierfür gerade recht. Der liebenswürdige »Schani« mit dem Füllhorn bezaubernder Melodien ist ja kein harmloser Unterhaltungskomponist, sondern der legitime Erbe Franz Schuberts. Weil dieses Orchester sich nicht in der Sicherheit wiegen kann, den spezifischen »Dialekt« schon mit der Muttermilch eingesogen zu haben, ist es in der Lage, über den nationalen Charme hinaus den universellen Anspruch zu artikulieren, der Strauß gebührt. Und der herbe Klang, der den Holländern eigen ist, eignet sich dazu vorzüglich.
Harnoncourts erste »Fledermaus«-Produktion ist der nächste logische Schritt. Die Aufführung von Strauß-Operetten ist kein einfaches Unterfangen, da die Werke in einer solchen Fülle von Bearbeitungen kursieren, daß der Wille des Komponisten meist nur nach mühevollen, zeitaufwendigen Recherchen zu eruieren ist. Bei Offenbach ist die Lage ähnlich kompliziert.
Strauß' bekanntestes Werk liegt allerdings bereits in einer neuen, kritischen Ausgabe vor, und diese schafft die Grundlage für Harnoncourts Klangbild, an dem österreichische Kritiker mit Recht die fehlende »Schwipslaune« bekritteln.
Premiere ist am 1. Juni 1987 im vom österreichischen Architekten Wilhelm Holzbauer neu erbauten Muziektheater. Amsterdam ist 1987 Kulturhauptstadt Europas, die neue »Fledermaus« bildet den Auftakt zum vierzigsten Holland-Festival. Es ist Harnoncourts zweite Zusammenarbeit

mit dem Regisseur Johannes Schaaf, der die morsche Gesellschaft in einem grimmigen Tanz auf dem Vulkan vorführt. In der Ballszene bei Orlofsky wird ein Block von Reklamefilmchen eingeblendet, bei dem die Sponsoren zu ihrem Recht kommen. Die Besetzung rekrutiert sich fast ausschließlich aus Österreichern: Brigitte Poschner als Rosalinde, Anton Scharinger als Dr. Falke, Christian Boesch als Gefängnisdirektor Frank, Waldemar Kmentt als Advokat Blind sowie Hans Hollmann als »böhmakelnder« Frosch; den Eisenstein gibt Werner Hollweg, als Orlofsky ist ein Tölzer Knabe im Einsatz.
In dieser Konstellation können neue Bezüge sichtbar werden. Die Weichen zu Alban Bergs »Lulu« sind hier deutlich gestellt. Eine Rezension in der *Neuen Zürcher Zeitung* beschreibt die Charakteristika von Harnoncourts Interpretation:

> Ihre Besonderheit liegt darin, daß sie Strauß als Komponisten ernst nimmt und seine Partitur, statt sie wie üblich auf die unvergänglichen Melodien zu reduzieren, in ihrer ganzen Vielschichtigkeit und handwerklichen Genialität aufleuchten läßt. Es ist schon in der Ouvertüre zu spüren, die selten so klar strukturiert und von Spannung erfüllt zu erleben ist; Harnoncourt erreicht dies, indem er die Zeitmaße der einzelnen Teile klar voneinander abhebt (und nicht durch die gewohnten Temporückungen verzerrt), indem er die rhythmischen Strukturen prägnant herausstellt, ohne etwa den Walzer durch übermäßiges Spannen des schweren Taktteils mit Effekt zu versehen, und indem er den Farbenreichtum der Instrumentation zu voller Geltung kommen läßt. Und man hört es den ganzen Abend lang – bei relativ langsamen Tempi, die der Musik Gewicht geben und ihr die Sentimentalität nehmen, gleichzeitig aber bei einem lichten Klangbild, das seine Transparenz bis in die hintersten Winkel bewahrt und den Eindruck vollkommener Gelöstheit erzielt. Mag man dabei auch den Seidenglanz der Wiener Philharmoniker vermissen: der vergleichsweise rauhe Ton, den das Concertgebouw Orkest selbst in Momenten höchster klanglicher Delikatesse pflegt, ist hier eine vollgültige Alternative.

Zu überprüfen ist der ungewohnte Johann-Strauß-Klang auf der ein Jahr später im Concertgebouw aufgenommenen CD, die im Finale des zweiten Akts auch die umfangreiche, »multinationale« Ballettmusik mit dem drolligen Lied der »böhmischen Mädchen« enthält. Für die gesprochenen Dialoge, bei Aufnahmen stets ein Problem, versucht man hier eine

neue Lösung: André Heller hat eigene Zwischentexte geschrieben und führt als leise vor sich hingrantelnder »Frosch« durchs Geschehen. Und auch in der Besetzung bieten sich Überraschungen: Edita Gruberová ist vielleicht die luxuriöseste Rosalinde aller Zeiten, und ihr unvergleichlicher Koloraturlacher in der Abschiedsszene des ersten Aktes decouvriert in einem Augenblick die doppelbödige Moral des Fin de siècle.
Hein van Royen ist stets anwesend, wenn Harnoncourt anderswo wichtige Auftritte absolviert. Speziell die Zürcher Operntätigkeit verfolgt er mit Anteilnahme. Auch er wünscht sich im Bereich der Mozart-Opern Erneuerung. Die Bedingungen am Muziektheater sind verlockend: Es existiert kein fixes Ensemble, daher gibt es maßgeschneiderte Sängerbesetzungen, und die Stücke werden in eng zusammenliegenden Serien gespielt. Gleichbleibendes Niveau ist gewährleistet.
So entsteht zwischen 1988 und 1993 ein Da-Ponte-Zyklus, bei dem für Nikolaus Harnoncourt auch eine neue, stabile Regiepartnerschaft beginnt. Mit Jürgen Flimm, der im Jänner 1990 »Così fan tutte« inszeniert, entwickelt sich die intensivste Zusammenarbeit seit Ponnelle. In diesem Fall hat das Ehepaar selbst die Initiative ergriffen und – begeistert von Flimms Raimund-Inszenierung bei den Salzburger Festspielen 1987 – den Kontakt hergestellt. Neun weitere Produktionen sind bislang gefolgt, und der profilierte Schauspielregisseur und Theaterdirektor frönt auf diese Weise nicht bloß seiner Leidenschaft für die Musik, sondern hat auch eine zweite Karriere als Opernregisseur gemacht.
Mehr als fünfzig Opernaufführungen hat Harnoncourt mit dem Concertgebouw Orkest bestritten, ehe diese Aktivität ein – zumindest vorläufiges – Ende findet. Das Orchester kann zusätzlich zu seinen Konzertverpflichtungen nur eine Opernproduktion pro Jahr bewältigen, und die bleibt dem derzeitgen Chefdirigenten Riccardo Chailly vorbehalten.
Harnoncourt bedauert das, ohne darüber verstimmt zu sein. Er will mit fortschreitendem Alter ohnehin sein Pensum reduzieren. Es hat seit Mitte der achtziger Jahre beträchtliche Ausmaße angenommen. Bis zu vierundfünfzig Opernabende, bis zu sechsundvierzig Konzerte pro Saison. Dazu muß man bedenken, wieviel Zeit er auf die Vorbereitung, auf das Studium von Partituren, Autographen und der dazugehörigen Literatur sowie auf die Einrichtung des Notentextes verwendet, daß er bei Opern-

produktionen die gesamte Zeit anwesend ist und daß er immer noch zwei Tage pro Woche seiner Lehrtätigkeit in Salzburg widmet.
Im Konzertsaal hat der gemeinsame Weg mit dem Concertgebouw Orkest inzwischen in neue Bereiche der Spätromantik geführt. Der Schritt von Johann Strauß zu Alban Berg erfolgte im Jänner 1996 mit der Konzertarie »Der Wein«. Unerwartete Perspektiven haben sich zuletzt mit den Sinfonien von Anton Bruckner und mit dem Spätwerk von Antonín Dvořák eröffnet.
»Es gab in der ganzen Zeit nur einen einzigen Konflikt, und der war wegen des Chors«, sagt der Pressesprecher. Zunächst hatte Harnoncourt bei den Passions-Aufführungen mit dem Nederlandse Kamerkoor und dem Collegium Vocale Gent von Philippe Herreweghe gearbeitet. 1980 entwickelt man im Concertgebouw jedoch den Ehrgeiz, ein eigenes Vokalensemble zu gründen. Es finden sich die nötigen Sponsoren, und Arthur Oldham, der sich mit dem Edinburgh Festival Choir einen guten Namen gemacht hat, rekrutiert rund hundertachtzig Amateursänger, die er in Windeseile zur Konzertreife führt. Oldhams Auswahlkriterien wie auch seine Methoden der Stimmbildung und die Arbeit an den musikalischen Inhalten scheinen jedoch nicht zielführend gewesen zu sein. Zudem war Het Koor van het Concertgebouw Orkest ganz auf die Literatur der Spätromantik gedrillt.
Harnoncourt beschwert sich brieflich über mangelhafte Vorbereitung und fehlendes stilistisches Verständnis. Als sich an den Zuständen nach einiger Zeit nichts ändert, lehnt er 1985 eine weitere Zusammenarbeit ab. Auch in der Chefetage des Concertgebouw hegt man bereits Zweifel am künstlerischen Fortkommen des Chores. Finanzierungsprobleme geben schließlich Anfang 1987 den letzten Anstoß zu dessen Auflösung.
Das Ausmaß an Wertschätzung, das man Harnoncourt in den Niederlanden entgegenbringt, äußert sich auf offizieller Ebene in der Verleihung der höchsten Auszeichnung, die das Land zu vergeben hat: dem Erasmuspreis, den er 1980 gemeinsam mit Gustav Leonhardt für Verdienste um ein neues Verständnis der Musik früherer Jahrhunderte erhält. Dieser Preis wird erst zum zweiten Mal für eine Leistung auf dem Gebiet der Musik vergeben; 1971 hat ihn Olivier Messiaen erhalten.
Auf inoffizieller Ebene, im Umgang mit den Musikern, herrscht zuweilen ein Ton von beinahe liebevoller Zuneigung, wie er bei keinem ande-

ren Orchester vorstellbar wäre. Bei den Amsterdamern gibt es nicht die Anreden »Maestro« oder »Herr Professor«; er ist schlicht »de heer Harnoncourt«. Und wenn er brieflich anfragt, ob es möglich sei, Bruckners dritte Sinfonie mit heute nicht mehr gebräuchlichen einfachen Hörnern zu spielen statt mit den üblichen, von Ventilen starrenden High-Tech-Apparaten, dann werden selbstverständlich vier solcher Hörner angefertigt, und die Bläser nehmen nicht nur die Anstrengung auf sich, sie zu blasen, sondern auch das Risiko, dabei öfter zu »kieksen«.

Im Frühjahr 1992 wird der komplette Zyklus der Schubert-Sinfonien erarbeitet und für CD aufgenommen. Als die sieben Probenwochen zu Ende gehen, äußert die gesamte Truppe ihr Bedauern, daß diese interessante Arbeit nun vorüber ist. Der Dirigent bedankt sich, wie es nach Abschluß großer Projekte seine Art ist, bei den Musikern mit kleinen Geschenken und fügt ihnen eine Widmung bei: »Vielen Dank für sieben Wochen reine Harmonie.« Im Jahr darauf, nach Beendigung des Da-Ponte-Zyklus, als eine Saison Pause bevorsteht, revanchiert sich das Orchester mit einer raren Ausgabe der Figaro-Partitur, die man im Rahmen einer Feier überreicht. In der Ansprache heißt es:

> Während unserer langjährigen Zusammenarbeit haben Sie viele neue Fenster auf die Musikgeschichte für uns geöffnet und die musikalische Gedankenwelt unserer Musiker weitgehend beeinflußt. Ihre Proben sind für uns musikalische Abenteuer. Außerdem haben Sie einen persönlichen Humor entwickelt, den wir sehr schätzen.
>
> Wer Nikolaus sagt, sagt auch Alice; musikalisch und menschlich eine Zweieinheit und das erstaunlichste musikalische Ehepaar seit Robert und Clara. Als zeitweiliges Mitglied der zweiten Violingruppe hat sie es ermöglicht, daß einige Kollegen extra Freizeit bekamen oder imstande waren, die Oper zu sehen. Das Vergnügen, mit ihr an einem Pult zu spielen, hat sich weitererzählt, so daß wir untereinander gewechselt haben, um mehrere Kollegen mit ihr zusammenspielen zu lassen.
>
> Wir bedauern, daß die nächste Saison eine längere Unterbrechung in der Zusammenarbeit aufweist. Sehr gespannt auf Ihre Rückkehr mit Bruckners dritter Sinfonie wünschen wir Ihnen beiden alles Gute für Ihre Gesundheit und Ihre musikalische Arbeit.

Die Atmosphäre, die in dieser kleinen Rede eingefangen ist, vermittelt die Mentalität, in der eine so intensive und vielfältige Kooperation gedeihen konnte. Nikolaus Harnoncourt bringt es auf eine einfache Formel.

> Die Amsterdamer haben Neugier, Interesse und ein großes demokratisches Selbstbewußtsein; sie haben eine bewußt demokratische Einstellung. Die Wiener Musiker sind bewußt individualistisch.

Die bewußt demokratische Einstellung schließt ein, daß sich die Musiker außerhalb der konkreten Arbeitssituation so ungehässig wie ungeniert ein abweichendes fachliches Urteil leisten. »Bei Mozart und Schubert ist er in der Meinung des Orchesters absolut führend«, sagt der Pressesprecher. »Bei Bruckner herrscht eine sehr geteilte Meinung. Da existiert eine starke Tradition aus den Zeiten von Eduard van Beinum und Eugen Jochum, und da gibt es jetzt auch sehr interessante neue Ansätze mit Riccardo Chailly und Kurt Sanderling.«

Auch der Geiger Wim van Keulen, seit 1971 im Orchester, Mitglied des Komitees und durch alle Harnoncourt-Abenteuer gegangen, sieht die »reine Harmonie« mit Harnoncourt schlicht als Frage der Mentalität – und der Professionalität.

> Die Tradition ist für uns nicht so wichtig. Das Orchester will die Handschrift eines Dirigenten, ob man das liebt oder nicht. Man will hier für die Interpretation sehr weit gehen. Wir fragen: Was hat ein Dirigent uns zu geben, wenn er das macht, was wir am liebsten machen? Die Lust auf Veränderung ist größer als das Beharren auf der gewachsenen Spieltradition.
>
> Das Orchester hatte immer eine ein bißchen abenteuerliche Einstellung, kosmopolitisch. Das erklärt sich aus der Geschichte. Wir haben begonnen wie ein deutsches Traditionsorchester, dann kam ein starker Einfluß der französischen Musik unter Eduard van Beinum und Pierre Monteux. Daher unsere Neugierde für andere Kulturen und Interpretationen.
>
> Holländische Orchestermusiker sind keine verhinderten Solisten. Wir machen das nicht aus Not, sondern aus Interesse an dieser Arbeit. Man war damals nicht mehr zufrieden mit der Art, wie Bach und Mozart gespielt wurden. Aber Transparenz war für uns immer wichtig. Schon Mengelberg hat gesagt, man muß den Hörer durch die Partitur leiten.

> Harnoncourt kann so wunderbar proben. Seine Anweisungen sind so klar. Die Sprache war niemals ein Problem. Ich persönlich liebe seine Sprache. Es ist interessant, die Verwandtschaft zu beobachten zwischen seiner verbalen und seiner musikalischen Rhetorik.

Concertgebouw, April 1997: eine Retake-Sitzung zum Brahms-Doppelkonzert. Das ist eine jener kniffligen Arbeitssituationen, in denen es darum geht, einzelne Passagen, die in der Live-Aufführung durch Husten oder andere Störfaktoren für ein Tondokument unbrauchbar sind, nochmals aufzunehmen. Eine diffizile Angelegenheit. Unter wesentlich anderen äußeren Bedingungen – der Saal ist leer, Orchester und Solisten sind am Morgen nach dem Konzert selten in Top-Form – soll ein aus dem Zusammenhang gerissenes Element auf stimmungsmäßig adäquate Weise reproduziert werden. Beim Aufnahmeleiter, der das Band später zusammenschneiden muß, kann jeden Moment eine Nervenkrise ausbrechen, gestreßte Solisten reagieren sich mit individuellen Mätzchen ab, und die Stimmung ist allgemein zum Zerreißen.
Im Concertgebouw ist es ein bißchen anders. Das Klima wirkt frei von überflüssigen Emotionen. Das Tauziehen zwischen dem Dirigenten und dem Aufnahmeleiter quittiert man mit gelassener Heiterkeit, wie eine gut bekannte Show, die man sich immer wieder gern anschaut. Harnoncourt spricht mit den Musikern in seinem normalen Umgangsdeutsch, als habe er den Concentus Musicus vor sich; in jener assoziativen, bilderreichen, von Austriazismen durchsetzten Sprache, in der ihm die treffendsten Erklärungen gelingen. Obwohl die Musiker ihrerseits Fragen auf englisch stellen, gibt es offenbar kein wirkliches Verständigungsproblem. Man kennt einander lang genug.

Nicht Chef, sondern »Meister«

Die Angebote für den Dirigenten Harnoncourt häufen sich. Es ist eine sorgfältige Wahl zu treffen, er will sich nicht verzetteln, will möglichst nur Projekte annehmen und Kooperationen eingehen, die ihn in seinen Zielen weiterbringen.
Das San Francisco Symphony Orchestra lädt ihn ein, im April 1979 im

großen Opernhaus der Stadt ein Bachprogramm zu leiten. Edo de Waart, der junge holländische Chefdirigent, kennt Harnoncourts Arbeit mit dem Concertgebouw Orkest. Auch in Amerika soll man den Begründer des Concentus Musicus am Pult erleben.
Die Kritiker vermerken mit einer Mischung aus Verblüffung und Bewunderung, daß es ihm tatsächlich gelungen sei, seine aufführungspraktischen Erkenntnisse auf den modernen Apparat zu übertragen und ein völlig anderes Klangbild zu erzeugen. Sein Erfolgsrezept besteht nicht zuletzt darin, die spezifischen Qualitäten der jeweiligen Musiker sofort zu erfassen und diese als Künstler herauszufordern; das sechste Brandenburgische Konzert etwa läßt er von nur sieben Spielern solistisch ausführen. Und er kommt noch heute ins Schwärmen, wenn er sich an die Fähigkeiten des Solo-Oboisten Marc Lifschey in der »Hochzeits-Kantate« erinnert.
Trotzdem bleibt das seine bislang einzige Zusammenarbeit mit einem amerikanischen Orchester. Und Dirigent ist für ihn weiterhin eine zweifelhafte Berufsbezeichnung. Mit dem periodisch wiederkehrenden Vorwurf, daß er in diesem Metier ein Dilettant sei, rennen Journalisten bei ihm offene Türen ein. »Das können Sie aus meiner Biographie schließen«, sagt er dann trocken. Und: »Kritiker sehen mich nur von hinten.«

Ich habe als Orchestermusiker festgestellt, daß es eine verbindliche Dirigiertechnik nicht gibt. Wenn ich mich an meinen ersten Dienst als Substitut erinnere, muß ich sagen, ich habe damals zu keinem einzigen Zeitpunkt der Aufführung gewußt, wann die Eins in einem Takt ist. Es war mir völlig unmöglich, das an der Dirigiertechnik zu erkennen. Später ist mir klar geworden: Die Musik dirigieren bedeutet nicht, den Takt schlagen, sondern die richtigen Akzente setzen, und es gibt so viele Dirigiertechniken wie Dirigenten.
Mir kommt es darauf an, eine bestimmte Wirkung zu erzielen und daß die Musiker verstehen, was ich meine. Ob ich das in einer sogenannten klassischen Dirigiertechnik mache, ist mir ganz egal, weil es mir nur auf das Ergebnis ankommt.
Es hat sehr bedeutende Dirigenten gegeben, die absichtlich undeutlich geschlagen haben, um größere Aufmerksamkeit zu bekommen; die Art, wie zum Beispiel Furtwängler Einsätze gegeben hat. Manche Leute haben gesagt,

er kann das nicht besser. Das kann man gar nicht *nicht* können, das war eine ganz bewußte Verschleierung, um zu den Resultaten zu kommen, die er wollte. Das, was entstanden wäre, wenn er ganz präzise Auftakte gegeben hätte, wäre überhaupt nicht in seiner Ästhetik gewesen.

Also, einen gewöhnlichen Takt präzis zu schlagen, ist das Einfachste von der Welt. Wenn man Rhythmus hat, müßte man das eigentlich in einer halben Stunde lernen können. Das kann's nicht sein. Die Frage ist ganz sicher, was man ausdrucksmäßig erreichen will und welche Mittel man verwendet, um es zu erreichen. Wenn man überhaupt ein Konzept hat, wie man ein Stück aufführen will, und das, würde ich sagen, müßte eigentlich jeder Dirigent haben, dann scheint es mir das Wichtigste zu sein, ein ganzes Orchester dazu zu kriegen, wenigstens für diese Stunden dieses Konzept voll zu unterstützen. Der Orchestermusiker muß es ja nicht zu seinem eigenen Konzept machen, sonst müßte er bei jedem Dirigenten eine neue Person werden. Aber daß er wenigstens in dieser Zeit, in der diese Zusammenarbeit stattfindet, das Konzept voll unterstützt, das ist das Ziel.

•

Harnoncourt versucht das vor allem durch leidenschaftliche Plädoyers für das jeweilige Werk, durch möglichst anschauliche Erklärungen, unterhaltsame Vergleiche, durch Motivation für den gemeinsamen »Dienst an der Kunst« zu erreichen.

Die Autorität, die er beansprucht, muß durch ein Informationsangebot seinerseits gerechtfertigt sein. Er will respektiert werden, weil er fachlich etwas zu bieten hat. Daß man ihn liebt, erwartet er nicht. Zuneigung ist ein zusätzliches Geschenk, keine Kategorie für gute Zusammenarbeit. Daß menschlich besonders unangenehme Dirigenten von »ihren« Orchestern oft geradezu auf Händen getragen werden, gehört für ihn zu den abseitigen Phänomenen der Branche.

Harnoncourts Methode des bewußten Miteinanders kann bei Musikern allerdings gehörigen Streß erzeugen. Sie sind als Partner gefordert, müssen aufpassen, mitdenken, statt sich der vertrauten Eigendynamik des Kollektivs zu überlassen, ihre Passagen abzuliefern und sich beim Durchspielen in Sicherheit zu wiegen. Wer nicht bei der Sache ist, versäumt den Anschluß und wird in den Arbeitsprozeß kaum noch einsteigen können. Harnoncourt verlangt, daß ihm die Musiker zuhören, daß sie aufeinander hören und daß sie verstehen, was sie spielen. Es kann durchaus vorkommen, daß ein Orchester auf sein Informationsangebot mit Desinteresse reagiert.

> Wenn ich etwas erkläre, gibt es natürlich immer wieder gemurmelte Kommentare. Wenn ich dabei etwas höre wie: Das ist unsere Zeit – im Klartext, sprich nicht so viel, laß uns lieber früher nach Hause gehen... – dann kann meine Arbeitsfreude schnell zusammenbrechen, besonders, wenn das mehrere meinen. Natürlich ist es angenehmer für manche Orchester, ein Stück einfach durchzuspielen, aber solche Proben interessieren mich nicht.

Die Unbequemlichkeit für das Orchester beginnt schon damit, daß es nicht auf seine vertrauten Noten zurückgreifen kann. Harnoncourt verteilt für die jeweilige Aufführung fast immer sein eigenes Stimmenmaterial, in dem nicht nur »tradierte« Fehler ausgemerzt, sondern auch die für seine Interpretation wesentlichen Vortragszeichen eingetragen sind. Für diese Schreibarbeit wendet seine Frau ungezählte Stunden auf. Es geht eben nicht um das möglichst reibungslose Reproduzieren schöner Weisen, sondern um die möglichst genaue Formulierung der Aussage eines Werks. Durchspielen und technisch heikle Abschnitte mechanisch üben führen hier nicht zum Ziel. Harnoncourt probt kaum oder gar nicht, was er bei den Musikern voraussetzen zu können glaubt, und konzentriert sich auf jene Passagen, in denen die Inhalte des Stücks im Detail herausgearbeitet werden müssen. Er verwendet größte Aufmerksamkeit auf differenzierte Übergänge und verzichtet manchmal überhaupt aufs Durchspielen des Ganzen.

Während seiner eigenen Vorbereitungszeit, in der er die Partitur analysiert, sie mit dem Autograph oder mit anderen Ausgaben vergleicht und jenen graphischen »Netzplan« erstellt, mit dem er sich die Struktur eines Stückes vergegenwärtigt, entsteht in seinem Kopf eine Art idealer Vision von der Klanggestalt. Sein Anspruch, dieser Vision in der Aufführung nahezukommen, wächst proportional zu den Qualitäten des Orchesters, das er vor sich hat. Je besser es ist, desto mehr will er proben, weil er mehr erreichen kann. Und wenn man sich nicht mehr damit aufhalten muß, einander überhaupt erst kennenzulernen, potenzieren sich diese Möglichkeiten.

Dennoch hat Nikolaus Harnoncourt eine Position als Chefdirigent eines etablierten Orchesters bisher nicht angenommen. Sogar ein besonders ehrenvolles Angebot hat er abgelehnt. Die mit einer solchen Aufgabe verbundenen »unkünstlerischen« Tätigkeiten, die er auch sonst sorgfältig meidet – vom Telefonieren bis zum diplomatischen Umgang mit Vertretern der Kulturpolitik – schrecken ihn zweifellos ab. Noch wichtiger scheint aber, daß mit einer solchen Funktion in künstlerischer Hinsicht Erwartungen verbunden sind, die er als geistige Einschränkung, als Behinderung auf seinem persönlichen Weg empfinden würde.

Auch wenn sich Harnoncourts Entwicklung in der Retrospektive logisch und konsequent ausnimmt – im Grunde trifft er seine Entscheidungen intuitiv. »Ich wähle, was ich fühle«, sagt er. Er will als Musiker ausschließlich das tun, was ihn brennend interessiert. Er will nicht Musik machen müssen, um Geld zu verdienen, und er will nicht dirigieren müssen, um »seinem« Orchester gerecht zu werden. In diesem sorgsam gewahrten Freiraum, den auch seine Plattenfirma zu respektieren gelernt hat, liegt vielleicht die Quelle für die besondere Kraft, für die Frische und Spontaneität seiner Interpretationen.

Harnoncourt ist kein Chef, sondern ein »Meister«. So hat es Erwin Ortner definiert. Ein Meister in jenem altmodischen Sinn, daß er die Vorrangstellung nicht nur als Privileg, sondern auch als Verpflichtung empfindet. Er verlangt nicht bloß eine bestimmte Leistung, sondern will einen ganzheitlichen Zugang zum »Geheimnis Kunst« vermitteln. Das beinhaltet auch den charakteristischen missionarischen Anspruch. Aber das Missionarische gehört für Harnoncourt ohnehin zu jedem Dialog.

Im Lauf der achtziger Jahre arbeitet Nikolaus Harnoncourt mit etwa einem halben Dutzend europäischer Orchester, darunter mit der Dresdner Staatskapelle, mit der auch eine Aufnahme von Mozarts »Posthornserenade« entsteht, mit den Münchner Philharmonikern, mit dem RSO Berlin und mit dem Philharmonia Orchestra London. Über längere Zeit verbunden bleibt er vor allem dem Residentie-Orkest, das ihn in den Jahren 1983 und 1986 durch die allerersten Schubert- und Beethoven-Abenteuer begleitet.

Die Schubertiade 1986 ist in dieser Hinsicht unvergeßlich. Wie mit Siebenmeilenstiefeln stürmt Nikolaus Harnoncourt in Begleitung der wakkeren Holländer über Neuland: das Beethoven-Violinkonzert, bei dem Gidon Kremer mit jener abenteuerlichen Kadenz aufwartet, die eigentlich für Klavier geschrieben ist, und Schuberts »große« C-dur-Sinfonie,

dieser gewaltige erratische Block, den Harnoncourt sich nach mehrjährigem Studium als nächsten Schritt nach der »Unvollendeten« vorgenommen und zuvor schon mit dem Südwestfunkorchester bewältigt hat.
Vor allem aber dirigiert Harnoncourt 1986 in der Stadthalle Feldkirch erstmals »Fidelio«. In der Erinnerung ein irritierendes Erlebnis, ein eigenwilliger Zugriff, nicht bloß durch die von Walter Jens hinzuerfundene Rahmenhandlung »Roccos Erzählung«, die in diesem Fall die Dialoge ersetzt. Diese konzertante Aufführung ist – bildhauerisch gesprochen – ein Rohling, noch weit entfernt von der acht Jahre später in Graz aufgenommenen Interpretation, in die schon die Erfahrungen mit dem Sinfonien-Zyklus eingeflossen sind. Dennoch ist sie ein charakteristischer Wurf. Hier werden nicht bloß die Ohrwürmer präsentiert, sondern es wird bedächtig ein Ganzes entwickelt, das ständige Aufmerksamkeit fordert, einen mit einer Fülle nie gehörter Orchesterdetails überschüttet. Auch hier tritt der typische »Verfremdungseffekt« ein, der das behagliche Wiedererkennen des Vertrauten verhindert. Er entsteht nicht zuletzt durch teilweise auffallend andere Tempi, speziell durch eine geradezu aufreizende Langsamkeit beim Chor »Heil sei dem Tag, Heil sei der Stunde« und beim Duett »O namenlose Freude«. Diese verschobenen Relationen sind das Ergebnis einer umsichtigen Tempodramaturgie, die insgesamt einen ganz anderen Atem erzeugt. Im Verein mit der hohen klanglichen Transparenz, die eine stilistisch adäquate Besetzung mit Liedersängern wie Peter Schreier und Robert Holl ermöglicht, ergibt sich so manche Hörüberraschung.
Nikolaus Harnoncourt hat auf seinem Weg zu Beethoven immer wieder von seinem persönlichen Problem mit diesem Komponisten gesprochen. Im Gegensatz etwa zu Schubert, mit dem er sich auseinandersetzen mußte, weil er seinem Herzen nahesteht, war bei Beethoven der innere Widerstand die Herausforderung, der er sich stellen wollte. Das Problem mochte mit dem »autobiographischen« Charakter dieser Musik zu tun haben, die so gebieterisch auftrumpft und unverhohlen auf ihren genialen Schöpfer verweist, auch mit dem Optimismus, der aus ihr spricht, und mit ihrer Mißverständlichkeit im Sinn einer heroisch-herrschaftlichen Attitüde. Kurz vor dem »Fidelio« von 1986 sagt Harnoncourt in einem Interview:

> Ich habe mit Beethoven mehr Schwierigkeiten als mit Schubert, seine Musik wirklich zu verstehen. Das kammermusikalische und das sinfonische Werk Beethovens hat mich seit jeher beschäftigt, weil ich herausfinden wollte, wo meine eigenen Schwierigkeiten liegen. Ich wußte, daß das Musik ist, die ich machen werde, aber es ist nicht das, was mir von vornherein liegt und wo ich weiß, da verstehe ich die Sprache augenblicklich, wie bei Schubert oder Mozart.

Wie souverän er diese Hürde bald darauf genommen hat, hat er mit mehrmaligen zyklischen Aufführungen der Sinfonien in den neunziger Jahren demonstriert. Das Ergebnis ist vielleicht gerade deshalb so überzeugend, weil die produktive Kraft aus inneren Konflikten kam. Und der Beethoven-Zyklus hat nicht nur für Harnoncourts Laufbahn als Dirigent eine entscheidende Rolle gespielt. Er bedeutet wohl auch die Bewältigung von persönlichen Erinnerungen an jene Zeit, in der diese Musik für politische Zwecke mißbraucht wurde.

Der Tabula-rasa-Effekt

Nikolaus Harnoncourt hat von Anfang an darauf geachtet, mit wenigen Spitzenorchestern ein möglichst kontinuierliches Arbeitsverhältnis zu etablieren, um seinen hochgesteckten Zielen möglichst nahezukommen. Neben dem Concentus Musicus, der seine künstlerische Familie bildet, und neben dem Concertgebouw Orkest ist es ab 1987 das Chamber Orchestra of Europe: die multinationale Truppe der sensiblen Hochbegabten, die als Spezialeinheit für »Uraufführungen« der besonderen Art fungiert.

Es ist ein in vieler Hinsicht unkonventionelles Orchester, das 1981 als private Initiative des Ehepaars Victoria und Peter Readman mit jungen Solisten und Kammermusikern aus mehreren europäischen Ländern gegründet wurde. Die Mitglieder kannten einander aus der gemeinsamen Zeit in Claudio Abbados European Community Youth Orchestra, waren alle im selben begeisterungsfähigen Alter und wollten sich diese Begeisterungsfähigkeit auch für ihre Laufbahn als Berufsmusiker erhalten.

Unter deutlichem Einfluß britischer Mentalität – und der britischen Musician's Union mit ihren besonders ausgeklügelten Vorschriften –

wurde ein neuer Orchestertyp kreiert, der die Zwänge des Metiers geschickt vermeidet: Das Chamber Orchestra of Europe – kurz COE – ist kein fest etabliertes Orchester mit durchgehender, von Subventionen und politischen Entscheidungen abhängiger Tätigkeit, sondern ein mobiles Ensemble, das sich periodisch konstituiert. Die fünfzig Mitglieder arbeiten im Jahr insgesamt fünf bis sechs Monate zusammen, die restliche Zeit gehen sie eigene künstlerische Wege. Die einzelnen Arbeitsphasen dienen schwerpunktmäßig der Erarbeitung bestimmer Werke. Pro Jahr werden auf diese Art etwa zehn Projekte realisiert, die im Rahmen fixer Konzertserien in verschiedenen europäischen Städten aufgeführt werden und anschließend auf Tournee gehen. Mittlerweile sind sie durch mehr als zweihundert Aufnahmen dokumentiert.
Der Erfolg scheint das Konzept zu bestätigen. Kein Chefdirigent, sondern eine Handvoll sorgsam ausgewählter Partner, mit denen exemplarische Interpretationen möglich sind; keine Routine, kein ausgeleiertes Repertoire. Hinter den Kulissen herrscht angewandte Demokratie: Entscheidungen werden im Plenum diskutiert, Stimmführerpositionen wechseln nach dem Rotationsprinzip – und die Gage ist für alle gleich. Das Management besorgt ein winziges Team, das penibel über die künstlerische Autonomie, die sinnvolle Entwicklung und das wirtschaftliche Wohlergehen der zukunftsweisenden Truppe wacht. Nicht jeder Sponsor ist willkommen, nicht jede Publicity ist erwünscht. Und Dirigenten, die inhaltlich nichts zu bieten haben (oder mit der streng geregelten Probenzeit nicht zu Rande kommen), geben nur ein einziges Gastspiel.
Die innere Struktur des COE ist ungewöhnlich homogen. Es rekrutiert sich aus den Angehörigen einer einzigen Generation, jener der nun Dreißig- bis Vierzigjährigen. Daraus ergibt sich der paradoxe Effekt, daß dieses jugendliche Orchester einen höheren Altersdurchschnitt aufweist als die großen Traditionsorchester.
Britische Umgangsformen und die gemeinsame Arbeitssprache Englisch verwischen nationale Eigenarten. Mangels Hierarchie ist das Potential an Neid und Eifersucht relativ gering. Wenn alle das gleiche verdienen, kann das gemeinsame Interesse an der Sache leichter in den Vordergrund treten. Geiger, die in großen Orchestern Konzertmeisterpositionen bekleiden oder renommierte Quartette anführen, setzen sich hier an ein hinteres Pult, weil es sie interessiert, mit einem bestimmten Dirigenten ein

bestimmtes Stück zu studieren. Das ausgeprägte Selbstverständnis jedes einzelnen und der aktive Umgang mit den existentiellen Risken des Berufes bewirken hohe Eigenverantwortlichkeit und hohe Motivation.
Als wäre das Chamber Orchestra of Europe eigens für Nikolaus Harnoncourt gegründet worden: Musiker, die Standardwerke nicht bis zum Überdruß wiederholen müssen, um den Zwängen des Abonnements Genüge zu tun, die keine »Tradition« besitzen, auf die sie sich reflexartig zurückziehen, die von sich aus einen partnerschaftlichen Anspruch an den Dirigenten stellen, die kritisch, neugierig und ehrgeizig sind und spieltechnisch der obersten Liga angehören.

Keimzelle Graz

Zu den fixen Arbeitsstätten des COE in Deutschland, Italien und England ist bald eine weitere hinzugekommen. Harnoncourts Heimatstadt Graz hat sich von Anbeginn als Schauplatz für besondere Ereignisse bewährt. Dort wurde 1985 das Festival »styriarte« gegründet, gleichsam als Plattform für den »berühmten Sohn« der Stadt und seine richtungweisende Arbeit. Ein überraschendes Bekenntnis zu einem lebenden Künstler, eine politische Initiative im vorletzten Moment vor der großen wirtschaftlichen Rezession, mit der ein Kontrapunkt zum »steirischen herbst« gesetzt wurde.
Die jährlichen Konzertserien in Graz, die demnächst auch um Opernproduktionen ergänzt werden, spiegeln Harnoncourts persönliche Entdeckungsfahrt vom Frühbarock bis an die Schwelle des zwanzigsten Jahrhunderts. Viele aufsehenerregende Aufführungen, etwa von Schuberts geistlichem Drama »Lazarus« oder von Schumanns Oratorium »Das Paradies und die Peri«, haben exklusiv für die »styriarte« stattgefunden. Nicht immer war die Plattenfirma bereit, das Risiko mitzutragen, das der Veranstalter auf sich genommen hat.
Wer allerdings meint, Harnoncourt herrsche über das kleine Grazer Festival wie einst Karajan über Salzburg, der überschätzt seine Neigung, sich einzumischen, wo andere ihr Handwerk verstehen. Die »styriarte« ermöglicht ihm die Verwirklichung vieler Herzensanliegen, unabhängig vom »Mainstream« und der Diktatur des Marketings. Das geschieht auf

der Basis gemeinsamer Interessen. In fünfzehn Jahren ist rund um seine Projekte ein tragfähiges, zukunftsweisendes Gesamtkonzept herangereift, das Harnoncourts Ideen als Impulse begreift und selbständig weiterentwickelt, ohne daß jede Programmentscheidung und jedes Künstlerengagement der Genehmigungspflicht unterliegen.
Bei der »styriarte« erfolgt im Juli 1987 Harnoncourts erste Begegnung mit dem Chamber Orchestra of Europe. Haydns Londoner Sinfonien bilden den vielversprechenden Auftakt. Danach verlagert sich die Zusammenarbeit in den Bereich der deutschen Romantik, die für Harnoncourt vor allem das frühe neunzehnte Jahrhundert umfaßt: Schubert, Beethoven, Mendelssohn, Schumann, zuletzt auch Brahms. Es sind maßgeschneiderte Aufgaben, bei denen die Interessen des Dirigenten und des Orchesters Hand in Hand gehen. Mit dem Chamber Orchestra entwikkelt er ein romantisches Klangbild, das die existentiellen Abgründe und das absurde Lebensgefühl dieser oft verharmlosten Epoche spürbar macht, ohne ihre Sehnsucht nach Schönheit und Harmonie zu verraten. Die kühne Ausdrucksskala der Romantiker, dieser Frühvollendeten, oft früh Verstorbenen, findet in der jugendlichen Mentalität der Musiker ihren unverwechselbaren Widerhall.
Speziell in der Auseinandersetzung mit Schumann entfaltet sich ein zeitgemäßes Idiom, das ohne Süßlichkeit auskommt. Sechs Jahre hindurch befassen sich Harnoncourt und das Chamber Orchestra bei der »styriarte« kontinuierlich mit Schumanns sinfonischem und musikdramatischem Werk. Die daraus resultierende Kompetenz für die individuelle Klangsprache dieses faszinierenden »Zerrissenen« ist anhand etlicher Live-Aufnahmen nachvollziehbar. Hier sind wichtige interpretatorische Neuansätze gelungen, vor allem beim Violinkonzert und bei der Oper »Genoveva«.
Ist »Don Quijote« in der deutschen Romantik, von der er als Student einst auszog, nun am Ziel? Es scheint, als schließe sich ein Kreis, doch weisen die Zeichen schon wieder darüber hinaus. Die erste Begegnung mit Wagners »Tristan« ist bereits programmiert. Auch diesen Schritt unternimmt er gemeinsam mit dem Chamber Orchestra of Europe. Und schon hat ein ähnlich strukturiertes junges Ensemble, das auf die Interpretation zeitgenössischer Musik spezialisiert ist, die Fühler nach einer Zusammenarbeit mit ihm ausgestreckt. Wer weiß, zu welchen Aben-

teuern er sich im anbrechenden einundzwanzigsten Jahrhundert noch verführen läßt.

Die Grazer Projekte des Chamber Orchestra of Europe sind Keimzelle für anderweitige Aktivitäten, sei es in Wien, sei es bei der Schubertiade Feldkirch oder bei den Salzburger Festspielen. Harnoncourt ist der bevorzugte Dirigent neben Claudio Abbado, der das Orchester mit initiiert hat. Man arbeitet in Berlin, tritt bei den Londoner PROMs auf, geht seit 1991 fast jedes Jahr ein- bis zweimal gemeinsam auf oft sehr ausgedehnte Europatourneen.

Die Musiker mögen Harnoncourt, der in seinem kuriosen altösterreichischen Englisch lapidaren Witz entwickelt und immer bereit ist, auf ihre Fragen einzugehen. Sie sind ihrerseits bereit, für ihn spieltechnische Konzessionen zu machen, lassen sich nicht nur im Streicherapparat vom Vorteil des sparsamen Vibrato überzeugen, sondern verwenden zum Beispiel auch Naturtrompeten. Und der Paukist, der sich als strenger Vegetarier zunächst geweigert hatte, ein mit Tierfell bespanntes Instrument zu spielen, läßt sich schließlich doch vom unvergleichlich reichen Klang der alten Pauken verführen.

Juni 1994, »Fidelio«-Probe im Grazer Stefaniensaal. Harnoncourt skizziert den Inhalt. Für ihn handelt die Oper ausschließlich davon, was Liebe bewirken kann. Es sei keine Befreiungsoper, es gehe nicht um politische Ideale. Weder Beethoven noch der Librettist seien besonders am Schicksal der Gefangenen interessiert gewesen. Diese Atmosphäre dient nur dazu, die Liebesgeschichte stärker hervortreten zu lassen. Wir erfahren nicht, ob Florestan ein guter oder ein schlechter Mensch ist, sagt er; wir erfahren nicht, warum er gefangen ist, wir erfahren nur, daß Florestan und Leonore einander lieben. Aber Leonore ist ein guter Mensch, sie will den Todgeweihten in jedem Fall retten (»Wer du auch seist, ich will dich retten…«), sie nimmt Unglaubliches auf sich. Die Oper dreht sich nur um sie, um die bedingungslose Liebe zu ihrem Mann. Beethoven war sehr verärgert, als sein Werk in »Fidelio« umbenannt wurde, weil es von Paër schon eine »Leonore« gab.

Der Minister, Pizarro und Florestan bilden für Harnoncourt ein ehemaliges Studenten-Kleeblatt. Die drei seien in obskure Machenschaften verwickelt gewesen, hätten ihre kleinen »Schweinereien« miteinander gehabt. Vielleicht hat Florestan irgendwann Geld gebraucht und versucht, Pizarro mit etwas zu erpressen, was er von damals über ihn weiß. Pizarro läßt ihn sofort einsperren – und er muß handeln, weil der Minister über sein Verschwinden erstaunt ist. Jedenfalls stellt sich am Ende heraus, daß sie einander sehr lange kennen (»Er sterbe – doch er soll erst wissen, wer ihm sein stolzes Herz zerfleischt«).

Diese kurze Einführung zeigt exemplarisch, wie Harnoncourt an die Primärquelle herangeht, wie er Text und Musik im Detail auf ihre Aussagen abklopft und wie er seine persönliche Phantasie in die Geschichte einbringt.

Seit der Schubertiade 1986 hat er »Fidelio« für zwei szenische Aufführungen erarbeitet; für eine skandalumwitterte mit Peter Palitzsch 1988 an der Hamburgischen Staatsoper, bei der die Neuerungen in Tempowahl und Sängerbesetzung in Kombination mit der eigenwilligen, politisch gefärbten Bilderwelt des Regisseurs die Zuschauer vermutlich überfordert hat, und für eine sehr runde, sehr stimmige Produktion mit Jürgen Flimm 1992 in Zürich.

Für die CD, die auf Basis der konzertanten Aufführung 1994 bei der »styriarte« entsteht, macht er nochmals Tabula rasa. Das Chamber Orchestra beschäftigt sich zum ersten Mal mit diesem Stück. Das schafft die einmalige Situation, daß die Musiker selbst ehrlich überrascht sein können von dem, was sie spielen. Wer den Hörer überraschen will, muß zuerst sich selbst überraschen, pflegt Harnoncourt bei bekannten Werken zu predigen.

Nochmals zurück auf die Probe. Harnoncourt erklärt beharrlich die erste Szene zwischen Marzelline und Jacquino: alles andere als das bekannte harmlose Getändel – wie die Musik sehr deutlich verkündet. Jacquino ist nämlich kein netter Kerl, sondern ein rauher Gefangenenwärter, der endlich die Chance sieht, das Mädchen, das ihn immer abweist, in die Enge zu treiben. Aus den scharfen Kontrasten zwischen Staccato und Legato spricht der unterschwellig brodelnde Konflikt zwischen den beiden. Leise, spitze Streicher zeichnen Jacquinos verstohlenes, unangenehmes Drängen, das Aufwallen seiner Begierde, seine versuchten Handgreiflichkeiten, während die Celli das Zurückweichen Marzellines ausdrücken.

Es ist Knochenarbeit. Manche Passagen müssen Note für Note geübt werden, immer wieder geht es in munterer Kakophonie drunter und drüber, aber der Spaß an der Sache überwiegt bei allen Beteiligten. Gelächter, als Rocco die verkleidete Leonore als Schwiegersohn akzeptiert. Man erlebt die Geschichte ganz unmittelbar. Harnoncourt arbeitet unermüdlich kleinste musikalische Einheiten durch. Obwohl die Zeit knapp wird und die nachlassende Konzentration der Musiker sich in Geblödel äußert, jagt er unbeirrbar jedem Detail hinterher, bis auf leisen Sohlen Chris hereinkommt, der Tourmanager, das personifizierte Pausenzeichen.

Das Jahrhundert-Dokument der Zusammenarbeit mit dem Chamber Orchestra ist der Zyklus der Beethoven-Sinfonien von 1990/91. Auch diese Sinfonien hat das Orchester mit Harnoncourt zum ersten Mal studiert, und das Video »The Making of the Symphonies« gibt Einblicke in dieses große Abenteuer. Die CD-Edition, mit zwanzig internationalen Preisen ausgezeichnet, wurde der größte Bestseller, den seine Plattenfirma abseits der »Drei Tenöre« jemals herausgebracht hat.

Mit Beethoven ist eben – anders als mit Bach oder Schumann – rund um die Welt Staat zu machen. Nach bejubelten Konzertserien in Frankfurt, Brüssel, Paris und Köln gibt Harnoncourt im November 1996, fast siebenundsechzig Jahre alt, sein Debüt in der Carnegie Hall in New York. Kaum zu glauben, wundert sich die Presse.

Harnoncourts Pionierstellung als Neuerer der Aufführungspraxis wird in den Berichten ausdrücklich gewürdigt, und seine Verdienste im Bereich der Alten Musik sind der Ausgangspunkt für die Beurteilung seiner Beethoven-Interpretation. Was die Kritiker besonders hervorheben, sind die wohlüberlegten Relationen der Tempi in den einzelnen Sinfonien und die neu gewichtete Klangbalance, in der die Passagen der Holzbläser aus dem üblicherweise alles zudeckenden Streicherklang dialogisch hervortreten wie Einwürfe einer »Harmoniemusik«.

Der Beethoven-Zyklus mit dem modernen Instrumentarium sei nicht die Abkehr von den Erkenntnissen aus dem Bereich der Alten Musik, sondern »der endgültige Triumph dieser Bewegung«, heißt es im *Wall Street Journal.* Harnoncourts Lesart biete »die Gelegenheit, Beethoven Auge in Auge gegenüberzutreten. Es ist keine Übertreibung, zu sagen, daß in diesen Aufführungen alles gestimmt hat, und trotzdem waren sie nicht Selbstzweck: Wenn Nikolaus Harnoncourt Beethoven dirigiert, ist Beethoven der einzige Star.« Und Bernard Holland konstatiert in der *New*

York Times die Entkleidung des Klanges vom gewohnten modernen Luxus und Glanz der Oberfläche: »Statt dessen fanden die Hörer sorgfältiges inneres Zusammenspiel, das die meisten modernen Orchester verunklaren. Nicht für Liebhaber des Üppigen, sondern für jene, die die kleinen Schönheiten zu schätzen wissen.«

In der Feuerlinie

Auch bei den Salzburger Festspielen läßt sich mit Beethoven Staat machen. Schon 1988 ist das Chamber Orchestra of Europe gemeinsam mit Harnoncourt erstmals nach Salzburg gekommen, allerdings bloß in die »Randzone«, zu einem Open-air-Konzert beim »Fest zur Festspieleröffnung« auf dem Residenzplatz.

Der erste offizielle Auftritt erfolgt 1992 mit Beethovens »Missa solemnis« im Großen Festspielhaus. Daß der Beethoven-Zyklus im Sommer 1994 im – restlos ausverkauften – Mozarteum stattfindet, wo nur siebenhundert Zuhörer Platz finden, ist ein seltener Triumph künstlerischer Konsequenz über wirtschaftliche Zwänge. In der Akustik des alten Saales gelangen nicht bloß kompositorische Details und instrumentale Klangfarben differenziert und präzise ans Ohr. Der kleine Raum gewährleistet auch ein hautnahes Erlebnis, das dem Effekt des behaglichen Wiedererkennens entgegenwirkt. »Im Mündungsfeuer der Blechbläser«, wie eine Zeitung schrieb, kann man sich nicht mehr wohlig zurücklehnen. Zum ersten Mal sind die Sinfonien bei den Festspielen als großes Gesamtwerk zu erleben, und das Publikum befindet sich im Zentrum des Geschehens; die Musik wird so auch zum physischen Ereignis, wie es in den Weiten des Großen Festspielhauses niemals möglich wäre.

Die Interpretation ist seit 1991 merklich »gewachsen«, hat auch von der unmittelbar vorangehenden Arbeit am »Fidelio« in Graz profitiert. Die in der Zwischenzeit erfolgten Aufführungen haben eine Konsolidierung der Erfahrungen bewirkt, die nun die Basis für neue, kühnere Ansätze bilden.

»Abenteuerreisen in ein anderes Beethoven-Land, fern vom philharmonischen Wohlklang, von Feiertagspathos und Klassikerpflege«, konstatiert die *Frankfurter Allgemeine Zeitung*.

Harnoncourt begnüge sich »nicht einfach mit einer Wiederholung seiner Erfolgsmodelle«, vermerkt die Grazer *Kleine Zeitung*. »Nicht der leiseste Anflug von gelassener Routine, sondern mitreißende Frische, überwältigende Spotaneität und aufs neue überrumpelnde Stringenz. Die exzellente Spieltechnik des Chamber Orchestra of Europe, die es Harnoncourt ermöglicht, seine Tempi an den lange Zeit für unausführbar gehaltenen Metronombezifferungen zu orientieren, die ausgewogene Balance zwischen Streichern und Bläsern, bei denen jetzt eine hölzerne Traversiere anstelle der metallenen Querflöte neben den Naturtrompeten für ungewohnte Farben sorgt, die philologische Sorgfalt, die penible Artikulation und die breitgespannte Dynamik lassen sich als wesentliche Ingredienzien dieser faszinierenden Wiedergabe herausdestillieren.«
»Das Klangkonzept Harnoncourts ist bezwingend«, befindet der *Standard*. »Gepaart mit einer klaren Tempokonzeption, resultieren aus solch klanglicher Schärfe tiefe Beethoven-Interpretationen von unbezähmbarer Wildheit und unberührter Milde zugleich. Die künstlerische Dialektik von Kritik und Utopie – bei Harnoncourt wird sie musikalische Sprache.«
Auch jene Wiener Kritiker, die gewissermaßen aus prinzipiellen Erwägungen gegen diese Beethoven-Serie Stellung beziehen, finden keine handfesten Anhaltspunkte, ziehen sich auf vage Einwände – mangelnde »innere Größe«, »überwältigend kurzatmig« – zurück. Der unanfechtbare Beethoven-Erfolg scheint das Schlagwort vom »Karajan-Erben« zu bestätigen, das seit Harnoncourts Salzburg-Debüt in den Medien kursiert. Und das Chamber Orchestra of Europe gerät unversehens in die heißeste Feuerlinie des österreichischen Musiklebens.
Seit Gérard Mortier, der profilierte Ästhet vom Brüsseler Théâtre Royal de la Monnaie, 1991 als Intendant in Salzburg angetreten ist, um die Festspiele zu reformieren, sind Differenzen mit den Wiener Philharmonikern an der Tagesordnung, die als führender Klangkörper für Oper und Konzert im Einsatz stehen. Mortiers Pläne, die eine Revision des Mozart-Stils vorsehen, seine Absicht, mit neuen Künstlern für frischen Wind zu sorgen, versetzen das Orchester in begreifliche Unruhe. Es fürchtet um seine bislang unangefochtene Vorrangstellung.
Die veränderten Bedingungen würden eine sachliche, professionelle Reaktion erfordern. Die Philharmoniker könnten ihren unbestreitbaren

Rang mit flexiblem Einsatz und frischen Ideen behaupten. Sie haben zwar kein Stimmrecht, aber immerhin beratende Funktion im Festspielkuratorium, das die Programme genehmigt. Statt dessen klagen sie auf Pressekonferenzen über Liebesentzug und verschanzen sich hinter Drohgebärden. Mortier, seinerseits kein Meister diplomatischer Beschwichtigung, schürt die Situation mit provokanten Bemerkungen in der Öffentlichkeit.

Der Konflikt kulminiert 1993 in der Drohung der Philharmoniker, ihren 1995 auslaufenden Vertrag nicht mehr zu verlängern und sich von den Festspielen gänzlich zurückzuziehen. Damit wäre der Intendant praktisch »handlungsunfähig« und müßte zurücktreten. Einer der Streitpunkte in diesem Machtkampf ist der Beethoven-Zyklus.

»Die allergische Reaktion der Wiener Philharmoniker läßt sich durchaus verstehen«, schreibt die Grazer *Kleine Zeitung*. »Einerseits müssen sie, die über hundert der bisher 144 Aufführungen einzelner Sinfonien Beethovens bei den Salzburger Festspielen bestritten haben, den Einbruch in ihre ureigensten Domänen hinnehmen. Andererseits haben sie im fabelhaften Chamber Orchestra of Europe eine sehr ernsthafte Konkurrenz zu fürchten.«

Schon Anfang 1993 war die heikle Situation Gegenstand eines Kommentars im *Kurier*: »Daß den Wiener Philharmonikern in Salzburg eine Vormachtstellung streitig gemacht wird, wird in Salzburg niemand laut zugeben. Daß sie sich allerdings drum werden kümmern müssen, bei ihren Konzerten gleichfalls so populäre Kost zugewiesen zu bekommen wie die ihnen neu erwachsene Konkurrenz, werden sie hoffentlich selbst wissen.«

Der Konflikt prolongiert sich, als für Harnoncourts Neuproduktion von Mozarts »Le nozze di Figaro« mit Regisseur Luc Bondy 1995 im Kleinen Festspielhaus erneut das Chamber Orchestra of Europe verpflichtet wird. Es ist die erste Opernpremiere dieser Festspiele. Die Philharmoniker verzichten »aus Termingründen«, wie es heißt, denn die Probenzeit überschneidet sich mit ihrem Urlaub. Präzise gesagt: Jenes Quantum an Proben, das Harnoncourt sich ausbedungen hat, würde für die beteiligten Musiker eine Verkürzung des Urlaubs mit sich bringen. Denn er will das Stück selbstverständlich von Grund auf neu erarbeiten.

Seine markante Tempodramaturgie kennt man bereits von der Aufnahme mit dem Concertgebouw Orkest, die 1994 in Salzburg vorgestellt wurde. Die Erkenntnisse, die er aus der Partitur gewonnen hat, geben dem Werk einen veränderten Charakter, rücken es weg von der Hektik, in der dieser »tolle Tag« meist abschnurrt, als stammte er aus der Werkstatt Rossinis. Schon die Ouvertüre, die Harnoncourt breit genug anlegt, um die charakteristischen kleinen Violinfiguren klar herausmodellieren zu können, gibt eine andere Gangart vor. Möglich, daß sich die Philharmoniker mit diesem von der Konvention so stark abweichenden Konzept nicht gern auseinandergesetzt hätten. Auch für die Musiker des Chamber Orchestra ist es harte Arbeit. Sie haben die Oper erst vor kurzem unter Solti und Abbado gespielt.

Daß sich die Mühe gelohnt hat, bestätigt kein Geringerer als Opernführer Marcel Prawy, der sich bislang nicht unbedingt als glühender Harnoncourt-Anhänger ausgewiesen hat. Nach der zweiten Vorstellung stürmt er die Dirigentengarderobe, um dem wehrlos im Unterleiberl Dastehenden atemlos zu verkünden, daß er das Werk nunmehr völlig neu überdenken müsse. Nie zuvor sei ihm klar geworden, daß Mozarts »Figaro« mit Rossinis »Barbier« rein gar nichts gemeinsam habe.

Im »akustischen Bühnenbild« von Richard Peduzzi, der die Tiefe der Bühne im unorganisch proportionierten Kleinen Festspielhaus komplett zugebaut und den gesamten bespielten Raum mit Holz ausgekleidet hat, entwickelt das Orchester jenen weichen Klang der Verführung, von der die Oper ausschließlich handelt. Nicht die Revolution der dienenden Klasse hat Mozart interessiert, sagt Harnoncourt, sondern die unbeschreibliche Verwirrung der Gefühle rund um die heimliche Protagonistin Susanna, rund um Cherubino, diesen Don Giovanni im Kükenstadium. Und im Gegensatz zu »Così fan tutte«, wo Männer mit ihren Verlobten ein grausames Experiment veranstalten, sind es hier die Frauen, die die amouröse Komödie inszenieren. »Das Normale zu Mozarts Zeit wäre doch, daß die geistige Substanz des Stückes von den Männern kommt«, sagt Harnoncourt. »Aber alles, was den Figaro bei Beaumarchais schlau macht, ist in der Oper gestrichen. Alle seine Pläne sind lächerlich. Auch der Graf blamiert sich ununterbrochen. Die großen Heldinnen sind Susanna und die Gräfin.«

Auch wenn Figaro in Luc Bondys Inszenierung keine Sekunde ein Tölpel ist, sondern selbstbewußt bis aufsässig reagiert, wie es der Persönlichkeit des Darstellers Bryn Terfel entspricht, auch wenn Marzelline mit der Parole »L'argent fait tout« (»Geld regiert die Welt«) auftritt – der »tolle Tag« spielt sich in den verborgenen Bereichen des Erotischen ab, von denen die Musik unablässig auf allen Ebenen spricht. Hierfür findet Bondy so kluge wie berührende Bilder.
»Der Eros ist für mich der Motor jeder menschlichen Kommunikation. Das Thema aller meiner Stücke heißt: désir«, hat Bondy formuliert. In der weiblichen Welt der Sehnsucht und des Begehrens, die Mozarts »Figaro« entwirft, folgt die Lust an der Verkleidung viel subtileren, geheimnisvolleren Motiven als in »Così fan tutte«, dient dazu, den Reiz der Verwirrung auszukosten, mit allen Ängsten und Risken und unwillkommenen Erfahrungen. Cherubinos äußere Verwandlung in ein Mädchen, in der Regel eine turbulente Klamaukszene, hat sich nie stiller und zärtlicher vollzogen als in dieser Salzburger Aufführung.
Zusätzlich zu den sieben Opernvorstellungen musiziert das Chamber Orchestra of Europe innerhalb von zwei Wochen noch zwei verschiedene Konzerte mit Werken von Mendelssohn, Schubert und Schumann in der Felsenreitschule. Ein großes Pensum, das den Musikern am Ende einer intensiven Saison alle Kraftreserven abverlangt.

> Das Orchester hat hier wunderbare Arbeit geleistet. Ich habe mir das nachträglich noch einmal angehört und habe gefunden, sie waren bei dieser Gelegenheit wie immer: eines der weltbesten Orchester.

Nikolaus Harnoncourt hat allen Grund, in Verteidigungsposition zu gehen. Denn obwohl im Saal an jedem Abend Jubel herrscht, erscheint die Salzburger Auftrittsserie des COE von 1995 im Spiegel der Presse als mittleres Debakel. Nun darf der Applaus niemals als einziger Gradmesser für Qualität gelten. Auch muß man einräumen, daß die beiden Orchesterkonzerte unter akustischen Bedingungen stattfinden mußten, die eigentlich nicht Harnoncourts Anforderungen entsprachen. Daß er sie akzeptiert hat, kann man nur als großes Zugeständnis an die dispositionellen Zwänge der Festspielleitung auffassen.
Allerdings fällt in den öffentlichen Reaktionen einiges auf, was man nicht bloß auf den Zufall zurückführen mag.

Unter vielen differenzierten »Figaro«-Kritiken, bei denen sich Begeisterung und Ablehnung die Waage halten, findet sich ein Totalverriß in der *Süddeutschen Zeitung*. Joachim Kaiser, der für das Booklet zur CD mit Nikolaus Harnoncourt ausführlich über dessen Interpretation gesprochen hatte, legt gegenüber dem Konzept nun völlige Verständnislosigkeit an den Tag.
Buhrufe werden ausgerechnet in jener »Figaro«-Aufführung laut, die das Österreichische Fernsehen aufzeichnet.
Und Kammersängerin Elisabeth Schwarzkopf schreibt in einem offenen Brief an den *Kurier*, daß mit dieser Produktion »die gesamte Arbeit, die unsere Generation nach dem Kriege in Salzburg geleistet hat, vernichtet wird«. »Schuldig« sei in erster Linie »Herr Prof. Harnoncourt«.
Was in manchen Rezensionen und Kommentaren über das Orchester zu lesen ist, überschreitet das übliche Maß an Polemik. Man apostrophiert es als »Verlegenheitslösung«, als Häuflein von Dilettanten, das Harnoncourts Anweisungen »widerstandslos« Folge leistet, das »sympathisch engagiert zu realisieren trachtet, was der eigenwillige Maestro von ihm verlangt«, das aber »kein erstklassiger Klangkörper« sei.
Es scheint, als habe der rasche Aufstieg des COE gewissen Interessengruppen einen Ansatzpunkt für eine offizielle Front gegen Harnoncourt – und damit gegen Gérard Mortier – geliefert. Dabei hat Mortier bereits vor Beginn der Festspiele 1995 via Interview Beruhigung signalisiert: »Daß ein auswärtiges Orchester eine Da-Ponte-Oper von Mozart spielt, geschieht heuer zum ersten Mal und soll eine Ausnahme bleiben.«
Der wiederholte Vorwurf, das Chamber Orchestra of Europe sei mangels gewachsener Spieltradition allzu leicht formbar, trifft nicht zu. Bei der Erarbeitung der Interpretation sind die Rollen klar verteilt. Das Orchester hat im Grunde keine Wahl. Es kann die Anweisungen des Dirigenten boykottieren, es kann mehr oder weniger versteckten Widerstand leisten, indem es sich auf seine »Auffassung« zurückzieht, doch damit ist nichts gewonnen. Das Resultat, von dem schließlich der eigene Erfolg abhängt, wird überzeugender sein, wenn es mitmacht. Bezüglich der Interpretation ist kein Dialog zwischen Dirigent und Orchester möglich, höchstens ein Kräftemessen.
Aber es gibt sehr wohl einen Bereich, in dem zwischen dem Kollektiv und seinem Anführer Geben und Nehmen stattfindet: in der Berücksich-

tigung der klanglichen und spieltechnischen Eigenart eines Orchesters. Man kann bei Nikolaus Harnoncourt immer wieder feststellen, wie sehr er in seiner Interpretation auf die Besonderheiten des jeweiligen Klangkörpers Bezug nimmt, mit seinen spezifischen Stärken arbeitet.

> Ich will nicht den Klang eines Orchesters verändern. Der Klang ist die Persönlichkeit des Orchesters. Ich will ein Orchester für eine Auffassung gewinnen.

Die »Orchesterpersönlichkeit« setzt nicht zwingend eine hundertjährige Tradition voraus. Sie entspringt vielmehr dem wohlüberlegten Casting der Mitglieder und der Bereitschaft jedes einzelnen, die Mitspieler akustisch wahrzunehmen und sich in den Gesamtklang zu integrieren. Brahms' »Zweite« in Harnoncourts Interpretation mit den Berliner Philharmonikern, den Wiener Philharmonikern und dem Chamber Orchestra of Europe – das sind drei Versionen desselben Stückes, künstlerisch gleichrangig, jedoch aufgrund der klanglichen Profile deutlich verschieden.

Nach dem Salzburger Pressedebakel hat Nikolaus Harnoncourt den Eindruck gewonnen, das Chamber Orchestra sei ihm mit besonderer Solidarität begegnet. Der Umstand, daß von den Streichern einige auch im Concentus Musicus spielen – und umgekehrt –, schafft zweifellos eine starke persönliche Basis. Tatsache ist, daß die Arbeitsbeziehung speziell im Rahmen der »styriarte« mit unverminderter Intensität fortgesetzt wurde.

Allerdings waren die Musiker über die vernichtenden Zeitungsartikel nicht bloß empört, sondern auch verunsichert, weil ihnen ihre Flexibilität als Unfähigkeit ausgelegt wurde. Es wäre verständlich, wenn diese Demütigung das Verhältnis zu Harnoncourt gestört und einen Distanzierungsprozeß ausgelöst hätte. Möglicherweise sind dadurch latente Konflikte virulent geworden.

Ein Mitglied des Streicherapparats vermittelt einen lebhaften Eindruck vom internen Für und Wider, wie es im Sommer 1997 herrschte. Der folgende Gesprächsausschnitt macht auch die Schwierigkeiten nachvollziehbar, die Orchestermusiker mit Harnoncourts Arbeitsweise haben können.

> Je enger die Zusammenarbeit wird, desto mehr Kritik entsteht, das ist ja normal. Am Anfang war einhellige Begeisterung, aber das ist generell so,

wenn jemand neu kommt und andere Ideen bringt. Und je länger man jemand kennt, je intensiver die Zusammenarbeit wird, desto größer wird manchmal der Widerstand.
Ein heikler Punkt ist sicher, daß wir die Noten zu wenig spielen. Dadurch, daß er so viele Erklärungen anbietet, kommt man auf der Probe nicht genügend zum Durchspielen, was bei manuell schwierigen Stücken Streß erzeugt. Man macht es dann auf der Generalprobe zum ersten Mal, man muß wohl auch selbständig üben. Man würde eine Probe mehr brauchen, aber die würde er auch wieder mit Interpretation füllen, weil das Manuelle für ihn einfach sekundär ist.
Aber bei uns ist es nicht so, daß wir auf der Probe sagen: Laß ihn reden, im Konzert spielen wir, wie wir wollen. Es bemühen sich alle, seinen Intentionen zu folgen. Bei anderen Dirigenten wird auch in der Besetzung viel mehr gewechselt.
Mit seiner Haydn-Interpretation hat niemand Probleme, da sind alle begeistert. Nach dem ersten Programm in Graz waren am nächsten Morgen alle eine halbe Stunde früher da, weil sie es nicht erwarten konnten. Bei Mozart ist das keineswegs so, auch nicht bei Schumann und Brahms.
Seine analytische Art nimmt den Musikern natürlich etwas weg: das schöne Gefühl, das man sonst hat, wenn man nach Herzenslust drauflossülzen und -sägen kann. Es ist verständlich, daß das Frustration erzeugt. Das ist ja auch der Vorwurf von manchen, daß es zu kühl ist oder zu zerschnitten. Und wenn wir dann mit einem anderen Dirigenten spielen, wo alle so richtig loslegen und unheimlich vibrieren können, dann heißt es: Das ist unheimlich warm, und man kann so richtig schön ausspielen.
Bei Harnoncourt ist alles viel mehr durch den Intellekt gegangen. Ich will nicht sagen kopflastig, weil das Gefühl für die schönen Melodien ja immer noch da ist. Es ist eine riesige Bereicherung. Harnoncourt nimmt die Sachen zunächst mal sehr auseinander, man kriegt einzelne Stimmen oder Rhythmen zu hören, die sonst oft im großen Tumult untergehen. Mir ist das eine ganz große Hilfe. Sonst habe ich manchmal das Gefühl, die Interpretation wird nur so übergebügelt, und wir kriegen nur die alleroberste Schicht mit. Aber es gibt sicher Leute, die diese Bruchstücke dann für sich nicht mehr zu einem Bild zusammenfügen können.
Für die Bläser ist die Situation überhaupt anders, die sind ja eher eine Solistenrolle gewohnt. Warum ist man Solobläser? Man ist ein anderer Typ, man reißt

den Mund ein bißchen mehr auf. Die empfinden die vielen Erklärungen als Einschränkung, das geht ihnen an die Künstlerehre. Andere Dirigenten sind dankbar für das, was sie anbieten, und bei Harnoncourt ist es nie genug.
Im Vergleich zum Concentus Musicus fällt mir immer wieder ein gewisses mangelndes Grundverständnis für seine Wesensart auf. Manche schätzen ihn ganz falsch ein. Die Englischsprachigen interpretieren dieses Bodenständige, diese Art von Humor, die er hat, offenbar völlig falsch, und das läßt sich nicht zurechtrücken. Leuten aus England oder Australien ist diese Mentalität offenbar vollkommen fremd.
Worin wir uns ziemlich einig sind: Er ist ein Dirigent, der einem unheimlich viel Energie gibt. Meistens hat der Musiker das Gefühl, er wird ausgelaugt, die Energie wird ihm genommen. Bei Harnoncourt geht man nie ausgelaugt hinaus. Er kann einem so viel Leben einblasen, auch wenn man selbst halb tot dasitzt. Ich weiß nicht, wo er selbst diese Energie hernimmt. Dafür habe ich die allergrößte Bewunderung.

Ein »österreichisches Schicksal«?

Aber er hat einsehen müssen, daß man in Österreich nichts mit Hilfe des Staates verwirklichen kann, wenigstens nichts Außerordentliches, nichts Bedeutendes, nichts Epochemachendes. (...) Denn daß in diesem Staat nur das Stumpfsinnige und die Mittellosigkeit und der Dilettantismus geschützt sind und immer wieder gefördert werden und daß in diesem Staat nur in das Stümperhafte und in das Überflüssige alle Mittel gestopft werden, ist klar. Das sehen wir tagtäglich in Hunderten von Beispielen. Und dieser Staat will ein sogenannter Kulturstaat sein und verlangt, daß er bei jeder Gelegenheit als solcher bezeichnet wird. (...) Wenn wir die Schönheit dieses Landes mit der Gemeinheit dieses Staates verrechnen, sagt Oehler, kommen wir auf den Selbstmord.

Thomas Bernhard, »Gehen«

Nikolaus Harnoncourts Weg in die Nervenzentren des österreichischen Musiklebens verläuft kompliziert. Da sich die entscheidenden Schritte seiner Entwicklung als Dirigent im Ausland vollziehen, nimmt man erst mit Verspätung zur Kenntnis, daß er sich nicht auf Spezialaufgaben à la Monteverdi beschränkt, sondern anderswo als Mozart-Interpret gefeiert wird, daß er in renommierten Opernhäusern und Konzertsälen für Aufsehen sorgt.

Das Angebot an Musikern ist speziell in Wien sehr groß. Wer sich nicht selbst positioniert, wird leicht übersehen. Man feiert jene, die mit Aplomb als Star auftreten, nicht aber einen entsprungenen Orchestermusiker mit eigenwilligen Ansichten. Der österreichische Musikbetrieb ist in den achtziger Jahren mit spektakulären Ereignissen und großen Persönlichkeiten noch reich versorgt und funktioniert als geschlossener Kreislauf. Sein Bestand ist dadurch gewährleistet, daß er sich fortwährend selbst bestätigt. Irritation ist nicht erwünscht.

Harnoncourt hat – abgesehen von seiner kontinuierlichen Arbeit mit dem Concentus Musicus – nichts dazu beigetragen, um in seiner Heimat auf sich aufmerksam zu machen. Er hat im Gegenteil darauf geachtet, sich nicht vereinnahmen zu lassen. Er hat Auszeichnungen und Subventionen zurückgewiesen. Er meidet offizielle Termine, sucht niemandes Gunst.
Im Musiktheater tritt er in Österreich vierzehn Jahre nach dem »Ulisse« von 1971 zum zweiten Mal in Erscheinung. Die Produktion von Händels »Giulio Cesare« bei den Wiener Festwochen 1985 bringt für das Wiener Publikum die erste Begegnung mit dem Operndirigenten Harnoncourt, der damals bereits über zehn Jahre Erfahrung in diesem Metier verfügt. Immerhin ist für 1987 auch sein Debüt an der Staatsoper fixiert.
Den Mozart-Dirigenten Harnoncourt hat genaugenommen der Wiener Staatsopernchor entdeckt, der ihn samt dem Concentus Musicus einlädt, 1981 beim traditionellen Allerheiligenkonzert im Musikverein das Requiem aufzuführen.

Kommunikation »auf wienerisch«

Von den Wiener Traditionsorchestern sind die Symphoniker die ersten, die an den früheren Kollegen herantreten. Sie erwarten von ihm neue Impulse bei zentralen Stücken des Repertoires. Ein Festwochenkonzert mit Mozarts g-moll-Sinfonie KV 550 im Juni 1983 ist der Beginn einer nicht besonders regelmäßigen, jedoch spannenden Zusammenarbeit.
Das Orchester, damals erst knapp einem unangenehmen Chef entronnen, der ihm aus politischen Motiven aufgezwungen worden war, quittiert die Begegnung mit Harnoncourt mit spontaner Anerkennung. Der belebende Effekt ist stärker als der »Traditionswiderstand«. Seine pädagogischen Fähigkeiten fallen auf fruchtbaren Boden. Die zunächst ungewohnte dialogische Aufstellung der ersten und zweiten Geigen etwa ist mittlerweile Standard.
Weitere Mozartprogramme folgen. Für Harnoncourt ist es nach den Erfahrungen mit dem Concertgebouw Orkest ein Erlebnis, diese Werke mit einem Wiener Orchester, mit dem besonderen Differenzierungsvermögen der Wiener Bläser und mit dem typischen Wiener Streicherklang, neu zu entdecken.

Reine Harmonie? Jedenfalls geht man schon 1984 erstmals gemeinsam auf Tournee. Die überregionalen Erfolge stärken das Selbstbewußtsein, polieren das Renommee des Orchesters auf. Binnen kurzem etabliert sich eine verläßliche Seilschaft, mit der Harnoncourt denkwürdige »Erstbesteigungen« absolviert: Schuberts »Unvollendete«, Beethovens »Eroica« und das Brahms-Requiem, ebenso die beiden großen Haydn-Oratorien, die auch für Platten aufgenommen werden. Alexander Pereira, in den achtziger Jahren Generalsekretär des Wiener Konzerthauses, fördert solche ereignishaften Momente, setzt ihnen mit Solisten wie Friedrich Gulda, Oleg Maisenberg und Edita Gruberová zusätzliche Glanzlichter auf.

Im Verein mit Harnoncourt haben die Wiener Symphoniker auch Lust, demonstrativ gegen die Tradition zu schwimmen: mit der radikal revidierten Fassung von Johann Strauß' »Zigeunerbaron«. Die konzertante Aufführung vom Juni 1994 ist auf CD dokumentiert. Harnoncourt hat nach der szenischen Produktion in Zürich noch weiter an der Rekonstruktion des von Zensur und Bearbeitern verstümmelten Werks gefeilt, um endlich hinter die originale Architektur zu kommen. Er legt brandneues, handgeschriebenes Stimmenmaterial auf die Pulte der Musiker – seine Frau hat mehrere Nächte über diesem Expreßauftrag zugebracht.

Eine Fülle bisher unbekannter Musik schafft andere dramaturgische Schwerpunkte, und auch die Wiederherstellung der ursprünglich sehr schlanken Instrumentation verändert den Gesamtcharakter. Aus dem »holden Unsinn« wird ein vielschichtiges Stück, das auf reizvolle Art zwischen Oper und Operette changiert. Bei aller Komik, speziell in den neu aufgefundenen Couplets, transportiert es zugleich die beklemmende Atmosphäre der untergehenden Donaumonarchie. Und wie schon in der »Fledermaus« wird Johann Strauß' Stellung im Spannungsfeld zwischen Schubert und Alban Berg hörbar. Am Ende der dreistündigen Aufführung, die die Kritik naturgemäß sehr kontroversiell aufnimmt, jubelt nicht nur das Publikum. Auch ein Teil des Orchesters spendet dem Dirigenten ostentativ Beifall.

Der nächste Schritt ist die Aufführung der »Fledermaus« bei den Wiener Festwochen 1999 – die erste gemeinsame szenische Produktion.

Der künstlerische Ertrag dieser Kooperation steht außer Zweifel. Die Symphoniker haben erkannt, welchen Stellenwert die Arbeit mit ihrem emanzipierten Kollegen für ihr Niveau besitzt. Sie wünschen sich an ihrer Spitze eine prägende Persönlichkeit, die auch internationale Strahlkraft hat und das Ensemble aus der ungeliebten Rolle des ewigen Zweiten herausholt; sozusagen einen zweiten Karajan. Als es an der Zeit ist, einen neuen Chefdirigenten ab 1997 zu bestellen, beschließt man, Harnoncourt die Position anzubieten.

»Es war eine Ehre, daß er ernsthaft darüber nachgedacht hat«, sagt Rainer Bischof, der Generalsekretär des Orchesters. Seine Ablehnung habe Harnoncourt mit seinem fortgeschrittenen Alter begründet, in dem er keine zusätzlichen Belastungen auf sich nehmen wolle. »Es wäre natürlich großartig gewesen, einen Chefdirigenten zu haben, der aus den eigenen Reihen kommt. Wir haben mit ihm von Anbeginn Riesenerfolge gehabt, in jeder Beziehung. Es herrscht auch innere Harmonie. Gegen ihn ist aus dem Orchester nie Opposition laut geworden.«

Auch wenn sich das für einen Beobachter nicht immer so darstellt – routinemäßiges »Gematschker« sowie die wienerische Eigenart, auf die Einhaltung der Probenzeit zu pochen, indem man mitten im Takt den Bogen oder das Instrument aus der Hand legt, können den gelernten Orchestermusiker Harnoncourt nicht erschüttern. Daß er auf solche Situationen meist defensiv reagiert, erhöht vermutlich seine internen Sympathiewerte.

Auf Harnoncourts Absage folgt dennoch – zufällig oder nicht – eine deutliche Zäsur. Zwei Spielzeiten Pause, bis im Mai 1998 zwei begeisternde Abende beweisen: Man spricht immer noch dieselbe Sprache, die Kommunikation »auf wienerisch« ist intakt. Mit Mendelssohn, Brahms und vor allem mit den Sinfonien von Anton Bruckner ist auch hier ein vielversprechender Weg in die Romantik eingeschlagen.

Sein Debüt mit den Wiener Philharmonikern gibt Nikolaus Harnoncourt bei einem Abonnementkonzert im Großen Musikvereinssaal im Dezember 1984. Die Abonnementkonzerte bilden gewissermaßen das »Allerheiligste«, das Rückgrat des philharmonischen Selbstverständnisses. Vorstand in der »Demokratie der Könige« ist bis 1987 der Geiger Alfred Altenburger, einst Primarius des historischen »Wiener Gamben-Quartetts«. Man programmiert Mozarts Pariser Sinfonie und Schuberts »Vierte« und engagiert Gidon Kremer als Solisten für Mozarts Violinkonzert KV 216. Ein einsames Buh, das in den einsetzenden Applaus hineinplatzt, ist das schönste Kompliment für ein aufregend neues, sehr eigenständiges Schubert-Bild, das gleich im ersten Anlauf zustande gekommen ist.

Doch wer meint, das sei der Auftakt zu einer stürmischen neuen Beziehung, verkennt die Verhältnisse. Das nächste philharmonische Abonnementkonzert dirigiert Harnoncourt im Mai 1997. Man hat einander in der Zwischenzeit zwar nicht gemieden, doch es ist eine komplizierte Annäherung, stockend und störungsanfällig, beeinflußt von vielen außerkünstlerischen Faktoren.

Harnoncourts Tabula-rasa-Prinzip stößt auf Widerstand. Das einzige, was er bei Orchestermusikern voraussetzt, sind höchste manuelle Fertigkeiten. Im übrigen zögert er nicht, einem gestandenen Opernorchester seine Erkenntnisse über ein so viel gespieltes Stück wie »Die Zauberflöte« zu erzählen – mit dem Anspruch, den Abgebrühten etwas Neues zu bieten.

Harnoncourt liebt die Wiener Philharmoniker für ihr unverwechselbares Klangbild und für ihre außergewöhnlichen Fähigkeiten. Und wen er liebt, den fordert er in besonderem Maß. Das berühmte Niveau der philharmonischen Spieltradition, von der ein Dirigent auch gemütlich zehren kann, und die hohe künstlerische Eigenverantwortlichkeit des autonomen Kollektivs können für ihn nur Ausgangspunkt für herausragende Abenteuer sein. Er will die Musiker interessieren und verschafft sich Autorität, indem er seine unorthodoxe Sicht aufs Vertraute plastisch vermittelt.

»Orchester allaaan« für das Mozart-Requiem? Schon die Idee grenzt an eine Zumutung! – »Sie werden sehen, es gibt ganz viele Sachen, die Sie wahrscheinlich nicht so vor Augen haben.« – Die Probenzeit wird spontan verlängert, und die Aufführung bei der Salzburger Mozartwoche 1991 ist in die Annalen eingegangen.

Solche Kraftproben gehören zum »Spiel«. Die Ergebnisse gehören zu den Sternstunden. Das Festwochen-Eröffnungskonzert 1991 mit seinen geheimen Bezügen zwischen Haydn, Mozart und Schubert, das Violinkonzert von Alban Berg in der genialen Verbindung mit Schuberts »großer« C-dur-Sinfonie im Mai 1997. Doch es bleibt bei punktuellen Begegnungen, die punktuelle Begeisterung auslösen. Bei der Salzburger Mozartwoche kommen zwischen 1986 und 1996 immerhin fünf Projekte zustande.

Im September 1997 lädt man ihn ein, ein Sonderkonzert in Vertretung des gebrechlichen Carlo Maria Giulini zu übernehmen, was auch mit einer kleinen Reise verbunden ist. Die erste Vertrauensgeste. Harnoncourt bricht für diese Aufführung seinen Urlaub ab. Man probt Beethovens unterhaltsame »Achte« in F-dur, und er äußert den folgenschweren Satz: »Nur in F-dur gibt es eine wirklich reine Terz.« – Aufruhr bei den Holzbläsern. In der Pause verlangt der Solo-Oboist Aufklärung. Das Gespräch erweitert sich zu einem kleinen Privatissimum über Tonartencharakteristik und wie diese von der temperierten Stimmung nivelliert wird. Harnoncourt ist in seinem Element – und gerät in Rage über den Umstand, daß so wichtige Dinge in der Ausbildung offenbar überhaupt nicht vermittelt werden: »Da hätten die Komponisten ja gleich alles in C-dur schreiben können, wenn die verschiedenen Tonarten aufgrund der verschiedenen Intervallspannungen nicht ihren individuellen Ausdrucksgehalt hätten!«

Mit dergleichen kann man Wiener Philharmoniker wohl beeindrucken. Doch ein »philharmonischer Liebling« wird man auf diese Weise kaum, schon gar nicht, wenn man ein ehemaliger Symphoniker ist. Und daß Harnoncourt in der Zusammenarbeit keinen Wert darauf legt, ein Liebling zu sein, macht es nicht einfacher. Hier liegt vielleicht eine entscheidende Diskrepanz in der Mentalität: Die persönlich distanzierte, ganz auf die Sache konzentrierte Art des Dirigenten steht im Widerspruch zur auffallend emotionalen Art des Orchesters, das um seiner selbst willen »geliebt« werden will.

Eine weitaus intensivere Zusammenarbeit als im Konzertbereich ergibt sich zwischen 1987 und 1991 an der Wiener Staatsoper. Dort musizieren freilich nicht die »Wiener Philharmoniker«, sondern das »Orchester der Wiener Staatsoper«. Daß dasselbe Kollektiv plötzlich anders heißt, ist mehr als eine Formalität. Denn unter dem anderen Etikett mutiert die selbstverwaltete Elitetruppe aus dem Musikverein zum Beamtenensemble mit der Tendenz zur künstlerischen Mitte und zum »Dienst nach Vorschrift«. Für ihre Tätigkeit in der Oper, die ihre soziale Absicherung bedeutet, treffen die Musiker nach eigenem Gutdünken eine Diensteinteilung, die den geld- und prestigeträchtigen »Eliteprojekten« stillschweigend Priorität einräumt.

Diese personelle Verquickung zwängt die Produktionsweise der Staatsoper in ein Korsett, das zeitgemäßen künstlerischen Ansprüchen nicht mehr angemessen ist. Eine Anzahl von neunzig Operndiensten pro Jahr – die gegen Bezahlung von teuren Überstunden um dreißig aufgestockt werden können – schließt intensive Probenarbeit für mehrere Premieren aus. Darüber hinaus herrscht rege Fluktuation im Orchestergraben. Damit die »Philharmoniker« ihre Verpflichtungen in der Oper bewältigen können, sind häufig Substituten und Orchesterneulinge im Einsatz. Solche Leute sind gegenüber musikalischen Konzepten abseits der vertrauten Routine hilflos – und jene Dirigenten, die ein Konzept haben, reiben sich an diesem Faktum auf. Ohne die Leistung dieser Musiker für die Aufrechterhaltung des konkurrenzlos breiten Repertoires schmälern zu wollen – dieses System orientiert sich an pragmatischen, nicht an künstlerischen Aspekten.

Das ist die Situation bis zur Ausgliederung der Staatsoper aus dem Bundestheaterverband im September 1999. Ob sich durch die neue rechtliche Grundlage daran etwas ändern wird, bleibt abzuwarten.

In der Direktionszeit von Claus Helmut Drese, der 1986 von Zürich nach Wien kommt, gibt der siebenundfünfzigjährige Nikolaus Harnoncourt sein Debüt an der Wiener Staatsoper. Er erarbeitet mit dem Staatsopernorchester vier Mozart-Premieren: »Idomeneo« (Februar 1987, Regie: Johannes Schaaf), »Die Zauberflöte« (März 1988, Regie: Otto Schenk), »Die Entführung aus dem Serail« zu den Wiener Festwochen 1989 im Theater an der Wien (Regie: Ursel und Karl-Ernst Herrmann) und »Così fan tutte« (Dezember 1989, Regie: Johannes Schaaf). Drese plant auch für Wien einen Mozart-Zyklus, der die im Repertoire befindlichen Produktionen erneuern und um unpopuläre Werke wie »Lucio Silla« und »La clemenza di Tito« ergänzen soll.

Daß Harnoncourt bei der Realisierung dieses Plans nicht in der vorgesehenen Weise mitwirkt, liegt vor allem daran, daß er die Arbeitsbedingungen ab einem gewissen Zeitpunkt als unerträglich empfindet. Bis zum Ende von Dreses Wiener Direktionszeit im Juni 1991 dirigiert er jedoch insgesamt sechzig Vorstellungen. In der Saison 1989/90 ist er nach Claudio Abbado, dem »Musikdirektor« des Hauses, der meistbeschäftigte Dirigent. Er kann erreichen, daß sich für seine Produktionen im Orchester jeweils ein fixes Ensemble konstituiert und daß unvermeidliche Wechsel vorher angezeigt werden, so daß er Einspringer mit seinem Konzept vertraut machen kann.

Die Wiener Philharmoniker sind ein ganz einfaches Orchester. Vor der ersten Probe zu »Idomeneo« hatten wir Aufnahmen zum Mozart-Violinkonzert mit Gidon Kremer. Da habe ich sie gefragt: Wie ist denn das mit dem Staatsopernorchester, ist das dasselbe? – Wir hatten eine sehr lockere und kollegiale Umgangsart. – Und da haben die gesagt: Das werden Sie schon sehn, da sind wir ganz anders.
Mich hat das gar nicht gestört. Dazu bin ich zu sehr Orchestermusiker. Ich weiß genau, wenn ein Dirigent sechzig Prozent Zustimmung hat, ist das so viel wert wie hundert Prozent. Das gibt's gar nicht, daß alle dafür sind, das ist doch klar, ich kenne das aus meiner Orchesterzeit. Man ist gegen jeden Dirigenten, irgendwie.
Also bei »Idomeneo«, da hat es gut geklappt. Später gab es dann Probleme: Die »Wechseltechnik« von denen, die wollte ich nicht. Na gut, ich habe dann von Drese eine vertragliche Zusicherung bekommen, die das ausschloß. Das hat sehr gut funktioniert. Ich habe ja nicht verlangt, daß nicht gewechselt wird, sondern daß mir jeder Wechsel vorher angezeigt wird. Und die Musiker, die gewechselt haben, sind unter Umständen ein, zwei Stunden vorher in der Garderobe mit mir das Stück durchgegangen.
Aber mit den Philharmonikern gab es kein Problem. Das einzige, was man sagen könnte: Sie haben mich nicht gewählt, für viele Jahre. Ich habe ja ein Abonnementkonzert mit ihnen dirigiert. Wenn sie gefunden hätten, daß ich genau das mache, was sie so gern machen, hätten sie mich schon viel früher wieder holen können. Ich wäre dann sicher mehrmals auf ihren Konzertlisten aufgeschienen.
Die Pausen in der Zusammenarbeit, das ist eine statistische Tatsache. Aber wenn ich mit ihnen gearbeitet habe, kann man nicht sagen, daß etwas nicht funktioniert hätte. Ich war mit der Zusammenarbeit sehr zufrieden. Ich finde, daß die autonome Struktur des Orchesters sehr vorteilhaft ist: Daß sie von sich aus sagen, wir müssen gut sein, daß sie Probleme von sich aus bereinigen, daß das nicht von außen geschieht, daß sie von sich aus sagen, wir müssen genug Proben haben, damit ein Konzert entsprechend wird – das wirkt sich unheimlich positiv aus. Wenn ich bei einem anderen, gewerkschaftlich organisierten Orchester sage, ich brauche eine halbe Stunde mehr, dann geht das nicht. Bei den Philharmonikern brauche ich das gar nicht zu sagen. Wenn die sehen, ich komme mit den zweieinhalb Stunden nicht aus, dann sagen sie: Machen Sie sich keine Sorgen, wir proben, so lange es notwendig ist.

Aber Staatsopernorchester und Philharmoniker würde ich peinlich auseinanderhalten.

An der Wiener Staatsoper legt man Wert darauf, ein breites Repertoire bieten zu können. Der Spielplan umfaßt vierzig bis sechzig Stücke. Manche Produktionen – gerade solche von Standardwerken – werden über Jahrzehnte hinweg gezeigt. Bei den Neuproduktionen ist die »Praktikabilität« ein wesentlicher Faktor: Sie müssen sich leicht in den Betrieb eingliedern lassen, müssen technisch gut zu handhaben und musikalisch wie szenisch so konzipiert sein, daß wechselnde Dirigenten und Sänger mit kurzen Verständigungsproben problemlos »einsteigen« können. Ein Repertoiretheater alten Stils, wie es heute kaum noch existiert, darum auch im Rang eines Denkmals, an dem gerade in Wien nicht gekratzt werden darf.
Das Denkmal steht und fällt mit dem janusköpfigen Orchester. Sein Niveau und sein enormes Repertoire gelten als das große Kapital der Staatsoper. Die Musiker kennen die Stücke zuweilen besser als so mancher Dirigent, und so mancher Abend kommt nur dank ihrer Routine ohne erkennbare Pannen über die Runden. Indem man diese Routine jedoch glorifiziert und zum konstituierenden Prinzip erhebt, verschleiert man den künstlerischen Notstand, der sich aus der Beschränkung auf neunzig Dienste pro Saison zwangsläufig ergibt. Ohne eine deutliche Ausweitung der Probenmöglichkeiten kann jener singuläre Standard, auf den man in Wien offiziell so stolz ist, in der Praxis nur fallweise realisiert werden.
Diese äußeren Umstände bringen für Nikolaus Harnoncourt eine aufreibende Zeit. Gewöhnt an die sachlich-konziliante Art, in der man in Zürich und Amsterdam arbeitet, verwöhnt von der Begeisterungsfähigkeit seiner dortigen Mitstreiter, von der Aufgeschlossenheit und der überwiegend positiven Resonanz in der Öffentlichkeit, stößt er in Wien ständig an Grenzen, die er nicht akzeptieren kann. Die retardierende Wirkung der sogenannten Tradition, der sich führende Wiener Kritiker speziell in Sachen Mozart verschrieben haben, und die schier unbezwingbare »normative Macht des Faktischen«, die die internen Abläufe determiniert, machen es unmöglich, auf Dauer jene ganz besondere Qualität zu etablieren, die ihm gerade hier zum Greifen nahe scheint.
In einem Haus, das den reibungslosen »Betrieb« über alles stellt, kann er

mit seinem idealistischen Anspruch und seinem Credo von Kunst als Irritation nur als »Betriebsstörung« wirken. Das Klima ist unbehaglich, auch wenn Claus Helmut Drese versucht, dem langjährigen Partner und Freund »Vorzugsbedingungen« zu schaffen.

Der Einstieg mit »Idomeneo« ist taktisch klug und gut geplant. Das Stück ist in der Rezeption relativ unbelastet. Die Besetzung mit Peter Schreier, der in der Titelrolle debütiert, sowie mit Delores Ziegler, Marie McLaughlin, Suzanne Murphy, Thomas Moser und Werner Hollweg weist keine Schwachstelle auf. Harnoncourt trifft erstmals auf den Regisseur Johannes Schaaf, mit dem er eine gute gemeinsame Basis findet. Direktor Drese hat nach den Zürcher Erfahrungen sichergestellt, daß Schaaf mit dem für die musikalische Aussage unverzichtbaren Schlußballett kreativ umzugehen weiß. Die Idee, das junge Herrscherpaar Idamante und Ilia von höfischen Zeremonienmeistern in die Posen ihres neuen Amtes zwingen zu lassen, bringt das in der Musik unüberhörbare Fragezeichen auch optisch zum Ausdruck. Es ist die ironische Conclusio einer feinfühligen, differenzierten Aufführung, die auch der meist als Furie denunzierten Elettra ein Herz zubilligt.

Viel problematischer gestaltet sich »Die Zauberflöte«. Seit 1974 hat man keine Neuinterpretation gewagt. Es ist ein heikles Unterfangen, gerade diese wienerische Oper, die im Repertoire ununterbrochen verfügbar sein muß, die sozusagen zum Inventar des Hauses gehört, neu herauszubringen.

Die konventionelle optische Umsetzung steht in starkem Widerspruch zu Harnoncourts ausgefeiltem Konzept. Daß das Stück gemeinschaftlich erarbeitet wurde, ist für einen Außenstehenden nicht ersichtlich. Die Diskrepanz zwischen akustischem und szenischem Anspruch ist nicht zu überbrücken. Harnoncourt hat auf einen renommierten Regisseur, auf dessen lange Erfahrung und Devotion vor der Musik vertraut. Er muß das zwiespältige Ergebnis mittragen. Obendrein brechen bei dieser Produktion, die mit einem geradezu provokant unwienerischen, stilistisch inhomogenen Sängerensemble irritiert, die Konflikte mit dem Orchester auf. Claus Helmut Drese:

> Als ich nach Wien kam, war es für mich selbstverständlich, daß ich Harnoncourt mitbringe. Er hatte von der ersten Stunde an Bedenken, ob das mit

dem Orchester und mit der Betriebsform geht. Aber er hatte auch Freude daran.

Dieses Orchester hat eine bestimmte Traditionswertung der Dinge. »Zauberflöte« und »Entführung« zählen nicht zu den hochwertigen Stücken, die das Orchester fordern, sondern das sind so die kleinen Aufgaben, die sie mit der linken Hand machen, und wenn jemand kommt und sagt, das mußt du mit der rechten Hand machen, dann entstehen Spannungen.

Die entscheidenden Leute waren immer bemüht, den Konflikt unter die Decke zu kehren. Die Konflikte wurden applaniert. Die wurden nicht gelöst, die wurden so weggewischt. Die »Philharmoniker« wollen immer »viel Harmonie«.

Aber man darf nicht vergessen: Im Staatsopernorchester sind mindestens fünfzig Prozent, die sehr gerne mit Harnoncourt arbeiten. Er hat eine starke Fraktion, und bis 1987, solange Herr Altenburger Vorstand war, existierte ein sehr guter Draht. Und dann setzte sich die andere Fraktion stärker durch. Daß die Dinge in Wien alle so personalisiert sind, ist schrecklich.

Trotzdem war von allen Wiener Instanzen der Umgang mit dem Orchester der angenehmste – wenn's auch nicht immer so geklappt hat. Bei Problemen mit Harnoncourt gab's immer Kompromisse, da gab's immer noch einen Ausweg, das sind Gentlemen, mit denen konnte man reden.

Zwei Jahre lang bleibt Nikolaus Harnoncourt in Sachen »Zauberflöte« am Ball, das Stück wird mit veränderter Besetzung in zwei weiteren Serien gespielt und erreicht im Frühjahr 1989 die charakteristische musikalische Stringenz. Danach gibt er nicht bloß in Wien die Produktion ab. Auch in Zürich dirigiert er diese Oper nicht mehr. Die Partitur wandert zu den geschlossenen Akten im Archivzimmer seines Hauses.

Im Mai 1989 kommt »Die Entführung aus dem Serail« als Koproduktion der Wiener Staatsoper mit den Wiener Festwochen und dem Brüsseler Théâtre Royal de la Monnaie im Theater an der Wien heraus. Hier ergeben sich neue Probleme, die Harnoncourts Verhältnis zum Orchester belasten. Er ist neugierig, dieses Stück gemeinsam mit Ursel und Karl-Ernst Herrmann zu erarbeiten, deren ausgefeilte Ästhetik in den achtziger Jahren den fortschrittlichen Brüsseler Mozart-Zyklus prägt.

Die Herrmanns haben sich als kluge Analytiker der komplizierten Seelendramen profiliert. Sie stehen in dem Ruf, Mozarts Werke konsequent neu zu lesen. Das meist verharmloste Singspiel wollen sie als Drama um Liebe und Tod rehabilitieren. Doch in der praktischen Arbeit macht der Dirigent zum ersten Mal die Erfahrung, daß sich die Regie während der Proben völlig verselbständigt. Das Inszenatorenpaar konzentriert sich so sehr darauf, die Schauspielanteile aufzuwerten, daß die Musik um ein Haar zur Nebensache wird.

Dabei entspricht die neue Gewichtung prinzipiell ganz den Intentionen Harnoncourts. Dialog und Handlung erfüllen seiner Ansicht nach wichtige Aufgaben, dürfen nicht über Gebühr reduziert werden, damit die Musiknummern nicht zu sehr aufeinanderprallen. Speziell zwischen den knapp aufeinanderfolgenden Arien der Konstanze – »Traurigkeit« und »Martern aller Arten« – muß sich etwas ereignen, das den Stimmungsumschwung plausibel macht und den Koloraturen ihren Sinn gibt. Doch über der peniblen Umsetzung der gesprochenen Texte, die sogar noch um eine von Thomas Brasch neu geschriebene Passage für Bassa Selim ergänzt wurden, gehen die musikalischen Anschlußpunkte, geht der innere Rhythmus verloren. Die Herrmanns stellen in einem späteren Interview selbst fest, daß die Aufführung zum Termin der Festwochenpremiere noch nicht den richtigen Fluß hatte. Für geeichte Theatermacher, die von der Sprechbühne kommen und ihre Arbeit als Prozeß begreifen, bedeutet dergleichen keine Katastrophe.

Diese »Entführung« dauert viereinhalb Stunden. Aus der Perspektive der philharmonischen Musiker wird das Singspiel zum Schauspiel mit Musikbrücken. Sie müssen nicht bloß wieder »alles anders« machen, müssen sich an neue Tempi gewöhnen, müssen statt philharmonischem Ebenmaß extreme Ausdruckswerte und – in den bedrohlichen Janitscharen-Klängen – unschönen Krach erzeugen. Sie müssen obendrein über weite Strecken untätig im Graben sitzen. Daß Harnoncourt hier nicht die Partei der »Kollegen« ergreift und gegen die Inszenierung protestiert, sondern sich den Regisseuren gegenüber loyal verhält, macht böses Blut.

Bei der Übernahme dieser Produktion an die Staatsoper im Oktober 1990 steht Lothar Zagrosek am Pult. Die Herrmanns haben die Inszenierung in der Zwischenzeit in Brüssel weiter ausgefeilt und haben dabei die »Baumeister-Arie« des Belmonte eliminiert, die sie in ihr Konzept nie wirklich integrieren konnten.

Nikolaus Harnoncourt erinnert sich, daß er die Termine zu spät erfahren habe und nicht mehr umdisponieren konnte.

> Ich bin für die Wiederaufnahme der »Entführung« erst gefragt worden, als der Termin schon feststand. Ich kann etwas anderes deswegen nicht absagen. Ich habe relativ langfristig Termine an Zürich und ans Concertgebouw abgegeben. Ich würde da nicht hart umdisponieren und damit eine jahrelange Zusammenarbeit in Frage stellen. Drese hat sich bemüht, jemanden zu finden, der sich mit der Produktion auseinandersetzt.

Vielleicht war es ihm wichtig, für die komplizierte Vorbereitung des Zürcher »Zigeunerbarons« Zeit zu gewinnen. Eine Terminkollision, die seine Mitwirkung bei der zweiten Serie der »Entführung« verhindert hätte, läßt sich anhand seines Arbeitskalenders jedenfalls nicht nachvollziehen. Wahrscheinlich kommt in diesem Fall die Erinnerung von Claus Helmut Drese den Tatsachen näher:

> Harnoncourt hat die Konzeption getragen, wider besseres Wissen. Er war absolut loyal. Aber als die Wiederaufnahme kam, hat er mich gebeten, es nicht machen zu müssen. Das habe ich verstanden.

Für Dezember 1989 ist als vierte und letzte Harnoncourt-Premiere »Così fan tutte« angekündigt. Daß er weder »Lucio Silla« noch »Titus« dirigieren wird, ist mit Drese bereits geklärt. Der frühe Mozart, den er in Zürich mit dem aus der Monteverdi-Kapelle hervorgegangenen »Mozart-Orchester« erarbeitet hat, scheint ihm unter den Wiener Bedingungen nicht auf dem gewünschten Niveau realisierbar. Im Fall des »Titus« hat man bezüglich der Regie keine Einigung erzielen können.
Bei »Così fan tutte« gibt es schon vor Probenbeginn eine unliebsame Überraschung. Entgegen den Vereinbarungen mit dem koproduzierenden Partner kommt die Inszenierung fertig aus London. Eine neue, unangenehme Situation für Nikolaus Harnoncourt. Der gemeinsame Entwicklungsprozeß, der ihm so wichtig ist, muß entfallen. Dennoch gelingt es, eine bruchlose Gesamtwirkung zu erzielen.
»Selten wurde eine provokante Neuinszenierung in der Wiener Staatsoper so aufrichtig gefeiert, so wenig überzeugend (oder schlecht organisiert) verbuht«, heißt es in der *Wochenpresse*. »Nikolaus Harnoncourts Ouvertüren-Tempi: das Partner-Karussell kommt auf Turbo-Touren.

Heftige Bewegung definiert Inhalt-Form-Probleme neu. Ratsch, platzen zweihundertjährige Nähte und lassen tief blicken. (...) Der alte Jokus funktioniert wie neu, er endet nicht wie erwartet und wurde kaum einmal so konsequent erzählt. Die Quadratur der Treue scheitert. (...) Sex, Lügen und Belcanto. Und keine glücklichen Paare am Schluß. Sowas kann nicht gutgehen hierzulande, selbst wenn es, wie in Johannes Schaafs Modellinszenierung, noch so gutgeht. Wirklichkeit stand gegen Möglichkeit, doch es ist die Stunde derer, die saubere Lösungen fordern für ein sauberes C-dur.«

Die szenische Ästhetik der Aufführung steht in denkbar größtem Gegensatz zu den duftigen Italien-Impressionen, wie man sie etwa von Michael Hampes Salzburger Inszenierung im Gedächtnis hat, wie sie auch Ponnelle zu beschwören wußte. Und einige Wiener Kritiker werden nicht müde, Harnoncourts Verstöße gegen den »Wiener Mozart-Stil« zu registrieren, fehlenden »Charme« und Wohlklang zu bekritteln: »Häßlich musiziert«, »viel zu schnell«, »viel zu langsam« lauten die Pauschalurteile.

Während Dreses fünfjähriger Direktionszeit wurden acht Mozart-Opern neu produziert. Sämtliche Da-Ponte-Opern waren an der Staatsoper seit den siebziger Jahren nicht erneuert worden. In diesem Zusammenhang muß auch die unkomplizierte »Arbeitsteilung« zwischen Harnoncourt und Claudio Abbado erwähnt sein. Abbado hat im Rahmen der Wiener Festwochen im Theater an der Wien »Don Giovanni« und »Le nozze di Figaro« herausgebracht.

Dreses Vorstoß in Sachen Mozart, von seinem Eintreten für Nikolaus Harnoncourt nicht zu trennen, liefert den Anlaß für publizistische Anwürfe, die seinen unfreiwilligen Abgang am Ende seiner ersten Amtsperiode begleiten. Unter dem Titel »Verbrannte Opernerde« heißt es in einem Kommentar der Tageszeitung *Die Presse* vom Mai 1990:

> Wenn Claus Helmut Drese im Herbst 1991 aus seinem Amt scheidet, wird er von sich behaupten können, eben dieser Wiener Mozart-Tradition ein Ende bereitet zu haben. Neben Claudio Abbado (...) wurde – dem Zeitgeist zuliebe – nur Nikolaus Harnoncourt ans Pult des philharmonischen Orchesters gebeten. Die Orientierungslosigkeit der Musiker, deren Mozart-Kompetenz von dem einen nicht erkannt, von dem anderen unterdrückt wurde, war dementsprechend vollständig.

> Die neue Direktion wird sich im Jubiläumsjahr also einem ziemlich ruinierten Mozart-Repertoire gegenübersehen, das im Gefolge einiger international beachteter Premieren den völligen Kollaps dessen mit sich gebracht hat, was früher so gern »Wiener Stil« genannt wurde.
> Es bedürfte eines enormen Gewaltaktes, die dadurch entstandenen Schäden einzudämmen, eines Gewaltaktes, der die Konsequenz aus der Tatsache zöge, daß man in Wien unterm Jahr (...) unverkrampft Mozart spielen muß. Auf der Bühne wie im Orchestergraben. Nur das würde uns vom Rest der Welt unterscheiden. 1991 und noch lang danach.

Der erfahrene Operndirektor Drese war in Wien mit bisher unbekannten Schwierigkeiten konfrontiert. Die Art, wie seiner Tätigkeit durch eine Haupt- und Staatsaktion ein Ende gesetzt wurde, die sich auf populistische Sparmaßnahmen und eine inzwischen wieder rückgängig gemachte »Strukturreform« berief, zeigt die Verflechtung zwischen Politik und Kultur in Österreich. Und die besondere Resistenz der »Musikmetropole« Wien gegenüber jeder Innovation ist vielleicht nur psychologisch erklärbar. Wer glaubt, hier allein durch fachliche Leistungen reüssieren zu können, ist jedenfalls verloren.
Nicht von ungefähr bezeichnet Harnoncourt Wien immer wieder als »brodelnden Komposthaufen«. Gerade deshalb hat es ihn gereizt, dem Schlagwort »Tradition«, das für sein Empfinden Nostalgie und Bequemlichkeit meint und sich in der Verklärung der letzten fünfzig Jahre erschöpft, seine Auffassung entgegenzuhalten. Auch er beruft sich ja auf Tradition. Das Sentimentale steht ihm freilich fern.
Dreses Ansätze, das Repertoiresystem in einen Semi-Stagione-Betrieb umzuwandeln, werden von seinem Nachfolger wieder aufgehoben. Obwohl Harnoncourt und der Baron Eberhard Waechter per verwandtschaftlichem Du verkehren, ist keine Gesprächsbasis herstellbar. Waechters Angebot für drei Vorstellungen des »Idomeneo« ist für ihn nicht annehmbar, wenn er nicht weiß, was mit der Produktion zwischendurch geschieht und in welchem Kontext diese Aufführungen erscheinen sollen. »In ein Direktionskonzept, wo die musikalische Leitung austauschbar ist, passe ich nicht hinein«, postuliert Harnoncourt im Jänner 1990 in einem Interview.
Die Spuren seiner Anwesenheit wurden rasch getilgt. Das Schlußballett

in »Idomeneo« wurde sofort wieder gestrichen. Die »Così fan tutte«-Produktion wurde 1992 »skartiert« – so sagt man im österreichischen Amtslatein für Wegwerfen.

Im Februar 1999 schreibt der Kommentator der Tageszeitung *Die Presse*:

> Die Wunden, die die Staatsopern-Ära Drese/Abbado in Sachen Mozart geschlagen hat, sind nicht verheilt. (...) Wo wird diese Musik nicht auf Allerweltszuschnitt gebracht, sondern das kultiviert, was man früher als unverwechselbar wienerische Note empfand – und letztlich auch »gut verkaufen« konnte?
>
> Es ist gewiß interessant, wenn die Philharmoniker mit Dirigenten wie Harnoncourt oder Norrington versuchen, über die gewohnten Gefilde der wienerischen Musiziertradition hinauszugelangen – tatsächlich aber gibt es kaum mehr Dirigenten, die die angeblich ausgetretenen Pfade dieser Tradition zu beschreiten wüßten. Irgendwann bleiben dann nur die Kuriosa.

Der Vertrag des derzeit amtierenden Staatsoperndirektors läuft bis 2005. Harnoncourts Rückkehr an das Haus ist unwahrscheinlich. Allerdings haben die Beziehungen zu den Wiener Philharmonikern nach einem neuerlichen Wechsel im Vorstand eine Wendung genommen. Das Frühjahr 1999 hat erstmals wieder ein Abonnementkonzert gebracht, Bruckners »Siebente« wurde bei dieser Gelegenheit auch für CD mitgeschnitten. Eine Reihe weiterer Projekte ist geplant, darunter Franz Schmidts Oratorium »Das Buch mit sieben Siegeln« und eine Aufnahme von Verdis »Aida«.

Daß ihn die Philharmoniker für das Neujahrskonzert 2001 nominiert haben, quittiert Harnoncourt mit Selbstironie:

> Alle Dirigenten erwarten, daß sie für das Neujahrskonzert eingeladen werden. Ich hab's auch erwartet.

Alfred Altenburger hatte übrigens schon in den achtziger Jahren dafür plädiert, gerade bei Johann Strauß in dieser Weise über den eigenen Schatten zu springen. Die Tendenz des Orchesters, auf eine gewachsene Partnerschaft mit einem österreichischen Dirigenten zu verzichten und statt dessen hauptsächlich mit internationalen Gästen zu arbeiten, schien ihm generell bedenklich. Daß Harnoncourt jetzt vielfach als »neuer Karajan« gehandelt wird, erfüllt ihn jedoch mit Skepsis.

Es wäre gut, wenn man wieder eine langfristige Zusammenarbeit mit jemandem etablieren könnte – so wie mit Karl Böhm, bei dem das über vierzig Jahre ging. Da wäre der Niki ein wichtiger Mann dafür. Den Vergleich mit Karajan soll man nicht ziehen, weil beide konsequent ihren Weg gegangen sind, aber jeder mit anderen Vorgaben. Bei Karajan war von vornherein klar, daß er ein Star sein wollte. Er hat konsequent seinen Weg als Dirigent gemacht, während der Niki vorrangig seinen Weg als Musiker gegangen ist, wie es aus seiner Persönlichkeit heraus notwendig war.

Ähnlichkeiten in der Arbeitsweise gibt es: Beide kommen gut vorbereitet zu den Proben, beide sind gute Psychologen. Karajan wußte genau, wo er probiert und was notwendig ist, und Niki hat die Gabe, die Dinge gut zu erklären, die er haben möchte. Er kann sich sehr gut artikulieren, und man spürt bei ihm immer, daß es ihm um die Sache geht.

Karajan hat mit einer großen Erfahrung, aber auch mit einem sehr feinen Gespür gearbeitet, wie er etwas erreichen kann; nicht durch Erklärungen, sondern ganz praktisch. Ein Pianissimo hat er zuerst ausprobieren lassen, so daß man es dann an der gewünschten Stelle aus der Erfahrung reproduzieren konnte. Das führt sehr schnell zum Ziel. Er war auch immer früher fertig. Es gab keine Unruhe in seinen Proben, keine Unterhaltung. Zwischendurch debattieren und etwas fragen wie bei Niki, das war bei Karajan unmöglich. Eine Diskussion über das Werk und seine Konzeption war tabu. Man konnte höchstens übers Segeln mit ihm reden.

Proben mit Karajan waren wenig ermüdend. Er hat nichts Überflüssiges spielen lassen. Manches wurde gar nicht probiert, weil er wußte, das geht von allein. Er hat sich auf Übergänge konzentriert, auf bestimmte klangliche Sachen. Er hat auch gewußt, daß man über eine gewisse Zeit hinaus die Konzentration nicht halten kann. Es war sehr strategisch, höchst effizient. Diese Arbeitsweise erfordert natürlich auch eine sehr genaue Kenntnis des Orchesters. Aber er hat ja letztlich nur mit den Wienern und den Berlinern gearbeitet.

Berliner Luft

Ostern 1998. Nikolaus Harnoncourt gibt sein Debüt bei den Salzburger Osterfestspielen. Das »verflixte siebente Jahr« *seiner* Zusammenarbeit mit den Berliner Philharmonikern ist mit dem Abschluß des Brahms-

Zyklus erfolgreich zu Ende gegangen. Nun bitten sie ihn zu jenem Festival, das Herbert von Karajan einst als exklusives Forum für sich und die Berliner geschaffen hat. Das geschieht gewiß nicht gegen den Willen des neuen künstlerischen Leiters Claudio Abbado, der bei seinem Amtsantritt 1991 verkündet hatte, alle bisher »verbotenen« Dirigenten nach Berlin holen zu wollen. Vielleicht entspricht es sogar einem verdrängten Wunsch des toten Maestros. Einer privaten Äußerung seiner Witwe zufolge soll Karajan sich in seinem Tonstudio in Anif mit Begeisterung Harnoncourt-Aufnahmen angehört haben.

Ganz offenkundig entspricht es jedenfalls dem Wunsch des Auditoriums, das nach der »Eroica« ausdrücklich Harnoncourt feiert, indem es ihn nochmals herausapplaudiert, als die Musiker das Podium bereits verlassen haben. Mit Beethoven ist eben Staat zu machen – und die Treue der Karajan-Fans, aus denen sich der Großteil des Osterfestspiel-Publikums bis heute rekrutiert, ist eine unverläßliche Kategorie. Aber das hat ein Wiener Journalist und Karajan-Biograph schon im Jahr eins nach dessen Tod bekümmert festgestellt.

Noch zu Lebzeiten seines autokratischen Zuchtmeisters hat das Orchester Geheimkontakte zu Harnoncourt aufgenommen. Karajans Arm reicht damals so weit, daß Harnoncourt nicht einmal mit einer im Prinzip unabhängigen Kammermusikformation auftreten darf, mit der Friedrich Gulda Mozart-Konzerte plant.

Bei seinem ersten Erscheinen am Pult empfängt ihn demonstrativer Beifall. Mit dem Hinweis, er sei unter den Anwesenden wahrscheinlich der einzige gebürtige Berliner, beginnt Nikolaus Harnoncourt im September 1991 eine so intensive wie vielfältige Kooperation. Die deutsche Romantik von Mozart über Schubert, Schumann und Mendelssohn bis Johann Strauß steht im Mittelpunkt des gemeinsamen Interesses. Die Begeisterung des Dirigenten für die spezifische Klangqualität der Berliner mit ihrem fabelhaften Blech trifft sich mit der Lernbereitschaft und Flexibilität der Musiker. Wichtige Dokumente dieses Aufeinanderzugehens sind die Aufnahmen von Webers »Freischütz«, entstanden anläßlich einer Serie von konzertanten Aufführungen im Herbst 1995 mit Endrik Wottrich als Max und Luba Orgonasova als Agathe, sowie der Zyklus der Brahms-Sinfonien.

Daß die Brahms-Interpretation bei den Kritikern zumindest anfangs keine ungeteilte Zustimmung findet, liegt wohl daran, daß das Orchester hier

in bemerkenswerter Weise seine Tradition revidiert hat. Das Ehepaar Harnoncourt hat sich das orchestereigene Stimmenmaterial vorgenommen, hat nicht nur Stricharten von früher wieder eingesetzt, sondern auch die Phrasierung einer eingehenden Prüfung unterzogen, und die neuen Erkenntnisse wurden in ausführlicher Probenarbeit in die Spieltechnik übertragen. Dafür standen doppelt so viele Proben wie üblich zur Verfügung.
Harnoncourt genießt die prickelnde Berliner Luft und die anregende Arbeitsatmosphäre. Das friktionsfreie Nebeneinander mit Abbado setzt sich fort.

Die Situation zwischen Karajan und mir war sicher so einschneidend, daß ich effektiv nicht nach Berlin kommen konnte. Beim ersten Konzert, das ich mit den Berlinern hatte, bin ich mit demonstrativem Applaus empfangen worden. Als würden sie sagen: So, jetzt geht's los! Das war für mich sehr komisch. Ich habe ja Konzerte in Berlin gehabt mit anderen Orchestern, aber mit den Philharmonikern, das war aufregend.
Das Klima ist völlig unbelastet. Sie haben großes Interesse für alles, was von mir kommt. Sie bieten mir immer ausreichend Proben an, weil sie sagen, es ist ein so großer Informationsstapel, der ganz schwer zu verarbeiten ist. Für Brahms-Programme fünf bis sechs Proben! Das spielen die ja normalerweise im Schlaf. Aber sie erwarten sich da von mir ein gewisses Rausputzen von unüberlegten Traditionen, und das will ich schon machen.
Abbado kenne ich als Dirigenten aus meiner Symphoniker-Zeit. Ich erinnere mich noch an ihn als Studenten, wie er und Mehta im Gefolge von Hans Swarowski herumgewuselt sind, zwei zaundürre Bürscherln. Und 1966 kam er als Dirigent. Er hat die Symphoniker nicht so selten dirigiert. Ich erinnere mich speziell an eine »Erste« Mahler, die mich sehr beeindruckt hat.
Das jetzige Verhältnis sehe ich total locker. Daß wir immer wieder in einer komplementären Position sind – an der Wiener Oper, beim Chamber Orchestra, bei den Berliner Philharmonikern –, finde ich lustig. Für Eifersucht sehe ich keinen Grund. Ich wundere mich manchmal, daß wir uns nicht treffen, wenn wir im Engadin spazierengehen, wo er sein Haus hat.
Beim Salzburger Beethoven-Zyklus ist er in den Proben gewesen, auch bei der »Missa solemnis«. Da habe ich mit ihm über Balance gesprochen, wie er

das vom Saal aus hört und wie ich das höre. Es hat mich interessiert, was er dazu sagt. Er hat mich gelegentlich gefragt über andere Lesarten von Noten in den Beethoven-Sinfonien, weil ich die ja sehr genau durchgearbeitet habe. Er wollte wissen, was ich da für Resultate habe. Ich würde mich sehr interessieren, mit ihm über »Aida« zu sprechen. Es kommt wohl nicht dazu, weil wir uns ja kaum sehen. In Berlin treffe ich ihn nicht, weil der Chef immer woanders ist, wenn ein Gastdirigent da ist.

Salzburger Rätselspiele

Der Erfolg bei den Salzburger Osterfestspielen 1998 scheint das Schlagwort vom »Karajan-Erben« zu bestätigen, das seit dem Beethoven-Zyklus Anfang der neunziger Jahre kursiert. Ausgerechnet Harnoncourt, der zu Karajans Lebzeiten vom praktischen Musikleben in Salzburg definitiv ausgeschlossen war.

Es hat Ansätze gegeben, diese Situation zu unterlaufen. Als Federik Mirdita im Herbst 1981 die Intendanz des Salzburger Landestheaters übernimmt, engagiert er den Jugendfreund für ein Purcell-Projekt mit dem Mozarteum-Orchester. »Orpheus britannicus« wird ein Triumph, der überregionales Echo findet.

Auch Friedrich Gulda, nachhaltig begeistert von den Mozart-Konzerten in Holland, ergreift die Initiative. Die Festspiele wollen Gulda nach zehnjähriger Abwesenheit als Mozart-Interpreten wiedergewinnen. Er erklärt sich bereit, 1985 wieder in Salzburg aufzutreten, allerdings nur gemeinsam mit seinen Freunden Chick Corea und Nikolaus Harnoncourt. Als die Festspiele das Engagement von Harnoncourt unter einem Vorwand ablehnen, zieht sich Gulda zurück.

In der nächsten Runde ist Gulda eingeladen, bei den Festspielen 1988 an drei Abenden – vorrangig mit eigenen Werken – mitzuwirken. Daraufhin bietet er zusätzlich einen Auftritt beim »Fest zur Festspieleröffnung« an, das die Landesregierung für die Salzburger Bevölkerung organisiert, um dem elitären Image der Festspiele entgegenzuwirken. Dort will er gemeinsam mit Harnoncourt und dem Chamber Orchestra of Europe musizieren.

Obwohl dieses Freiluftspektakel in der Altstadt von einem lokalen Veranstalter durchgeführt wird, also im Prinzip von den Festspielen unabhängig ist, werden sowohl aus der Landesregierung als auch seitens der Festspiele neuerlich Einwände gegen Harnoncourt laut. Sie sind diesmal ziemlich deutlich formuliert.

Von einer »Fehde« zwischen Karajan und Harnoncourt ist in den Tageszeitungen vom Dezember 1987 mehrfach zu lesen. Das Fest müsse im Einvernehmen mit den Festspielen durchgeführt werden, man könne Karajan nicht brüskieren, indem man jemand engagiere, der für ihn »ein rotes Tuch« sei, sagt der Herr Hofrat. Daß Harnoncourt »vor zehn Jahren einen Aufführungsstil kreiert« habe, sei noch kein Grund, ihn einzuladen, sagt der Herr Generalsekretär; es gebe »fünftausend andere« Dirigenten. Kritische Gegenstimmen sprechen von »unzumutbarer Zensur« und »vorauseilendem Gehorsam«.

Die Pointe liefert Karajan selbst. Auf eine direkte Anfrage, ob er konkret etwas gegen Harnoncourt einzuwenden habe, verweist er lapidar auf den Sachverhalt: Da es sich um keine Aktivität der Festspiele handle, habe er weder die Möglichkeit noch den Wunsch, sich einzumischen.

Daß der berüchtigte Schnürlregen am Abend des 26. Juli 1988 ausbleibt, kann man als allerhöchstes Wohlwollen interpretieren. In einer warmen Sommernacht, vor der »sprechenden« Fassade des barocken Doms, erleben rund dreitausend Menschen, die in der Mehrzahl vermutlich nicht zum etablierten Konzertpublikum gehören, die Prager Sinfonie und das Krönungskonzert. Eine Fernsehaufzeichnung sorgt für österreichweite Verbreitung. Harnoncourt dirigiert zum ersten Mal ein Open-air-Konzert und ist vom Ergebnis – trotz widriger akustischer Bedingungen – sehr angetan.

Ein gelungenes Entree? Eine österreichische Zeitung teilt mit, daß alle Mißverständnisse mit Karajan »ausgesprochen und bereinigt« seien.

Friedrich Gulda komplettiert das Ereignis mit einem Satyrspiel. Er läßt seine drei Konzerte in der Felsenreitschule kurzfristig platzen. Im Rahmen der Gespräche mit dem Journalisten Kurt Hofmann, die als Buch erschienen sind, erläutert er, daß dies ein Akt der Solidarität mit Harnoncourt gewesen sei:

> Ich fand es unerhört, daß sich die Festspiele – sei's mit oder ohne Wissen, zumindest im Gehorsam dem Karajan gegenüber – anmaßen, einem Veran-

> stalter den Dirigenten Harnoncourt schlicht und einfach zu verbieten. Sie können engagieren, wen sie wollen, aber sie können nicht als Festspiele sagen, in Salzburg darf der Herr Harnoncourt nicht dirigieren. (…) Das fand ich unerhört, und da das so eine unglaubliche Gemeinheit und Frechheit war, habe ich g'sagt: »Euch werde ich hineinlegen, so wie ihr noch nie hineingelegt worden seid.« Und das habe ich dann auch gemacht mit – zugegeben – üblen Methoden und faulen Tricks. Ich habe mich von denen engagieren lassen – dreimal – und habe auf dem Domplatz gleichzeitig ein Konzert mit dem Harnoncourt angesetzt. So konnten sie nicht dem Harnoncourt was verbieten und mich gleichzeitig raushauen, wo sie mich doch gerade erst »auf ihren Wunsch hin« engagiert hatten. (…) Ich habe das also so eingefädelt, ich wollte diesen größenwahnsinnigen machttrunkenen Deppen die Grenzen ihrer Macht sehr deutlich aufzeigen. (…) Nachdem sich das niemand getraut hat in diesem Drecksnest, dann habe ich mich halt getraut. Dann sind sie den ganzen Sommer wie die aufgescheuchten Hendln durcheinandergerannt, und das zu beobachten war für mich ein unbezahlbarer Hochgenuß. Besonders am Strand von Ibiza, wo man die schönen nackten Mädchen sieht und in der *Süddeutschen Zeitung* oder im Wiener *Kurier* nachlesen kann, wie die Idioten in Salzburg wieder blöd herumreden.

Dieses Freiluftkonzert war der bislang letzte gemeinsame Auftritt. Drei Konzerte bei der »styriarte« 1989 hat Gulda ebenfalls abgesagt.
Guldas Provokation ändert nichts an den Tatsachen. Als Präsident der Festspiele bleibt Albert Moser über Karajans Tod hinaus bis 1991 im Amt. Erst danach setzt jene Reform ein, die schon in den achtziger Jahren heftig gefordert wurde.
Dafür, daß Harnoncourt in Salzburg so lange nicht zur Kenntnis genommen wurde, sind verschiedene Gründe denkbar. Mag sein, daß im damaligen Selbstverständnis der Festspiele das »akademische Abseits« am Mozarteum der angemessene Platz für ihn schien. Mag sein, daß Karajan den Cellisten von einst nicht dulden wollte, weil er seine Arbeit aus seiner Orchestererfahrung heraus schärfer analysieren konnte als andere »Konkurrenten«.
Alfred Altenburger, der Karajan in seiner Funktion als Philharmoniker-Vorstand in den späten Jahren nahegestanden ist, hegt über diesen Punkt ganz persönliche Vermutungen – und geht davon aus, daß der Maestro

sein aufwendiges Tonstudio ausschließlich zum Abhören eigener Aufnahmen verwendet hat.

> Warum das in Salzburg mit Niki nicht gehen konnte, ist eigentlich klar. Vielleicht hat ihn Karajan unter den Dirigenten als einen Außenseiter betrachtet, was er zunächst ja auch war. Daß er ihn als unliebsame Konkurrenz empfunden hat, glaube ich nicht, er kannte ihn ja nur als Tutti-Musiker, nicht als Dirigenten. Es ist aber denkbar, daß er als Kleinadeliger Konkurrenzgefühle hatte, gegenüber einem, der schon von seiner Herkunft her etwas Herausragendes ist. Und dann das *Spiegel*-Interview … Da war Karajan sicher sehr empfindlich.

Einem anonym gebliebenen Magazin-Journalisten ist es gelungen, etwas von jener »Fehde« herbeizuschreiben, die stets zitiert wird, wenn es um Harnoncourts auffallende Abwesenheit in Salzburg geht. Im April 1970 erscheint im *Spiegel* ein Porträt des Concentus Musicus und seines Gründers. Der Beitrag ist kaum eine Seite lang und nicht gezeichnet. Er beruht offensichtlich auf einem umfangreichen Gespräch und wurde ebenso offensichtlich hektisch kompiliert. Der Text ist durchsetzt von indirekten oder bruchstückhaften Zitaten, die in abfälliger Weise auf Konkurrenten zielen, und wird gekrönt von einem Rundumschlag gegen die Dirigentenzunft.

> Genauer als seine Kollegen hat Harnoncourt, der heute als Kapazität in Stil- und Streitfragen der musikalischen Aufführungspraxis gilt, den Dirigenten auf die Finger geschaut und dabei »katastrophale Mißstände« entdeckt. »Einige Dirigenten sind Dilettanten, die nur eine Musikshow tanzen. Sie haben einen musikalischen und moralischen Defekt. Sie kennen die Originalpartituren nicht, bemühen sich auch gar nicht darum, sie kennenzulernen, und es macht ihnen nicht einmal etwas aus, Beethoven-Sinfonien in falscher Instrumentation wiederzugeben.«
> Karajan wird nicht ausgenommen. »Aber der«, gesteht Harnoncourt dem Maestro zu, »hat wenigstens Talent – zum Autofahren.«

Von Karajans Leidenschaft für Pferdestärken ist wohl die Rede gewesen. Doch den kecken Satz hat Nikolaus Harnoncourt nicht formuliert.

> Was ich genau gesagt habe, weiß ich nach über fünfundzwanzig Jahren nicht mehr. Aber ich weiß, daß es ein Vorgespräch war, ein informelles Geplauder.

Der Redakteur hat gesagt, er will mich kennenlernen, wie ich rede, wie ich mit ihm diskutiere. Und ich habe ihm erzählt, daß Karajan ein unheimlich rasanter und guter Autofahrer war, da hat er ja selbst kein Hehl draus gemacht, da war er ja stolz drauf. Wie er auf den Symphoniker-Tourneen Musiker ins Auto genommen hat, solche Geschichten. Aber so, wie es da steht, habe ich das nie gesagt.
Ich hätte das wahrscheinlich gar nicht erzählt, wenn es ein offizielles Gespräch gewesen wäre. Auch über diese starken Reserven gegen Dirigenten, die ich als Orchestermusiker selbstverständlich bekommen habe, hätte ich mich offiziell nicht geäußert. Vor allem hat man mir gesagt, ein Spiegel-Gespräch bedeutet, daß man den Text gegenlesen und korrigieren kann. Ich kenne das inzwischen auch und weiß, was das wirklich heißt. Die Fragen kann der Journalist nachträglich noch ändern. Da wirken dann auch die Antworten plötzlich ganz anders. Wenn einer das geschickt und gut macht, kann er ein Gespräch vollkommen manipulieren.

Harnoncourt ist verärgert, unterläßt es aber, gegen das untergeschobene Zitat in der Redaktion zu protestieren; es gibt kein offizielles Dementi von seiner Seite. Er überlegt wohl, den Sachverhalt Karajan gegenüber richtigzustellen, doch ein erfahrener Dirigent, den er um Rat fragt, beruhigt ihn: Der Maestro wisse, wie derlei in den Medien zustande komme. Erst auf Wunsch des Festspieldirektoriums, das ihn nach dem Purcell-Erfolg am Landestheater für ein Barockmusikprojekt verpflichten will, wird Harnoncourt aktiv.

Ich habe Karajan auf Wunsch der Salzburger Festspiele dann einen Brief geschrieben und habe von ihm eine sehr nette Antwort bekommen, daß er den *Spiegel*-Artikel nicht kennt, daß er ihn aber gerne lesen würde.

Ein Gespräch hat in dieser Angelegenheit nie stattgefunden. Harnoncourt sagt die reine Wahrheit, wenn er in einem Interview mit dem *Kurier* im Dezember 1987 festhält: »Es gab absolut nie einen Streit mit Karajan.«

Ich kann das selber auch nicht verstehen, wer da wirklich die treibende Kraft war. Er hat es ja auch vermieden, mit mir zu sprechen. Ich wollte das mit ihm ausreden, und wie ich ihn kenne, hätte sich das mit einem Schulterklopfen in nichts aufgelöst.

Herbert von Karajan zählt zu jenen Dirigenten, deren Arbeit Harnoncourt mit wachsender Erfahrung immer mehr schätzen gelernt hat, zumindest was die künstlerischen Resultate betrifft. Als er in der zweiten Hälfte der neunziger Jahre seine praktische Auseinandersetzung mit Bruckner beginnt, hört er Karajans Aufnahmen mit besonderem Interesse, speziell seine Interpretation der vierten Sinfonie.

> Von der »Vierten« Bruckner habe ich eine ganz starke Erinnerung aus meiner Zeit bei den Symphonikern. Die Bruckner-Aufführungen, das war für mich Karajan, nicht so sehr die Beethoven-Aufführungen. Und seine Aufnahme von der »Vierten«, das ist das Gegenteil all dessen, was man Karajan nachsagt; das Gegenteil aller Klischees.

»Ich bin nicht engagierbar«

Nach Karajans Tod wird in Salzburg vieles anders. Noch 1989 wird ein neues Direktorium mit drei gleichrangigen Mitgliedern bestellt. Die Ernennung des Brüsseler Opernchefs Gérard Mortier zum künstlerischen Leiter ist ein Signal für Veränderung. Der damals sechsundvierzigjährige Opernenthusiast und Fan der Berliner Schaubühne leitet eine Phase der Erneuerung ein.

Unverändert bleibt allerdings eines: Die Wiener Philharmoniker und Nikolaus Harnoncourt kommen im Sommer noch immer nicht zusammen. Das Orchester konnte sich bislang zu keiner Kooperation im Festspiel-Rahmen entschließen. Für Harnoncourts so rasanten wie erfolgreichen Festspieleinstieg bedeutet das in der ersten Runde allerdings kein Hindernis.

Mit Mortier zieht ein Hauch von Idealismus in Salzburg ein. Er will das vordergründige Musikbusineß in die Schranken weisen. Er verwahrt sich gegen das routinierte Startheater und gegen den Einfluß der Plattenindustrie. Er will nicht bloß produzieren, was »geht«, sondern einen künstlerischen Standpunkt einnehmen. Das Festival soll aus seinem selbstbezogenen Status heraus in einen größeren, gesamteuropäischen Zusammenhang geführt werden.

Mortier glaubt an die Oper als »gemeinsame Sprache in einem vereinten

Europa«. Seine programmatischen Erklärungen dokumentieren den Versuch, an die Festspielidee von Max Reinhardt und Hugo von Hofmannsthal anzuknüpfen, den intellektuellen Diskurs und den kosmopolitischen Charakter wieder herzustellen, der durch den Nationalsozialismus zerstört wurde.

Zu diesem Zweck sind andere Künstler gefragt. Die auffallende Erneuerung im szenischen Bereich wird abgerundet durch eine Reihe von Dirigenten, die in der Ära Karajan ebenfalls nicht oder kaum zum Zug gekommen sind, darunter Claudio Abbado, Riccardo Muti, Sir Georg Solti, Christoph von Dohnányi, Michael Gielen.

»Festspiele können nur ein Gesicht bekommen, wenn man sich zu bestimmten Künstlern ganz stark bekennt«, verkündet Mortier in einem Interview im Mai 1990.

Nikolaus Harnoncourt scheint die willkommene Galionsfigur für den Erneuerungsprozeß. Sein »ideologischer Stellenwert« im Reformkonzept ist unübersehbar. Mit seinem idealistischen Anspruch verkörpert er die Gegenposition zur traditionellen Verquickung von Kunst und Geschäft. Seine Aufführungen stehen im Zeichen des Außergewöhnlichen, eröffnen stets neue Perspektiven. Er könnte die große Persönlichkeit sein, die Salzburg fehlt. Sein Charisma wirkt völlig unverbraucht. Er könnte eine neue »Ära« prägen.

»Wird Harnoncourt Salzburgs Maestro?« fragt Joachim Kaiser in seiner Rezension zur »herzbewegenden Aufführung von Beethovens ›Missa solemnis‹« im Juli 1992 und folgert: »Es wird jetzt viel über neue Öffnungen und Salzburg-Konzeptionen schwadroniert. Wie vernünftig es beispielsweise war, Nikolaus Harnoncourt, den Karajan nicht leiden konnte, jetzt seine große Salzburg-Chance zu geben, leuchtet wahrlich ein. Aber noch mehr leuchtet ein, daß die Menschen wegen der Seelensubstanz großer Kunst nach Salzburg gehen und gehen werden. Und nicht wegen Jugend oder Alter, Geschäftigkeit oder Erstarrung. Solange die akustischen Verhältnisse in der Felsenreitschule beim Sprechtheater so heikel sind, so lange bleibt große Musik in großer Interpretation Salzburgs Herz und Salzburgs Ziel. Die Veranstalter wären gut beraten, wenn sie Nikolaus Harnoncourt zum Maestro an der Salzach machten.«

Sein Entree ist dramaturgisch geschickt aufgebaut. Auf die »Missa solemnis« folgt 1993 ein unumstrittener Erfolg mit Monteverdi.

»L'incoronazione di Poppea« gerät zum bejubelten Abenteuer, in dem sich Harnoncourts Erfahrung mit »Alter Musik« in »neuen Räumen«, sein sicheres Gefühl für Klangbalance und seine in Jahrzehnten gewachsene, immer mehr zum »Südlichen« tendierende Sicht auf Monteverdi zu einem Ergebnis verbinden, das keinen Einwand mehr erlaubt.
Zum ersten Mal wird ein fragiles frühbarockes Spektakel ins Große Festspielhaus verpflanzt. Wie es mit einem Häuflein von zweiundvierzig Musikern auf alten Instrumenten und mit den auf der Breitwandbühne versprengten Akteuren gelingt, einen geschlossenen Höreindruck zu vermitteln, die fein geflochtenen Wort-Ton-Gebilde ohne Verlust an Intensität zu vermitteln, den riesigen Saal mit Klang zu erfüllen, erweist sich als exemplarische Leistung auch des Concentus Musicus.
Harnoncourt hat kleine bauliche Veränderungen veranlaßt, die die Akustik entscheidend verbessern. Bereits anläßlich der »Missa solemnis« hat er dafür gesorgt, daß das Linoleum auf dem Podium durch einen Holzboden ersetzt wurde. Für »Poppea« hat man auch den Orchestergraben mit weichem Holz auskleiden lassen. An die Zeitverzögerung, die sich durch die großen Distanzen ergibt, müssen sich die Sänger erst gewöhnen. Daß sie auch in dieser Situation ihre Rollen nicht bloß singen, sondern leidenschaftlich spielen, geht auf die Vorbereitung durch Regisseur Jürgen Flimm zurück, der die shakespearehaften Figuren gründlich mit ihnen erarbeitet und ihre komödiantische Lust wachgekitzelt hat.
Die Begeisterung, mit der alle Beteiligten bei der Sache sind, potenziert sich im Moment der Aufführung. Die Protagonisten, Sylvia McNair in der Titelrolle, Philip Langridge als Kaiser Nero, Marjana Lipovšek als Ottavia und Jochen Kowalski als Ottone, entfachen ein emotionales Feuerwerk. Der Concentus Musicus liefert ein Meisterstück, versetzt das Auditorium mit federnden »Glockentönen« in Schwingung und transportiert den erotischen Zauber dieser Musik bis in die obersten Ränge.
»Das Faszinierende an der Salzburger Aufführung war, wie souverän Harnoncourt Instrumentalklang und Vokalklang im Raum in die Balance brachte«, schreibt die *Frankfurter Allgemeine Zeitung* und konstatiert einen »persönlichen Triumph des Dirigenten«.
»Man spielt Monteverdi in Salzburg, wie man in den besten Zeiten Strauss oder Mozart gespielt hat: mit großen Sängern, dem richtigen Dirigenten – und dem richtigen Orchester«, resümiert *Die Presse*. »Harnoncourt zieht

nicht als Exekutor irgendwelcher unpraktikablen wissenschaftlichen Erkenntnisse (...) ein, sondern als Vollblutmusiker und Praktiker, der er in seinen besten Momenten immer war. (...) prachtvoller Farbenzauber, expressive Dramen en miniature, eine lebendige, poetische, verführerisch schöne musikalische Inszenierung.«

Die *Salzburger Nachrichten* bekunden ihre Genugtuung, daß Harnoncourt »nun endlich auch als Operndirigent in Salzburg in Erscheinung treten darf«, und vermelden einen »Jubelorkan, wie er selbst über Karajan nur in außergewöhnlichen Momenten hereingebrochen war«.

Die Zustimmung steigert sich mit dem Beethoven-Zyklus von 1994 noch einmal – während Mozarts »Figaro« von 1995 das jähe Ende von Harnoncourts Mitwirkung markiert.

Beethoven ist der Gradus ad parnassum. Es muß mit der heroisch-kämpferischen Attitüde dieser Musik zu tun haben, daß der große Beethoven-Interpret automatisch zum Star wird. Harnoncourt diagnostiziert daran agitatorische Züge – was mit ein Grund für sein früheres »Beethoven-Problem« gewesen sein mag. Eine Art von »Siegeswillen« und »Herrschaftsanspruch« drückt sich darin aus. Und wer Beethoven »beherrscht«, vor dem neigen sich die Heerscharen des Publikums.

Mozart hingegen ist nicht zufällig der Stein des Anstoßes. Daß er ein österreichisches Nationalheiligtum darstellt und als solches ganz konkrete – materielle – Werte repräsentiert, geht aus der Verwendung seines Konterfeis klar hervor. Es prangt einerseits auf Süßigkeiten, andererseits ziert es die wertmäßig größte österreichische Banknote und die österreichische Variante der Euromünze.

Genuß und Gewinn – unter diesen Aspekten wird Mozart speziell in seiner Geburtsstadt erfolgreich vermarktet. Die Festspiele haben auch dem Fremdenverkehr zu nützen; sie werden zu zwanzig Prozent aus dem Fremdenverkehrsförderungsfonds finanziert. Hier ist gefragt, was kulinarisch ist. Doch die geradezu wütenden Widerstände, die Harnoncourts Mozart-Interpretation in Österreich hervorruft, wurzeln viel tiefer.

In seiner Rede zur Eröffnung der Salzburger Festspiele 1995 hat Harnoncourt es deutlich ausgesprochen. Für ihn ist die verharmlosende Darstellung, die man als »Mozart-Stil« der letzten fünfzig Jahre verteidigt, ein Erbe nationalsozialistischer Ideologie. Damals hat ein gewalttätiges Regime die Kunst zum Beruhigungsmittel umfunktioniert, hat für den Abend Unterhaltung, Entspannung, Kitsch verordnet, um die Menschen für den nächsten Tag wieder »funktionstüchtig« zu machen. Jene Aufgabe der Kunst, für die sich Harnoncourt so vehement einsetzt – Widerspruch, Irritation, Denkanstoß –, ist damals im deutschen Sprachraum nachhaltig verdrängt worden. Gerade die Musik Mozarts, die einen so großen Anteil von Schönheit und Harmonie enthält, erwies sich als besonders geeignet für eine verzerrende, mißbräuchliche Darstellung – die sich im Unbewußten als »Tradition« festgesetzt hat.

Hier strebt Harnoncourt in der Tat den größtmöglichen Kontrast zum herrschenden Klangideal an – auch wenn beim Salzburger »Figaro« vielleicht der weichste, romantischste Mozart erklingt, der je von ihm zu hören war.

Diese Neuproduktion, die die Wiener Philharmoniker dem Chamber Orchestra of Europe überlassen, löst die Aufführung von 1991 ab, die noch als Koproduktion mit den Osterfestspielen entstand, also das letzte »Erbe Karajans« darstellt. Somit habe »auch für die Mozart-Opern die Ära Harnoncourt in Salzburg« begonnen, sei »Karajans philharmonischer Geist endgültig aus dem Festspielhaus vertrieben«, heißt es in der *Presse*.

Mit Beethoven ist er eingezogen, mit Mozart zieht er wieder aus – obwohl er gerade bei den Jubiläums-Festspielen von 1995 – man feiert das fünfundsiebzigjährige Bestehen – zur zentralen Symbolfigur zu avancieren scheint. Er dirigiert die Eröffnungspremiere, ist mit sieben Opernvorstellungen und zwei Konzerten nahezu der meistbeschäftigte Dirigent. Und daß er in seiner Eröffnungsrede seine künstlerischen Ideale öffentlich darlegt, wirkt wie das offizielle Signal für eine Neuorientierung. Das Magazin *profil* rekapituliert die wesentlichen Ereignisse von der Gründung bis zur Gegenwart unter dem Titel »Von Hofmannsthal bis Harnoncourt« und titelt im selben Heft gleich nochmals mit der Frage: »Harnoncourt – der neue Karajan?«

Große Persönlichkeiten unter den Dirigenten werden Anfang der neunziger Jahre rar. Auch Bernstein ist tot, Solti, Giulini, Celibidache ziehen sich aufgrund wachsender Gebrechlichkeit immer mehr zurück, Carlos Kleiber bleibt eine unberechenbare Größe. Und die nachrückende Generation hat in Salzburg rasch wieder ausgespielt. Riccardo Muti manö-

vriert sich selbst ins Abseits, als er aus der »Titus«-Produktion mit Ursel und Karl-Ernst Herrmann aussteigt. Das Temperament eines neapolitanischen Maestros läßt sich mit der Gangart des deutschen Regietheaters nicht in Übereinstimmung bringen. Claudio Abbado, zunächst ebenfalls ein Hoffnungsträger des »neuen« Salzburgs, kommt nach seinem Wechsel zu den Berliner Philharmonikern, für die er die Position an der Wiener Staatsoper aufgab, für »Wiener Interessen« nicht mehr in Frage.
Harnoncourt fände es absurd, sich als »neuer Karajan« oder als »Gegen-Karajan« zu betrachten. Er fühlt sich allerdings in Salzburg – im Gegensatz zur Wiener Oper – anfangs durchaus am richtigen Platz. Er glaubt sich in seinen Idealen bestätigt, hat Hoffnung, an der Neubelebung der Festspielidee mitwirken zu können.
Das flotte Schlagwort ist ein Zeichen dafür, daß die Situation nicht stimmt. In der Verwendung dieses Etiketts offenbart sich jene Gedankenlosigkeit, an der die Zusammenarbeit im Grunde scheitert. Die Schablone, in die man ihn stecken möchte, paßt nicht. Er sprengt den Rahmen, den man ihm zugedacht hat.
Den entscheidenden Satz formuliert er im Jänner 1990 in der deutschen Fernsehsendung *Sonntagsgespräch*, als man ihn fragt, ob es ihn nicht gewurmt habe, so lange Zeit vom glanzvollen Festival ausgeschlossen gewesen zu sein. »Ich finde das ganz richtig, wie es war«, erwidert Harnoncourt. »Ich bin nicht engagierbar.«

Grundsätze eines Moralisten

Nikolaus Harnoncourt hätte seine Mitwirkung an den Salzburger Festspielen wohl in jedem Fall abgebrochen. Seine Entscheidung wird jedoch durch ein persönliche Erfahrung bekräftigt, vielleicht auch beschleunigt, die sein Leben in den letzten Monaten des Jahres 1995 bestimmt. Er muß sich einer großen Operation unterziehen.
Dieser Eingriff bedeutet eine Zäsur. Als er nach der Rekonvaleszenz im Jänner 1996 wieder an die Öffentlichkeit tritt, in Zürich Offenbachs »Belle Hélène« dirigiert und gemeinsam mit Jürgen Flimm einen umwerfend komischen neuen »Figaro« herausbringt, wirkt er verjüngt, erleichtert, befreit. So gelöst hat man ihn seit Jahren nicht gesehen. Eine schwe-

re Zeit liegt hinter ihm. Endlos scheinende Wochen im Spital, radikale Gewichtsabnahme. Konzentration auf den eigenen Körper, Konfrontation mit der physischen Befindlichkeit. Wieder atmen lernen mit Hilfe eines Metronoms. Vielleicht auch die Überwindung eines für unüberwindbar gehaltenen Verlustes. Die eigene Grenzerfahrung macht es möglich, den Tod des Sohnes anzunehmen, Frieden zu schließen mit dem Unabänderlichen.
Die Beziehung des Ehepaars gewinnt in dieser Situation eine neue Qualität der Nähe. Alice ist rund um die Uhr bei ihrem Mann, der sich anfangs nicht bewegen, aber auch nicht schlafen kann, aufs höchste irritiert von den blinkenden, piepsenden Geräten der High-Tech-Medizin. Die Kostbarkeit des Zusammenseins rückt mit neuer Deutlichkeit ins Bewußtsein.
Intensive Wochen zu Hause. Nicht nur die Bibliothek wird neu geordnet. Der Abstand vom gewohnten »Betrieb« begünstigt ein Überdenken der Prioritäten. Wie verwaltet man die Zeit, die noch bleibt? Vorstellungen von einem Leben ohne prallen Terminkalender, ohne den ständigen Anspruch, alles geben zu müssen. So viel anderes wäre zu erforschen. Wie kann es zum Beispiel sein, daß in Amerika dieselben Schmetterlingsarten existieren wie in Europa?
Aber die Musik im Kopf hört nicht auf.
Die Erfahrungen vom Sommer 1995 machen es nötig, die eigenen künstlerischen Ziele zu überprüfen. Vielleicht gab es unzulässige Kompromisse. Jedes »Pimperlfestival« verfügt über einen Konzertsaal, in dem man mit Anstand Werke der Klassik und Romantik aufführen kann. In Salzburg errichtet man mit Hilfe eines japanischen Sponsors ein aufwendiges Museum für Mozart – aber für eine geeignete Spielstätte ist man über Denkansätze nie hinausgekommen. Alte Zweifel werden wieder stark. Zudem hat die Eröffnungsrede mit ihrem Rekurs auf die Festspielgeschichte viele Erinnerungen wachgerufen – und keineswegs ungeteilte Zustimmung gefunden.

> Die ersten vierzehn Jahre waren geprägt von (...) großen schöpferischen Persönlichkeiten, die die Festspiele zu einem einzigartigen und durchaus kreativ-konfliktreichen Ort der Begegnung machten. Doch wurde schon ab 1933 von Deutschland aus versucht, sie politisch zu benutzen und zu beeinflussen: die

Nazis boykottierten sie und verspotteten deren »jüdisch kosmopolitische Fratze«. (...)

Die Diktatur muß sich der Kunst bemächtigen, denn diese spricht eine unangreifbare Sprache, gegen die man nicht argumentieren kann. (...) Fast diabolisch feinfühlig erkannte man das Agitatorische in der Musik Beethovens, das sich so vielfältig umdeuten läßt. (...) Mozart mußte auf einen Rokoko-Apoll umgedeutet werden – *so* zierte er auch das Plakat der Festspiele –, laut Anordnung mußte »das Düstere«, nämlich die dunkle Holzverkleidung im Festspielhaus, einer »Grundstimmung beschwingter Freude, graziösen Humors und Heiterkeit« weichen. Der Reichsbühnenbildner hatte mit weißem Gips und Stuck Pseudobarock herzustellen. Es ist bezeichnend, daß das Propagandaministerium den urigen Stil des damaligen Festspielhauses, wie er den Nazis für andere Zwecke durchaus vertraut und willkommen war, für ihre tändelnd heiter verharmlosende Mozart-Auffassung nicht akzeptierte. Hier in Salzburg sollte man vergessen und genießen.

Nach dem Kriege errichtete man dieses große Haus hier, die glänzende Spielstätte für das Auftrumpfen und Vergessen der Nachkriegszeit – auf der Strecke blieb das so wichtige, bescheidene Haus für Mozart, auf das wir hier noch immer warten.

Wir müssen versuchen, diese Jahre vor dem Vergessen zu bewahren – eine geradezu unmögliche Aufgabe, denn der Mensch hat eine unbegreifliche Eigenschaft (...): Er kann nicht aus der Geschichte lernen. Er glaubt nicht wirklich, was er nicht am eigenen Leib erfahren hat. – Das ist es, was uns im Umgang mit unserer Vergangenheit Angst machen muß.

Am 14. November 1995 schreibt Nikolaus Harnoncourt einen ausführlichen Brief an Gérard Mortier, in dem er mitteilt, daß er sich von den Festspielen zurückzieht.

Veranstalter leben seufzend mit dem Risiko, daß Künstler absagen. Das geschieht in der Regel aufgrund einer narzißtischen Kränkung, die für Außenstehende manchmal mehr, manchmal weniger nachvollziehbar ist. Es geschieht meist ohne ausführliche Begründung, in Form eines lapidaren Schreibens oder eines spektakulären Abgangs. In solchen Fällen tut eine professionelle Haltung not. Es gilt nicht primär den Künstler zu verstehen, sondern mit dem Faktum der Absage so konstruktiv und diplomatisch wie möglich umzugehen, Angebote zu machen, die eine

Rückkehr ermöglichen oder zumindest das prinzipielle Einvernehmen für eine künftige Zusammenarbeit wieder herstellen.
Harnoncourt liefert eine ausführliche Begründung und erwartet nicht nur, daß man sie versteht, sondern auch, daß man seine wohlbegründete Meinung teilt. Sollte seiner Absage eine narzißtische Kränkung zugrunde liegen, so hat er sie hinter Sachargumenten sorgfältig verborgen. Er legt größten Wert auf diese Sachlichkeit. Ob ihn persönlich etwas getroffen, beleidigt, verletzt hat, darf in der Öffentlichkeit keine Rolle spielen.
Allerdings verhehlt er nicht seine große Enttäuschung darüber, daß sich die Zusammenarbeit nicht in der erhofften Weise entwickelt hat. Und er meint, daß man aus seiner Kritik etwas lernen und Konsequenzen ziehen könnte. Dann wäre – nach einer für Scheidungen angemessenen Trauerzeit – auch seine Rückkehr möglich. Aber daß er für ein pauschales Kompromißangebot auf dem Absatz kehrtmacht, verträgt sich nicht mit seinen Prinzipien. Seine Absage meint genau, was sie sagt, ist ohne doppelten Boden und ohne Hintertür. An dieser Haltung prallen die professionellen Strategien der Veranstalter ab.
Harnoncourt kritisiert nicht nur »die unmögliche Saalsituation. Die beiden Festspielhäuser sind im Grunde Mißgeburten, sowohl akustisch als auch ideologisch.« Ein zentraler Vorwurf betrifft das Fehlen eines musikalischen Konzepts. Die Festspiele haben seit Mortier zwar ein ausgefeiltes szenisches Konzept, im Musikalischen jedoch verwechsle man Vielseitigkeit mit Beliebigkeit: »Meine musikalische Konzeption wird eigentlich nicht zur Kenntnis genommen.« Da in der Oper die Regie den Ton angibt, bleiben außerdem wichtige Besetzungswünsche des Dirigenten unberücksichtigt.
Das wirft ein Schlaglicht auf das prinzipielle Problem, im Musiktheater zeitgemäßer Prägung zwei starke Partner zusammenzubringen. Lange genug haben Dirigenten das Feld beherrscht, haben Vokalstars dazu wie kostümierte Standbilder agiert. Nun schlägt das Pendel manchmal stark in die andere Richtung aus. Doch der Primat der Musik, den Harnoncourt verteidigt, ist klar begründet. Die Musik gibt nicht nur Tonhöhen und Zeitdauer vor, sie definiert damit auch Personen und Situationen, und die verschiedenen Stimmen einer Partitur enthalten verschiedene, auch widersprüchliche Aussagen. Dieses breite Spektrum, an das man sich im Schauspiel in langwierigen Proben lediglich herantasten kann, sollte in der

Zusammenarbeit zwischen Dirigenten und Regisseur zutage gefördert werden. Der Opernregisseur braucht mehr als ein gutes Gehör. Selbst wenn er musikalisch gebildet ist, so daß er die Aussage des Notenbilds erfaßt, müßte er sich mit seinen Ideen dem musikalischen Konzept anschließen: Nur der Musiker kann über den großen Schlüsselbund zu den Geheimtüren verfügen.

Daß kreative Schauspielregisseure die Erneuerung des Genres übernommen haben, ist allerdings ein Symptom unserer Zeit, in der die »Geheimwissenschaft Musik« immer weniger Menschen zugänglich ist, weil die praktische Beschäftigung, die die Kenntnis ihrer mehrdeutigen Hieroglyphen erfordert, durch Konsumverhalten ersetzt wird. Natürlich kann man sich der Oper auch ohne profundes musikalisches Wissen über Handlung und Charaktere nähern. Die aktuelle Tendenz, daß ein Regisseur mit dem CD-Booklet in der Hand am Libretto entlang inszeniert, kann reizvolle Ergebnisse bringen, würde aber auf die Dauer einen Verlust an Substanz bedeuten.

In seinem Brief an Mortier verweist Harnoncourt außerdem auf sein Unbehagen am Salzburger Startheater, das auch in der neuen Ära dem Unterhaltungsbedürfnis der schönen Gesellschaft diene und das er mit seiner »Persönlichkeitsstruktur« für unvereinbar hält. Aus all dem leitet er die Sinnfrage ab: »Was für eine Rolle spiele ich, soll ich spielen? Ich kann es nicht erkennen.«

Gespräche bringen persönliche Annäherung, aber keine Lösung der Probleme. Mortier winkt mit der Carte blanche: Harnoncourt solle Vorschläge machen, man werde trachten, seine Wünsche so weit wie möglich zu erfüllen. Das lehnt er ab.

> Wenn ich Vorschläge mache, dann kommt das ja einer Bedingung gleich. Ich will aber, selbst wenn man mich dazu auffordert, keine Bedingungen stellen. Ich will nicht ins Management hineinregieren. Ich will ausschließlich wissen, was wann mit wem in welcher Kombination mit welchen Solisten und Regisseuren geplant ist, um fragen zu können: warum? Und wenn ich auf diese Frage eine Antwort bekomme, kann ich sagen: Ja, das ist ein Konzept, das ist interessant, da mache ich mit.

Ein Verweis auf die konzeptiven Schwachstellen in Mortiers kreativen Plänen – und eine klare Definition der Zuständigkeiten. Harnoncourt

betrachtet es nicht als seine Aufgabe, diese Schwachstellen zu beseitigen. Er erwartet, daß der Intendant auch dieser Dimension seines Amtes gerecht wird. Harnoncourts Beitrag besteht darin, daß er die Mängel, die er sieht, definiert. Im übrigen will er nicht regieren, sondern mit Hilfe einer guten Regierung optimale Arbeit leisten.
So viele sensible Unterscheidungen schaffen Konfusion. Die Öffentlichkeit kann mit dem diffizilen Argumentationsgebäude des Moralisten wenig anfangen. Harnoncourts Begründung kommt in der Presse nur vereinzelt zum Tragen. Die meisten Berichte entwerfen statt dessen vertraute, allgemein verständliche Muster, die triviale Erklärungen anbieten: Eifersucht auf andere Dirigenten, gesundheitliche Probleme, Machtgelüste.
»Wir konnten Harnoncourt nicht alle Wünsche erfüllen«, bedauert Direktoriumsmitglied Hans Landesmann in der *Kleinen Zeitung*.
Harnoncourts zentrale Aussage – »Ich will meine Rolle kennen« – wird reflexartig uminterpretiert in »Ich will eine Rolle spielen«. Sein beharrliches Nein bringt einen paradoxen Effekt hervor. Landesmann denkt im Sommer 1996 öffentlich darüber nach, ihn ins Direktorium zu kooptieren.
»Nun sollte ausgerechnet dieser Ohne-Mich in Salzburgs feinstes Oberstübchen?«, amüsiert sich *Der Spiegel.*
Harnoncourt dementiert entrüstet – und versteht nicht, daß man ihn nicht versteht. Er will kein Amt als Chefdirigent annehmen. Noch viel weniger will er eine Managementfunktion ausüben. Er fühlt sich mit seiner künstlerischen Verantwortung ausgelastet. Das bedeutet: Er will nicht in irgendeinem beliebigen Zusammenhang irgendeine Vorstellung abliefern – in Salzburg schon gar nicht.

> Ich bin nicht engagierbar.

In diesem Satz manifestiert sich sein Widerstand gegen Betriebsformen, in denen er seine Mission gefährdet sieht, jenen Auftrag, den er in seiner Rede zum Abschluß des Mozart-Jahres 1991 auf den Punkt gebracht hat:

> Wir Musiker – ja alle Künstler – haben eine machtvolle, heilige Sprache zu verwalten. Wir müssen alles tun, daß sie nicht verlorengeht im Sog der materialistischen Entwicklung. Es ist nicht mehr viel Zeit, wenn es nicht gar schon zu spät ist, denn die Beschränkung auf das Denken und die Sprache der

> Vernunft, der Logik, und die Faszination durch die damit erzielten Fortschritte in Wissenschaft und Zivilisation entfernen uns immer weiter von unserem eigentlichen Menschentum. Es ist wohl kein Zufall, daß diese Entfernung mit einer Austrockung des Religiösen Hand in Hand geht: die Technokratie, der Materialismus und das Wohlstandsdenken brauchen keine Religion, kennen keine Religion, ja nicht einmal eine Moral.
> Die Kunst ist eben keine hübsche Zuwaage – sie ist die Nabelschnur, die uns mit dem Göttlichen verbindet, sie garantiert unser Mensch-Sein.

Natürlich ist Nikolaus Harnoncourt engagierbar wie andere Künstler auch. Und wenn es darum geht, eine konkrete Zusammenarbeit zu einem guten Ende zu führen, macht er auch viele Kompromisse. Aber es ist ihm nicht möglich, aufgrund von »Sachzwängen« dauerhaft Einschränkungen in dem Bereich hinzunehmen, für den er eine ganz persönliche ethische Verpflichtung empfindet.

Folgenden Büchern wurden Zitate entnommen:

Erzherzog Johann von Österreich: Der Brandhofer und seine Hausfrau. Bearbeitet und eingeleitet von Walter Koschatzky, 3. Auflage, Graz: Leykam, 1982
Theodor W. Adorno: Einführung in die Musiksoziologie. Frankfurt/Main: Suhrkamp, 1975 (= suhrkamp taschenbuch wissenschaft 142)
Ernst Kobau: Die Wiener Symphoniker. Eine sozialgeschichtliche Studie. Wien, Köln, Weimar: Böhlau, 1991
Willy Bernert: Ehe und Handschrift. Wien: Braumüller, 1948
Imre Fabian im Gespräch mit Jean-Pierre Ponnelle. Zürich: Orell Füssli, 1983
Historie en kroniek van het Concertgebouw en het Concertgebouworkest, deel II, 1945–1988. De Walburg Pers, 1989
Friedrich Gulda. Aus Gesprächen mit Kurt Hofmann. München: Langen Müller, 1990
Nikolaus Harnoncourt: Was ist Wahrheit? Salzburg: Residenz Verlag, 1995

Zeittafel

1850 Geburt von Hubert de la Fontaine Graf d'Harnoncourt-Unverzagt (»Großpapa Harnoncourt«)
1859 Tod Erzherzog Johanns
1867 Geburt von Johann Stephan Graf von Meran (Enkel Erzherzog Johanns, »Großpapa Meran«)
1885 Tod von Anna Plochl
1889 Heirat Huberts mit Juliane Gräfin Mittrowsky von Mittrowitz (»Großmama Harnoncourt«)
1891 Heirat Johann Stephans mit Ladislaja von Lamberg (»Großmama Meran«)
1896 Geburt von Eberhard de la Fontaine Graf d'Harnoncourt-Unverzagt (»Papa«)
1899 Geburt von Ladislaja Gräfin von Meran, Freiin von Brandhofen (»Mama«)
1901 Geburt von René d'Harnoncourt (»Onkel René«)
1922 Heirat Eberhards mit Annemarie Konradsheim
1923 Geburt der Tochter Alice
1924 Geburt des Sohnes Renatus (René)
Onkel René emigriert nach Mexiko
1926 Tod von Annemarie Konradsheim
Eberhard übersiedelt nach Berlin
1928 Heirat Eberhards mit Laja Meran
1929 *Geburt von Nikolaus Harnoncourt in Berlin* (6. Dezember)
1930 *Geburt von Alice Hoffelner in Wien* (26. September)
1931 Geburt des Bruders Philipp
Rückkehr der Familie nach Graz
1933 Geburt der Schwester Juliana (»Lily«)
1934 Geburt des Bruders Karl
1937 Geburt des Bruders Franz
1945 bis 1948 Nikolaus erhält Cello-Unterricht bei Paul Grümmer
1948 bis 1952 Cello-Studium bei Emanuel Brabec an der Akademie für Musik und darstellende Kunst in Wien
Freundschaft mit Jürg Schaeftlein
1949 Gründung des Wiener Gamben-Quartetts gemeinsam mit Eduard Melkus, Alfred Altenburger und Alice Hoffelner
Beginn der Erforschung von Spielweise und Klang alter Instrumente

1950 Aufführungen von Bachs »Die Kunst der Fuge« mit dem Wiener Gamben-Quartett in Wien, Graz, Badgastein und Salzburg
Freundschaft mit Gustav Leonhardt

1951 Alice Hoffelner kehrt von einem Studienaufenthalt in Paris zurück; Geigendiplom an der Akademie für Musik und darstellende Kunst in Wien
Verlobung

1952 Nikolaus Harnoncourt wird Cellist der Wiener Symphoniker; diesen Beruf übt er bis 1969 aus

1953 Heirat
im Herbst erfolgt die Gründung des Concentus Musicus Wien (CM)

1954 Geburt der Tochter Elisabeth
inoffizielles Debüt des CM mit Monteverdis »Orfeo« unter Paul Hindemith im Wiener Konzerthaus

1955 Geburt des Sohnes Philipp

1957 erster offizieller Auftritt des CM zur Wiedereröffnung des Palais Schwarzenberg in Wien
Geburt des Sohnes Eberhard

1958 Beginn der Konzerttätigkeit des CM im Palais Schwarzenberg

1960 erste Auslandsreise des CM nach Rom
Bekanntschaft mit dem deutschen Instrumentensammler und Mäzen Hans Eberhard Hoesch

1961 Geburt des Sohnes Franz

1962 erstes Auftreten des CM im Wiener Konzerthaus
in der Saison 1962/63 erste Aufführung der Brandenburgischen Konzerte
ständige eigene Konzertserien des CM im Konzerthaus bis 1971

1965 erste Aufnahme von Bachs Johannes-Passion mit dem CM

1966 erste Amerika-Tournee des CM

1967 für das schwedische Radio erarbeitet Harnoncourt erstmals Monteverdis »Il ritorno d'Ulisse in patria«

1968 erste Deutschland-Tournee des CM

1969 Bachs Weihnachtsoratorium mit dem CM für Radio Bremen

1970 erste Aufnahme von Bachs Matthäus-Passion mit dem CM

1971 erste Operneinstudierung: »Il ritorno d'Ulisse« bei den Wiener Festwochen; Harnoncourt leitet den CM von der Tenorviola aus; Regie: Federik Mirdita
Exklusivvertrag mit Telefunken
Beginn der Gesamteinspielung der Bach-Kantaten, abgeschlossen 1990

1972 erster Auftritt am Dirigentenpult: »Il ritorno d'Ulisse« an der Piccola Scala in Mailand

1973 Beginn der Lehrtätigkeit: »Theorie und Praxis der Alten Musik« an der Hochschule Mozarteum in Salzburg; dieses Seminar leitet Harnoncourt bis zu seiner Pensionierung 1993

erste Live-Aufführung der Matthäus-Passion mit dem Residentie-Orkest

erstes Auftreten des CM im Großen Musikvereinssaal in Wien

Opernaufführung mit dem CM in Amsterdam: »L'Orfeo«: erster Kontakt mit Claus Helmut Drese

1974 vierte und bislang letzte USA-Tournee des CM

1975 Beginn der Zusammenarbeit mit dem Concertgebouw Orkest (CG): erste Live-Aufführung der Johannes-Passion; bis 1990 dirigiert Harnoncourt in Amsterdam fast jedes Jahr abwechselnd eine der beiden Bach-Passionen

erste Opernproduktion mit Jean-Pierre Ponnelle am Opernhaus Zürich; Beginn des Zürcher Monteverdi-Zyklus:

»L'Orfeo« (20. 12. 1975)

»L'incoronazione di Poppea« (8. 1. 1977)

»Il ritorno d'Ulisse in patria« (12. 11. 1977)

»Das Achte Madrigalbuch« (23. 6. 1979)

1978 Händels »Giulio Cesare« an der Oper Frankfurt; Regie: Horst Zankl

Beginn der Zusammenarbeit mit dem Arnold Schoenberg Chor: Händels »Jephtha« im Wiener Konzerthaus

Beginn des Abonnement-Zyklus des CM im Wiener Musikvereinssaal

1979 Harnoncourt dirigiert sein erstes Mozart-Konzert mit dem CG

1980 erster Auftritt als Dirigent in Österreich: Mozart mit dem CG bei der Salzburger Mozartwoche

Zürcher Mozart-Zyklus mit Ponnelle: »Idomeneo« (1. 3. 1980)

bis 1989 folgen acht weitere Produktionen:

»Lucio Silla« (28. 2. 1981)

»Mitridate, Rè di Ponto« (4. 5. 1983 bei den Schwetzinger Festspielen; 2. 2. 1985 im Opernhaus)

»Die Entführung aus dem Serail« (23. 2. 1985)

»Così fan tutte« (15. 2. 1986)

»Die Zauberflöte« (15. 11. 1986)

»Don Giovanni« (14. 11. 1987)

»Le nozze di Figaro« (18. 2. 1989)

»La clemenza di Tito« (7. 10. 1989; Regie: John Dew)
erste Aufführung von Haydns »Schöpfung« mit dem Residentie-Orkest
Rameaus »Castor et Pollux« an der Oper Frankfurt
Erasmus-Preis

1981 Mozart-Gastspiel des Opernhauses Zürich bei den Wiener Festwochen mit »Idomeneo« und »Lucio Silla«
Mozart-Requiem mit dem CM im Großen Musikvereinssaal in Wien

1982 Purcell-Projekt »Orpheus britannicus« am Salzburger Landestheater; Regie: Federik Mirdita

1983 Harnoncourt dirigiert erstmals die Wiener Symphoniker
Mozart-Klavierkonzerte mit dem CG und Friedrich Gulda in Amsterdam
Harnoncourt dirigiert erstmals Schubert: vierte und fünfte Sinfonie mit dem Residentie-Orkest; Gastspiel bei der Schubertiade Hohenems

1984 erste Live-Aufführung der Johannes-Passion mit dem CM im Großen Musikvereinssaal in Wien
erstes Konzert mit Strauß-Walzern mit dem CG in Amsterdam
mit den Wiener Symphonikern erarbeitet Harnoncourt erstmals Schuberts »Unvollendete«
Debüt in den Abonnementkonzerten der Wiener Philharmoniker

1985 Händels »Giulio Cesare« mit dem CM bei den Wiener Festwochen; Regie: Federik Mirdita
Harnoncourt dirigiert beide Bach-Passionen mit dem CM beim neu gegründeten Festival »styriarte« in Graz

1986 erste Aufführungen des »Fidelio« (konzertant), des Beethoven-Violinkonzerts (mit Gidon Kremer) und der großen C-dur-Sinfonie von Schubert bei der Schubertiade Feldkirch

1987 Debüt an der Wiener Staatsoper: »Idomeneo« (21. 2. 1987)
bis 1989 folgen drei weitere Mozart-Produktionen:
»Die Zauberflöte« (19. 3. 1988)
»Die Entführung aus dem Serail« (12. 5. 1989)
»Così fan tutte« (15. 12. 1989)
Harnoncourt leitet den CM zum letzten Mal vom Cello aus
erste Produktion der »Fledermaus« in Amsterdam; Regie: Johannes Schaaf
Beginn der Zusammenarbeit mit dem Chamber Orchestra of Europe (COE) bei der »styriarte«: Haydns Londoner Sinfonien
Ehrendoktorat der University of Edinburgh

1988 »Don Giovanni« in Amsterdam; Regie: Alfred Kirchner
Open-air-Konzert mit dem COE und Friedrich Gulda beim »Fest zur Festspieleröffung« in Salzburg
mit den Wiener Symphonikern erarbeitet Harnoncourt erstmals das Brahms-Requiem
erste szenische Aufführung des »Fidelio« an der Hamburgischen Staatsoper; Regie: Peter Palitzsch
Ehrenmitglied der Wiener Konzerthausgesellschaft
1990 »Der Zigeunerbaron« am Opernhaus Zürich; Regie: Jean-Louis Martinoty
Erste Zusammenarbeit mit Jürgen Flimm: »Così fan tutte« in Amsterdam
Beethoven-Zyklus mit dem COE
Sohn Eberhard verunglückt tödlich
1991 Mozart-Requiem mit den Wiener Philharmonikern bei der Salzburger Mozartwoche
Beginn der Zusammenarbeit mit den Berliner Philharmonikern
1992 »Fidelio« am Opernhaus Zürich; Regie: Jürgen Flimm
Schubert-Zyklus mit dem CG
Debüt bei den Salzburger Festspielen: Beethovens »Missa solemnis« mit dem COE
Ehrenmitglied der Gesellschaft der Musikfreunde in Wien
1993 »Der Freischütz« am Opernhaus Zürich; Regie: Ruth Berghaus
Schumann-Sinfonien mit dem COE bei der »styriarte«
erste Opernproduktion bei den Salzburger Festspielen: »L'incoronazione di Poppea« mit dem CM im Großen Festspielhaus
International Classical Music Award als »Dirigent des Jahres 1992«
1994 Harnoncourt dirigiert erstmals Offenbach: »La belle Hélène« am Opernhaus Zürich; Regie: Helmut Lohner
Beethoven-Zyklus mit dem COE bei den Salzburger Festspielen
Harnoncourt dirigiert erstmals Bruckner: 3. Sinfonie mit dem CG
»Polar Music Prize« der Schwedischen Königlichen Musikakademie
1995 »Des Teufels Lustschloß« von Schubert am Opernhaus Zürich; Regie: Marco Arturo Marelli
Harnoncourt hält die Rede zur Eröffnung der Salzburger Festspiele
»Figaro« mit dem COE im Kleinen Festspielhaus; Regie: Luc Bondy
»Der Freischütz« mit den Berliner Philharmonikern

Harnoncourt zieht sich von den Salzburger Festspielen zurück
Hansischer Goethe-Preis der Stiftung F. V. S. in Hamburg

1996 Harnoncourt dirigiert in Amsterdam erstmals Alban Berg: »Der Wein« mit dem CG
Debüt in der Carnegie Hall: Beethoven-Zyklus mit dem COE
Schumanns »Genoveva« mit dem COE bei der »styriarte«
Brahms-Sinfonien mit den Berliner Philharmonikern

1997 »Aida« am Opernhaus Zürich; Regie: Johannes Schaaf
Berg-Violinkonzert mit den Wiener Philharmonikern und Gidon Kremer
Schuberts »Lazarus« mit dem CM bei der »styriarte«
Zwickauer Schumann-Preis

1998 Harnoncourt dirigiert erstmals Dvořák: 7. Sinfonie mit dem CG

1999 »Die Fledermaus« mit den Wiener Symphonikern bei den Wiener Festwochen; Regie: Jürgen Flimm
bei der »styriarte« dirigiert Harnoncourt erstmals Ausschnitte aus Opern von Richard Wagner

Diskographie

Nikolaus Harnoncourt bei Teldec

CARL PHILIPP EMANUEL BACH, JOHANN CHRISTIAN BACH, WILHELM FRIEDEMANN BACH

Doppelkonzerte
Leonhardt-Consort
GUSTAV LEONHARDT
Concentus musicus Wien
NIKOLAUS HARNONCOURT
0630-12326-2
(p) 1967

JOHANN SEBASTIAN BACH

Brandenburgische Konzerte Nr. 1–6,
BWV 1046–1051
Concentus musicus Wien
9031-77611-2 (2 CD)
(p) 1964

Brandenburgische Konzerte Nr. 1–6
BWV 1046–1051
Concentus musicus Wien
4509-95980-2 (2 CD)
(p) 1981, 1982, 1984, 1985

Orchestersuiten (Ouvertüren) Nr. 1–4,
BWV 1066–1069
Concentus musicus Wien
4509-92174-2 (2 CD)
(p) 1967

Cembalokonzerte (Gesamtaufnahme)
Leonhardt · Tachezi · Uittenbosch · Curtis
Müller · van Wering
Leonhardt-Consort
GUSTAV LEONHARDT
Concentus musicus Wien
NIKOLAUS HARNONCOURT
4509-97452-2 (3 CD)
(p) 1968

Violinkonzerte BWV 1041–1043,
1056 & 1060
Alice Harnoncourt
Concentus musicus Wien
4509-95518-2
(p) 1967, 1970, 1977

Ein musikalisches Opfer, BWV 1079
Concentus musicus Wien
0630-13563-2
(p) 1970

Gambensonaten, BWV 1027–1029
Triosonate BWV 1039
Nikolaus Harnoncourt, Viola da gamba, Violoncello
Herbert Tachezi, Cembalo
Brüggen, Stastny, Traversflöte
0630-13583-2
(p) 1969

Das Kantatenwerk
Leonhardt-Consort
GUSTAV LEONHARDT
Concentus musicus Wien
NIKOLAUS HARNONCOURT
4509-91765-2 (60 CD)
(p) 1971-1989

Das Kantatenwerk Vol. 1
BWV 1–14, 16–19
4509-91755-2 (6 CD)
(p) 1971–1972

Das Kantatenwerk Vol. 2
BWV 20–36
4509-91756-2 (6 CD)
(p) 1972–1974

Das Kantatenwerk Vol. 3
BWV 37–52, 54–60
4509-91757-2 (6 CD)
(p) 1974–1976

Das Kantatenwerk Vol. 4
BWV 61–78
4509-91758-2 (6 CD)
(p) 1976–1978

Das Kantatenwerk Vol. 5
BWV 79–99
4509-91759-2 (6 CD)
(p) 1978–1980

Das Kantatenwerk Vol. 6
BWV 100–117
4509-91760-2 (6 CD)
(p) 1980–1981

Das Kantatenwerk Vol. 7
BWV 119–137
4509-91761-2 (6 CD)
(p) 1981–1983

Das Kantatenwerk Vol. 8
BWV 138–140, 143–159, 161–162
4509-91762-2 (6 CD)
(p) 1983–1986

Das Kantatenwerk Vol. 9
BWV 163–182
4509-91763-2 (6 CD)
(p) 1986–1988

Das Kantatenwerk Vol. 10
BWV 183–188, 192, 194-199
4509-91764-2 (6 CD)
(p) 1988–1989

Kantaten
Gott ist unsere Zuversicht, BWV 197
Der zufriedengestellte Aeolus, BWV 205
Kenny · Lipovšek · Equiluz · Holl
van Egmond
Concentus musicus Wien
0630-12321-2
(p) 1969, 1983

Kantaten
Jagdkantate, BWV 208
Bauernkantate, BWV 212
Blasi · Kenny · Equiluz · Holl
Arnold Schoenberg Chor
Concentus musicus Wien
4509-97501-2
(p) 1990

Messe in h-moll, BWV 232
Hansmann · Iiyama · Watts · Equiluz
van Egmond
Wiener Sängerknaben
Chorus Viennensis
Concentus musicus Wien
4509-95517-2 (2 CD)
(p) 1968

Messe in h-moll, BWV 232
Blasi · Ziegler · Rappé · Equiluz · Holl
Arnold Schoenberg Chor
Concentus musicus Wien
2292-42676-2 (2 CD)
(p) 1986

Matthäus-Passion, BWV 244
Esswood · Equiluz · van Egmond · Bowman
Rogers · Ridderbusch
Wiener Sängerknaben
Regensburger Domchor
King's College Choir, Cambridge
Concentus musicus Wien
2292-42509-2 (2 CD)
(p) 1971

Johannes-Passion, BWV 245
Blasi · Lipovšek · Rolfe Johnson · Holl
Scharinger
Arnold Schoenberg Chor
Concentus musicus Wien
9031-74862-2 (2 CD)
(p) 1995

Weihnachtsoratorium, BWV 248
Esswood · Equiluz · Nimsgern
Wiener Sängerknaben
Chorus Viennensis
Concentus musicus Wien
9031-77610-2 (2 CD)
(p) 1973

Motetten BWV 225–230
Concentus musicus Wien
NIKOLAUS HARNONCOURT
Bachchor Stockholm
ANDERS ÖHRWALL
0630-17430-2 (2 CD)
(p) 1980

Magnificat BWV 243
GEORG FRIEDRICH HÄNDEL
Utrechter Te Deum
Palmer · Lipovšek · Langridge · Equiluz u. a.
Wiener Sängerknaben
Arnold Schoenberg Chor
0630-13573-2
(p) 1984

LUDWIG VAN BEETHOVEN

Symphonien Nr. 1–9
Margiono · Remmert · Schasching · Holl
Arnold Schoenberg Chor
Chamber Orchestra of Europe
2292-46452-2 (5 CD)
(p) 1991

Symphonien Nr. 1 & 3
9031-75708-2
(p) 1991

Symphonien Nr. 2 & 5
9031-75712-2
(p) 1991

Symphonien Nr. 4 & 7
9031-75714-2
(p) 1991

Symphonien Nr. 6 & 8
9031-75709-2
(p) 1991

Symphonie Nr. 9
9031-75713-2
(p) 1991

Die Geschöpfe des Prometheus
Chamber Orchestra of Europe
4509-90876-2
(p) 1995

Ouvertüren
Coriolan op. 62
Die Geschöpfe des Prometheus op. 43
Die Ruinen von Athen op. 113
Leonore I–III, opp. 138 & 72
Egmont op. 84
Chamber Orchestra of Europe
0630-13140-2
(p) 1996

Violinkonzert op. 61
Romanzen Nr. 1 & 2
Gidon Kremer
Chamber Orchestra of Europe
9031-74881-2
(p) 1993

Missa solemnis
Mei · Lipovšek · Rolfe Johnson · Holl
Chamber Orchestra of Europe
9031-74884-2 (2 CD)
(p) 1993

Fidelio
Margiono · Seiffert · Leiferkus · Skovhus
Polgár · Bonney · van der Walt
Arnold Schoenberg Chor
4509-94560-2 (2 CD)
(p) 1995

HEINRICH IGNAZ FRANZ VON BIBER

Battalia
Pauern Kirchfahrt
Ballettae · Sonatae
Concentus musicus Wien
4509-97914-2
(p) 1971

Requiem
Sonata St. Polycarpi
Laetatus sum etc.
Wiener Sängerknaben
Chorus Viennensis
Hans Gillesberger
Concentus musicus Wien
3984-21798-2
(p) 1968–1969

JOHANNES BRAHMS

Symphonien Nr. 1–4
Variationen op. 56a über ein Thema von Haydn
Akademische Fest-Ouvertüre
Tragische Ouvertüre
Berliner Philharmoniker
0630-13136-2 (3 CD)
(p) 1997

Violinkonzert op. 77
Konzert für Violine, Violoncello und Orchester, op. 102
Gidon Kremer
Clemens Hagen
Royal Concertgebouw Orchestra
0630-13137-2
(p) 1997

ANTON BRUCKNER

Symphonie Nr. 3
(Fassung von 1877)
Royal Concertgebouw Orchestra
4509-98405-2
(p) 1995

Symphonie Nr. 7
Wiener Philharmoniker
3984-24488-2
(p) 1999

Symphonie Nr. 4 »Romantische«
Royal Concertgebouw Orchestra
0630-17126-2
(p) 1998

ANTONIN DVOŘÁK

Symphonie Nr. 7
Die Waldtaube
Royal Concertgebouw Orchestra
3984-21278-2
(p) 1998

Symphonie Nr. 8
Die Mittagshexe
Royal Concertgebouw Orchestra
3984-24487-2
(p) 1999

JOHANN JOSEPH FUX

Musik am Habsburger Hof
Werke von
JOHANN JOSEPH FUX
JOHANN HEINRICH SCHMELZER
Concentus musicus Wien
4509-95989-2 (2 CD)
(p) 1970

GEORG FRIEDRICH HÄNDEL

Concerti grossi opp. 3 & 6
Concentus musicus Wien
4509-95500-2 (4 CD)
(p) 1981, 1983

Concerti grossi op. 3
Concentus musicus Wien
0630-13574-2
(p) 1981

Concerti grossi op. 6
Concentus musicus Wien
0630-17370-2 (3 CD)
(p) 1983

Wassermusik
Orgelkonzerte HWV 295 & 304
Herbert Tachezi
Concentus musicus Wien
4509-93668-2
(p) 1974, 1978, 1985

Orgelkonzerte opp. 4 & 7
Herbert Tachezi
Concentus musicus Wien
4509-91188-2 (2 CD)
(p) 1975

Apollo e Dafne
GEORG PHILIPP TELEMANN
Ino
Roberta Alexander
Thomas Hampson
Concentus musicus Wien
2292-44633-2
(p) 1990

Apollo e Dafne
Giulio Cesare (Auswahl)
Roberta Alexander
Thomas Hampson
Concentus musicus Wien
4509-98645-2
(p) 1988, 1990

Belshazzar
Tear · Palmer · Lehane · Esswood
Stockholm Kammerkören
Concentus musicus Wien
0630-10275-2 (3 CD)
(p) 1976

Jephtha
Gale · Linos · Sima · Hollweg · Esswood
Tomaschke
Mozart-Sängerknaben
Arnold Schoenberg Chor
Concentus musicus Wien
0630-17390-2 (3 CD)
(p) 1979

Messiah
Gale · Hollweg · Lipovšek · Kennedy
Stockholm Kammerkören
Concentus musicus Wien
9031-77615-2 (2 CD)
(p) 1983

Ode for St Cecilia's Day
Felicity Palmer
Anthony Rolfe Johnson
Bachchor Stockholm
Concentus musicus Wien
0630-12319-2
(p) 1978

Samson
Alexander · Venuti · Blasi · Kowalski
Rolfe Johnson · Prégardien · Miles
Scharinger
Arnold Schoenberg Chor
Concentus musicus Wien
9031-74871-2 (2 CD)
(p) 1993

Saul
Fischer-Dieskau · Rolfe Johnson · Esswood
Varady · Gale
Konzertvereinigung Wiener Staatsopernchor
Concentus musicus Wien
4509-97504-2 (2 CD)
(p) 1986

Theodora
Alexander · Blochwitz · Kowalski · van Nes
Scharinger
Arnold Schoenberg Chor
Concentus musicus Wien
2292-46447-2 (2 CD)
(p) 1991

Utrechter Te Deum
JOHANN SEBASTIAN BACH
Magnificat BWV 243
Palmer · Lipovšek · Langridge · Equiluz u. a.
Wiener Sängerknaben
Arnold Schoenberg Chor
Concentus musicus Wien
0630-13573-2
(p) 1984

JOSEPH HAYDN

Symphonien Nr. 6–8
»Le matin« · »Le midi« · »Le soir«
Concentus musicus Wien
2292-46018-2
(p) 1990

Symphonien Nr. 30, 53 & 69
»Alleluja« · »L'Impériale« · »Laudon«
Concentus musicus Wien
9031-76460-2
(p) 1992

Symphonien Nr. 31, 59 & 73
»Hornsignal« · »Feuer« · »La Chasse«
Concentus musicus Wien
4509-90843-2
(p) 1994

Symphonien Nr. 45 & 60
»Abschied« · »Il Distratto«
Concentus musicus Wien
(p) 1990
2292-44198-2

Londoner Symphonien
(Symphonien Nr. 93–104)
Royal Concertgebouw Orchestra
4509-92628-2 (6 CD)
(p) 1987, 1988, 1990, 1991, 1993

Symphonien Nr. 68, 93 & 100
»Militär-Symphonie«
Royal Concertgebouw Orchestra
9031-74859-2
(p) 1986, 1992

Symphonien Nr. 94 »Mit dem
Paukenschlag« & 95
Royal Concertgebouw Orchestra
9031-73148-2
(p) 1991

Symphonien Nr. 96 »Miracle« & 97
Royal Concertgebouw Orchestra
9031-77315-2
(p) 1993

Symphonien Nr. 98 & 99
Royal Concertgebouw Orchestra
2292-46331-2
(p) 1990

Symphonien Nr. 101 »Die Uhr« & 102
Royal Concertgebouw Orchestra
2292-43675-2
(p) 1988

Symphonien Nr. 103 »Mit dem Pauken-
wirbel« & 104 »Salomon-Symphonie«
Royal Concertgebouw Orchestra
2292-43526-2
(p) 1987

Klavierkonzert Nr. 11
Ouvertüre zu »Il mondo della luna«
Symphonie Nr. 105 »Sinfonia concertante«
Herbert Tachezi, Hammerflügel
Concentus musicus Wien
0630-17385-2
(p) 1989

Die Schöpfung
Gruberova · Protschka · Holl
Arnold Schoenberg Chor
Wiener Symphoniker
2292-42682-2 (2 CD)
(p) 1986

Die Jahreszeiten
Blasi · Protschka · Holl
Arnold Schoenberg Chor
Wiener Symphoniker
2292-42699-2 (2 CD)
(p) 1987

Missa Nr. 14 »Harmoniemesse«
Te Deum Hob. XXIIIc:1
Kantate »Qual dubbio omai«
Mei · von Magnus · Lippert · Widmer
Arnold Schoenberg Chor
Concentus musicus Wien
3984-21474-2
(p) 1999

Missa in angustiis, »Nelsonmesse«
Te Deum Hob. XXIIIc:2
Orgonasova · von Magnus · van der Walt
Miles
Arnold Schoenberg Chor
Concentus musicus Wien
0630-17129-2
(p) 1998

Missa in tempore belli, »Paukenmesse«
Salve regina Hob. XXIIIb:2
Röschmann · von Magnus · Lippert
Widmer
Arnold Schoenberg Chor
Concentus musicus Wien
0630-13146-2
(p) 1997

Stabat mater
Bonney · von Magnus · Lippert · Miles
Arnold Schoenberg Chor
Concentus musicus Wien
4509-95085-2
(p) 1995

Die sieben letzten Worte unseres Erlösers
am Kreuze
Nielsen · Hintermeier · Rolfe Johnson
Holl
Arnold Schoenberg Chor
Concentus musicus Wien
2292-46458-2
(p) 1992

FELIX MENDELSSOHN

Symphonien Nr. 3 »Schottische« &
4 »Italienische«
Chamber Orchestra of Europe
9031-72308-2
(p) 1992

Die schöne Melusine
FRANZ SCHUBERT
Symphonie Nr. 4
ROBERT SCHUMANN
Symphonie No. 4
Berliner Philharmoniker
4509-94543-2
(p) 1996

Ein Sommernachtstraum
Die erste Walpurgisnacht
Coburn · von Magnus · Bantzer · Remmert
Heilmann · Hampson · Pape
Arnold Schoenberg Chor
Chamber Orchestra of Europe
9031-74882-2
(p) 1993

CLAUDIO MONTEVERDI

L'Orfeo
Il ritorno d'Ulisse in patria
L'incoronazione di Poppea
Baker · Berberian · Donath · Equiluz
Langridge · Rogers · Söderström u. a.
Concentus musicus Wien
4509-91342-2 (9 CD)
(p) 1969, 1971, 1974

L'Orfeo
Berberian · Hansmann · van Egmond
Equiluz · Kozma
Capella antiqua München
Concentus musicus Wien
2292-42494-2 (2 CD)
(p) 1969

Il ritorno d'Ulisse in patria
Hansmann · Lerer · Eliasson · Equiluz
Esswood · Rogers · van Egmond
Concentus musicus Wien
2292-42496-2 (3 CD)
(p) 1971

L'incoronazione di Poppea
Donath · Söderström · Berberian · Equiluz
Esswood · Langridge
Concentus musicus Wien
2292-42547-2 (4 CD)
(p) 1974

Vespro della Beata Vergine
Marshall · Palmer · Langridge · Equiluz
Hampson · Korn
Arnold Schoenberg Chor
Concentus musicus Wien
4509-92629-2 (2 CD)
(p) 1987

Il combattimento di Tancredi e Clorinda
Lamento della ninfa
Madrigali
Murray · Schmidt · Palmer · Perry · Hollweg
Langridge · Equiluz
Concentus musicus Wien
4509-92181-2
(p) 1984

Cathy Berberian sings Monteverdi
Lettera amorosa
Con che soavità
Lamento d'Arianna
Cathy Berberian
Concentus musicus Wien
0630-10032-2
(p) 1969, 1974, 1975

THOMAS MORLEY

The First Booke of Ayres
Nigel Rogers
Nikolaus Harnoncourt, Gambe
Eugen M. Dombois, Laute
Gustav Leonhardt, Virginal & Cembalo
3984-21334-2
(p) 1970

WOLFGANG AMADEUS MOZART

Symphonien Nr. 10, 11, 42 & 44–46
(KV 74, 75, 81, 84 [73q], 95 [73n] & 96 [111b])
Concentus musicus Wien
3984-25914-2
(p) 1999

Symphonien Nr. 13, 14 & 20
(KV 112, 114 & 133)
Concentus musicus Wien
3984-17110-2
(p) 1998

Symphonien Nr. 16–18 & 21
(KV 128–130 & 134)
Concentus musicus Wien
3984-21463-2
(p) 1998

Symphonie Nr. 23, KV 181 (162b)
Serenade Nr. 4, KV 237 & 203 (189b & c)
Concentus musicus Wien
4509-90842-2
(p) 1994

Symphonien Nr. 25, 26 & 28
(KV 183, 184 & 200)
Royal Concertgebouw Orchestra
4509-97485-2
(p) 1983, 1988

Symphonien Nr. 29, 30 & 31 »Pariser«
(KV 201, 202 & 297)
Royal Concertgebouw Orchestra
4509-97486-2
(p) 1981, 1984, 1988

Symphonien Nr. 32–34 (KV 318, 319 & 338)
Royal Concertgebouw Orchestra
4509-97487-2
(p) 1981, 1982, 1985

Symphonien Nr. 35 »Haffner«
(KV 385 & 425) & 36 »Linzer«
Royal Concertgebouw Orchestra
4509-97488-2
(p) 1982, 1985

Symphonien Nr. 38 »Prager« & 39
(KV 504 & 543)
Royal Concertgebouw Orchestra
4509-97489-2
(p) 1982, 1984

Symphonien Nr. 38 »Prager« & 39
(KV 504 & 543)
Chamber Orchestra of Europe
4509-90866-2
(p) 1992, 1994

INHALT